中国海油集团能源经济研究院 · 蓝海丛书

Handbook of Energy Economics and Management

能源经济与管理10讲

王震◎编著

中国经济出版社
CHINA ECONOMIC PUBLISHING HOUSE
北 京

图书在版编目（CIP）数据

能源经济与管理10讲／王震编著. -- 北京：中国经济出版社，2025. 1. -- ISBN 978-7-5136-8026-4

Ⅰ. F407. 2

中国国家版本馆CIP数据核字第20243XY517号

责任编辑　赵静宜
责任印制　马小宾
封面设计　久品轩

出版发行　中国经济出版社
印 刷 者　北京富泰印刷有限责任公司
经 销 者　各地新华书店
开　　本　787mm×1092mm　1/16
印　　张　26
字　　数　495千字
版　　次　2025年1月第1版
印　　次　2025年1月第1次
定　　价　128.00元
广告经营许可证　京西工商广字第8179号

中国经济出版社 **网址** http://epc.sinopec.com/epc/ **社址** 北京市东城区安定门外大街58号 **邮编** 100011
本版图书如存在印装质量问题，请与本社销售中心联系调换（联系电话：010-57512564）

引 言
Preface

为积极应对日趋复杂的外部环境，破解制约公司改革发展的难题，中国海油于2020年12月15日在京挂牌成立了中国海油集团能源经济研究院（简称能经院）。组建之初，能经院即承担了重要的国家部委课题和大量的公司内部委托研究与咨询评估工作，任务重、成熟人才缺乏的矛盾极其突出。为了适应这种情况下对高层次人才的需要，除面向公司内外招聘成熟人才外，吸引优秀应届毕业生加盟是不二选择。招聘到合适的优秀年轻人不容易，让他们快速成长更不容易。这些年轻的新同事如同一股蓬勃的新生力量，为能经院注入了无限的活力与希望，他们怀揣着对能源事业的热忱与憧憬，踏上了充满挑战与机遇的征程。

这些新同事拥有不同专业背景，为了让他们快速融入海洋能源事业，熟悉能源行业脉络，了解国有企业的地位和作用，并对经济管理核心知识有个基本的了解，我设计了十讲理论兼实践的系列课程。鉴于培训对象是企业智库的新员工，我既不希望培训内容过于理论化，失去实际应用的价值，同时作为一名在大学长期任教的老师，也不希望培训内容流于现象，缺乏深度和系统性。这十讲课程，一方面，深入剖析能源经济与企业管理的核心理论，为新同事构建较为宽广的知识体系夯实基础；另一方面，紧密结合实际案例和能源行业动态，让新同事在具体情境中理解理论的应用，培养他们洞察实际问题的能力。十讲课程的主题为：碳中和与现代能源经济；石油产业链及其经济特征；天然气产业链及其经济特征；能源金融缘起、演变与趋势；国际石油合作模式与机制；战略、战略思维与战略研究；对标世界一流企业管理；企业价值创造与管理；金融思维与决策；宏观经济基本分析框架。

十讲内容从宏观到微观、从外部环境到内部管理、从价值创造的探索到决策支持的提升，涵盖能源经济和石油公司战略与管理，循序渐进、逐步深入，以期为新同事搭建一个基本上涵盖海油智库业务的能源经济与企业管理知识框架。前四讲内容从宏观到微观逐步深入。首先从宏观的全球能源发展趋势入手，以碳中和与现代能源经济为开篇；其次结合石油公司的业务，分别讲授石油产业链及其经济特征和天然气产业链及其经济特征，旨在从宏观趋势逐渐过渡到传统能源领域的核心业务，深入剖析油气产业的具体构成和经济运行规律；最后聚焦能源金融缘起、演变与趋势，这是能源产业与金融的交叉领域，从能源商品价格形成的衍生品市场、项目融资等更微观的层面探讨能源价格的形成机制，以及能源行业发展趋势的底层逻辑。第五讲到第七讲则逐步从外部环境过渡到企业管理。首先，第五讲国际石油合作模式与机制部分，既着眼于国际能源合作的外部环境和油气财税机制，也探讨微观层面的国际油气项目评价方法；其次，战略思维是企业研究人员最为重要的思维方式，而战略是企业发展的灵魂，决定着企业的方向和未来，战略研究则是讨论企业发展宏伟蓝图的构建理念和方法；最后，聚焦对标世界一流企业管理，进一步从内部管理的角度出发，剖析对标这一管理工具如何在企业战略管理中起到作用。第八讲到第十讲是从价值创造到决策支持。企业的核心目标是创造价值，企业价值创造与管理沿着何谓价值、如何衡量价值以及如何管理价值这条主线展开；金融思维与决策则延续管理价值这一话题，探讨如何从金融视角优化决策，提升个人、企业价值；宏观经济分析框架从宏观层面探讨能源行业与经济发展的关系，为企业的战略决策提供更广阔的视野。

在讲解这十讲内容的过程中，我萌生出将其整理撰写成书的强烈愿望。一是将其整理成书是一个更加系统梳理相关内容的过程，也有助于将零散的知识碎片整合为一个有机的整体。通过精心编排章节、优化内容结构，能够将能源经济与管理的各个方面更加清晰地呈现出来。二是整理成书不仅可以在企业内部流通，还可以与其他能源企业、学术机构等进行交流分享，扩大知识的传播范围。在讲义基础上，院内青年研究人员对各讲内容进行了精心补充和完善。具体分工如下：李博抒（第一讲）、王思允（第二讲）、孙楚钰（第三讲）、何曦（第四讲）、段绪强（第五讲）、孙文娟（第六讲）、和旭（第七讲）、何萱（第八讲）、刘朋辉（第九讲）、王萌（第十讲）；梁栋、周静、何萱、郭姝君、杨哲琦、邢悦等对书稿进行了仔细校对；孔盈皓负责全书的统筹和统稿工作。成书过程中，中国石油大学（北京）经济管理学院刘明明副教授、薛庆副教授等提出了专业的修改意见。申书锋、朱启龙、万慧文、常娜、刘志勇等做了大量的支持保障工作。

本书在撰写过程中，参阅了大量文献资料，在此对相关文献的作者表示感谢。

由于本人水平有限，本书的错误与疏漏之处在所难免，恳请专家、学者和广大读者批评指正。

目 录
Contents

第一讲

碳中和与现代能源经济

第一节　相关基础知识

一、能源的基础知识

（一）能源的概念

能源是人类赖以生存的物质，是发展生产、改善人民生活的物质基础。人类文明的一切都离不开能源。能源是能量的来源，是能够直接从自然界获取的具有能量的物质，如煤炭、石油、风等，也可以是将这些物质进一步加工生产出的新物质，如焦炭、汽油、电等。1973—2023 年全球一次能源消耗量变化情况如图 1-1 所示。

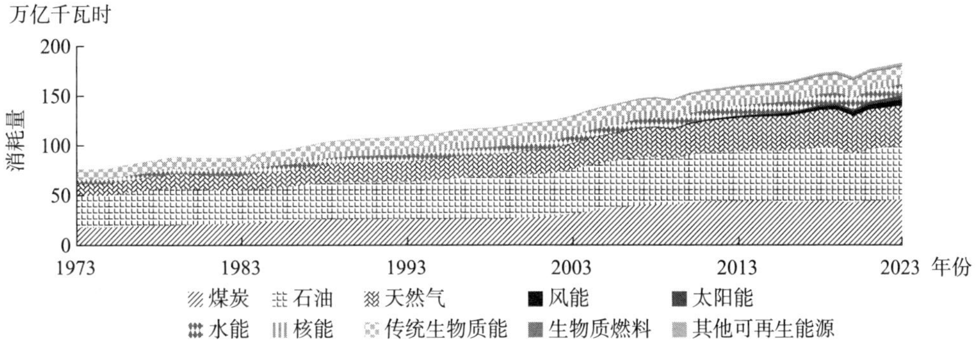

图 1-1　1973—2023 年全球一次能源消耗量变化情况

资料来源：国际能源署（IEA）。

（二）能源的分类

通过对能源进行不同标准的划分（见表 1-1），有助于从不同角度去认识能源。

表 1-1　能源的不同分类

分类标准	类别	定义	举例说明
按获取途径	一次能源	自然界中以原有形式存在的，未经加工转换、可供直接利用的能量资源	煤炭、原油、天然气、风能、水能、太阳能、核能
	二次能源	在一次能源转化或转换过程中获得的能量	电、蒸汽、焦炭、煤气、氢

续表

分类标准	类别	定义	举例说明
按是否可再生	可再生能源	不会随其本身的转化或人类的利用而越来越少的能源	水能、风能、潮汐能、太阳能
	不可再生能源	随人类的利用而越来越少的能源	煤炭、石油、天然气、核燃料
按使用频率	常规能源	在生活中使用更为普遍的能源	煤炭、石油、天然气、薪柴燃料、水能
	非常规能源	由于技术等限制使用频率较低的能源	太阳能、风能、地热能、潮汐能、生物质能
按对环境的影响	清洁能源	对环境无污染或污染很轻的能源	太阳能、水能、海洋能
	非清洁能源	对环境污染较大的能源	煤炭、石油

除此之外，还有其他的分类方法，如非化石能源、新能源等。不同分类方法是相对的，不是绝对的，而且相互之间有一定交叉关系（见图 1-2）。

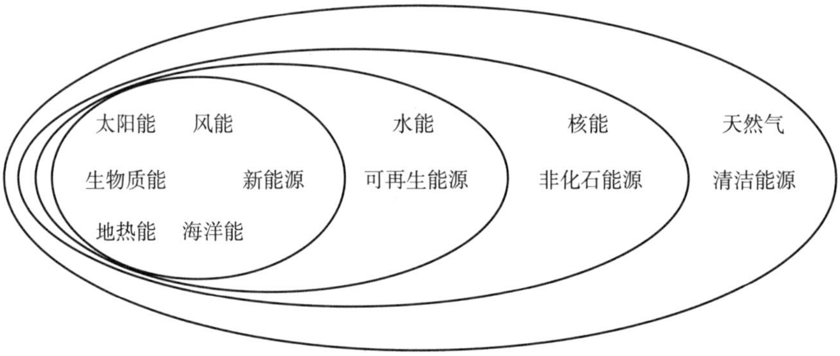

图 1-2　能源不同分类间的交叉关系

资料来源：根据 Wang（2019）编译。

二、气候变化相关的基本概念

（一）气候变化

《联合国气候变化框架公约》（UNFCCC）将“气候变化”定义为：经过相当一段时间的观察，在自然气候变化之外，由人类活动直接或间接地改变全球大气组成所导致的气候改变。联合国政府间气候变化专门委员会（IPCC）将“气候变化”定义为：气候状态的变化，而这种变化可以通过其特征的平均值和/或变率的变化予以判别。气候变化具有一段延伸期，通常为几十年或更长时间。UNFCCC 对气候变化的定义不同于 IPCC 对其的定义，前者专指人类活动引起的变化。

（二）温室气体

温室气体是指大气中能吸收地面反射的长波辐射，并重新发射辐射的一些气体。它们能够截留太阳辐射，并加热大气层内空气，使地球变得更温暖，因它们的作用类似于温室，故将它们产生的影响称为“温室效应”。

根据《京都议定书》，温室气体主要包括二氧化碳（CO_2）、甲烷（CH_4）、氧化亚氮（N_2O）、氢氟碳化物（HFCs）、全氟化碳（PFCs）和六氟化硫（SF_6）等六种。其中，受人类活动影响较大的温室气体是化石燃料燃烧产生的二氧化碳。

根据 IPCC 的温室气体排放清单，二氧化碳主要来源于化石与生物质燃料燃烧、水泥生产、毁林等；甲烷主要来源于煤炭、石油和天然气生产、动物肠道发酵、水稻、废弃物处理等；氧化亚氮主要来源于农业土壤、牲畜饲养、废水处理、工业源等；六氟化硫主要来源于电力、激光、制冷、化工、有色冶金等；全氟化碳主要来源于微电子工业薄膜材料蚀刻、电子器件表面清洗、太阳能电池生产、印刷电路去污等；氢氟碳化物主要来源于冰箱、空调和绝缘泡沫生产以及常用制冷剂等。

（三）碳排放、碳达峰

根据 2020 年 12 月 31 日中华人民共和国生态环境部公布的《碳排放权交易管理办法（试行）》，对碳排放的定义为煤炭、石油、天然气等化石能源燃烧活动和工业生产过程以及土地利用变化与林业等活动产生的温室气体排放，也包括因使用外购的电力和热力等所导致的温室气体排放。根据以上定义，“碳排放”包括所有温室气体排放。但目前我国纳入碳交易的只有二氧化碳排放。

世界资源研究所（WRI）和世界可持续发展工商理事会（WBCSD）自 1998 年起逐步制定了《温室气体核算体系》（GHG Protocol），以此作为企业温室气体排放核算标准。它将温室气体排放分为三种类型，即范围 1、范围 2、范围 3（见表 1-2）。其中范围 1 是直接排放，范围 2 和范围 3 是间接排放。

表 1-2 碳排放的三个分类

分类	释义
范围 1	在企业实体控制范围之内，直接控制或拥有的排放源所产生的直接排放，包括静止燃烧、移动燃烧、化学或生产过程，或无组织逸散
范围 2	企业自用的外购电力所产生的间接排放，也包括蒸汽、加热、冷气等
范围 3	企业在范围 2 以外的间接排放，包括企业供应链/价值链上下游可能产生的所有排放，比如原材料的采掘、生产和运输，消费者使用产品和服务等

资料来源：GHG Protocol。

碳达峰是指二氧化碳排放量在一段时间内（以年为单位）达到峰值，之后进入平台期并可能在一定范围内波动，随后平稳下降的阶段。视经济、极端气象等因素，可适度允许在平台期内出现碳排放上升的情况，但不能超过峰值碳排放量。图 1-3 为

1972—2022 年全球能源相关二氧化碳排放量变化情况。

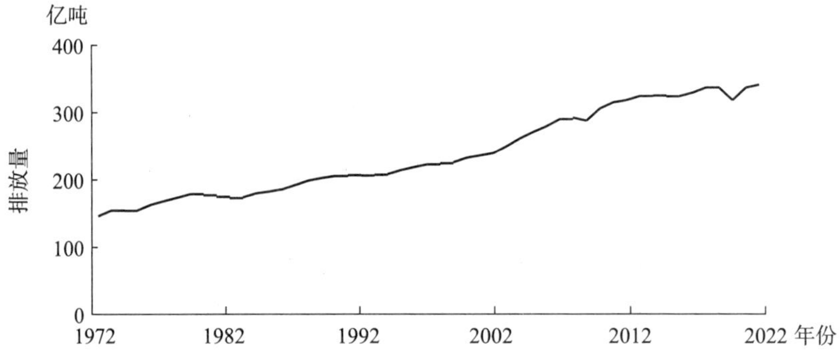

图 1-3　1972—2022 年全球能源相关二氧化碳排放量变化情况

资料来源：国际能源署（IEA）。

（四）净零、碳中和、温室气体中和、气候中和

2018 年 IPCC 发表的《全球升温 1.5℃特别报告》中对"二氧化碳净零排放"进行了重新定义，认为是人为二氧化碳排放量与二氧化碳移除量相平衡的状态。IPCC 还指出，碳中和与二氧化碳净零排放是重叠（overlapping）的概念，可在全球或次全球范围内（如区域、国家和次国家）等效使用。而碳中和也可适用于公司、商品和单项活动，这意味着"中和"目标包括的碳排放量范围比"净零"更广泛，而且还可将超出活动者直接控制范围以外（即表 1-2 中范围 3 或价值链排放）的减排量计算进来，作为碳抵消来帮助实现碳中和。

"碳中和"经常被定义为特指二氧化碳中和，但在实践中，该术语的使用可能含糊不清，因为一些活动者将其适用范围扩展至所有温室气体排放的中和，也即除了二氧化碳，还包括另外五种国际认定的温室气体。

"气候中和"指温室气体或其他造成暖化效应的活动，借由消减、移除或冷却效应，来加以抵消。与"温室气体中和"相比，差异在于，一是气候中和也涵盖了非温室气体的辐射效应，如土地利用变化对气候系统的影响。二是气候中和更强调行为者的活动，不会为气候系统带来"净影响"，也即活动者排放的温室气体要尽可能被"完全移除"，才不会对气候系统有任何影响。2019 年 12 月，欧盟委员会公布了应对气候变化、推动可持续发展的《欧洲绿色协议》，该协议中提出要在 2050 年前实现气候中和。

（五）气候情景

未来的气候变化具有不确定性，需要从长远的角度对未来气候变化可能性进行多种多样的展望。IPCC 第三工作组报告认为，情景分析为人们提供了一个组织信息以及探讨未来发展各种可能性的结构化工具。每个减缓情景都描述了一个特定的未来世界，包括特定的经济、社会和环境特性，以及隐含或清晰地包含有关发展、公平与可持续性的信息。

早在 1995 年的 IPCC 第二次评估报告中就已经出现了一般的减缓情景介绍。该报告从 188 个资料来源中考虑了 519 个量化的排放情景结果，覆盖了全球排放，时间跨度为整个 21 世纪。在所有的一般减缓情景中，技术进步是一个关键性的要素。根据减缓类型，这些情景又分为四大类：浓度稳定情景、排放量稳定情景、安全排放通道情景和其他减缓情景。在评估的情景中，所采取的政策选择考虑了能源系统、工艺过程和土地利用，这些政策的选择依赖于根本性的模型结构。所有评估的情景都包括与能源活动相关的二氧化碳排放量，部分情景包括来自土地利用变化和工艺过程中的温室气体排放。大部分情景模型都简单引入了碳税或有关排放量、浓度水平的约束。

自 IPCC 报告发布以来，先后提出了 SA90、IS92、SRES 等温室气体排放情景，应用于历次评估报告。随着气候变化影响评估的发展，SRES 情景的不足逐渐显现，为此，IPCC 调整了情景的发展方法和过程，构建了新的情景框架，于 2007 年发布典型浓度路径（RCPs）来描述温室气体浓度，并在 RCP 情景的基础上发展了共享社会经济路径（SSPs）来构建社会经济新情景。图 1-4 为 IPCC 发布的 5 种共享社会经济路径情景。

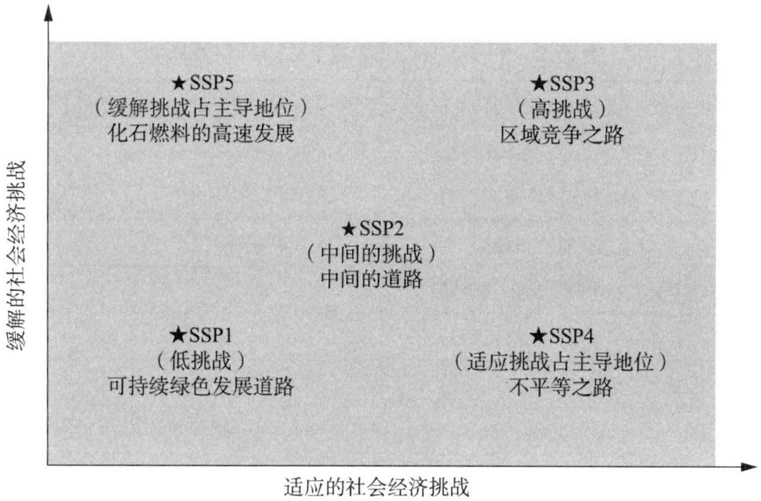

图 1-4 IPCC 发布的 5 种共享社会经济路径情景（SSPs）

资料来源：IPCC。

（六）温控目标：2℃与 1.5℃

2015 年 12 月，《联合国气候变化框架公约》（UNFCCC）近 200 个缔约方一致同意通过《巴黎协定》，明确提出到 21 世纪末，将全球平均温升保持在相对于工业化前水平 2℃以内，并为全球平均温升控制在 1.5℃以内作出努力，以降低气候变化的风险与影响。因此，形成了 2℃或 1.5℃的气候目标。

温控目标的确定既是一个科学问题，同时也是一个关乎各国发展的政治问题。2℃更多的是平衡各方意见后妥协的结果。如果是更具野心的 1.5℃目标，那么实现净零排放的窗口期只剩下 30 年，这需要人类社会实现前所未有的快速且深远的转型。图 1-5

为2022年全球温升进展情况；表1-3为全球温升1.5℃或2℃的风险。

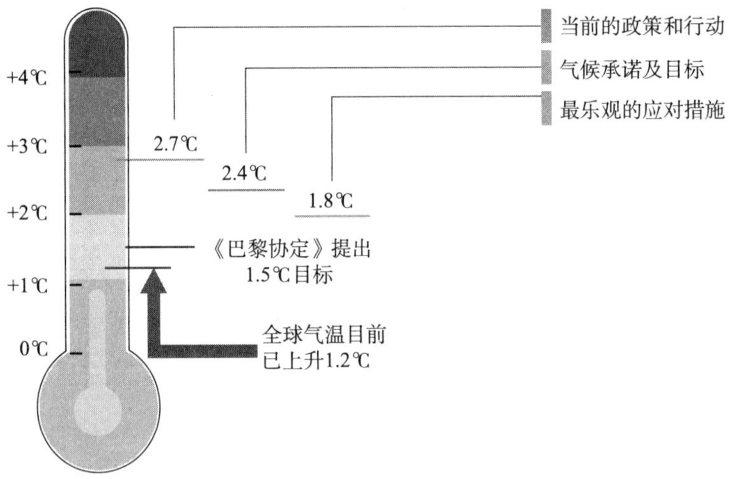

图1-5　2022年全球温升形势

资料来源：联合国环境署。

表1-3　全球温升1.5℃或2℃的风险差异

领域	温升1.5℃的风险	温升2℃的风险
高温热浪（全球人口中至少5年一遇的比例）	14%	37%
无冰的北极（夏季海上无冰频率）	每百年至少1次	每十年至少1次
海平面上升（2100年海平面上升值）	0.40米	0.46米
脊椎动物消亡（至少失去一半数量物种的比例）	8%	16%
昆虫消亡（至少失去一半数量的物种比例）	6%	18%
生态系统（生物群落发生转变对应的地球陆地面积）	7%	13%
多年冻土（北极多年冻土融化面积）	480万平方公里	660万平方公里
粮食产量（热带地区玉米产量减少）	3%	7%
珊瑚礁（减少比例）	70%~80%	99%
渔业（海洋渔业产量损失）	150万吨	300万吨

资料来源：IPCC。

第二节　碳中和愿景重塑全球竞争格局

一、世界面临百年未有之大变局

当前，世界之变、时代之变、历史之变正以前所未有的方式在全球展开，地缘政治、粮食安全、能源安全、脆弱的宏观经济、日益严重的通胀和气候危机等问题，对世界政治和经济形势产生了深刻影响。有西方学者将当前的时代描述为“乌卡”时代。乌卡（VUCA），即易变性（Volatility）、不确定性（Uncertainty）、复杂性（Complexity）及模糊性（Ambiguity）4个单词首字母的缩写，最早被美国军方用来形容“冷战”后的多边世界，这些因素代表人们对当前及未来世界特征的展望。在新一轮能源体系转换的过程中，全球面临四大全新挑战。

（一）全球经济治理面临严峻挑战

当今的世界经济治理体系脱胎于1944年的布雷顿森林体系，确立了美元对国际货币体系的主导权，构建了战后国际货币体系的新秩序。改革开放以来，中国经济逐渐融入世界经济体系，迅速参与国际分工，以新兴经济体和发展中国家为主力的“世界第三波后发现代化”进程促使国际力量出现变数。全球经济实力“东升西降”，与传统治理格局的不匹配构成了当前全球经济治理变革的主要矛盾。后疫情时代，世界经济正进入复苏轨道，但产业链重构、通胀高企等因素使全球经济发展仍存在诸多不确定性。

（二）地缘政治危机加速破坏全球化体系

修昔底德陷阱（Thucydides's Trap）由美国政治学者格雷厄姆·艾利森（Graham Allison）提出，用来说明新兴强国和守成大国之间挑战与遏制的潜在冲突关系，几乎被视为国际关系“铁律”。始于20世纪90年代的第三轮全球化，促进了全球供应链贸易专业化程度的不断加深，促成了劳动密集型产业从高收入国家向中低收入国家的转移。以中国为代表的发展中国家及新兴经济体获得了比较优势，工业化速度明显加快，美国等发达国家越发自陷“修昔底德陷阱”。狭义的国际气候俱乐部、绿色贸易壁垒正是西方大国扭曲心态的最新例证。随着大国矛盾和全球治理的挑战近期均呈上升趋势，全球治理进入新一轮的深度转型与重塑周期，导致主要国家很难在迫在眉睫的能源与气候等全球性议题上展开有效合作，逆全球化持续加深，进一步影响脆弱的世界经济。

（三）能源贸易流向变为政治主导

2022年开始，乌克兰危机下的全球地缘政治变化态势显著加速，能源成为美国、欧洲、俄罗斯和中东斡旋博弈的重要筹码，政治主导下的全球油气贸易格局进入深度调整期，油气在兼具商品、金融、政治等多重属性外，又新增了道德和制裁的标签。在“政治正确”的裹挟下，俄罗斯成为继伊朗、委内瑞拉之后第3个遭受美国“长臂管辖”的主要产油国。欧盟追随美国对俄启动多轮能源制裁，并提出在2027年全面摆脱对俄罗斯能源的依赖。贸易流向由“逆时针”向“顺时针”的转变导致既有油气供应链模式的重构，一是美国、非洲到欧洲油气供应链扩容，欧洲油气“脱俄倚美”；二是俄罗斯到东亚—南亚的油气供应链扩容，俄罗斯油气出口“转东向南”，亚太与欧洲供应来源发生转换。

（四）能源安全上升到新的高度

虽然世界各国在后《巴黎协定》时代对于在能源转型必要性和紧迫性上的共识与日俱增，但随之而来的世纪疫情发酵、地缘政治冲突、能源供应紧张和价格暴涨等因素吞噬了全球多年发展成果，再一次证明了能源三元悖论（亦称“能源不可能三角”），迫使许多政府对其能源战略进行重新评估，简单的能源安全预案在不确定时代越来越难以维系。能源安全的内涵不再局限于石油供应和价格安全，而是从确保普遍获得可负担、可靠、可持续的现代能源，演变成为体系性、全方位安全，并具备应对不确定性、提升抗冲击能力和恢复能力的韧性特征。在全球气候危机下，能源安全韧性治理是实现能源转型的前提和基础。

二、《联合国气候变化框架公约》发展历程

从百年尺度的全球气候变化趋势的科学证据出发，地球逐渐变暖已成为不争的事实，而且这种变暖具有持续时间长、波及范围广，并持续加剧的趋势。在此背景下，有效应对气候变化已成为国际社会普遍关注的世界之问、时代之问、历史之问。

气候变化议题始于科学技术发现，以及缓慢增长的对人类活动影响环境的科学认知。1824 年法国著名数学家和物理学家 Joseph Fourier 最早证明了温室效应理论的存在。但限于科技水平、社会动荡等影响，后续科学家的研究只停留在科学假说层面。1979 年问世的《查尼报告》，预测“CO_2 浓度加倍将令全球温度升高 1.5~4.5℃”，成为科学界向政界提交的第一份官方文件，标志着以“全球变暖”为核心讨论的气候议题开始上升至政治问题视角，直接促成联合国 1988 年成立了政府间气候变化专门委员会（IPCC）。在 IPCC 等组织持续呼吁下，1990 年联合国大会有关气候变化框架公约的国际谈判启动，全球气候治理正式拉开序幕。

1992 年 5 月联合国大会通过了《联合国气候变化框架公约》（以下简称《公约》）。《公约》于 1994 年 3 月生效，截至 2024 年 10 月共有 198 个缔约方，我国于 1992 年 11 月经全国人大批准加入《公约》。《公约》确立了应对气候变化的最终目标，旨在将大气温室气体的浓度稳定在防止气候系统受到危险的人为干扰的水平上；确立国际合作应对气候变化的基本原则，主要包括可持续发展原则、公平原则以及共同但有区别的责任和各自能力原则等；明确发达国家应承担率先减排和向发展中国家提供资金、技术和能力建设支持的义务；承认发展中国家有经济和社会发展、消除贫困的优先需要，充分考虑到经济和社会发展以及消除贫困是发展中国家首要和压倒一切的优先任务。

为加强《公约》实施，1997 年《公约》第三次缔约方大会通过了《京都议定书》（以下简称《议定书》），并于 2005 年 2 月生效，明确了发达国家整体率先减排的目标

和受管控的温室气体类型，并确立了“排放权交易”“联合履约”“清洁发展机制”三种基于市场的“灵活履约机制”。为进一步加强国际社会合作应对气候变化，对 2020 年后应对气候变化国际机制作出安排，2015 年 12 月《公约》第 21 次缔约方大会达成《巴黎协定》，提出了控制全球温升低于 2℃并努力实现 1.5℃之内的长期气温目标，并就国家自主贡献、减缓、适应、损失与损害机制、资金、透明度、全球盘点等方面作出了全面平衡的安排，全球应对气候变化合作进入“自下而上+自上而下”的新阶段，全球绿色低碳转型也成为不可逆转的趋势。基于《联合国气候变化框架公约》框架下的《京都议定书》和《巴黎协定》被视为全球气候治理的两大标志性成果。

三、全球气候治理进程的积极进展

迄今已 30 余年历程的全球气候治理，是在曲折中艰难探索、不断发展起来的，取得了不少积极进展，主要体现在四个方面。

（一）治理架构不断完善

相比于其他领域的全球治理结构，全球气候治理的架构是最系统完整的体系之一，形成了以《联合国气候变化框架公约》及其框架下的《京都议定书》《哥本哈根协议》《巴黎协定》为核心内容，覆盖全球多区域、国家、次国家和非国家行为主体的多元治理网络，经受住了美国退出、新冠疫情等重大危机的冲击，展现出较强的制度韧性。

（二）各国减排责任的确定原则不断进步

《巴黎协定》将《京都议定书》基于“共同但有区别的责任”原则建立的“自上而下”的减排目标分摊模式，改为“自下而上”的国家自主贡献（NDCs）模式，各国减排行动首次被纳入一个有一定法律约束力的统一框架，奠定了世界广泛参与减排的基本格局。

（三）治理目标不断明确

《巴黎协定》明确提出了“保 2℃争 1.5℃”的温升控制目标，取代了过去用大气温室气体浓度来表征温室效应，使治理目标更加易于理解并方便测量。

（四）治理理念不断丰富

应对气候变化国际行动从谈判初期被普遍视为一个责任和成本分摊的过程逐渐升级成如今被更多视为共担共商共建共享并存的新模式、新思路。习近平总书记多次强调，应对气候变化不是别人要我们做，而是我们自己要做。中国气候治理理念的转变在国际上具有很强的代表性。

四、气候俱乐部：一种《联合国气候变化框架公约》外的小多边路径

（一）“气候俱乐部”的特点及其战略考量

由于气候议题本身的全球公共物品特性及相关行为体的利益分化，以联合国为中心的单一气候治理架构近年来正逐渐向一个诸多治理机制并存的复合体方向演进。气候俱乐部（climate club）这一概念最早是借助制度经济学思路、环境志愿治理等相关经验提出来的，后被诺贝尔经济学奖获得者诺德豪斯等西方知名学者视为解决气候治理“搭便车”效应而陷入集体行动困境的终极措施，开始受到国际社会的普遍关注。

目前国际上尚无气候俱乐部的统一定义。影响最大的定义是由诺德豪斯提出，他将排他性门槛、俱乐部产品生产、惩罚机制作为气候俱乐部的基本要素。然而，这种狭义的气候俱乐部是一种纯理论的制度设计，在现实世界中尚难出现。更广义的气候俱乐部是具有相似立场的国家在《联合国气候变化框架公约》外自发组建的应对气候变化联盟，被视为多边框架下的“小多边主义”路径，其形式包括多边合作机制、区域性气候治理安排、跨国气候行动、国际论坛以及伙伴关系等。

目前实际存在的约 20 个气候俱乐部虽然在参与结构、组织架构、核心议题、功能定位、运作模式方面差异很大，但均具有“胡萝卜和大棒”的典型特征，即为成员国提供排他性奖励，鼓励合作，同时针对非成员国使用惩罚性措施，惩罚非合作与“搭便车”现象。

2023 年 12 月，七国集团（G7）主导建立的以推进全球工业绿色转型政策框架为目标的“气候俱乐部”在 COP28 会议上正式启动，首批成员有 36 个，合计占全球经济总量的 55%以上。这种欧美主导成立的“气候俱乐部”无疑具有维护自身国家利益及提升国际竞争力的近期目标，也有着主导未来低碳经济时代国际秩序的长远考虑，体现了其对内外部各种战略考量的融合。一是从宗旨看，俱乐部成员基于自身利益，意图在《联合国气候变化框架公约》外推动新的应对气候变化路线，实质上是对《联合国气候变化框架公约》及“共同但有区别的责任”等国际公认原则的否定和抛弃。二是从成员看，意识形态认同往往成为加入俱乐部的先决条件，这种阵营化发展趋势将进一步恶化国际气候合作氛围。三是从手段看，俱乐部倾向于利用自身资本、投资、贸易等领域优势地位，强推其绿色低碳转型策略，通过奖惩激励，迫使非成员国跟随或服从，显失公平公正。

（二）以“气候俱乐部”为代表的小多边平台对中国参与全球气候治理的影响

俱乐部式气候治理作为全球气候博弈新动向仍在演变中，事关全球气候治理制度话语权和规则制定权的发展走向，对中国等广大发展中国家制定气候和能源政策，开展气候外交等形成一系列严峻挑战。

1. 增加中国与其他发展中国家之间气候谈判立场协调的复杂性，影响运筹国际气候谈判资源能力

中国作为全球最大的发展中国家，是发展中国家参与国际气候谈判、维护和主张自身合法权益的重要代表。气候俱乐部是以治理雄心和政策工具选择作为气候意识形态来区分“敌我关系”，欧美借助气候变化资金、清洁能源发展、供应链合作等俱乐部手段，从政治基础上动摇一些发展中国家的一致立场，同时加剧全球气候治理的分裂和机制设置的碎片化，影响中国在气候谈判中资源整合运用的能力。

2. 抬升中国国际经贸合作壁垒，扰动外向型经济发展进程

气候俱乐部是否会依托碳税机制有进一步的举措尚不可知，但从欧盟曾表态基于碳边境调节机制（CBAM）发展有关碳定价和贸易俱乐部的计划，以及美国对碳边境调节税进入贸易议程的积极态度来看，此次 G7 主导建立的气候俱乐部有向基于碳定价/碳交易的贸易俱乐部发展的倾向。欧美长期以来致力于通过全球产业链和贸易结构的布局来动态调整气候治理责任的分配，努力将市场机制融入全球气候治理体系，以此来减少发达国家参与气候行动的成本。以 CBAM 为例，短期内可能直接影响中国的钢铁、水泥、铝、化肥等出口贸易，中期可能对 44 类被认为存在碳泄漏重大风险的商品产生影响，长期则加剧碳排放定价权和气候变化贸易的竞争。

3. 对冲中国实施积极气候政策的效果，阻碍全球气候治理体系变革

欧美提出的“气候俱乐部”表面上是号召具有减碳目标的国家协同减碳，实则是加速打造专属“碳圈”，多点运作、互为奥援、剥夺广大非会员国家共享全球减碳技术和获得资助的机会，加剧了这些国家实现低碳目标的压力。

当前，全球气候治理体系变革亟待从公平与效率方面实现变革，但是推进艰难。中国等发展中国家与西方发达国家之间存在鲜明的路线之争。气候俱乐部的涌现可能与气候治理领域现有的多边机制产生竞争，并削弱现有多边机制的努力。欧美等发达国家从行动上脱离《联合国气候变化框架公约》，另辟轨道，试图从底层重建符合其战略需求的全球气候治理架构，必将引发新一轮全球气候治理领导力的争夺。

（三）中国的应对策略

虽然西方国家主导的气候俱乐部存在争议和缺陷，但它作为一种气候治理模式依然有很多可取之处。中国不反对《联合国气候变化框架公约》外的小多边方式，实际上也参与了包括二十国集团、碳收集领导人论坛、主要经济体能源与气候论坛等在内的一些气候俱乐部。中国有能力在理念和制度上贡献中国智慧、提出中国方案，推动气候俱乐部更好地发挥作用。

第一，坚持以联合国为中心的治理路径。气候俱乐部应具有较大的包容性，不能偏离共同但有区别的责任原则，使所有致力于深度减排的国家都有机会参与。

第二，积极参与国际经贸规则谈判进程。在气候俱乐部的制度设计中，中国可加

入发达国家对发展中国家的补偿机制、以能力建设和气候变化适应为主题的援助机制，推动国际经贸规则的创新，让自由贸易与气候治理协同共进。

第三，积极贡献全球气候治理的中国思想。未来中国引领全球气候治理应着力在全球气候治理的新思想、新理念供给方面花大力气，重点在国际上推广传播生态文明思想、人类命运共同体理念、地球生命共同体和人与自然命运共同体等新理念。

五、联合国政府间气候变化专门委员会（IPCC）及其编制的历次评估报告

1988 年 11 月，IPCC 由联合国环境规划署（UNEP）和世界气象组织（WMO）建立，旨在定期为政治决策人提供关于气候变化的科学评估。IPCC 下设有三个工作组，分别对气候系统与气候变化的科学问题、气候变化的影响与适应气候变化的方法以及减缓气候变化的可能性三方面进行评估。此外，IPCC 还设有国家温室气体清单专题组，为各国编制国家温室气体清单提供指南。IPCC 附属于联合国，向联合国及世界气象组织的全体成员开放。值得注意的是，IPCC 评估报告所反映的观点与政策制定相关，但不具有政策指示性。IPCC 发布的评估报告可以为全球范围内的政策制定者及其他各相关领域的科研工作者提供与气候变化相关的科学依据和具体的数据。IPCC 自身并不针对气候变化进行具体研究工作，也不对气候现象及气候变化进行监测，而是对全球每年出版的有关气候变化的研究论文进行审查。在全面、客观、公开和透明的基础上，提供有关气候变化的科学技术和社会经济认知状况、气候变化原因、潜在影响和应对策略的综合评估。每一份评估报告都需要经历 5 年左右的起草、编纂与审议周期。来自全球各地的数以千计的顶级科学家及其他领域的专家将共同志愿编撰评估报告。经过科学家与各国政府审议后，评估报告将公开发布，供各国决策者、科研机构、智库、媒体与民间社会了解气候变化科学进展、影响与应对措施。此外，与其他气候报告不同的是，作为联合国的气候科学机构，IPCC 所发布的报告是由政府委托并授权的。无论是报告的大纲、草稿还是最终发布的《决策者摘要》，都需要由 IPCC 的 195 个国家和地区代表进行逐字审议，最终获得通过的报告内容意味着得到所有参与国家的认同和承认。这也使得 IPCC 报告具有很强的权威性。

自 1990 年开始，IPCC 每六到七年会发布一次综合科学评估报告，于 2014 年完成的第五次评估报告（AR5）为 2015 年达成的《巴黎协定》提供了主要的科学依据。IPCC 于 2023 年 3 月发布的第六次评估报告的综合报告是在第六次评估周期三个工作组报告以及《全球升温 1.5℃特别报告》（2018 年）、《气候变化与土地特别报告》（2019 年）和《气候变化中的海洋和冰冻圈特别报告》（2019 年）的基础上综合集成，全面总结了关于气候变化的观测事实、影响风险评估，以及减缓和适应气候变化的进展和情景研究，为《巴黎协定》第一次全球盘点提供科学参考，也是 2030 年前全球气候政策制定和行动的重要参考依据。

IPCC 迄今 6 次对于全球变暖原因描述的变化如下：①第一次（1990 年）极少观

测证据可检测到人类活动对气候的影响；②第二次（1995 年）一些证据可识别人类活动对 20 世纪气候变化的影响；③第三次（2001 年）近 50 年观测到的变暖大部分可能是由于温室气体浓度增加造成的；④第四次（2007 年）全球变暖不仅在地表，而且在对流层和洋面以及海冰中都检测到变暖信号，20 世纪中期以来全球变暖很可能是人类活动造成的；⑤第五次（2013 年）在 5 个圈层都检测到变暖，自 20 世纪中期以来全球变暖很可能人类活动是主因；⑥第六次（2021 年）毋庸置疑，人类活动已造成大气、海洋和陆地变暖。

IPCC 评估报告汇集了全球最新的气候变化科研成果，已成为国际社会建立应对气候变化制度、采取应对气候变化行动最重要的科学基础，也是各国政府制定本国应对气候变化政策的主要科学依据。

六、推动低碳的技术图谱不断丰富

实现碳减排的技术较多，既包括能源系统的源头减排技术（如太阳能、风能、生物质能等可再生能源技术）、各种能效提高技术，也包括能够实现末端大规模减排的碳捕集、利用与封存（CCUS）技术，以及能够实现负排放的直接空气捕集（DAC）技术、生物炭技术等，这些技术是实现温室气体深度减排以及碳中和的关键。图 1-6 为碳中和愿景下的碳排放净零排放技术体系。

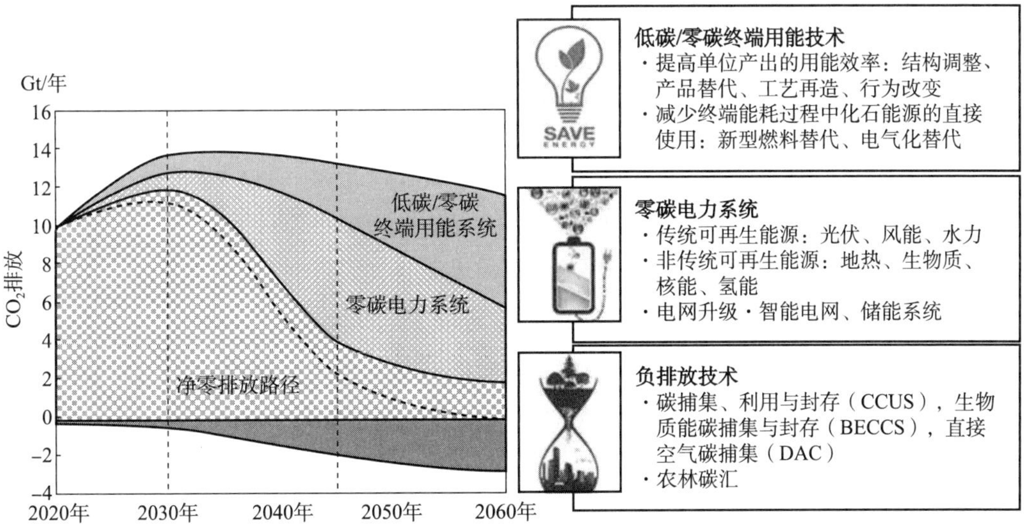

图 1-6　碳中和愿景下的碳排放净零排放技术体系

资料来源：王灿等（2021）。

七、碳中和愿景重构产业发展格局

在不断细化的减排目标下，各行业将加快寻求“绿色化”转型的发展方式。汽车等行业的制造范式和产品结构将发生颠覆性转变，化工、建材等传统高碳部门在世界范围内寻求“排放洼地”的动机将增强。

“双碳”目标推动工业制造业产业链升级。新能源技术与信息技术广泛应用并与其他产业的深度融合将推动工业发展向绿色化、智能化、服务化和定制化转变。制造业向“微笑曲线”两端高附加值、高控制力和高影响力环节延伸。

八、碳中和愿景重构企业竞争规则和核心竞争力

在碳中和愿景下，会倒逼企业建立适合国际治理和经贸合作机制，加速企业生产方式变革和业务结构优化。首先是在企业生产链和采购链低碳化的导向下，产品和原材料的含碳量指标将成为与成本、质量和服务同等重要的竞争因素。其次是在全球低碳金融的投资导向下，将使高碳排放行业和企业面临融资困难，投资存在搁浅风险。再次是企业的生产行为会受到各利益方的监督，企业减排成本能够转化为企业竞争优势，从而提升市场竞争力。最后是绿色消费会倒逼生产领域进行减排，推进工业、交通和建筑等领域的节能和低碳服务产业的迅速发展。

第三节　碳减排机制的经济学理论分析

一、价格、效用与稀缺性

价格、效用与稀缺性市场把物品的提供者和需求者聚集到一起买卖物品，通过交易形成市场价格。价格既是一种浪费最少的竞争规则，也是一种信息传递机制。环境保护的一种思路便是把环境成本尽可能体现在价格中。

效用是指人的福利水平，也就是人得到的满足感，是一种主观的感受。对不同的人而言，同一个物品可以有不同的效用。

经济物品是指人们想得到，而且越多越好的物品，包括实物和服务。经济物品具有稀缺性，才有买卖的价值，稀缺性的存在形成了市场交易的基础。

二、公共物品与外部性理论

（一）公共物品

根据经济学家保罗·萨缪尔森的定义，若任何一个人对某种物品的消费都不会减少其他人对这种物品的消费，这种物品就是公共物品。

公共物品具有三方面特征：第一，效用不可分性。公共物品的受益人是所有人。第二，消费的非竞争性。每个人对公共物品的消费不会影响其他人的消费。第三，受

益的非竞争性。公共物品可被多人共同消费，也无法排除他人对该公共物品的消费。公共物品的三大特征决定了可能存在的“搭便车”问题，以气候变化为例，当一些国家采取降碳技术，付出一定成本减少全球二氧化碳排放量，其他没有采取减排行动的国家却从中获益，就出现了“搭便车”行为。

（二）外部性理论

1890 年，英国经济学家 Alfred Marshall 在《经济学原理》一书中提出了外部性，它通常指一个人或一群人的行动和决策使另一个人或一群人受损或受益的情况，又称溢出效应、外部影响、外差效应或外部效应、外部经济。外部性分为正外部性和负外部性。正外部性是某个经济行为个体的活动使他人或社会受益，而受益者无须花费代价。负外部性是某个经济行为个体的活动使他人或社会受损，却没有为此承担成本。气候变化便是一种负外部性。

解决外部性的基本思路是外部性内部化，即通过选择合适的制度安排使得经济主体和经济活动所产生的社会收益或社会成本，转化为私人收益或私人成本，使技术上的外部性转为金钱上的外部性，在某种程度上强制实现原来并不存在的货币转让。其核心原理是改变激励，使人们考虑自身行为的外部效应。针对外部性的解决办法主要有：命令与管制、征税与补贴和自由交易。

基于此原理，碳减排的两大手段是碳税和碳交易市场。第一，碳税由庇古税演化而来。政府直接为碳排放的外部性定价，将其转化为企业的生产成本。碳价等于碳税，属于价格手段。第二，碳交易市场由科斯定理演化而来。政府给定碳减排目标和排放总量，碳价由市场竞争定价，属于数量手段。企业根据碳价调整自身的生产经营行为，推动企业减排。

三、庇古税

1920 年，英国经济学家 Arthur Pigou 在《福利经济学》一书中指出，由于存在环境的外部性，应由国家采用干预的手段进行外部性的内部化，即对不利的生产者进行征税，来消除这种边际私人成本和社会成本之间的差距，从而使经济达到一种良性均衡，这就是庇古税。

碳税本质上是一种庇古税，它是以应对全球气候变化为目的，对二氧化碳排放征税。作为一种基于市场的具有较高成本效益的措施，碳税一直是国际上最受关注的减排政策之一，被诸多经济学家和国际组织所倡导。

碳税机制如图 1-7 所示。在无碳税机制时，碳排放产品的供给和需求曲线的交点为 A，此时均衡的碳排放量为 Q_0，价格为 P_0。假设政府希望降低碳排放量到 Q_1。在碳税机制下，对碳排放额外征收排放税，碳排放成本提高。供给曲线将向上平移到 S^*，形成新的均衡点 B。此时，碳排放量从 Q_0 降低到 Q_1，价格从 P_0 上升到 P_1。

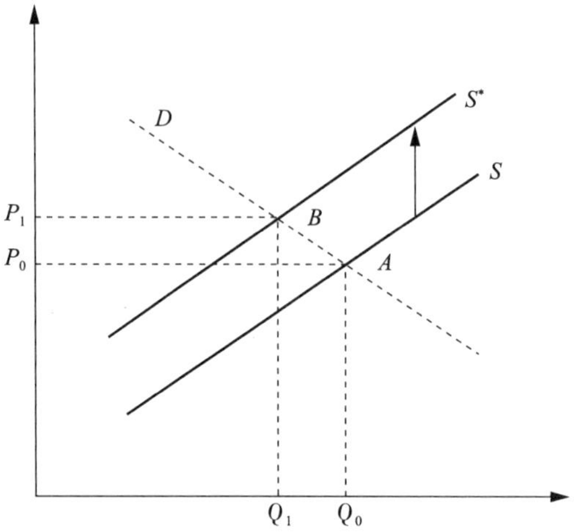

图 1-7　碳税机制示意图

四、科斯定理

美国经济学家戴尔斯于 1968 年首先提出了“排放权交易”概念，即建立合法的污染物排放权利，将其通过排放许可证的形式像商品一样进行交易。

碳排放交易的理论依据是科斯定理，机制如图 1-8 所示。在无碳交易机制时，碳排放产品的供给和需求曲线的交点为 A，此时均衡的碳排放量为 Q_0，价格为 P_0。假设政府希望降低碳排放量到 Q_1。在碳交易机制下，由于排放总量是有限的，如果市场主体想要生产超过其原始排放配额的产品，那么这些配额就必须在不同主体之间进行交易。随着排放额度越来越稀缺，价格也会随之上涨。配额越少，价格就越高。在总量约束下，新的供给曲线（S^*）将移动到与目标排放量垂直位置，排放数量从 Q_0 下降到 Q_1。排放需求增加，市场只能以更高的价格作为回应。此时，新的供给和需求额均衡点为 B，价格将上升到 P_1。

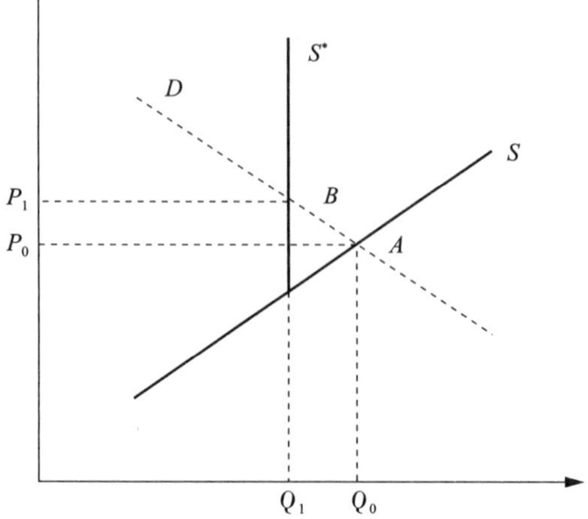

图 1-8　碳排放交易机制示意图

五、碳排放驱动因素研究的相关理论方法

（一）环境影响的人口、经济、技术驱动理论

Ehrlich 和 Holdren 等在 1971 年提出的 IPAT 模型被广泛地应用于描述人类活动对环境的影响中。其中，环境影响（I）分解为三个主要驱动因素：人口规模（P）、经济水平（A）和技术水平（T）。此后，在 IPAT 模型的基础上，Dietz 和 Rosa 等在 1997 年提出了人口、经济和技术对环境的随机影响 STIRPAT 模型。

STIRPAT 模型通过引入变量的指数形式使模型可以反映非比例的影响关系，定量描述了人口、经济和技术对环境的随机影响。作为一个可扩展的随机环境影响评估模型，其被广泛地应用于碳排放驱动因素的研究中。STIRPAT 模型可以表示为以下等式：

$$I_{it}=a_i P_{it}^b A_{it}^c T_{it}^d e_{it}$$

式中，I 为环境变量；参数 a 为常数项；b、c 和 d 分别为人口变量 P、经济变量 A 和技术变量 T 的弹性；e 为误差项。下标 i（$i=1, 2, \cdots, N$）表示个体，下标 t（$t=1, 2, \cdots, T$）表示时间。

对上述方程两边取对数，可以得到 STIRPAT 模型的线性形式：

$$\ln I_{it}=\ln a_i+b\ln P_{it}+d\ln T_{it}+e_{it}$$

（二）Kaya 恒等式分解理论

1990 年，Kaya 将碳排放分解为四个方面的驱动因素，认为在一个给定的时间，二氧化碳排放是人口、人均 GDP、能源强度和能源碳强度的乘积，并形成了 Kaya 恒等式，其一般形式如下：

$$C=P\cdot\frac{G\cdot E\cdot C}{P\cdot G\cdot E}$$

式中，C 为二氧化碳排放；P 为人口；G 为 GDP；E 为一次能源消费。

（三）环境库兹涅茨曲线假说

1991 年，出于对北美自由贸易可能会恶化贸易参与者环境的担忧，Grossman 和 Krueger 等首次实证了环境质量与人均收入之间的关系，指出环境污染水平在低收入水平上随人均 GDP 的增长而上升，在高收入水平上随人均 GDP 的增长而下降。1993 年 Panayotou 等首次将环境质量与人均收入之间的关系扩展为环境库兹涅茨曲线（EKC）（见图 1-9）。

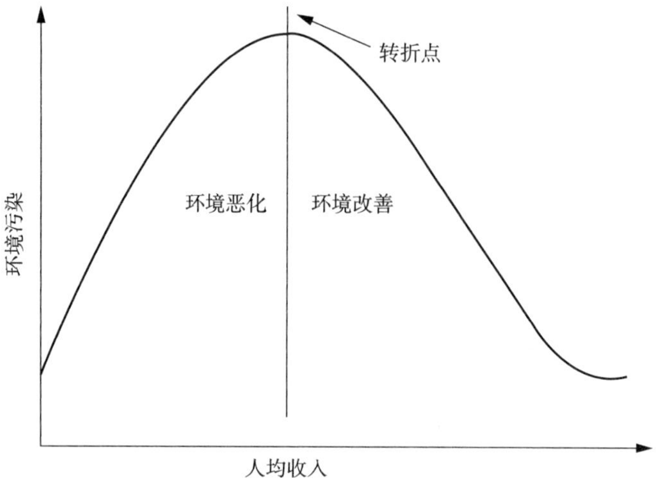

图 1-9 环境库兹涅茨曲线（EKC）示意图

环境库兹涅茨曲线提出后，关于环境质量与收入水平关系的理论研究不断涌现，丰富了对 EKC 的理论解释。

六、碳金融的基础理论

绿色金融是指金融部门把环境保护作为一项基本政策，在投融资决策中考虑与环境相关的潜在回报、风险和成本，并在引导社会经济资源流动时注重生态环境保护以及环境污染治理，通过金融的力量支持或保护绿色发展、绿色经济或生态环境。

碳金融是绿色金融最重要的组成部分。碳金融的定义有广义和狭义之分。广义的碳金融是指为减少温室气体排放而开展的各类金融交易活动以及为该活动进行的相关金融制度安排等，它起源于《联合国气候变化框架公约》和《京都议定书》两项国际协议。狭义的碳金融包括基于配额和基于项目交易的碳现货、碳期货、碳期权、碳远期等金融产品与衍生品。目前我国对碳金融的实践仍处于探索阶段。

七、碳排放权交易体系

碳排放权交易体系，也称碳市场，是允许参与方为符合排放上限要求而买卖配额的交易市场，是目前使用较为广泛的碳金融工具。

碳交易机制遵循“总量控制的原则”，即政府或各方通过协商设定、控制总量和碳排放权分配规则，主体可按照规定获取配额，并根据自身减排情况决定是在交易市场购买更多配额还是出售多余配额。总量确定后，通过免费发放或拍卖的方式向控排主体分配可交易的碳排放配额。

八、碳减排政策分析方法

适用于政策分析的模型方法比较多，下面介绍几种主要的模型。

（一）双重差分模型

双重差分模型（DID）是目前国内外检验一项政策或项目实施效果的重要定量评估方法。双重差分模型的基本思想是利用政策的准自然实验将研究对象随机分成处理组和对照组，其中受到政策影响的个体称为处理组，反之为对照组。基于准自然实验，通过建模来有效控制研究对象间的事前差异，将政策影响的真正效果有效分离出来。双重差分模型的优点是能够避免政策作为解释变量所存在的内生性问题，从而有效控制被解释变量和解释变量之间的相互影响效应。

（二）自上而下的综合评估模型

以最优化模型为框架的综合评估模型可用于气候政策或碳减排政策的分析，主要特色在于将气候系统与经济系统紧密且动态地耦合和联系起来，可用于模拟和评价不同碳减排政策的气候和经济影响，更好地帮助理解碳减排政策设定下经济发展和环境保护之间的复杂关系。

代表性的综合评估模型包括 William Noadhaus 开发的 DICE/RICE 模型、斯坦福大学开发的 MERGE 模型、日本国立环境研究所开发的 AIM 模型、国际应用系统分析研究所（IIASA）开发的 MESSAGE 模型、美国西北太平洋国家实验室开发的 GCAM 模型等。

（三）自下而上的能源技术模型

自下而上的能源技术模型实际上是能源部门的局部均衡，刻画了大量能源技术，通常被视为优化问题，在满足最终能源或能源服务给定需求的目标下，在技术限制和能源政策的约束下，来计算能源系统活动的最低成本组合。代表性的能源技术模型有国际能源署开发的 MARKAL 模型和 TIMES 模型、瑞典斯德哥尔摩环境研究所开发的 LEAP 模型等。

（四）可计算一般均衡模型

脱胎于 Walras 一般均衡理论的可计算一般均衡（CGE）模型是用一组方程来描述社会经济系统中的供给、需求和市场关系，着眼于经济系统内的所有市场、所有价格，以及各种商品和要素的供求关系，要求所有市场都达到供求平衡的可用于政策模拟分析的国际主流大型系统模型。它的优点在于既体现了市场机制的作用，又体现了经济系统中不同经济主体和部门之间的普遍联系，充分运用了部门和经济主体之间的交易信息来捕捉经济系统各部门、各经济主体的复杂联系和相互作用的传导、反馈机制。

第四节　推进“双碳”与构建新型能源体系

一、“双碳”目标彰显了中国应对气候变化的决心和信心

从我国参与联合国气候变化大会的历史来看，有几个重要节点：第一个节点是2009年在哥本哈根召开的联合国第9届气候变化大会，我国第一次由政府最高领导人带队参加，时任国务院总理温家宝出席了这次会议。也是第一次用政府承诺的方式，向世界宣誓我国要在2020年实现单位GDP二氧化碳排放量比2005年下降40%~45%。这是非常有挑战性的任务。在“十三五”末期，即2020年底，我国超额完成了任务，单位GDP二氧化碳排放量比2005年下降48.4%。

第二个节点是2015年，在联合国第15届气候变化大会上，中国加入《巴黎协定》，并承诺在2030年前后碳达峰：到2030年，单位GDP二氧化碳排放比2005年下降60%~65%，非化石能源占比在2030年达到20%，森林蓄积量比2050年增加45亿立方米。

第三个节点是习近平总书记于2020年在第七十五届联合国大会一般性辩论上表示，中国将提高国家自主贡献力度，采取更加有力的政策和措施，二氧化碳的排放力度力争于2030年前达到峰值，努力争取2060年前实现碳中和。

除了“双碳”目标，我国也同时承诺2030年风光发电总装机容量达到12亿千瓦以上。2022年底我国风光发电装机容量已经达到7.4亿千瓦，到2030年达到16~18亿千瓦的可能性很大。

二、中国“双碳”行动的多维解读

截至2023年8月，全球150多个国家已经提出或正在研究提出净零排放目标，覆盖全球88%的碳排放、92%的GDP、89%的人口。其中，大多数发达经济体通过立法、政策宣誓等方式，承诺将在2050年实现碳中和（净零）。而发展中国家尚处在工业化进程中，因此在保证经济社会发展的基础上，难以同发达国家的碳达峰承诺保持步调一致。

我国提出2060年前的碳中和目标是经过深思熟虑的。如果过早，会影响国家发展；如果过晚，会使我国在国际政治、经济领域处于相对被动的局面。

碳达峰碳中和首先是气候问题。人为增加的温室气体排放导致全球平均温度升高，带来海面上升、沙漠扩大、气候极端等多重问题，已基本成为科学上的共识。中国提出“双碳”目标展现出世界上最大的发展中国家面向以气候变化为代表的全球生态危机、在人类历史进程急需发展范式革命之际的历史担当和庄严承诺，没有在累积和人均历史排放量等问题上做纠结。在能源领域，推进“双碳”工作的本质是在较短的时

间内实现对化石能源的颠覆性替代，将新一轮能源革命和产业变革的底座整体平移至非化石能源，也是破解资源环境约束、能源安全等突出问题，促进人与自然和谐共生的中国式现代化的迫切需要。

碳达峰碳中和从来不是纯粹的环境问题，而是与政治、经济、社会、科技、资本、意识形态等不同领域高频互动、交织嵌套。短期看，应对气候变化实践成为当前世界各国利益的最大交汇点，有助于把握住化解气候危机的“关键窗口”，但长期来看，各国在减排路径、责任划分、技术积累、资金投入等方面的认知与行动差异，会加剧相关国家间的国际话语权和发展空间竞争，大国博弈色彩越发明显，如模糊碳排放权分配来转嫁减碳责任、设计碳交易机制来设置贸易壁垒、利用新能源科技和产业补贴布局产业链供应链自主可控等。气候变化是一个具有多重属性的复杂问题。碳中和正在快速拓展气候问题的经济和政治维度，尤其是当气候问题的跨区域、跨世代外部性被发达国家零和博弈的竞争性思维所遮蔽时，必将引发新一轮全球博弈和失衡。

对中国而言，推动实现碳达峰碳中和，对外是重建全球新规则的战略新机遇，对内则是倒逼经济创新高质量发展，凸显了以习近平同志为核心的党中央下好先手棋、打好主动仗的战略考量，也是推进中国式现代化的战略基点与内在需要。

三、中国碳排放现状及趋势

一是产业结构重。中国仍处于工业化发展阶段，经济发展任务艰巨，能源需求还将刚性增长。

二是能源底色重。中国能源结构偏煤、能源利用效率偏低。2022 年我国煤炭消费比重为 56.2%。2022 年，单位 GDP 能源消耗为 0.45 吨标准煤/万元，约是世界平均水平的 1.5 倍、发达国家平均水平的 2.9 倍。

三是排放总量大。中国是目前世界上最大的能源生产和消费国。2021 年，我国碳排放量为 115 亿吨、占全球总排放量的 31%。1751 年以来，累计碳排放达 2000 亿吨，占全球总排放量的 12.7%。

四是减排斜率大。从“碳达峰”到“碳中和”，欧盟经历约 70 年，美国、日本经历 40 年左右，而中国仅有 30 年时间。体现为中国碳减排过程将呈现一条斜率很陡的曲线。欧盟、美国、日本的碳达峰是产业自然发展的过程，而中国的碳达峰更多的是人为的行为。美国、欧盟、日本是自然睡醒，中国是闹钟叫醒，自然睡醒肯定比闹钟叫醒更加舒服。

四、碳达峰碳中和“1+N”政策体系

目前，我国已建立碳达峰碳中和“1+N”政策体系，完成政策框架体系的顶层设

计，为后续推动落实政策制定提供了遵循。同时，行业领域要求和保障“双碳”落实的制度要求类政策不断出台，为行业企业落实“双碳”目标提供了依据。但目前政策体系仍不健全，特别是针对企业落实“双碳”目标的具体政策和标准规范还不完善，需要持续关注。

“1”由《中共中央 国务院关于完整准确全面贯彻新发展理念做好碳达峰碳中和工作的意见》《2030 年前碳达峰行动方案》两个文件构成。

“N”是重点领域、重点行业实施方案及相关支撑保障方案。同时，各省区市均已制定了本地区碳达峰实施方案。总体上已构建起目标明确、分工合理、措施有力、衔接有序的碳达峰碳中和政策体系。

在“N”政策基础上，又进一步从能源、节能、工业、城乡、交通、循环经济、科技、碳汇、全民、梯次有序十个方面拓展细化，如制定“十四五”发展规划、实施指南、指导意见等文件，细分范围；还细分行政管辖，如制定 31 个省区市制定本地区碳达峰实施方案；以及细分行业领域，如油气、新能源、电力、工业节能、科技、金融等。

表 1-4 为碳达峰碳中和“1+N”政策体系梳理。

表 1-4 碳达峰碳中和“1+N”政策体系梳理（截至 2022 年）

序号	时间	政策名称
1	2022 年 1 月 18 日	国家发改委等七部门发布《促进绿色消费实施方案》
2	2022 年 2 月 10 日	国家发改委、国家能源局发布《关于完善能源绿色低碳转型体制机制和政策措施的意见》
3	2022 年 3 月 23 日	国家发改委、国家能源局发布《氢能产业发展中长期规划（2021—2035 年）》
4	2022 年 4 月 19 日	教育部印发《加强碳达峰碳中和高等教育人才培养体系建设工作方案》
5	2022 年 5 月 25 日	财政部发布《财政支持做好碳达峰碳中和工作的意见》
6	2022 年 6 月 10 日	生态环境部等七部门发布《减污降碳协同增效实施方案》
7	2022 年 6 月 24 日	交通运输部等四部门发布 贯彻落实《中共中央 国务院关于完整准确全面贯彻新发展理念做好碳达峰碳中和工作的意见》的实施意见
8	2022 年 6 月 24 日	科技部等九部门发布《科技支撑碳达峰碳中和实施方案（2022—2030 年）》
9	2022 年 6 月 30 日	农业农村部、国家发改委发布《农业农村减排固碳实施方案》
10	2022 年 7 月 7 日	工信部、国家发改委、生态环境部发布《工业领域碳达峰实施方案》
11	2022 年 4 月 22 日	国家发改委、国家统计局、生态环境部发布《关于加快建立统一规范的碳排放统计核算体系实施方案》
12	2022 年 6 月 30 日	住建部、发改委发布《城乡建设领域碳达峰实施方案》
13	2022 年 11 月 2 日	工信部等四部门联合印发《建材行业碳达峰实施方案》
14	2022 年 11 月 10 日	工信部、国家发改委、生态环境部联合印发《有色金属行业碳达峰实施方案》

五、碳中和目标下的中国能源展望

2023 年 11 月 6 日，中国海油在第六届中国国际进口博览会上隆重推出《2060 能源展望》。这是中国海油首次面向国内外发布关于能源展望的旗舰报告。

《2060 能源展望》（以下简称《展望》）以终端能源需求模型、能源转化优化模型和能源区域供应模型为重要工具，从全球、中国、海洋能源三个维度、九个情景分析和推演了全球和中国关键能源技术的发展潜力，重点能源消费部门发展趋势，终端能源和一次能源的消费情况，海洋相关能源未来发展态势，以及油气资源的未来供应格局等。

在全球能源展望部分，《展望》以全球实现净零碳排放时间“早”与“晚”的差异作为关键因素设定了能源系统转型情景：加速碳减排（Early Zero Emission，EZE）情景与温和碳减排（Delayed Zero Emission，DZE）情景，并以现有能源政策延续作为对照（Baseline，B/L）情景，探究推演不同的转型速度对应的能源系统发展路径以及碳排放轨迹，同时按照亚太、北美、欧亚、非洲、中南美、中东、欧洲进行分区，对区域能源消费和供应进行预测和分析。研究结果显示，全球一次能源消费增速逐渐放缓，消费总量将在 21 世纪中叶前达到峰值。其中，全球石油消费将在未来 10 年内达到峰值后逐步下降；天然气作为能源转型的重要桥梁，需求将在较长时期保持旺盛；中东将持续占据全球石油供应的主导地位；中东、北美和欧亚地区将是未来全球天然气供应的主要来源地。

在中国能源展望部分，《展望》以能源系统 2060 年净排放量的“多”与“少”作为关键约束设定能源系统转型情景：温和转型碳中和（Carbon Neutrality Smooth，CNS）情景与深度转型碳中和（Carbon Neutrality Deep，CND）情景，并以现有能源政策延续作为对照（Baseline，B/L）情景，推演不同碳排放约束下的能源转型路径，并在 CNS 情景的基础上，细化考虑了具有代表性的低碳技术更快速度和更大规模发展对能源转型路径的影响，设置三个技术大发展情景：电力大发展（CNS-E）情景、氢能大发展（CNS-H）情景和 CCS 大发展（CNS-CCS）情景。研究结果显示，中国一次能源消费仍将持续增长并在 2035 年前后进入峰值平台期，煤炭和石油消费比重呈阶梯式下降趋势，天然气消费占比先增后降，非化石能源消费快速提升。其中，石油消费量预计在 2025—2030 年达峰，峰值超过 7.5 亿吨，2060 年仍保留 2.0 亿吨、2.6 亿吨的石油需求量；CNS 情景下天然气消费量在 2040～2045 年达峰，峰值超过 6000 亿立方米，2060 年略降至 4800 亿立方米。

在海洋能源展望部分，《展望》充分发挥公司专业特色及优势，从海洋石油、海洋天然气、海上风电、海洋能等角度，分析了全球和中国资源潜力、开发程度以及未来发展态势，研判了海洋相关能源在未来能源供应体系中的重要地位。研究结果显示，中国海洋石油产量占比将稳步增加，预计 2060 年 40%以上的石油将产自海洋，海洋天然气仍有巨大增产空间，预计 2045 年前后年产量达到 500 亿~700 亿立方米，对陆上天然气形成重要补充。海洋能源能否实现大发展将取决于技术的进步程度。

（一）石油在新型能源体系中将长期发挥重要作用

石油目前是中国第二大能源品种，未来在中国能源体系中仍将长期占据重要地位。

2020—2030 年：达峰平台期。疫情后交通及石化用油需求反弹，CNS 情景下石油消费量预计在 2025—2030 年达峰，峰值超过 7.5 亿吨。

2031—2045 年：替代加速期。随着电动车对燃油车的快速替代，以及汽车燃油经济性提升，石油消费年均降速超过 5%，交通"去油化"大势基本确立。同时，"减油增化"成为国内传统炼化企业转型升级的重要路径，受化工品需求变动牵引，原料用油将持续增长，石油的原料属性得到极大提升，原料用油占石油消费总量的比重不断攀升，CND 情景下期末占比超过 60%。

2046—2060 年：深度调整期。由于石化和航空煤油等领域较难实现"去油化"，CNS 情景下 2060 年仍保留 2.6 亿吨的石油需求量。

相比 CNS 情景，CND 情景下石油消费峰值略低，但下降更快，2060 年石油消费量仍将保持近 2.0 亿吨，占化石能源消费总量超过 1/4。图 1-10 为中国石油消费总量与结构预测。

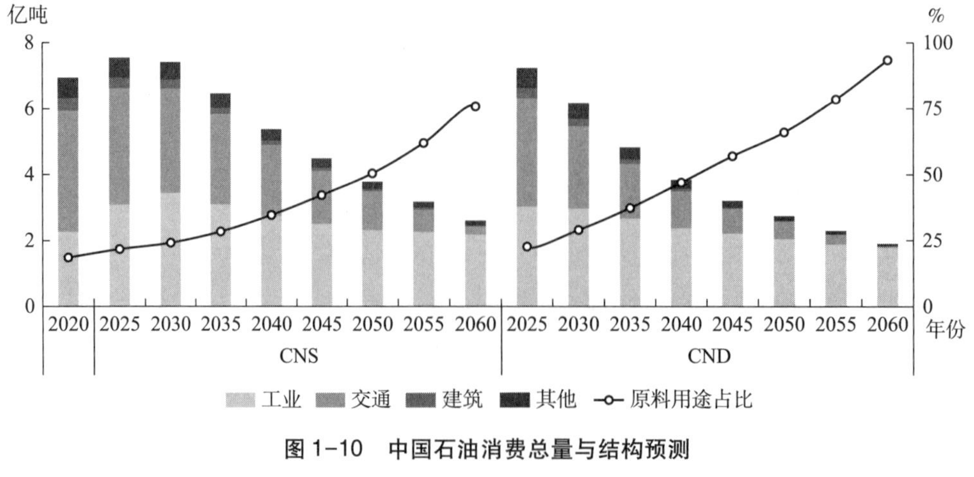

图 1-10 中国石油消费总量与结构预测

（二）天然气在未来能源转型中发挥重要桥梁作用

近年来，中国天然气消费快速增长，是增速最快的化石能源。天然气在未来传统能源向低碳能源转型中发挥重要桥梁作用。

2020—2035 年：快速增长期。受气电调峰需求增长、工业替代散煤及民生用气拉动等因素影响，天然气消费总量将快速增长，CNS 情景下期末消费量将突破 5800 亿立方米，占一次能源消费总量比例超过 12%，年均增速超过 6%。

2036—2045 年：峰值平台期。天然气需求总体保持平稳，但在一些部门增速明显放缓甚至出现负增长，如电力供应及调峰更多让渡于逐渐规模化发展的"新能源+储能"或"煤电+CCS"组合模式，生活用气随人口下降及家庭电气化普及也明显减少。在 CNS 情景下，期末天然气消费峰值超过 6000 亿立方米，占一次能源消费总量比例超过 13%。

2046—2060 年：缓慢下行期。由于电气化率提升、氢能等新载体成本下行及替代范围扩大、燃气发电需承担的调峰时长缩短等，天然气消费空间将进一步被压缩，CNS 情景下 2060 年降至 4800 亿立方米，占一次能源消费总量比例接近 12%。图 1-11 为中国天然气消费总量与结构预测。

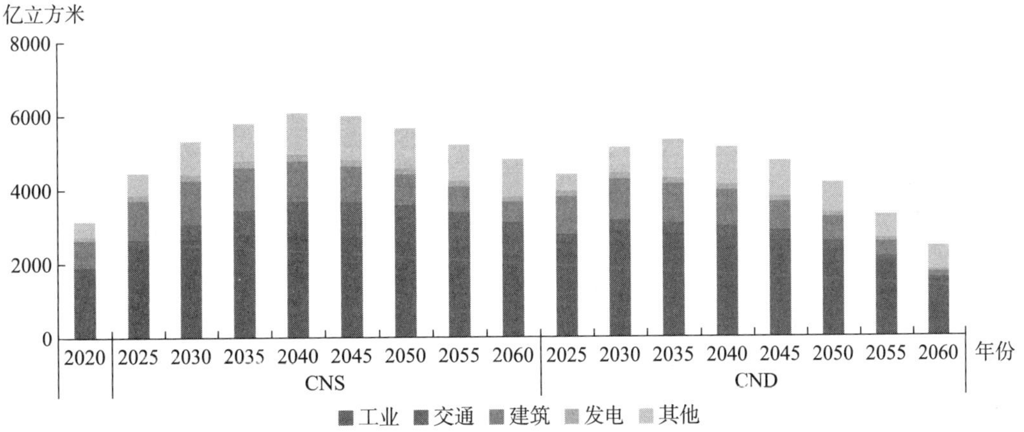

图 1-11 中国天然气消费总量与结构预测

（三）国内将继续加大油气勘探开发投入

为进一步筑牢能源安全底线，中国将继续加大油气勘探开发资金和工作量投入，坚持油气并举、常非并进、陆海结合，深化矿权改革，挖掘增储上产潜力。

石油产量预计 2040 年前将保持在 2 亿吨以上水平。天然气产量则持续快速上产，2040 年峰值有望突破 3300 亿立方米。随后伴随终端需求收缩，油气产量逐渐下降。

常规油气将是石油供应的长期主要来源。同时，中国正加快围绕“深海、深层、非常规资源”开展科技创新，有望实现技术和成本的跨越式发展，预计2040年非常规油气产量将分别突破3000万吨、1500亿立方米，成为油气增量的重要来源。2060年非常规油气产量占比将分别达到15%、50%。图1-12为中国油气产量与结构预测。

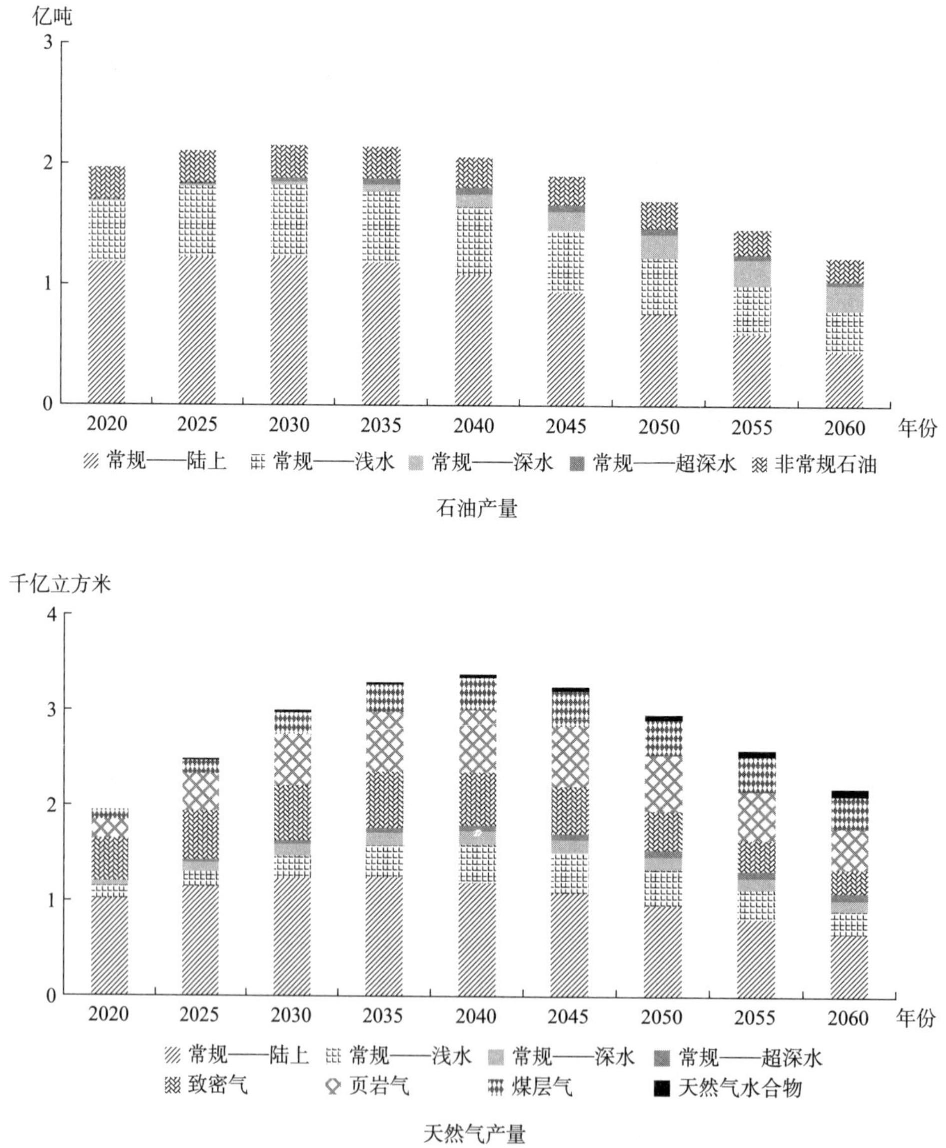

图1-12 中国油气产量与结构预测

（四）油气对外依存度将呈油缓降、气慢升的趋势

油气对外依存度高仍是当前及今后较长一段时期内中国能源安全面临的重要问题，

未来提升油气能源产业链、供应链韧性与安全水平，确保能源资源安全将成为重中之重。

在 CNS 和 CND 情景下，石油对外依存度逐渐下降，前期受整体需求减少影响，后期则受产量递减制约，降幅较缓。2060 年，石油对外依存度从当前的 70%以上分别降至约 50%、35%。

在不同情景下，天然气对外依存度存在较大差异。在 CNS 情景下，天然气对外依存度因需求增加而整体呈逐渐上升趋势，2060 年约为 55%。在 CND 情景下，天然气消费需求被大幅替代，对外依存度将持续下降，2060 年降至 10%左右。图 1-13 为中国油气对外依存度预测。

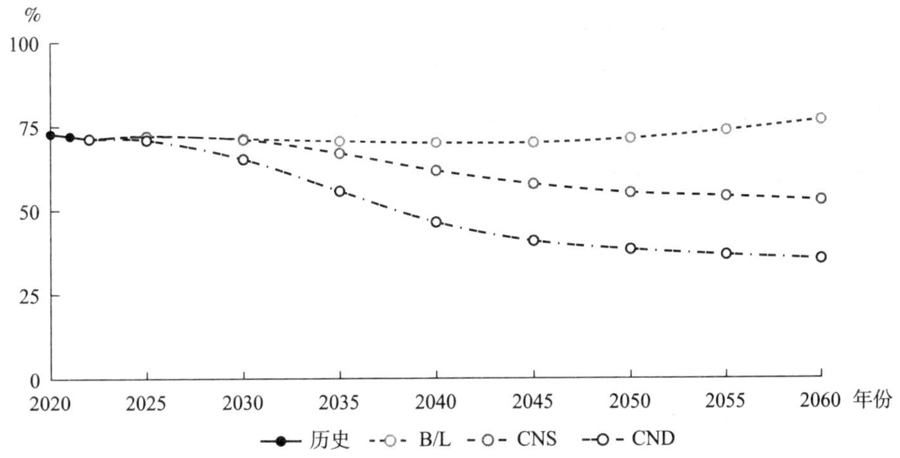

石油对外依存度预测

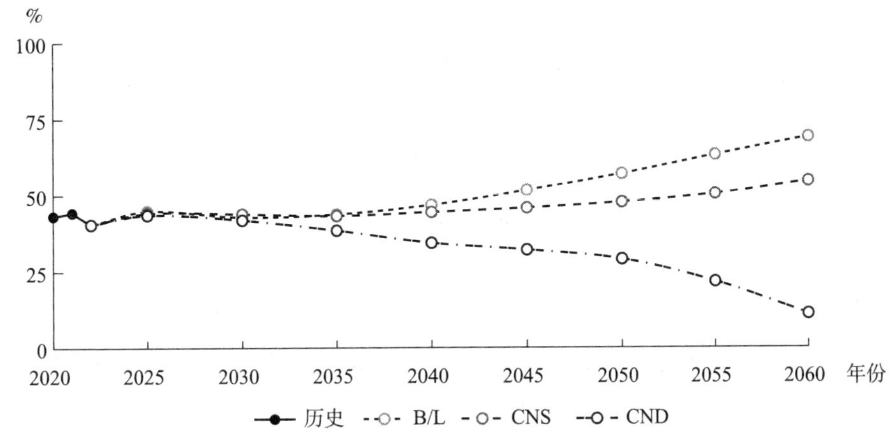

天然气对外依存度预测

图 1-13 中国油气对外依存度预测

（五）煤炭角色地位持续转换，从基础保障能源转为系统调节能源

煤炭目前是一次能源消费中占比最高的能源品种，未来将既作保供安全“压舱石”，又当降碳环保“排头兵”。

2020—2030 年：煤炭需求保持大体平稳，在 CNS 情景下于“十四五”期间达峰，峰值约为 42 亿吨，随后消费量逐步下降。发电和工业是最主要的消费部门，合计占比超过 85%，为风光等新能源迅速增长提供安全稳定支持。

2031—2045 年：低碳、零碳能源增速加快，改变了“一煤独大”的能源结构。在 CNS 和 CND 情景下煤炭需求年均分别下降 2%和 3%，煤炭利用向电力调峰、工业原料及还原剂等多元方向倾斜。

2046—2060 年：新能源已成为主体能源，煤炭仅保留托底功能，作为化工原料和工业用高热燃料发挥应急和储备作用，保障新型电力系统和工业生产安全运行。2060 年，在 CNS 和 CND 情景下煤炭消费量将分别降至 10 亿吨、6 亿吨。图 1-14 为中国煤炭消费总量与结构预测。

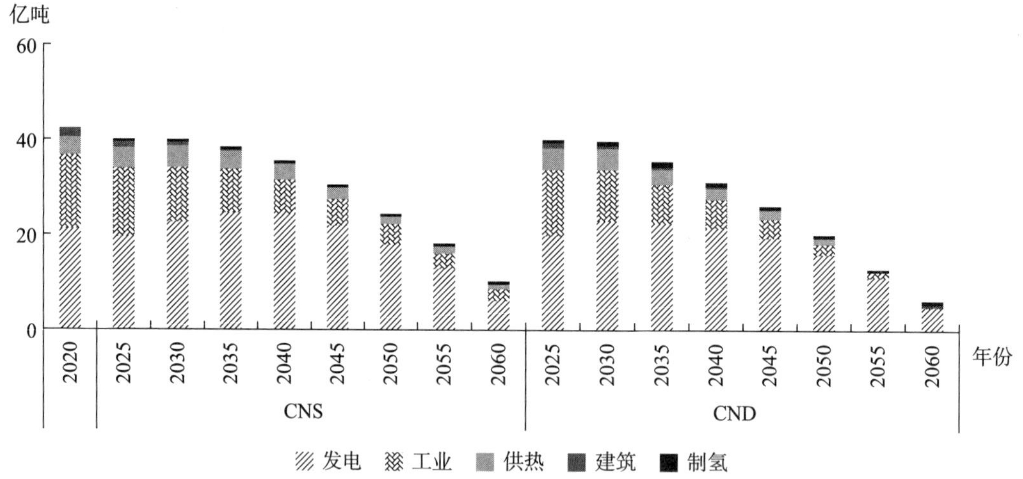

图 1-14 中国煤炭消费总量与结构预测

（六）非化石能源经历“三段式”发展，逐渐成为主体能源

截至 2023 年 6 月底，全国可再生能源装机总量超过煤电，实现了能源发展的历史性跨越。在技术进步及国家政策的支持下，非化石能源未来将肩负起改善能源结构、保障能源安全、推进生态文明建设的重要职责。

2020—2030 年：逐渐成为能源增量供给的主体能源。受能耗“双控”与碳排放“双控”政策利好等影响，风能、太阳能加速扩大开发利用规模，在 CNS 情景下能源消费增量的近 65%将由非化石能源提供，超越化石能源满足更多能源增量

需求。

2031—2050年：占一次能源比重首次超过50%。非化石能源全面“发力”，风光持续推进，水电稳定发展，核电取得突破式进展。在CNS情景下，非化石能源发电量于2040年将超过7万亿千瓦时，首次成为电力供应的主体。期末，在CNS和CND情景下的非化石能源在一次能源中占比均将超过一半。

2051—2060年：转变为主体能源。非化石能源成为主体能源，在CNS情景下占一次能源比例近70%，装机容量、发电量占比均超过85%。其中，太阳能、风能成为第一、第二大能源。期末非化石能源装机容量、发电量将分别超过60亿千瓦、13万亿千瓦时，分别是当前水平的6倍、5倍。图1-15为中国非化石能源消费总量与结构预测。

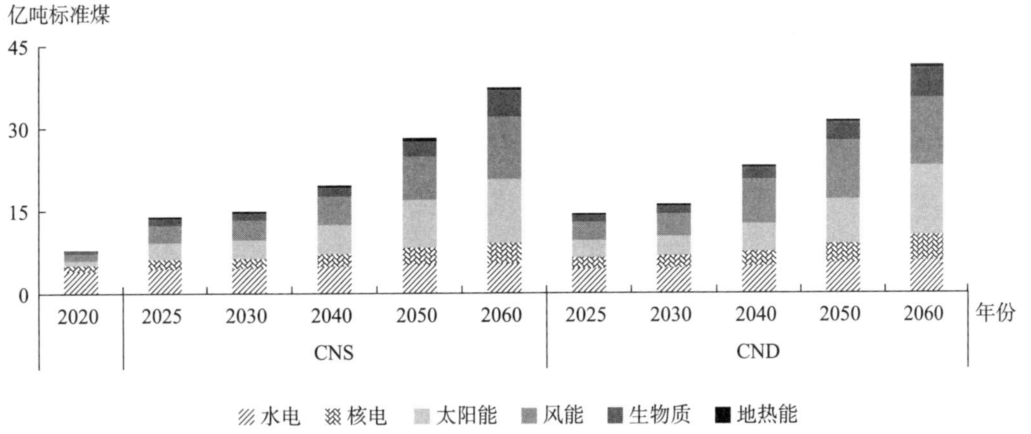

图1-15 中国非化石能源消费总量与结构预测

（七）海洋油气产量持续增长，预计2045年达峰

“油气增产向海要”如今已成为全球共识。全球海洋石油技术可采资源量在1500亿吨左右；海洋天然气技术可采资源量约为280万亿立方米，约占常规可采量的70%。

随着数字化、智能化技术进步，深水、超深水油气开采成本正在逐年下降，这也让深水、超深水油气开采成为全球石油产量的主要增长点。海洋天然气开发程度低于石油，深水和超深水天然气开发程度不足5%，潜力巨大。

《展望》预测，2025年前全球海洋石油产量仍将保持12亿~13亿吨，之后占比稳中有升，成为未来40年全球石油储量和产量最重要的接续。海洋天然气产量未来一段时间内仍将保持稳步增长，2040年前后达到1.6万亿立方米峰值后逐渐下降，占比仍将持续上升。中国海洋油气开发近10年保持强劲增长势头，年均复合增长率约为

4.4%，增速约为陆上（2.4%）的两倍。2022 年中国海洋石油、天然气产量分别为 5973 万吨、205 亿立方米，分别占国内石油、天然气产量的 28%、11%。2020～2022 年，海洋石油连续三年产量增量占全国总增量的 60%以上。可见，中国海洋油气已成为国内油气增储上产的主力军。

《展望》预测，中国海洋石油产量仍将持续增长，预计在 2045 年前后达到 7000 万～8000 万吨，之后缓慢下降；海洋石油产量预计到 2060 年占比 40%以上。中国海洋天然气产量将持续增长，预计在 2045 年前后达到 500 亿～700 亿立方米，之后缓慢下降；2060 年中国超 20%天然气产量来自海洋。图 1-16 为全球海洋石油产量与供给结构预测；图 1-17 为中国海洋石油产量与供给结构预测。

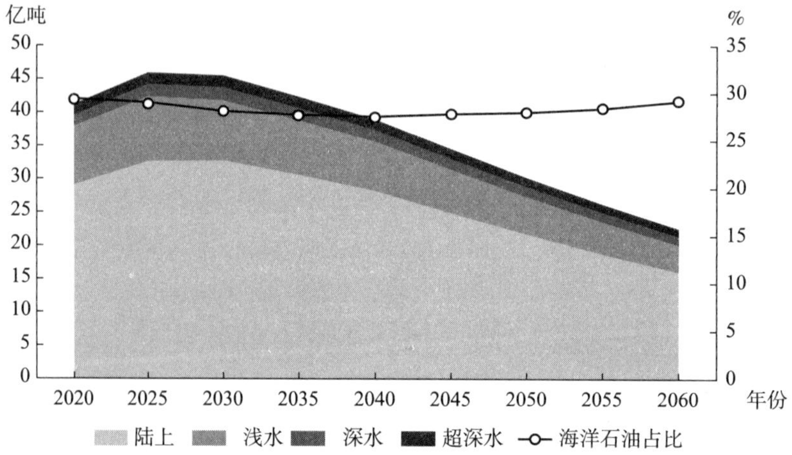

全球海洋石油产量

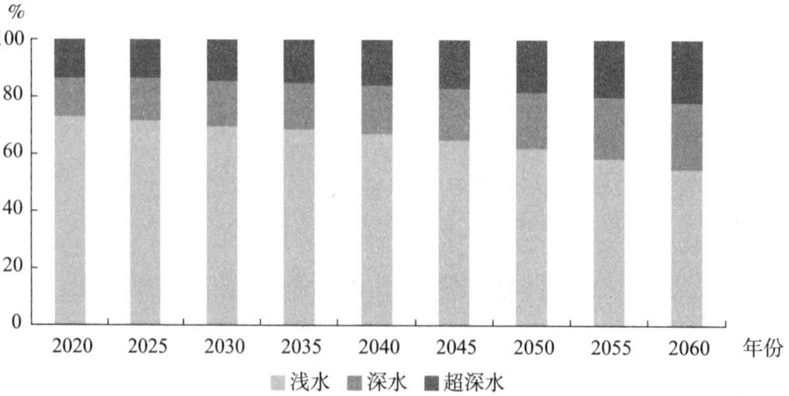

全球海洋石油供给结构

图 1-16　全球海洋石油产量与供给结构预测

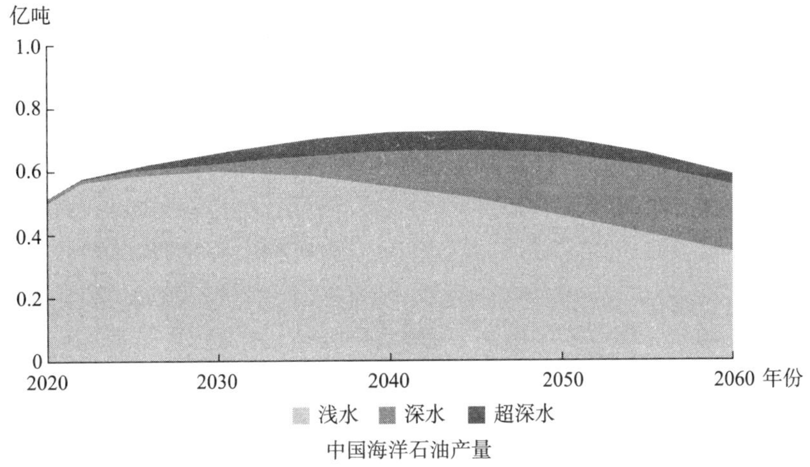

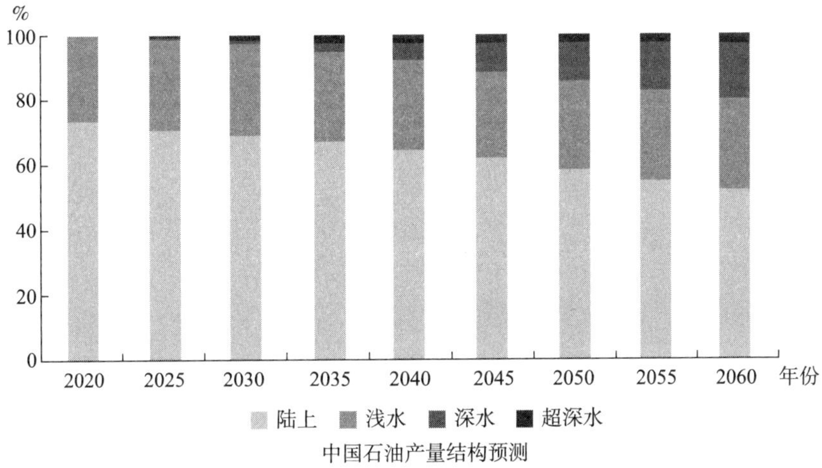

图 1-17 中国海洋石油产量与供给结构预测

（八）中国海洋能源具多元化发展潜力

中国海洋能源的开发利用主要集中在海洋油气和海上风电。海洋油气的持续增长，也将推动其他海洋能源的开发进程。

中国海上风电装机量快速增长，近 5 年装机年均复合增长率达到 49%。2022 年中国海上风电累计装机超过 3000 万千瓦，占全国风电装机总量的 8%，发电量超过 800 亿千瓦时。

随着技术进步、规模化协同开发、产业链供应链的成熟稳定，以及数字化智能化技术在运维管理中深化应用，海上风电的投资成本将持续下降。《展望》预测，2060 年海上风电装机总量将超过 3. 5 亿千瓦，发电量将超 1. 1 万亿千瓦时，约占国内总发电量的 7%，成为电力供应体系中的重要部分。

此外，中国海洋天然气水合物资源，以及温差能、潮汐能、盐差能、波浪能、潮流能等海洋能，也具有较大的开发潜力。《展望》预测，常规估计到 2050 年天然气水合物产量可达 50 亿立方米，2060 年达 80 亿立方米；2060 年中国海洋能发电量可达约 200 亿千瓦时。图 1-18 为中国海上风电发电量及占比与装机预测。

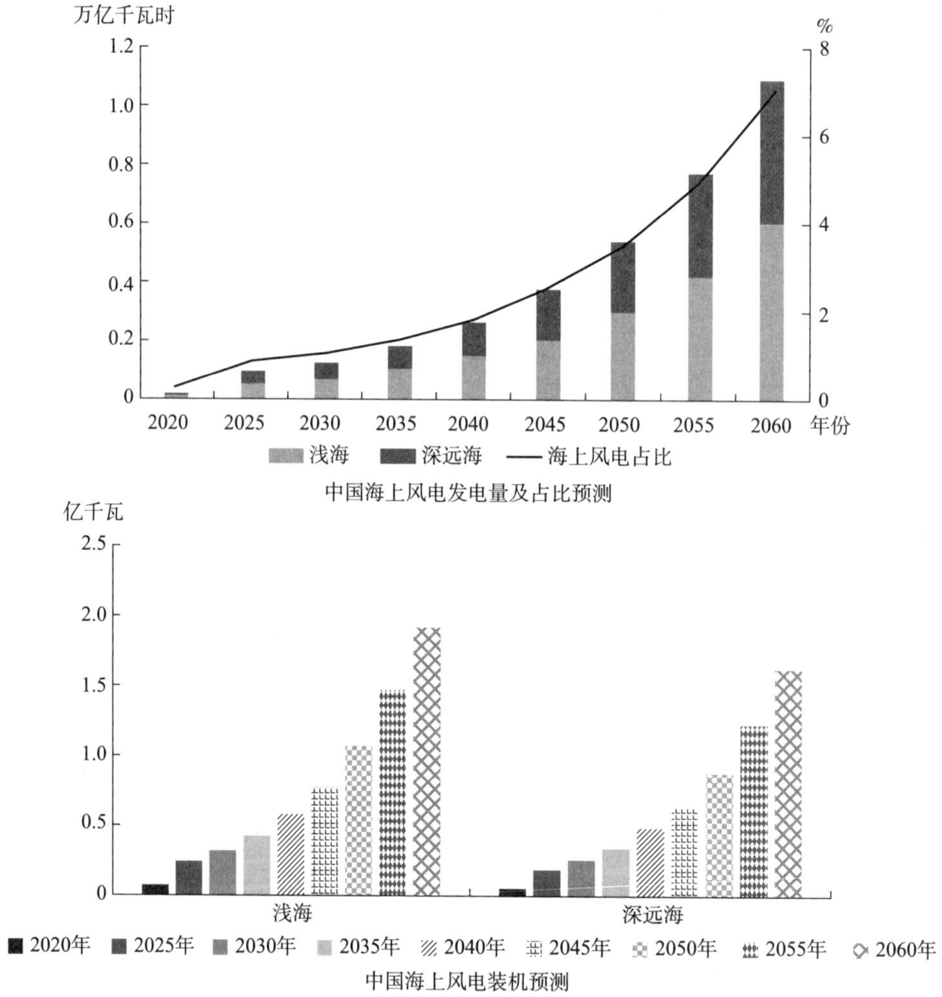

图 1-18　中国海上风电发电量及占比与装机预测

六、碳中和愿景正在重塑我国能源行业格局和竞争态势

（一）重塑能源行业发展趋势

碳中和愿景将加速能源结构调整，对能源基础设施转型升级提出更高要求。光伏、风电等可再生能源的增加将给现阶段能源系统带来挑战，能源系统需尽快适应新能源随机性强、波动性大的特点。党的二十大报告提出，要加快规划建设新型能源体系，就是对能源行业提出的更高要求和总体部署。

碳中和愿景将倒逼能源技术创新体系进一步完善。能源行业需要加速开展数字化、云计算、物联网、人工智能等技术与能源技术的融合，开展大型 CCUS、发展绿氢经济、森林碳汇、微藻生物固碳、生物质能—碳捕集与封存（BECCS）等低碳产业更加迫在眉睫。

碳中和愿景将加速中国传统能源行业高质量发展。煤炭、油气高效利用，化工产品向高端化、高值化升级。

碳中和愿景将催生新一轮材料革命，循环经济与高端材料成为未来发展重点。

（二）细分行业技术创新进程再度加快

“双碳”目标加速，能源产业由“资源主导、资本主导”向“技术主导、市场主导”转变。

2020—2030 年，预计传统化石能源市场主体将加大融入新能源产业的步伐。本阶段，化石能源产业技术创新将在节能技术、生产设施等方面开展，例如余热利用、煤炭超低排放技术、冷热电多联产技术等。

2031—2050 年，碳捕集与封存技术将大规模发展，据预测，中国脱碳产业的需求将在 2030 年达到 0.2 亿～4.08 亿吨，2050 年达到 6 亿～14.5 亿吨，2060 年达到 10 亿～18.2 亿吨。煤电主体作用逐步减弱的过程中，将与气电协同发挥重要调峰功能，储能市场需求显著增长，碳汇与碳交易市场蓬勃发展，“数字化+”的能源技术体系将逐渐成熟，新型电力系统进一步完善。

2051—2060 年，化石能源的主要属性将从燃料转变为原料，碳基新材料技术体系基本形成。在此情景下，未来将诞生一批专精特新“小巨人”企业及单项冠军企业。能源产业转型将加速新材料与循环经济发展。

随着可再生能源大规模开发利用，相关的稀有材料、关键矿产资源等需求将供不应求。未来能源地缘政治焦点可能由油气转移至铜、锂、镍等金属，确保关键矿产资源供应链安全稳定将是一个日益严峻的挑战。新型材料与循环经济成为支撑新能源产业大规模快速发展的重要基础。研究称，电动汽车的用铜量是燃油汽车的 6 倍。此外，随着电动汽车的发展，动力电池的应用使锂矿也越发重要。美国已经开始着手在全球包括非洲一些国家布局锂电产业。战略性矿产资源在未来随着传统化石能源的减少和新能源的发展，其地位会进一步上升。

（三）基础设施智能化、灵活化升级

能源基础设施转型升级成为必然趋势，助力智慧能源生态体系建设。一方面，我们要快速发展传统能源基础设施，另一方面，担心因技术升级过快以及新能源产业转型，对现有投资的未来回收带来挑战。

“大云物移智链”与能源生产、能源运输、能源贸易等深度融合创新，系统灵活性与可靠性显著提升。数字化、智能化产业规模化发展，能源设施无人化、自动化的特点将更加凸显。深圳西南部海域的中海油恩平海上平台就是一个很好的案例。以往夏季台风要来的时候，海上平台生产人员要根据台风预警快速撤离，生产设施必须关机，造成的重启成本非常高。随着智能化、数字化技术的利用，台风再来的时候，恩平平台人员全部撤离，海上生产照常持续，同时保障了人员安全和生产效益。多元化、智能化的用能节能需求推动未来形成原油管道、成品油管道、天然气管道、二氧化碳管道、氢气管道等五套智能管网。

深化电力体制改革，构建以新能源为主体的新型电力系统，适应清洁能源的不稳定性，建设具备“荷随源动或源荷互动”能力的电网。

（四）新模式、新业态不断涌现

数字化促进能源生产、运输、消费等各环节智能化升级，进一步衔接供需关系；综合能源服务平台为客户提供线上线下一体化的综合能源解决方案；数字油气田、智能管网等新模式新业态推动产业高效发展。

新能源汽车、储能、氢能等新技术的出现，进一步丰富能源行业内涵，能源转型不断出现新的选项。以电动汽车为例，电动汽车革命绝不仅仅是一场动力革命，它带来了更为重大的变化。汽车行业并非传统意义上的机械行业，而是电子行业与机械行业的融合体。相比燃油车，移动办公和移动生活在电动汽车的推动下变得更加丰富多彩。此外，综合能源站、可再生电力制氢、CCUS 等业务和技术的出现推进了传统能源行业与新业务的有效融合，能源产业链进一步延伸。

（五）产业发展格局将重构

国际大化工企业，比如巴斯夫、壳牌都在中国加大化工领域的投资。随着电动汽车代替传统燃油汽车，汽油柴油的使用量将不断下降，但化工用油呈现出增长态势。目前中国原料用油产量大概为 1.4 亿~1.5 亿吨，只占我国石油消费总量的 20%。未来原料用油增长空间较大，但其增长速度远远小于因新能源汽车替代导致燃料用油下降的速度。

总体来说，石油将在 2025 年前后达峰，经过一段平台期后，随着电替代逐渐下降。但航空煤油短时间内无法被替代，航空用生物质能源预计在 2040 年之后才能实现商业性大规模发展。

“双碳”目标推动工业制造业产业链升级。制造业向“微笑曲线”两端高附加值、高控制力和高影响力环节延伸。新能源技术与信息技术广泛应用并与其他产业的深度融合将推动工业发展绿色化、智能化、服务化和定制化。德国的 ABB 已有百年历史，始终以加工制造业为核心，但随着技术不断改变，特别是高度重视数字化、智能化，产品质量不断提高，形成了长久的竞争优势。

（六）企业竞争规则和核心竞争力将重构

碳中和愿景倒逼企业建立适合国际治理和经贸合作机制，加速生产方式变革和业务结构优化。在企业生产链和采购链低碳化导向下，产品和原材料碳含量指标将成为与成本、质量和服务同等重要的竞争要素。这也是欧盟推行碳关税增强本土企业竞争力的背后逻辑。

全球低碳金融的投资导向将使高碳排放行业和企业面临融资困难，投资存在搁浅成本风险。ESG、可持续投资、绿色金融、赤道原则等，本质都是通过金融的手段去配置资源的理念。

企业的生产行为受到各利益相关方的监督，企业减排成本能够转化为企业竞争优势，将污染预防、碳减排和能效提升贯穿整个生产过程，才能提升市场竞争力。绿色消费倒逼生产领域进行减排，推进工业、交通和建筑领域的节能和低碳服务产业的快速发展。

（七）能源行业边界逐步模糊

碳中和愿景重塑企业竞争态势，清洁低碳能源成为更多企业减排降碳的必选项，传统能源企业与新能源企业之间的激烈竞争将导致行业边界更加模糊。化石能源企业与电力企业或将深度融合，产业链不同环节将出现更多参与主体，或将出现多轮兼并潮，促进产业格局加速调整。能源品种的边界也将更加模糊。多样化的用能需求将导致能源产品出现更多的排列组合，综合终端能源产品集或成为未来能源企业的重要选择。

（八）企业通过重构业务模式适应低碳转型

在碳中和愿景下，企业需要发挥整体的竞争力，包括跨能种的整合能力，即协同效应，努力实现“1+1>2”的效果。全球化运作能力也很重要，世界一流不是简单的业务领域、业务地域的问题，更重要的是坚持战略管理理念，实现全方位驾驭的能力。要利用战略合作建立发展生态圈，提高对科技创新的支持力度，探索集“生产、贸易、配送”于一体的综合能源业务发展模式。要推动组织结构和管理模式的彻底改革，构建一个扁平、灵活、敏捷的新组织管理模式。要适应变化的环境，同时还要在现有管控模式基础上保持灵活敏捷，对大企业来说是一个巨大的挑战。

（九）低碳、零碳、负碳业务成为能源公司的关注点

目前，多数能源公司开始大力发展一体化 LNG、全球 LNG 贸易等天然气业务，逐步提高天然气比重，将其作为低碳转型过渡能源。发展替代能源，关注生物燃料、氢能、可再生能源发电等技术。建立多元化的能源供应体系：提供居民终端用能服务（油气氢电综合站、电动汽车充电网络）以及企业能源解决方案等。发展环境产品：广泛参与碳排放交易，开展碳捕集、利用与封存技术研发与应用，发展森林碳汇等。

国际石油公司在转型路径上不尽相同。欧洲公司转型比较积极，美国公司相对保守。以埃克森美孚为例，仍坚持发展油气板块，但重视油气生产过程中的排放问题，在深耕 CCUS 的同时发展生物质燃料。

壳牌和 bp 作为欧洲石油公司的转型典范，在探索的过程中也遭遇反复和挫折。bp 的油气战略在过去几年出现摇摆，2020 年出售化工业务，但在油气价格高企时又重新

适当加大上游投资，并关注生物质燃料领域，收购了美国可再生天然气（RNG）生产商古生能源公司。壳牌新任 CEO 也着手调整，在组织架构中把天然气与新能源分离，重新将其调回上游板块。

综合能源服务竞争更加激烈。综合服务成为能源公司发展的新方向，特别是对大公司来说，综合能源服务意味着产业链的延伸，将提升企业竞争力。大型电力开发商与能源服务公司深度融合，形成跨行业的产业联盟。在终端用能领域，新能源汽车自动驾驶、智慧交通、信息互联等领域与可再生能源融合发展形成了能源网络的生态圈。能源公司需要通过组织变革来更好地适应低碳的转型，从而打造从事能源生产和能源服务的综合能源公司。

（十）通过创新管理机制适应低碳转型

欧洲石油公司通过优化治理结构、调整绩效政策、实施内部碳价等方式适应低碳转型。一是建立应对气候变化的治理结构，从董事会、高级管理层、业务板块、职能部门的结构出发进行优化。二是调整绩效政策。将高级管理人员和普通员工的薪酬与减排目标挂钩，充分调动员工的积极性，确保公司减排目标的实现。例如，壳牌将16500 多名员工的薪酬与降低净碳足迹的目标挂钩；bp 将高级管理人员股权激励的5%~30%与低碳绩效挂钩，领导团队成员绩效工资的 25%与公司总体低碳目标的实现情况挂钩。三是实施内部碳价，将内部碳价应用于新项目投资决策和现金流预测。壳牌认为在目前的排放基础上，全球碳价每增加 10 美元/吨，税前现金流将减少约 10 亿美元；Equinor 新项目的投资评估通常会考虑净现值、盈亏平衡价格、碳排放强度、碳价格四项关键指标。

七、“双碳”目标下中国能源安全面临的挑战

（一）能源“不可能三角”

能源发展一直伴随着安全性（安全稳定供应）、经济性（可行性、可及性、价格低廉）、清洁性（环保性、环境友好、清洁低碳）等问题。对于这三方面问题，业内人士引入金融政策领域“不可能三角”理论，认为能源的安全性、经济性和清洁性三者不可兼得，即一个能源系统不可能同时满足这三方面要求，并将这种现象称为能源“不可能三角”（Energy Trilemma），也叫能源三元悖论（见图 1-19）。

（二）深刻理解“双碳”目标与能源安全保障的辩证关系

百年未有之大变局加速演进，世界之变与时代之变构成了统筹“双碳”和能源安全的新环境。气候变化、新冠疫情、俄乌冲突等复杂因素正在重塑全球能源市场，能源供给格局深刻变化、能源安全关注度大幅提升、能源低碳转型曲折中前行。在“乌卡”时代，我国政府和企业需深入思考保障自身能源安全与积极稳妥地推进“双碳”

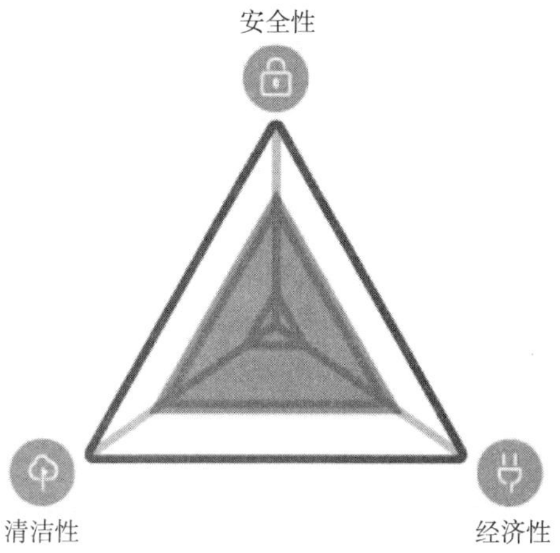

图 1-19 能源不可能三角

目标的“平衡器”，寻找破解“双碳”与能源安全保障两难的“均衡解”，锚定“双碳”目标，以加快建设新型能源体系的确定性战胜“不确定”。

1. 低碳转型要以切实保障能源安全为前提

转型过程会受到相互关联的社会、经济和地缘政治等因素的影响导致系统性风险，欧洲能源危机暴露出低碳转型过于激进的弊端。能源转型过程中决不能忽视传统化石能源“压舱石”的作用，不能忽略能源行业客观实际和发展规律，在可再生能源、储能等关键性技术没有取得革命性突破之前，能源转型的速度要依据能源安全的态势进行动态调整。

2. 低碳转型要以提升能源系统韧性为抓手

能源转型不能简化为在现有能源体系中单纯提高可再生能源占比，而是不同能源之间的互通互补，实现能源供需的最优配置，切实提高能源系统韧性。“双碳”目标是确定不变的，在转型过程中要确保能源系统稳态运转，坚决避免“运动式”降碳，先立后破，有计划分步骤实施好碳达峰碳中和行动。

3. 低碳转型要以改革创新为根本动力

科技创新是引领发展的第一动力。新一轮科技革命和产业变革已在路上，能源转型与科技革命总是相伴而生，以清洁低碳、安全高效为目标的能源技术加速发展将推动能源产业向“技术主导、市场主导”转变，新模式、新业态不断涌现，产业发展格局、企业竞争规则和核心竞争力都将重构。

4. 低碳转型要以实现高质量发展为目标

我国能耗偏高、能源结构偏煤的特征，决定了在“双碳”目标下推进国家现代化建设，实现高质量发展，重走发达国家高耗能、高排放的老路是行不通的，必须推动传统能源产业转型升级，加快能源结构调整优化，加强能源节约集约利用，以能源绿色发展推动经济社会发展方式绿色转型，才能实现高质量发展。

八、构建支撑社会主义现代化建设的新型能源体系

（一）能源体系的发展脉络与内涵

能源是建设现代化国家的重要物质基础和动力支撑，能源体系则是一个社会经济概念。纵观人类历史进程，受经济社会发展需要和技术进步的驱动，能源体系的系统性、全局性变革最终体现为“能源革命”，迄今已经历薪柴时代、煤炭时代、油气时代三次能源革命。

改革开放以来，中国对能源需求不断增加，对能源体系发展越来越重视，“十一五”规划提出“构筑稳定、经济、清洁、安全的能源供应体系”；“十二五”规划提出“推动能源生产和利用方式变革，构建安全、稳定、经济、清洁的现代能源产业体系”；“十三五”规划写入“建设清洁低碳、高效安全的现代能源体系”；“十四五”规划单独设置“构建现代能源体系”一节，提出“推进能源革命，建设清洁低碳、安全高效的能源体系，提高能源供给保障能力”；2022 年，国家发改委、国家能源局印发《“十四五”现代能源体系规划》，将现代能源体系建设正式定为能源发展的国家规划。

新型能源体系是党的二十大报告提出的能源新概念，不仅是对党的十九大提出的“现代能源体系”的升华，更是对新时代能源发展提出的新指引和新要求，相比以往，更具有根本性、系统性、导向性。首先，新型能源体系既是加快发展方式绿色转型的重点任务，也是实现“双碳”目标、着力推动高质量发展、全面建设社会主义现代化国家的重要支撑和保障，其谋划的全方位能源安全还是总体国家安全框架的重要组成部分，具有牵一发而动全身的根本性。其次，新型能源体系是对能源安全新战略的继承和深化，侧重于随着经济社会发展阶段转变而统筹“四个革命、一个合作”内部及相互间各项任务统筹协调的系统性，更加重视能源产供储销体系的协同完善。最后，新型能源体系建设过程将是一个由传统的、高排放的、供需错位的化石能源供给为主，逐步向新型的、绿色清洁的、集中式与分布式并存的低碳能源供给为主的转变过程，也是一个由“资源主导、资本主导”向“技术主导、市场主导”的转变过程，能源行业发展将根本性重塑，体现了党中央对能源发展趋势的科学预见和导向作用，更加突出各种能源品种的协同互补。最终，中国能源技术创新体系成熟完善，能源基础设施实现智能化、灵活化升级。传统能源企业与新能源企业之间的激烈竞争、深度融合将出现更多参与主体，导致能源行业边界更加模糊。能源品种的边界也将更加模糊，多样化的用能需求将导致能源产品出现更多的排列组合，综合终端能源产品集或将成为未来能源企业的重要选择。

（二）新型能源体系的建设基础与面临的挑战

党的十八大以来，在能源安全新战略指引下，中国能源供应保障能力持续增强，

能源供需总体平衡。从消费端看，2022 年中国能源消费总量为 54 亿标准煤，比 2021 年增长 2.9%。从生产端看，中国目前是世界第一大煤炭生产国、第六大石油生产国、第四大天然气生产国。通常所说的“富煤贫油少气”实际并不能准确描述中国能源现状，中国面临的主要挑战其实是国内生产的油气无法满足经济发展的需要，石油和天然气对外依存度已多年分别在 70%和 40%以上，风险敞口过大引发担忧，能源安全韧性明显不足。主要体现在以下三个方面：

（1）能源转型取得明显成效，但碳中和挑战依然巨大。2022 年非化石能源消费占比增至 17.4%，比 2021 年提高 0.8%。风电、光伏发电装机均稳居世界第一，可再生能源发电装机占全球的 34%以上。其中，风电机组零部件及整机产量已经占据全球 50%以上的市场份额，光伏产业为全球市场供应超过 70%的组件。与发达经济体碳排放普遍已达峰，从碳达峰到碳中和有 40~70 年过渡期不同，中国承诺仅用 30 年时间来完成全球最高的碳强度降幅，要比欧美克服更多挑战、付出更大努力。

（2）能源产业链现代化水平和自主创新能力显著进步，但引领颠覆性技术偏少。可再生能源、煤炭深加工、常规油气勘探开发、清洁高效煤电、第三代核电、主流储能产业发展总体处于国际先进水平。在百年大变局的时代背景下，发达国家纷纷出台措施，吸引先进能源产业链回流。技术进步是能源体系变革的重要驱动力，相比而言，中国能源原创性、引领性、颠覆性技术偏少。构建新型能源体系亟须催生能源新技术、新业态，如 CCUS，绿氢，新型储能及能源数字化智慧化等战略性新兴产业和未来产业。

（3）能源治理体系和治理能力不断提升，但深层次体制矛盾依然突出。按照“管住中间、放开两头”总体思路，经过多年努力，能源关键环节和重点领域的体制机制改革取得积极进展，竞争性环节业务和价格有序放开，政府管理职能得以进一步转变，着力还原能源商品属性，努力营造发挥市场决定作用的制度环境。但随着改革步入深水区，市场准入障碍尚未彻底消除、能源价格形成机制仍未完全到位、法治和监管体系亟待完善调整等深层次体制矛盾依然突出。

（三）新型能源体系的现实意义

“新型能源体系”作为站在新的百年奋斗征程上能源行业的理论性、纲领性阐述，是为应对百年未有之大变局而诞生的面向更长远历史维度的战略愿景，具有十分鲜明的现实意义。一是新型能源体系是保证国家能源安全的坚实屏障。中国是能源消费大国，油气对外依存度过高是影响其经济发展稳定性和能源安全的突出短板。二是新型能源体系是实现碳达峰碳中和的基础性工程。构建更加多元、清洁、低碳、可持续的新型能源体系成为能源产业实现战略性、整体性转型的当务之急。三是新型能源体系是积极参与应对气候变化全球治理的重要落脚点。构建新型能源体系既是中国履行节能减排责任、实现减碳目标的重要保障，也是中国为助力全球气候治理和节能减排工作提供的重要示范和公共产品，将进一步推动中国争取全球节能减排和气候治理话语权。四是新型能源体系是推动高质量发展的有效支撑。在以人的现代化为根本、坚持人与自然和谐共处的中国式现代化愿景中，能源革命占据重要的支柱性地位。

（四）规划建设新型能源体系的基本遵循

新型能源体系是实现中国式现代化的重要物质基础，中国式现代化是更全面系统地认识新型能源体系的理论框架，为加快新型能源体系建设提供了基本遵循。

新型能源体系要满足巨大规模人口的能源需求。新型能源体系构建必须立足中国人口数量超过发达国家总和这一基本事实，从供给与需求两方面同时推进供给保障建设。一是获得满足中国人口规模需要的能源资源量；二是在保证发展与人民生活质量的基础上降低人均能耗，实现对能源消耗总量的有效控制。

新型能源体系要符合全体人民共同富裕的愿景。新型能源体系必须建立在平衡的政府与市场的关系上，既要让市场促进产业良性发展，又要让政府为民生保障托底。这也是中国式现代化对新型能源体系提出的极具鲜明中国特色的建设要求。

新型能源体系要契合人与自然和谐共生的精神追求。节约与绿色是生态文明建设的战略基础，也是新型能源体系得以优化运转的大前提。从精神文明建设的角度让每一个人深刻理解“绿水青山就是金山银山”的科学内涵，是建立新型能源体系重要的精神层面的追求。

新型能源体系要坚持高水平可持续发展。一是巨大的传统化石能源存量要求必须先立后破，优先推进以煤电行业为代表的存量化石能源行业清洁低碳、安全高效发展；二是控制新建化石能源项目，大力发展可再生能源项目，通过不断扩大增量的方式，逐渐稀释化石能源在能源结构中的比重，继而实现稳步替代。

新型能源体系要打造开放合作新格局。能源独立不是闭关锁国，能源合作也不是加深依赖，新型能源体系的构建要与国内大循环为主体、国内国际双循环相互促进的新发展格局一脉相传，既立足国内资源禀赋走中国式的能源发展道路，充分利用加快建设全国统一大市场的契机，也要让技术和资源同步“走出去、引进来”，将能源资源紧紧嵌入全球产业链供应链中，让能源成为深化全球化、打造人类命运共同体的重要助力。

新型能源体系构建应始终将能源安全放在首要位置。习近平总书记多次强调“能源的饭碗必须端在自己手里”，能源安全被提高到前所未有的高度。但是对能源安全的理解不应狭隘，不能简单理解为能源供给的范围必须都在国土以内，更主要的还是提高对能源的控制力。

新型能源体系要兼顾韧性与可持续性。能源转型与能源韧性应相辅相成，不仅能保持不断增长，还能在受冲击后快速恢复，提升应对未来冲击的能力。解决韧性问题是新型能源体系建设的基础前提和必要条件。

（五）加快新型能源体系规划建设的关键抓手

立足于全面建设社会主义现代化国家新征程，新型能源体系具有三方面核心要义：

①首要是确保能源安全。面对中国能源敞口消费风险，建立能源安全系统性风险预警体系和中断机制，从总体国家安全观出发，实现能源安全保障核心能力的系统性增强。②关键是稳妥有序推进碳达峰碳中和。立足中国能源资源禀赋，坚持先立后破，创造条件实现能耗“双控”转向碳排放“双控”，统筹发展和减排，统筹能源安全和转型。③核心是节能减排增汇。一是节约能源资源，抑制不合理能源消费；二是持续优化产业与用能结构；三是加快技术固碳、生态固碳技术应用和产业推广。

（1）坚持战略思维，锚定新型能源体系愿景。在能源治理实践中，“信心比黄金和货币更重要”。有了共同的愿景，才更容易在能源安全治理中实现系统韧性。需要不断根据当前发展情况，持续完善调整能源战略，让锚定的愿景越来越清晰。

（2）坚持辩证思维，客观认识传统能源作用。形成能源安全韧性的大前提是能源体系不会被巨大冲击“击穿”。如果缺少一定的兜底，能源体系遇到冲击后可能彻底瘫痪，无法恢复。基于中国资源禀赋特点，煤炭对于中国能源安全具有兜底作用，不可简单盲目“退煤”。预计到 2060 年，中国石油需求仍达 2 亿吨，天然气 4100 亿立方米，天然气发电对不稳定的可再生能源发电能够起到有效的补充作用。

（3）坚持创新思维，不断开拓绿色低碳领域。美国的页岩油气革命与其发达的金融市场、开放的矿权制度、技术创新与资源禀赋密不可分，但最为重要的是企业家在不确定性中把握机会的创新创业精神。打造能源安全韧性，同样需要坚持创新思维。能源科技创新是各能源强国竞争的主战场，也是确保能源产业链，特别是绿色低碳产业链自主可控的关键举措。

（4）坚持系统思维，持续提升能源治理能力。深化能源体制改革，打破基于传统能源建立的能源治理体系，建立以绿色低碳为导向的能源行业发展模式，深入推进电力、油气等体制改革，不断完善能源绿色低碳转型体制机制。国际格局“东升西降”、可再生能源占比不断上升、能源科技高速发展、世界能源产出国和消费国实力此消彼长，这些新变化要求更加积极主动地参与全球能源治理体系变革。

（六）新型能源体系的发展路线图

规划建设新型能源体系是一项久久为功的长期任务，需要循序渐进推进落实。锚定国家“双碳”目标，基于中国资源禀赋等内外部环境，新型能源体系建设可分为三个阶段，实行“三步走”的发展路径。

第一阶段：转型攻坚期。从当前至 2035 年，新型能源体系框架基本建立。碳排放越过峰值平台期，总体呈下降趋势。非化石能源消费比重达到 25%，化石能源仍将扮演基础能源角色，同时加大融入新能源产业的步伐。终端用能领域电气化水平逐步提升至 35%左右，推动形成绿色低碳、高效节能的生产方式和生活方式。

第二阶段：加速成形期。从 2036 年至 2050 年，新型能源体系基本建成。碳排放稳中有序下降，能源消费总量达峰并稳中有降，非化石能源比重达 60%以上。用电需求在2045年前后达到饱和，全社会各领域电能替代广泛普及，电气化率提高至45%左右。煤电在逐步减弱的过程中，与气电协同发挥重要调峰功能，储能市场需求显著增长，新型电力系统总体形成。碳汇与碳交易市场蓬勃发展，“数字化+”的能源技术体系将逐渐成熟，CCUS等负碳产业实现集群化发展。

第三阶段：完善巩固期。从2051年至2060年，新型能源体系建设全面成熟。化石能源转变为原料和补充备用能源，碳基新材料技术体系基本形成，未来很可能诞生一批专精特新“小巨人”企业及单项冠军企业。以新能源为电量供给主体的电力资源与其他二次能源融合利用，助力新型能源体系持续成熟完善，非化石能源消费比重超过80%，支撑碳中和目标顺利实现。

延伸阅读

能源转型与现代化演进的逻辑关系研究

现代化（Modernization）一词首次出现于1770年，正值第一次工业革命如火如荼进行之际。尽管现代化与工业革命、工业化并不完全相同，但在内涵上存在显著的相关性。如罗荣渠所述，现代化是一个全球性的历史进程，起源于工业革命，高度发达的工业社会是现代化完成的主要标志。亨廷顿则将现代化视为进步的过程。尽管在转型期间会伴随着巨大的代价和痛苦，但从长远来看，现代化为人类带来了文化和物质领域的幸福。今天，现代化的内涵已扩展为发展中国家在经济、社会、政治、文化等领域赶超全球先进水平的进程。在气候问题日益严重、人类发展方式亟待转型的背景下，基于化石能源的西方式现代化模式已经难以复制。党的二十大报告指出：“科学社会主义在21世纪的中国焕发出新的蓬勃生机，中国式现代化为人类实现现代化提供了新的选择。”新一轮能源转型将在中国式现代化建设过程中发挥不可替代的作用。下面将从能源转型的视角回顾人类社会现代化历程，分析新一轮科技革命和产业变革与能源转型间的关系，并探讨实现中国式现代化所需的能源转型路径。基于国内天然气行业的基本条件，并参考国内相关领域和国外天然气行业的改革经验，我国总体上按照边际突破、渐进式推进、针对性调整的原则，陆续发布了一系列天然气定价机制改革的重大政策或决定。

1 能源是人类文明演进的物质基础

1.1 能源利用催生人类文明

早在“现代化”一词出现之前，能源就已经引领人类走向文明社会。能源是人类文明演进的物质基础。火是人类最早认识的一种能量形式，而薪柴则是第一种能“源”。人类使用薪柴后，可以获得稳定高温，从而使冶金技术得到飞速发展。从石器时代到青铜时代、铁器时代，新材料制造的新工具让社会生产力显著提高，逐渐规模化的农业生产带来更多人口，人类可以组织到一起形成更大更有凝聚力的团体，大量陌生人之间的合作最终形成村寨、部落、国家，并产生以以物易物为基础的原始的经济体系。能源的使用让人类脱离野蛮状态，产生了文明的社会行为。但薪柴的能量来源是光合作用，只能将不到0.5%的太阳能转化为生物质能。植物生长缓慢，进一步降低了薪柴的使用效率。人类文明实现进一步的演进发展需要更加高效的能源支持。

1.2 能源转型开启现代化篇章

相比于薪柴，煤炭更加高效。按照中国现行标准，每千克标准煤燃烧可以释放7000千卡的热量，约是干木材的2.4倍。而且煤炭燃烧可以提供1800摄氏度的高温，进一步促进冶金业发展。第一次工业革命是能源转型和现代化相伴而生的最好例证。对煤矿抽水的需求迫使人们寻找更高效的解决方案，煤炭本身就是优质燃料，可以高效率驱动机械。1769年，瓦特改良蒸汽机，用于煤矿抽水。蒸汽机大大提高了煤炭开采效率，同时，蒸汽机将化学能转化为动能的工作方式拓展了煤炭的应用领域，进而对人类生活产生巨大影响。以交通为例，伴随着蒸汽机车高速发展，1900年，世界铁路总里程达77万公里。

19世纪末，第二次工业革命在欧美发达国家相继爆发，液态的石油使用场景更加灵活，逐步取代煤炭，成为主要的一次能源。全球工业化进程将越来越多的国家纳入现代世界经济体系，各国发展对于全球市场和国际社会的依赖性明显提高。石油作为“工业的血液”，已经成为国际秩序的重要元素。石油的使用渗透到人类社会的方方面面，并使得西方式现代化逐渐成为人类政治经济生活的重要组成部分：内燃机汽车的普及改变了城市交通方式；飞机帮助人类突破天空的限制，扩大了人类移动范围；以石油化工为基础的有机化学的飞速发展，提高了人类生活质量。石油驱动的战斗机、坦克、军舰改变了人类战争形态，让石油从普通商品成为重要战略资源。在煤炭、石油等帮助下，率先实现现代化的西方国家通过战争等手段建立殖民地，掠夺原材料，逐渐建立起围绕殖民主义的国际秩序雏形。

石油的战略价值对全球政治经济的影响催生了现代国际治理体系。布雷顿森林体系崩溃后，通过与沙特等重要产油国达成利益交换的共识，美国将世界上最重要的商品之一石油与美元挂钩，从而形成了所谓的石油美元机制。围绕着石油美元等多种机制，“二战”以来特别是“冷战”之后世界逐渐形成西方式现代化主导下的现代国际治理体系。

实现现代国际治理体系的效率最大化，需要一套统一的标准。石油、天然气的运输、储存、使用受到各种物理条件制约。不同终端用能设备使用不同的能源带来的分权化导致整个社会系统效率低下。而电力作为二次能源，能可靠地输送到消费终端，并可以有效地转化为消费者需要的形式，实现了终端用能的扁平化、网络化、同质化，极大地提高了社会系统效率。电力作为有效的媒介，使太阳能、风能、地热能等可再生能源的利用得以实现。电力系统的发展为新一轮能源转型奠定了基础。

综上所述，能源转型是西方式现代化的重要驱动力，在西方式现代化中，以煤炭、石油为代表的化石能源是重要基础，电力是将西方式现代化成果传播到世界各角落的重要途径。

1.3　基于化石能源的西方式现代化带来的问题与挑战

首先，欧美国家的现代化进程建立在巨量的化石能源消费上。直到今天，化石能源仍是G7国家的主要消费能源种类。2021年，除法国外，其他G7国家能源消费结构中化石能源消费均超过60%。随着“冷战”结束、全球化深入，发展中国家进入现代化进程的快速推进期，化石能源消费大幅提高。开采成本较低的浅层煤、原油、天然气已大规模开发，未来开采成本或提高，能源价格将攀升。尽管近年来油气勘探开发不断有新发现，但基本可以认为油气资源是不可再生的，地球上的有限资源很难持续支持更多国家采取西方式现代化模式实现高效发展。

其次，人为增加的温室气体排放是全球气候变化的直接原因已成为科学界的普遍共识。联合国政府间气候变化专门委员会历次报告均指出：温室气体浓度上升，加剧了大气层的温室效应，导致全球变暖。2018年，IPCC发布特别报告，表示已经观察到的全球气温升高的事实，以及气温升高给人类造成的影响远远高于之前的预测。如果不加以控制，未来人类可能面对更频繁的极端天气、更快速的海平面的上升以及冰川减少等问题。气候环境危机发生的可能性远超预期，高于重大传染病等灾害，是全球最大的系统性风险。气候环境危机具有全球性、系统性、灾难性特点，影响和损失呈指数级上升，人类难以承受相关后果。而能源是温室气体排放的重点领域。

最后，为了解决气候问题，各国纷纷提出“双碳”目标，碳中和已成为政治共识。但需要注意，“双碳”目标与各国的发展权和话语权高度相关。各国经济发展程度不同，产业结构不同，导致各国对能源转型过程的具体路径有不同的认识。欧美发达国家已经进入了后工业化时代，而很多非发达国家尚没有解决基本的温饱问题。《跟踪可持续发展目标7：能源进展报告》显示，全球仍有7.33亿人用不上电。预计到2030年，这一数字仍将高达6.7亿。同时，大量发展中国家和第三世界国家仍是全球制造业的主力。在化石能源为主体能源的今天，更多的制造业意味着更多的能源消耗，也意味着更多的碳排放。所以，对发展中国家来说，碳排放权也是发展权的问题。从人均年碳排放量指标可以明显看出过去现代化进程带来的发展不平衡。高收入人群人数显著少于低收入和中低收入人群，但是人均碳排放量是后者的数十倍。北美是人均碳排放量最高的地区。亚洲排放总量最大，但人均量不足北美的25%。7.5%的北美人口贡献了16.5%的碳排放量，而17.6%的非洲人口只占碳排放量总数的3.9%。化石能源的分布特点和当前全球治理体系的运行模式进一步加剧了西方式现代化的不平等问题。

2 新一轮科技革命和产业变革与新一轮能源转型相伴而生

2.1 新一轮科技革命和产业变革的主要特点

习近平总书记指出，“进入21世纪以来，全球科技创新进入空前密集活跃的时期，新一轮科技革命和产业变革正在重构全球创新版图、重塑全球经济结构”。相比过去，本轮科技革命和产业变革有如下特点：一是群发性创新。第一次工业革命的代表是蒸汽机，第二次工业革命的代表是内燃机和电力。而正在进行中的科技革命和产业变革并没有一个具有代表性的技术或产品，而是在多个领域同时涌现出成果。二是系统性创新。各新兴技术和产业间高度融合，对人类社会进行系统性改造。信息技术已经是我们社会系统的核心基础，从公共管理到便捷支付，有力推动社会系统高效运转。三是渗透性创新。技术间的边界不断模糊，相互渗透，形成新产品、新业态、新模式。新兴技术对于人类生活的渗透也达到前所未有的高度。无人机是过去从未想象过的产业，甚至只把它看作玩具，而现在无人机产业已经是大国角力的主战场，在热战冲突中也得到广泛应用。四是同步性创新。本轮科技革命和产业变革源头带有多元性，创新具有去中心化特征。尽管各个大国的技术创新能力仍有明显差异，但即使是经济发展比较落后的国家或地区，依然可以享受技术突破带来的福利。

2.2 能源转型是新一轮科技革命和产业变革的必然需求

能源的效率决定了人类演进的速度。以照明为例，蜡烛将能量转化为光的效率约为0.01%；燃煤发电厂发电后点亮白炽灯泡，其转化效率约为0.1%；燃气发电厂发电后点亮发光二极管，其转化效率约为9%。更先进的科技和更智慧的产业，自然也更需要更加高效的能源，当前化石能源的效率很难支撑科技和产业实现跨越式发展。从热值和热效率的角度看，在化石能源中，天然气明显高于煤炭和石油，同时电动机的效率也远远高于内燃机。考虑到碳排放问题，“清洁能源+电”模式可以同时应对科技革命和产业变革对能效的要求和气候变化议题对发展模式的要求。近年来，绿色低碳成为能源行业主旋律，全球一次能源消费结构中清洁能源占比不断提升，这也是人类通过开发利用新能种推动新一轮科技革命和产业变革的体现。清洁能源和可再生能源对传统化石能源的替代将为人类探索新型现代化模式提供能源基础。2007年，不包括水力的可再生能源在全球一次能源消费结构中可以忽略不计；而到2022年，其在全球一次能源消费结构中占比已达到7%，非化石能源占比达18%，清洁能源比例高达41%，接近石油占比的历史峰值。2023年天然气资产并购交易的评价价格与2020年、2021年和2022年同期相比，有较大幅度上涨，充分体现传统油气行业对作为清洁能源的天然气资产的重视程度。在消费端，科技革命和产业变革带来的电气化在各类终端中应用的普及也在推动能源转型渗透到各个领域。国际能源署的数据显示，电动汽车在全部汽车市场中的份额已经从2020年的低于5%快速上升到2022年的14%，交通领域绿色低碳转型效果明显。

2.3 新一轮科技革命和产业变革大力推动能源转型

技术进步帮助可再生能源在经济性上越来越有竞争力，让能源转型在各领域都越来越有可操作性。根据国际可再生能源署的数据，2010年，全球陆上风电和光伏的加权平均平准化度电成本（LCOE）比最便宜的化石燃料成本分别高95%和710%，到2022年，新建陆上风电和光伏项目的LCOE已经比最便宜的化石燃料成本分别低52%和29%。依托先进信息通信技术和软件系统的虚拟电厂，可以在可再生能源发电占比持续提升的时代发挥电力市场和电网运行的电源协调管理的作用，可以有效解决可再生能源发电的不稳定性给电网带来的挑战。另外，大数据、云计算、物联网、5G、AI、区块链等新技术与能源生产、能源运输、能源贸易等深度融合创新，能源系统灵活性与可靠性将显著提升。数字化、智能化产业规模化发展，能源设施无人化、自动化的特点将更加凸显，特别是将给传统油气行业带来质的改变。国际能源署预测，数字技术的大规模应用，能够让油气生产成本降低10%~20%，让全球油气技术可采储量提高5%。油气行业的降本增效，事实上也在降低碳排放。

3 新型能源体系是中国式现代化建设的重要基础

3.1 中国能源行业取得的成就和面临的挑战

党的十八大以来，在能源安全新战略的科学指引下，中国深入推进能源生产和消费革命，能源供应保障能力持续增强，能源供需总体平衡。中国目前是世界第一大煤炭生产国、第六大石油生产国、第四大天然气生产国，可再生能源发电总装机增长约3倍，水电、风电、光伏、生物质发电和在建核电规模多年位居世界第一，非化石能源消费比重由2012年的9.7%提高到2022年的17.5%，以年均不到3%的能源消费增速支撑了年均超过6%的经济增长。但也要看到，中国面临能源消费过高、煤炭占比过大的问题，同时国内生产的油气无法满足工业化过程中经济高速发展的需要，导致石油和天然气对外依存度已多年分别在70%和40%以上，风险敞口过高引发普遍担忧。在“双碳”目标下，传统的基于化石能源的现代化方式已经无法满足中国高质量发展的需求，加快能源转型是当务之急。

在转型过程中，中国能源行业面临三大外部挑战：首先，全球经济治理不复以往。全球经济增长受多重冲击显著放缓、动力不足、下行压力增大，主要因素是全球性的通胀、公共卫生事件和地缘政治不稳定。全球衰退的几个历史指标已经发出警告，多国央行纷纷加息应对通胀。全球经济实力“东升西降”与传统治理格局的不匹配构成了当前全球经济治理变革的主要矛盾。当前世界经济正在进入复苏轨道，但仍存在诸多不确定性，需要国际社会共同努力，坚持多边主义、坚持自由贸易，加强全球经济治理合作。

其次，大国博弈、贸易战打破了传统的“三链”秩序，即“供应链、产业链、价值链”。中国得益于第三轮全球化，也就是20世纪90年代以来苏东剧变之后美国主导的全球化，在全球化“三链”中发挥了比较优势，提升了在全球的地位。但随着中国地位不断上升，“修昔底德陷阱”越发得到美国关注。2021年，国家主席习近平同美国总统拜登举行视频会晤时强调，“地球足够大，容得下中美各自和共同发展”。但美国想重新打造一个更能够发挥其优势的全球化。而中国希望通过变革让全球化能够更加符合新的趋势。这些变化使得“三链”的成本进一步增加，国际贸易原有局面可能打破，进一步影响脆弱的世界经济。疫情叠加乌克兰危机，更加速了现有的全球化体系的瓦解。

最后，能源安全上升到前所未有的高度，政治因素成为影响能源行业的关键。持续近三年的疫情吞噬全球多年发展成果，联合国2030年可持续发展议程落实受阻，南北鸿沟继续拉大，全球将近70个国家的12亿人口面临疫情、粮食、能源、债务危机。在这一背景下，能源安全内涵也在不断丰富并上升到新的高度：确保普遍获得可负担、可靠、可持续的现代能源至关重要；能源安全对实现可持续发展目标起根本性作用。而随着乌克兰危机长期化，政治安全成为能源安全内涵的重要组成部分。俄罗斯是全球重要的油气生产国和出口国，欧洲缺乏化石能源，与俄罗斯形成天然的互补关系。即便是在“冷战”时期，苏联与欧洲也保持了紧密的能源进出口联系。而乌克兰危机之后，欧洲停止进口俄罗斯管道气，作为对俄制裁战的一部分。运往欧洲的廉价俄罗斯管道气被昂贵的美国LNG替代。

除了外部挑战，中国推进能源转型，实现碳达峰、碳中和目标也面临“两重”“两大”内部挑战。

一是产业结构重。中国仍处于工业化发展阶段，经济发展任务艰巨。2022年，中国工业增加值突破40万亿元，占GDP比重达33.2%。其中制造业增加值占GDP

的27.7%。近年来，中国主要工业品的能源消耗强度呈现显著降低趋势，但距世界先进水平还有较大差距。钢铁行业、电解铝行业比世界同期先进水平多消耗3%~5%的能源。在可见的未来，第二产业的增长还将继续导致中国能源需求的刚性增长。

二是能源底色重。中国能源结构偏煤、能源利用效率偏低。2009年以来，煤炭在中国能源结构中的占比大约每年降低1%，2022年我国煤炭消费比重为56.2%。根据《关于完整准确全面贯彻新发展理念做好碳达峰碳中和工作的意见》的内容，到2060年，中国的非化石能源消费比重达到80%以上，考虑到石油和天然气未来的消费比重，煤炭消费占比的优化调整还需要更多的谋划。中国单位GDP能源消耗0.45吨标准煤/万元，约是世界平均水平的1.5倍、发达国家平均水平的2.9倍，未来还有很大的升级空间。

三是排放总量大。《中国应对气候变化的政策与行动》白皮书显示，2020年中国碳排放强度比2005年下降48.4%，超额完成了中国向国际社会承诺的到2020年下降40%~45%的目标，累计少排放二氧化碳约58亿吨。尽管在减排上取得了一系列成就，但2022年中国与能源相关的排放量约为121亿吨，绝对值仍然巨大。同时，2016年以来，中国的人均碳排放也呈上升趋势，叠加中国的庞大人口，碳排放总量已经成为中国通往碳中和目标道路上的最大难题之一。

四是减排斜率大。历史上看，从碳达峰到碳中和，欧盟经历约70年，美国、日本经历40年左右，而中国仅有30年时间，这体现为中国碳减排过程将是一条斜率很陡的曲线。而且，欧、美、日等主要发达经济体的碳达峰，是伴随着经济发展到一定阶段出现发展模式变革后自然实现的碳达峰、碳中和，而中国的绿色发展模式变革与碳中和将同步进行，这也对中国统筹减排与发展的能力提出了极高的要求。

3.2 加快规划构建新型能源体系，推进中国式现代化

面对内外部挑战，中国能源行业必须结合资源禀赋实际，从更高的站位思考在碳中和愿景下如何发展的问题。党的二十大报告提出的新型能源体系建设为未来中国能源行业的发展提供了基本遵循。能源是国民经济的命脉，是人类生存和发展的重要物质基础。要想实现以中国式现代化全面推进中华民族伟大复兴，就必须在中国式现代化的理论框架内讨论新型能源体系建设。

第一，新型能源体系必须能够满足中国庞大人口带来的巨大能源需求，这包括获取足够的能源资源量，同时在保证发展和人民生活质量的基础上降低人均能耗，以有效控制总能源消耗量。中国作为制造业大国，能源产业的发展对于支撑国家现代化至关重要。

第二，新型能源体系必须符合全体人民共同富裕的愿景。在构建新型能源体系

时，政府和国有企业在保障民生方面发挥着不可替代的作用，而民营企业则在新领域如可再生能源等领域具备强大的创新和发展能力。通过建立平衡的政府与市场关系，促进二者共同作为。

第三，新型能源体系必须坚持高水平的可持续发展。新型能源体系的建设不是一蹴而就，巨大的传统化石能源存量要求我们必须牢牢坚守“先立后破”的战略次序，不对存量搞破坏式替代。在增量方面，要控制新建化石能源项目，大力发展可再生能源项目，通过增加清洁能源的比重来减少化石能源在能源消费结构中的占比。

第四，新型能源体系必须与人与自然和谐共生的精神理念相契合。从精神文明角度解决开发与保护的关系，也就是厉行节约与促进消费的关系。让每一个人深刻理解消费是经济发展的目的，而节约是让人民以更低的成本获得更多商品与服务的有效手段。

第五，新型能源体系要打造开放合作的新格局。新型能源体系的构建也要与国内大循环为主体、国内国际双循环相互促进的新发展格局一脉相传。要把新型能源体系建设与构建人类命运共同体的伟大目标相结合。

4 相关建议

一是坚持战略思维，融入新发展格局。新型能源体系构建应始终将能源安全放在首要位置，旨在提高对能源的控制力，进而提升能源安全韧性，也就是要让能源体系在受冲击后，不会形成永久性的损伤，同时可在较短时间内恢复，并且提升应对未来冲击的能力。一个能应对未来不确定性的能源安全体系应是韧性与可持续性兼顾，不仅能在冲击后快速恢复，同时也能保持不断增长，因此能源韧性与能源转型是相辅相成的。

为了建设同时具备韧性与可持续性的新型能源体系，需要将能源行业充分融入新发展格局。既立足国内资源禀赋走中国式的能源发展道路，也要让技术和资源同步“走出去、引进来”，将能源资源紧紧嵌入全球产业链供应链，形成回流循环的可持续贸易，让能源成为深化全球化、打造人类命运共同体的重要助力。如果不用国外的能源资源，又希望别的国家用我们的产品、用我们的服务，这种发展模式是无法持续的。

二是坚持辩证思维，兼顾绿色与安全。中国的资源禀赋特点决定了煤炭在能源结构中的安全托底保障作用。党的二十大报告指出，要立足我国能源资源禀赋，坚持“先立后破”，有计划、分步骤地实施碳达峰行动。在当前阶段，煤炭是“立”的重要基础，是存量的保证。推动煤炭清洁高效利用将是现阶段平衡绿色与安全的重要手段。从中长期来看，天然气是支持国家清洁低碳战略实现的重要方式。

在增量上，要持续推动风光等各类可再生能源的快速发展。而随着可再生能源大规模开发利用，相关的稀有材料、关键矿产资源等需求将供不应求。未来能源地缘政治焦点可能由油气转移至铜、锂、镍等金属上。确保关键矿产资源供应链安全稳定是发展可再生能源带来的新挑战，将成为能源安全的重要组成部分。

三是坚持创新思维，开拓能源前沿领域，把握当前新一轮科技革命和产业变革带来的机遇，谋划布局能源产业技术发展路径，充分利用政策支持、金融市场、企业投入等手段全方位地刺激、鼓励创新，坚持“三个一代”的原则，即“应用/生产一代”“储备/试验一代”“探索/研发一代”，实现科技创新与市场需求、保障能源短期消费与推动长期可持续发展间的平滑过渡，并在引领性、颠覆性技术上争取突破。

构建新型能源体系，要重点关注能源领域各板块互补融合的技术需求和融合方式，并以构建产业链为核心，将基础研究、关键技术与产业和商品有机结合起来，要特别重视企业在科技创新中的重要作用，不断提高中国能源技术的国际竞争力。

四是坚持系统思维，加强能源治理能力。在构建新型能源体系的过程中，形成配套的能源治理能力是关键。对内，围绕建设全国统一大市场的目标，激发市场主体活力，进一步吸引社会投资进入能源领域，健全油气期货产品体系，规范油气交易中心建设，构建绿色金融体系，完善绿色金融激励机制，加快建设现代能源市场。

对外，立足全球资源，聚焦“一带一路”沿线国家，统筹国际油气合作顶层设计，推进与周边国家油气基础设施互联互通，在多元拓展油气进口来源的同时，推动中国技术与中国标准“走出去”。深度参与国际能源市场，提高中国在国际市场的价格话语权和市场影响力，真正发挥世界第一大能源生产国和消费国的市场“风向标”作用。

资料来源：王震，梁栋．能源转型与现代化演进的逻辑关系研究［C］．蓝海经济（第2辑）．北京：中国石化出版社，2023：54-64.

参考文献

［1］Zhixuan Wang. Constraints and Solutions for Energy and Electricity Development［M］. Singapore：Springer，2018.

［2］王新平，苏畅，文虎，等．双碳战略下中国能源工业转型路径研究［J］.. 技术与创新管理，2022，43(2)：141-150.

［3］曹丽格，方玉，姜彤，等．IPCC影响评估中的社会经济新情景(SSPs)进展［J］. 气候变化研究进展，2012，8(1)：74-78.

［4］蒋佳妮，王文涛，王灿，等．应对气候变化需以生态文明理念构建全球技术合

作体系[J]. 中国人口·资源与环境，2017，27(1)：57-64.

[5]史璐. 论我国实施“双碳战略”的历史意义——中国智慧和中国担当[J]. 国际公关，2022(10)：110-112.

[6]关孔文，李倩慧. 欧美对全球气候治理体系的重塑——从“气候俱乐部”到“碳边境调节”[J]. 国际展望，2023，15(5)：99-117，164-165.

[7]张海滨. 关于全球气候治理若干问题的思考[J]. 华中科技大学学报(社会科学版)，2022，36(5)：31-38.

[8]王瑞彬. 全球气候博弈新动向及应对策略分析[J]. 国际石油经济，2023，31(10)：1-8.

[9]徐沁仪. 危机、韧性与风险：《巴黎协定》下的全球气候治理[J]. 国际政治研究，2023，44(5)：6，62-82.

[10]胡王云.《巴黎协定》下全球气候治理的俱乐部模式及其功能和风险[J]. 太平洋学报，2023，31(2)：27-41.

[11]蒋力啸. 论气候俱乐部的理论嬗变、实践动向与现实困境[J]. 区域与全球发展，2022，6(6)：107-122，158-159.

[12]王灿，孙若水，张九天. 中国实现碳中和的支撑技术与路径[J]. China Economist，2021，16(5)：32-70.

[13]聂云霞，晏秦. 数字资源长期保存的负外部性研究[J]. 信息资源管理学报，2015，5(3)：86-91.

[14]Ehrlich，Paul R，Holdren，et al. Impact of population growth：Complacency concerning this component of man's predicament is unjustified and counterproductive [J]. Science，1971，171(3977)：1212-1217.

[15]Dietz，Thomas，Rosa，et al. Environmental impacts of population and consumption [J]. Environmentally Significant Consumption：Research Directions，1997：92-99.

[16]朱勤，彭希哲，陆志明，等. 人口与消费对碳排放影响的分析模型与实证[J]. 中国人口·资源与环境，2010，20(2)：98-102.

[17]贺勇，傅飞飞，廖诺. 基于STIRPAT模型的工业研发投入对碳排放影响效应分析[J]. 科技管理研究，2021，41(17)：206-212.

[18]黄威翔，高川作，吴波，等. 基于STIRPAT模型的广西碳达峰路径[J]. 环境科学，2024：1-25.

[19]Grossman，Gene M，Krueger，et al. Environmental impacts of a North American free trade agreement[Z]. National Bureau of Economic Research Cambridge，Mass，Usa，1991.

[20]“ Panayotou T . Empirical Tests and Policy Analysis of Environmental Degradation at Different Stages of Economic Development[J]. Pacific and Asian Journal of Energy，1993，4(1). ”

[21]林毅夫，付才辉，郑洁．新结构环境经济学：新框架与新见解[J]．经济理论与经济管理，2023，43(9)：4-17.

[22]赵菲菲，卢丽文．环境治理视角下环境库兹涅茨曲线的实证检验[J]．统计与决策，2022，38(20)：174-178.

[23]赵小曼，张帅，袁长伟．中国交通运输碳排放环境库兹涅茨曲线的空间计量检验[J]．统计与决策，2021，37(4)：23-26.

[24]林伯强，蒋竺均．中国二氧化碳的环境库兹涅茨曲线预测及影响因素分析[J]．管理世界，2009(4)：27-36.

[25]郇志坚，李青．碳金融：原理、功能与风险[J]．金融发展评论，2010(8)：102-122.

[26]张云帆，张水平，宋宇飞．浙江省绿色金融改革创新试验区的建设效率评价与路径优化研究[J]．浙江金融，2021(7)：14-22.

[27]叶芳，王燕．双重差分模型介绍及其应用[J]．中国卫生统计，2013，30(1)：131-134.

[28]翟凡，冯珊，李善同．一个中国经济的可计算一般均衡模型[J]．数量经济技术经济研究，1997(3)：38-44.

[29]娄峰．碳税征收对我国宏观经济及碳减排影响的模拟研究[J]．数量经济技术经济研究，2014，31(10)：84-96，109.

[30]林伯强，牟敦国．能源价格对宏观经济的影响——基于可计算一般均衡(CGE)的分析[J]．经济研究，2008，43(11)：88-101.

[31]王灿，陈吉宁，邹骥．基于CGE模型的 CO_2 减排对中国经济的影响[J]．清华大学学报(自然科学版)，2005(12)：1621-1624.

[32]戚永颖．碳中和愿景下的能源绿色转型发展——访中国海油集团能源经济研究院院长王震[J]．国际石油经济，2021，29(10)：1-6.

[33]王震，李强，周彦希．中国"双碳"顶层政策分析及能源转型路径研究[J]．油气与新能源，2021，33(6)：1-5.

[34]王震，李楠，王萌，等．我国海上风电产业政策分析与建议[J]．中国能源，2023，45(Z1)：40-48.

[35]习近平．高举中国特色社会主义伟大旗帜　为全面建设社会主义现代化国家而团结奋斗——在中国共产党第二十次全国代表大会上的报告[DB/OL]．[2024-08-01]．https：//www.gov.cn/xinwen/2022-10/25/content_5721685.htm.

[36]王震，王祖纲，孟莹，等．能源转型中持续推进中国海洋油气高质量发展——专访中国海油集团能源经济研究院党委书记、院长王震[J]．世界石油工业，2023，30(2)：5-11.

[37]王震，李楠，潘继平．油气与新能源融合发展的模式与路径[J]．天然气与石

油，2024，42(1)：1-7.

[38]王震，和旭，崔忻．“碳中和”愿景下油气企业的战略选择[J]．油气储运，2021，40(6)：601-608.

[39]司进，张运东，刘朝辉，等．国外大石油公司碳中和战略路径与行动方案[J]．国际石油经济，2021，29(7)：28-35.

[40]余国，姜学峰，戴家权，等．“双碳”目标下中国能源发展与能源安全若干问题思考[J]．国际石油经济，2021，29(11)：1-8.

[41]王震，李博抒，梁栋．基于中国式现代化视角的新型能源体系建设研究[J]．油气储运，2023，42(9)：961-967.

[42]王震，孔盈皓．中国油气供需结构研究综述[J]．石油科学通报，2023，8(4)：502-511.

[43]王震，孔盈皓，李梦祎．新形势下中国天然气安全态势研究[J]．天然气与石油，2023，41(1)：1-7.

第二讲

石油产业链及其经济特征

石油产业链是以石油资源为基础，通过勘探、开发、生产、运输、储存、加工和销售环节，形成的一条完整的产业链条。石油作为全球最重要的能源之一，其产业链也是现代产业体系的重要组成部分，对全球经济发展具有重要影响。本部分旨在全面梳理石油产业链的构成要素，科学识别石油产业链中的经济问题，进而系统阐述和凝练石油产业链的经济性特征。

第一节　石油产业链相关概念及基础知识

一、石油的基础知识

（一）石油的概念与分类

“石油”一词最早出现于中国。北宋科学家沈括（1031—1095 年）在其著作《梦溪笔谈》里有述：“鄜、延境内有石油，旧说‘高奴县出脂水’，即此也。”他更曾预言“此物后必大行于世”，成为世界上第一个提出“石油”这一科学命名的人。而在国外，直至 1556 年，石油（Petroleum）这一词汇才由德国人乔治·拜耳提出。在拉丁文中，Petro 意为岩石，Oleum 表示油脂，二者结合，即石中之油。

石油是由气相、液相和固相烃类化合物和少量非烃化合物构成的混合物，是蕴藏于地下岩石孔隙中的可燃矿物，多为棕褐、黑褐色、黑绿色，少数有淡黄色、白色。石油的密度一般比水小，相对密度在 0.75~1.00 之间。石油呈黏稠状，黏度低的与水差不多，黏度高的不容易流动，最稠的石油甚至需要加热才能在地面管线中流动。

石油在加工前又被叫作原油，包含碳（C）、氢（H）以及少量的硫（S）、氮（N）、氧（O）等元素。碳（C）和氢（H）是石油的主要组成元素，二者的质量约占石油的 99%，其中碳（C）元素的质量比重为 80%~88%，氢（H）元素的质量比重为 10%~14%，剩余 1%由多达 57 种化学元素组成。

石油中的烃类化合物主要有烷烃、环烷烃和芳香烃。烷烃通常指直链的饱和烃类化合物，是石油中最常见的烃类，其分子通式为 C_nH_{2n+2}，式中碳原子都以单链相连。

在常温、常压下，烷烃根据碳原子个数的不同处于不同物态，1~4 个碳原子的烷烃是气态，5~15 个碳原子的烷烃是液态，16 个及以上碳原子的烷烃是固态。其中，甲烷（CH_4）是结构最简单的烷烃。根据是否带支链，可将分子式相同的烷烃分子分为不带支链的正构烷烃和带支链的异构烷烃。环烷烃是含有闭环结构的饱和烃类化合物，大多含有长短不等的烷基侧链，是石油及石油产品的重要组分，其分子通式是 C_nH_{2n}，式中碳原子都以单链相连。环丙烷（C_3H_6）是结构最简单的环烷烃，环戊烷（C_5H_{10}）和环己烷（C_6H_{12}）是石油中最为常见的环烷烃。芳香烃是含有闭环结构的不饱和烃类化合物，有单环、双环和多环，其分子通式是 C_nH_{2n-6}，式中碳原子以单链和双键相连。苯环（C_6H_6）是原油芳香烃组分的基本结构单元，环内碳碳单键和碳碳双键交替分布。

石油中的非烃类化合物主要有含硫、含氮、含氧化合物，以及胶状、沥青状物质。其中，含硫组分会增加石油开采和炼化的难度，恶化石油品质。

石油的划分标准有很多，最常见的是美国石油学会（American Petroleum Institute，API）制定的 API 度。API 度是石油及石油产品密度的一种度量方式，全称为 60℉ API 度。它与密度的概念相反，API 度数值越大表示密度越小。一般情况下，API 度大于 31.1 的石油被称为轻质石油，而 API 度小于 22.3 的石油则称为重质石油。

（二）石油的生成

石油成因问题是石油地质学领域中至关重要的基础理论问题之一。发展至今，对石油成因的划分有有机成因和无机成因两个学派，前者认为石油是由沉积岩内的有机质经热演化而成，后者则认为石油是由地壳中含碳、氢物质（包括气体）借助无机成矿作用演化而成。在一个多世纪的时间里，石油有机成因理论在学术界以及实际勘探工作中始终占据主导地位。

1. 含油气盆地

盆地指地表相对长期沉降形成的外观像盆的区域，其形成原因为地壳运动。岩层在地壳运动作用下受到挤压或延伸，形成褶皱或发生断裂，使得部分岩石隆起，部分岩石凹陷。那些隆起的岩石中，比较软弱或者容易被风化剥蚀的部分，受到挤压时发生波状弯曲，升起成为环绕盆地的山脉；比较坚硬的部分，在挤压作用下整块抬升，形成高原。而那些下降的岩石，通常是地壳或岩层中比较稳定的部分，在地壳运动中下沉形成丘陵或平原。这种四周高（高原或山脉）中间低（丘陵或平原）的地形就是盆地，像一个放在地上的大盆子。

含油气盆地指地壳上具有统一的地质发展史并已发现油气田的沉积盆地，其内部发育着统一的油气生成、运移和聚集等基本石油地质条件及特征，有其特定的规律性，是油气生成、运移和聚集的基本地质单元。中国境内有很多大小不一的含油气盆地，大型的有塔里木盆地、准噶尔盆地、柴达木盆地、鄂尔多斯盆地、松辽盆地、四川盆地等；中型的有吐鲁番—哈密盆地、辽河盆地等。一部分大型盆地的“盆底”会发生断裂，形成“断陷盆地”，在我国华北地区的渤海湾盆地和西南地区的横断山区等地壳活动剧烈的地区较为常见。

2. 沉积岩与沉积环境

沉积岩，又称水成岩，与岩浆岩和变质岩一起组成地球岩石圈，所含矿产占全部矿产蕴藏量的 80%以上。盆地形成后，盆地四周隆起的部分受风化、水流、冰川等自然力的侵蚀，产生松散碎屑物、火山喷发物等沉积物。这些沉积物被风、水流携带到盆地内部沉积，与生物有机体一起经过压实、胶结等成岩作用形成沉积岩。当某一区域的沉积物堆积速度显著高于其周边地区时，便会逐渐形成一个沉积物明显较厚的特殊构造单元，称为沉积盆地。

根据形成环境的不同，沉积岩又可分为海相沉积和陆相沉积。海相沉积是在海洋环境中形成的沉积岩，依据形成过程所处海水深度与海洋中位置的不同，又可细分为滨岸相沉积、浅海陆棚相沉积、半深海相沉积和深海相沉积。陆相沉积是在陆地环境下形成的沉积岩，根据陆地环境的不同，又可细分为湖泊相沉积、河流相沉积、河湖过渡相沉积、沼泽相沉积和火山相沉积。随着地壳的运动，沉积盆地在形成过程中会不断地接收各种来源、性质、特征具有显著差异的沉积物，进而形成了多样化的岩性（见图 2-1）。

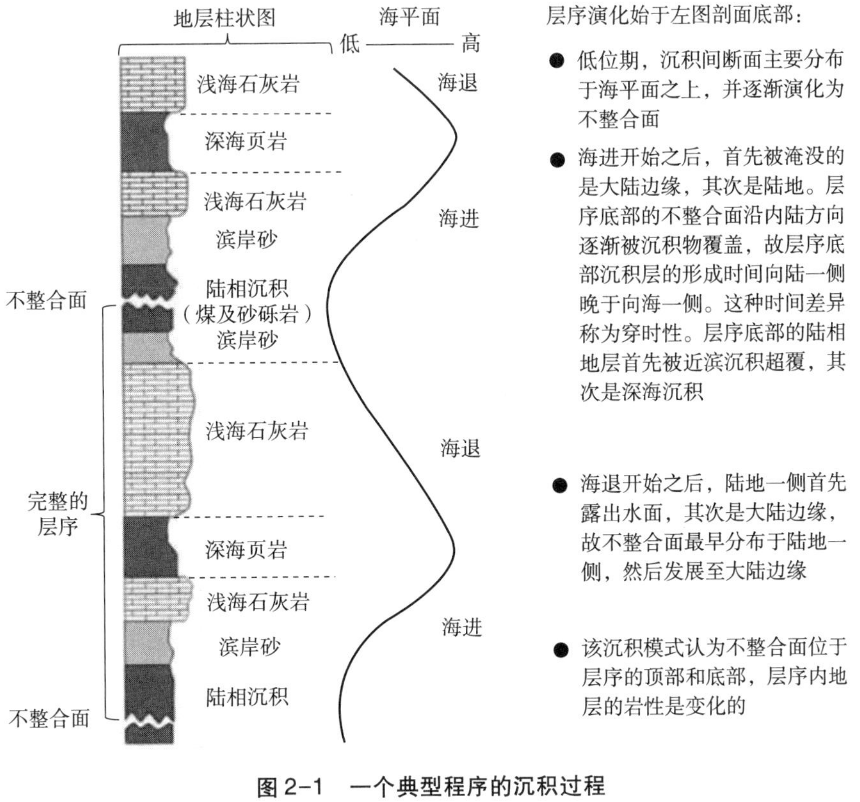

图 2-1　一个典型程序的沉积过程

资料来源：迈克尔·阿拉．石油地质概论［M］．周川闵，等，译．北京：石油工业出版社，2020.

3. 有机质热演化成烃

那些曾经在海、湖、河流中生活过的大量的生物死亡后，未经历完全的生物再循环和物理化学分解的部分构成了有机质，以有机碳形式存在于沉积物中。

当沉积有机质和沉积物埋深达到1500米、温度在10~60℃时，有机质进入生物化学生气阶段（未成熟阶段），产生以甲烷为主的浅层生物气，也可生成部分挥发性气体和密度较大的低熟油。伴随着细菌活动所形成的发酵作用，有机质的化学组成如碳水化合物、蛋白质、类脂物和木质素等物质遭受不同程度的分解，聚合成不溶于有机溶剂的分散状有机物质，即“腐殖组分”，在石油地质学中被称为“干酪根”。干酪根，是形成石油、煤炭的物质基础，根据其内部有机组分构成不同分为Ⅰ型、Ⅱ型、Ⅲ型三种干酪根。Ⅰ型干酪根也称为腐泥型干酪根，主要源自藻类，以生油为主，生烃潜力大，通常为湖泊相沉积；Ⅱ型干酪根也称为混合型干酪根，可细分为偏腐泥型和偏腐殖型两种，主要源自动物和植物，产油气潜力中等；Ⅲ型干酪根也被称为腐殖型干酪根，主要源自陆生植物，生气能力强，产烃潜力较小。

当沉积有机质和沉积物埋深为1500~2500米，地温提升至60~180℃时，干酪根受黏土矿物催化发生热降解，进入热催化生油气阶段（成熟阶段），称为“生油窗”或“液态窗”。干酪根中的氧（O）、氢（H）、硫（S）等原子键破裂，发生化学反应生成二氧化碳（CO_2）、水（H_2O）、硫化氢（H_2S）等易挥发物质，同时获得大量低分子液态烃和气烃。

当沉积有机质和沉积物埋深为3500~4000米、温度在180~250℃时，干酪根进入热裂解生凝析气阶段（高成熟阶段）。大量C-C链断裂及环烷烃的开环和劈裂导致长链烃急剧减少，低分子的正烷烃急剧增加，产生液态轻质油。

当沉积有机质和沉积物埋深为6000~7000米、温度在250℃时，干酪根进入深部高温生气阶段（过熟阶段）。已形成的液态烃和重质气态烃强烈裂解，生成最稳定的甲烷（CH_4）。剩余的干酪根残渣进一步缩聚，形成碳沥青和石墨。

4. 油气藏

（1）成藏过程

石油以多烃混合物形式在富含干酪根的岩层中生成后，由于自身密度较小，加上地层压力作用，就会向上沿着地层裂缝或孔隙不断移动，形成油气运移（Oil-Gas Migration）。生成油气的岩石被称为生油岩（Hydrocarbon Source Rocks），或烃源岩。发生油气运移的地层被称为储层（Reservoir）。油气从生油岩（烃源岩）排出并进入储层的过程为初次运移（Primary Migration）。根据烃源岩和储层的空间分布关系，油气可向侧向或垂向运移。油气进入储层内部后，以浮力为动力发生二次运移（Secondary Migration）。由于比重不同，油、气、水在运移过程中发生重力分异，自上而下逐渐形成气顶、油柱和底水（或边水）的分异分布。

由于地层的结构特点，部分油气运移到地表，另一部分油气则在特定环境下聚集起来，这种特定环境就是圈闭（Trap），主要由三部分构成：一是储层，是指有储集能力的岩石层，可以为油气提供存储空间，如砂岩、砾岩、碳酸盐岩等具有孔渗性的沉积岩；二是盖层（Cap），是指与储层紧密连接的低渗透岩石层，位于储层之上，可以防止油气向上散失，如泥岩、页岩、蒸发岩（石膏、盐岩）和致密灰岩等无孔渗性的沉积岩；三是背斜或断层等地质构造，可以作为遮挡物来防止油气在二次运移中进一步散失（见图 2-2）。圈闭中聚集的油气被称为油气藏，当油气藏聚集了足够数量的油气资源，且达到商业化开采条件时，就可以称其为“工业油气藏”（Commercial Reservoir）。生成、运移和聚集是油气成藏的主要过程。生油岩（烃源岩）、储层、盖层、圈闭、运移路径和保存是原油成藏的必备要素，简称为“生储盖圈运保”。

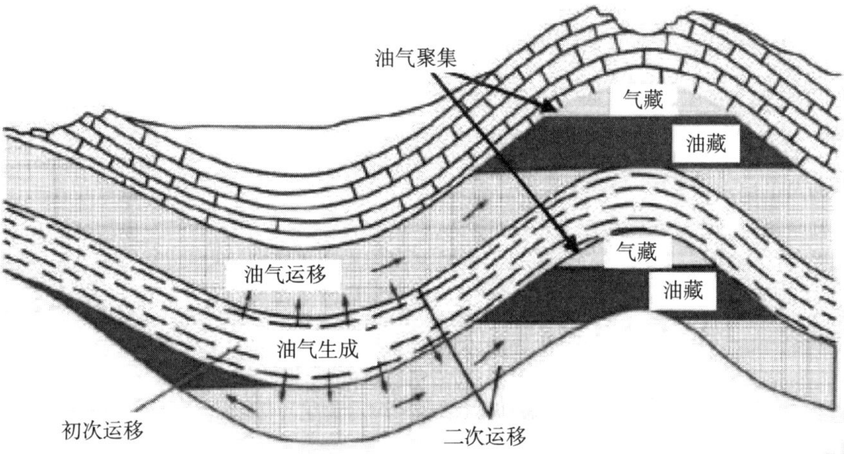

图 2-2 油气资源形成过程示意图

资料来源：王建良．资源约束背景下全球化石能源供应及其对气候变化的影响［D］．北京：中国石油大学，2014.

（2）油气藏评价

油气能否在储层岩石的孔隙（储集空间）中储集和流动，主要取决于储层的孔隙度、含油饱和度、渗透率，这些参数也是评价油气藏性质的最基本参数。孔隙度是评价油气藏储集能力相对大小的基本参数，是孔隙体积与岩石总体积的比值，用符号 Φ 表示。当孔隙体积为总体积时，孔隙度也被称为绝对孔隙度，用符号 Φ_A 表示；当孔隙体积为岩石的连通孔隙体积时，孔隙度为有效孔隙度（Porosity），用符号 Φ_E 表示。有效孔隙度直接反映油气储层储集流体的能力，其数值越大，表明油气储集流体的能力越强。不同岩石类型的储层孔隙度存在较大的差异，岩石储层的孔隙度一般在 5%~25%之间，碳酸盐岩储层的孔隙度一般小于 5%。

$$\Phi = 孔隙体积/岩石总体积 \times 100\% \tag{2-1}$$

储层中含油体积在岩石有效孔隙中所占的比例用含油饱和度（Fluid Saturation）表

示。储层含油饱和度越高，表示单位孔隙体积中的原油数量越多，其他条件相同时的原油储量越大。储层流体在一定的压差下，会在储层岩石孔隙中流动，称为渗流（也叫渗透）。

渗透率是反映储层岩石在一定压差下允许流体通过能力的物理量，其大小取决于孔隙空间的连通性（即有效孔隙度 Φ_E）、流体饱和度、流体黏度及相邻孔隙连通喉道的直径。渗透率的数值越大，储集层的渗透性越好，油气越容易流过。储层渗透率的大小对油气田的生产能力影响很大。渗透率高的可能成为高产油气田，而渗透率低的多数成为低产油气田。根据储层渗透率大小可对储层进行分类（见表 2-1）。

表 2-1　油气藏储层类型划分标准

储层类型	超低渗透	特低渗透	低渗透	中渗透	高渗透
渗透率范围（10^{-3}D）	0.1~1	1~10	10~50	50~500	>500

注：D 为达西数，是描述流体在孔隙介质中渗流能力大小的无量纲数，是反映油气渗透率的基本单位。

二、石油产业链的基础知识

（一）石油产业链的概念

石油产业链是指从石油勘探、开发、运输、加工到销售，通过技术及服务连接，由所有具有连续追加价值关系的相关产业所形成的链条。具体包括上游的勘探、开发与生产，中游的石油储存和运输，以及下游的石油炼制和销售等环节。国家统计局将全国的经济活动划分为 42 个产业部门，与石油直接相关的产业有两个：一个是石油和天然气开采业，另一个是石油加工、炼焦与核燃料加工业。前者重点针对上游产业，后者重点针对下游产业（见图 2-3）。

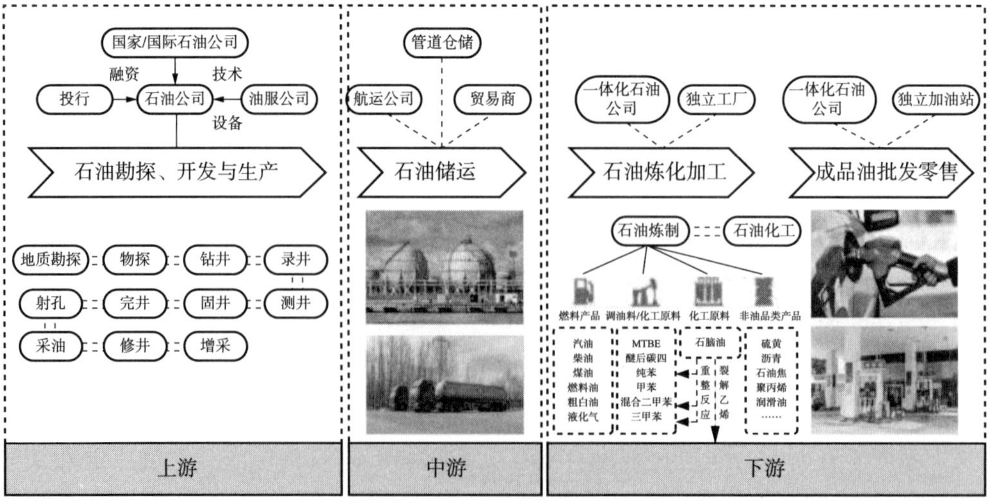

图 2-3　石油产业链图解

资料来源：王震，潘涛，刘明明，等．国民经济的命脉：走进石油（第二版）：石油经济［M］．北京：石油工业出版社，2023.

（二）石油产业链的重要性及特性

石油产业链是全球经济体系的重要组成部分。首先，石油是全球最主要的能源来源之一，广泛应用于交通运输、工业生产、农业生产和居民生活等领域。其次，石油产业的发展带动了许多相关产业的发展，如装备制造、金融服务等。因此，石油产业链的发展对于国家能源安全和经济安全有重要意义，具有价值分布不均匀、地区聚集明显、对其他产业带动性强的特点。

石油产业链各节点之间的价值分布不均匀。由于各环节的市场环境差异较大，因而存在增值能力和盈利水平的较大差异和不确定性。一般而言，上游产业的增值能力受自然因素、地缘政治格局、技术水平和垄断因素的影响较大，盈利水平随着油价的波动形成较高的弹性；下游产业主要受市场竞争、技术水平等市场因素影响较大，盈利空间波动较小，主要赚取规模加工利润。

石油产业链上各环节的地区集聚现象明显。以我国为例，石油产业链空间分布格局呈现出东北、中西部地区上游集中度高，而华东、东南沿海经济发达地区中下游相对集中的特征。具体来看，石油天然气开采与勘探主要集中在黑龙江、新疆、陕西、甘肃、辽宁、四川和山西等东北、中西部地区石油资源丰富的省份；石油产业链的中下游环节主要集中于山东、江苏、浙江、广东、上海等经济发达的东部省市。

石油产业上下游之间具有广泛且紧密的联系，对其他产业具有很强的带动性，产业信息和价值递增效应明显。通常而言，一个产业部门本身越复杂，其发展所依赖的投入就越多、规模就越大，对其他产业的拉动作用也会越大。例如，石油开采过程中需要进行钻井活动，而钻井活动需要大量钻井设备，这就会直接拉动装备制造业的发展。石油作为最重要的基础性原料和燃料，被很多产业高度依赖，例如交通运输业需要石油等燃料产品（如航空煤油）作为投入、化工业需要石油原料产品（如乙烯）作为投入。因此，石油的稳定充足供应对依赖石油作为投入的产业有着重要影响，石油价格的大幅波动也会对这些产业产生巨大影响，例如油价暴涨将带动交通运输成本大幅上升。

第二节　石油产业链构成

一、石油产业链上游：勘探与开发

（一）石油勘探开发工艺流程

石油勘探与开发是指通过地质调查、地球物理勘测、钻井等手段，寻找并开采油气的过程，一般统称为油气产业链上游。

1. 石油勘探

不同种类的岩石和矿物分别具有不同的导电性、磁性、密度、地震波传播等物理性质，在同一电压、磁铁、重力、振动波环境下会表现出不同的物理现象。同样，不同种类的岩石和矿物会有不同的微迹元素分布和地球化学特征。石油勘探（Petroleum Exploration）就是利用各种勘探手段，基于岩石和矿物的物理和化学性质差异，寻找和查明油气资源，弄清油气储层情况和产出能力的过程。

简单来讲，石油勘探就是“定盆地、取许可、查凹陷、探油气、评储量”的过程。“定盆地”是基于地面地质调查资料研究开展勘探的区域，选择具有沉积地层和生油有机质的沉积盆地。“取许可”是指取得探矿权，在符合国土空间规划、矿产资源规划、生态环境保护及国家产业政策等相关规定的情况下获得在矿区范围深部、上部开展勘察工作的权利。“查凹陷”是指对勘察对象（盆地）进行地球物理勘探或地球化学勘探，按照勘探资料采集、处理和解释流程，寻找生油凹陷、生油层及主要的油气聚集区，提出参数井位，为进一步开展油气预探做准备。“探油气”是指通过地震或钻井技术对潜力区域详细勘察。通过在主要油气聚集区内寻找圈闭，并在圈闭的最高部位钻风险探井（Wildcat Well），了解圈闭的含油性。在风险探井发现工业性油流后，进一步扩大布井范围，钻评价井（Appraisal Well），确定油藏面积、含油高度、油层岩性、连通性等信息，评价储量和产能。“评储量”是指评估并提交储量，结合前项环节得到的信息和数据，对油藏进行综合评价及经济效益预测分析。

随着科技的发展，石油勘探技术也在不断进步。地球物理勘探的技术主要有地震勘探、重力勘探、磁力勘探及电法勘探，分别利用地震波、重力值、磁力值、电阻率在不同岩石和地质结构中的表现差异来研究地下的地质结构。地球化学勘探的技术主要有发光沥青法、水化学法。钻井勘探的技术主要有直井、水平井、定向井钻井技术。此外，还有多种测录井技术等。技术的进步不仅提高了勘探效率和成功率，也增加了设备购置、人员培训、环保投入等方面的成本。

2. 石油钻井

不同于铁矿或煤矿等固体矿藏，深埋在地下的石油矿物是可挥发的烃类流体，可以在地层中流动、运移，所以需要通过钻井的方法将地下的石油资源开采出来，就像钻井开采地下水一般。钻井（Well Drilling）是指利用钻机设备和破岩工具破碎地层并形成井筒的工艺过程。通过钻井形成的具有一定深度的圆柱形孔眼（钻孔）被称为油气井（Oil and Gas Well）。根据钻井的目的和任务不同，油井分为探井、开发井等。探井（Exploratory Well）是为了探明油气构造所钻的井，是对在油气田预探和详探阶段所钻的井的统称，具体分为地质探井、风险探井、评价井等。开发井（Development Well）是指为了开发油气所钻的井，分为生产井、注入井、检查井等。未钻遇油气层的井或钻遇油气层但无商业开采价值的井，一般称为干井（Dry Well）。按照钻井井型划分，钻井又可分为钻进轨迹为一条铅垂线的直井、水平井和按既定方向偏离井口垂线一定距离的定向井。

一口油井从开始到完成，大致要经历准备工作、钻井、固井和完井四个工序。准备工作包括钻井前需要完成的五项重点工作：一是定井位，根据地质或生产的需要确定井口位置，作出钻井工程设计方案；二是修公路，铺设和修筑能够将各种设备和物资运入井场的公路；三是平井场，在井口附近平整出一块符合施工条件的、能够配合钻机使用的平地；四是打基础，用方木、预制件或混凝土等材料对井场进行固定，保证设备稳定；五是安装，开始立井架，安装钻井设备、泥浆泵等设施。

当准备工作完成后，就开始钻井作业。钻头受到足够压力（钻压）后，其刃部才能吃入井底的岩石中。随着钻柱或井下动力钻具的驱动，钻头开始旋转并向下破碎井底的岩石，产生钻屑（砂），形成井筒（也称井眼）。在钻头破碎岩层的同时，钻井液利用空心的钻杆在井口与井底之间循环作用，不断将井底的钻屑带出井口。井底随着钻屑的移出不断下降。当前最通用的石油钻井技术是旋转钻井，比传统的顿钻钻井速度快，且能够处理井塌、井喷等复杂情况。使用旋转钻井技术需要准备与技术要求匹配的钻机（Drilling Rig）、钻进工具（Drilling Tools）、钻井液（Drilling Fluid）、钻井作业人员（Drilling Operators）等。钻井过程中，地质录井是在钻进作业现场搜集地层、岩性等地下各项信息的重要过程，包括钻时录井、岩屑录井、钻井液录井、地球物理测井（电测井）等方式。钻时录井能够通过记录钻探进尺速度来辅助推断地层岩性。岩屑录井通过获取井下岩屑样本来判断地层岩性。钻井液录井是定时地在井口返出的钻井液中捞取样品，通过返出钻井液密度的大小来分析泥浆中烃类气体含量，防止井喷事件发生。地球物理测井（电测井）能够在钻探到一定深度或者见到较好的油气显示时，基于测量得到的井径、声波时差、自然电位及电阻率等资料信息，确定地层、油气层或水层的深度和厚度。

在钻井过程中，根据准备工作过程中的井身结构设计，同步下套管、注水泥，开展固井作业。固井（Well Cementing）是指在钻出的井眼内下入由同一外径、相同或不同钢级及不同壁厚的套管连接组成的套管柱，并在套管柱与井壁之间部分或全部注入水泥浆，使套管与井壁固结在一起的工艺过程。根据深度及使用目的不同，套管分为表层套管、技术套管和油层套管。表层套管（Surface Casing）是最外层套管，其作用是封住井眼上部井段的黏土层、流沙层、砾石层及水层，并能够安装防井喷装置。技术套管（Technical Casing）是中间层套管，又称为中间套管（Intermediate Casing），其作用是封固易塌层和高压水层，或保护浅部的油气层等。生产套管（Production Casing）是最里层的套管，也叫油层套管，其作用是为生产层建立一条牢固通道并保护井壁，满足分层开采、测试及改造作用的要求。固井作业的套管使用情况需根据不同井深和地质条件灵活确定。

在钻井和固井作业完成后，就开始油气井生产前的最后一道工序——完井作业。

完井（Well Completion），是指基于地层岩性和开采技术的要求，在井底连通油气层与井筒的工艺过程。根据连通方式的不同，完井方式有裸眼完井（Open Hole Completion）、射孔完井（Perforated Completion）、衬管完井（Liner Completion）、砾石完井（Gravel Pack Completion）、压裂完井（Fractured Completion）等。上述方法在井底稳定性、分层作业操作性、经济性等方面各有利弊。目前，射孔完井是国内外使用最广泛的一种完井方法。该方法先钻开整个油气储层后，下生产套管至井底，注水泥加固，然后下入射孔枪向油、气储层部位射孔，穿透套管和水泥环，为油气流入井内打开通道。在低渗、致密、页岩油层等非常规石油储层中，常采用压裂完井技术进行完井作业，即利用水力压裂技术，将地层压开形成裂缝，最大限度提高油层流体流动能力。

完井作业后，就开始安装井口装置，并连接好井下到地面的通道，就可以诱导石油入井，进行试油作业，并进一步投入开发生产。

3. 石油开发与生产

油气田开发（Oil and Gas Field Development）是在获得采矿权后，按照油藏开发利用方案，对油藏进行开发建设和投产，直到开采结束的全过程，可分为开发前准备、开发设计和投产（开采）、开发方案调整和完善三个阶段。

开发前准备包括详探和开发试验等。在详探程度较高和地面建设条件比较有利的地区开辟生产试验区（Pilot Test Area of Development），进行开发试验，取得数据和经验，进而指导全油田的开发。

开发设计和投产（开采）阶段主要包括油气层研究和评价，油气田开发方案的制定、部署和实施。开发方案（Development Plan）是以油藏地质为基础，融油气藏工程、钻井工程、采油工程和地面建设工程为一体的总体设计。在指定和选择开发利用方案时，应合理划分开发层系、部署井位、制定油井工作制度、选择驱动方式、确定钻采工艺和油气井增产措施、确定油气地面处理和集输工艺与流程。

开发方案调整和完善阶段是在油藏开发进行过程中，结合对地下油藏特性和分布的认识灵活调整开发方案，提高采收率和经济效益的过程。

投产（开采）环节是开发利用方案实施的重要环节，通过产油井和注入井将原油从地层中开采出来，实现油藏开发利用目标。按油田开采方式的不同可划分为一次采油、二次采油和三次采油。一次采油是利用油藏本身固有的天然能量进行开采的阶段。二次采油是人工向油藏注水或注气以补充或保持地层能量进行开采的阶段。三次采油是向地层注入其他驱油剂（化学剂、气体溶剂等）或引入其他能量（化学能、生物能、热力学能等）来提高原油采收率的开采阶段。经过三次采油后，原油采收率达到40%~60%。余下50%左右的原油开采难度大，面临更大的技术难题。因各油田地质条件和油藏特征差异较大，目前仍没有一个全球通用的方法。

按油气田开发的年产油量变化，油田开发的全过程可分为产量上升阶段、产量稳产阶段和产量递减阶段。随着生产井的完钻和地面建设工程的投产，油田的生产能力逐步提高，产量逐渐增加，油田进入产量上升阶段。当油田按照开发利用方案全面投产，配合增产挖潜措施，油田进入稳产阶段。随着开发程度的加深，地下的剩余储量不断减少，地层能量不断消耗，油田进入产量递减阶段。

（二）石油资源分类及管理体系

中国的石油资源属国家所有。石油企业需对新增的或年度发生较大变化的探明储量进行备案和登记，以合法取得探矿权和采矿权，同时也为合理制定油气资源开发利用的政策及战略规划提供支撑。目前，我国现行的油气资源储量分类体系是2020年出台的《油气矿产资源储量分类》（GB/T 19492—2020）。该标准充分结合了我国目前矿业权竞争性出让、探采合一、油气勘查开采市场开放等一系列矿产资源管理改革需求，在2004年发布的《石油天然气资源/储量分类》（GB/T 19492—2004）基础上，修改了勘探开发阶段划分方案、资源储量相关术语定义、油气资源分类分级和经济意义划分方式等。现行资源储量分类体系以油气藏和圈闭为分级基本单元，以油气发现和地质认识、勘探开发程度两个因素进行划分（见图2-4）。

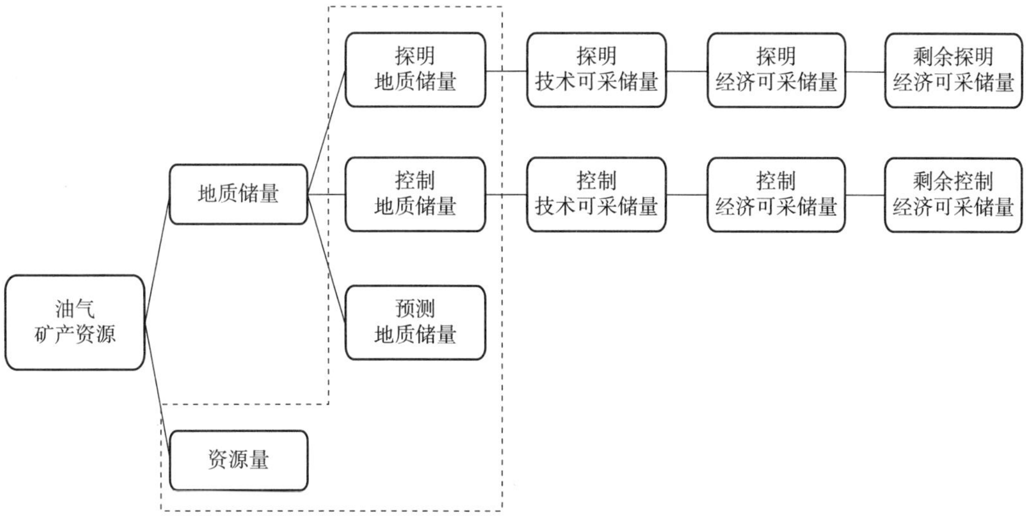

图2-4 中国油气矿产资源储量分类体系

资料来源：全国国土资源标准化技术委员会．油气矿产资源储量分类：GB/T 19492—2020［M］．北京：中国标准出版社，2020.

按是否获得油气发现可将油气矿产资源分为地质储量和资源量。地质储量（Discovered Petroleum Initially-in-place）指在钻井发现油气后，根据地震、钻井、录井、测井和测试等资料估算的油气数量。资源量（Undiscovered Petroleum Initially-in-place）是指未经钻井验证的，通过油气综合地质条件、地质规律研究和地质调查后推算的油气数量。

基于对地质条件的认识程度、所处的勘探开发阶段的逐步深入，地质储量可分为预测地质储量、控制地质储量和探明地质储量。预测地质储量（Possible Petroleum Initially-in-place）是指钻井获得油气流或综合解释有油气层存在，对有进一步勘探价值的油气藏所估算的油气数量，其确定性相对较低。控制地质储量（Probable Petroleum Initially-in-place）是指在进一步钻探评价后，对可供开采的油气藏所估算的油气数量，储量误差不超过±50%。探明地质储量（Proved Petroleum Initially-in-place）是指钻井获得工业油气流后，对可供开采的油气藏所估算的油气数量，储量误差不超过±20%。

考虑开采的技术难度因素，探明地质储量又可细分为探明技术可采储量（Proved Technical Recoverable Reserves）和探明技术不可采储量。同样，控制地质储量可分为控制技术可采储量（Probable Technical Recoverable Reserves）和控制技术不可采储量。探明技术可采储量是探明地质储量中，按当前已实施或计划实施的开采技术条件估算的、最终可采出的油气数量。控制技术可采储量是在控制地质储量中，依据预设开采技术条件估算的、最终可采出的油气数量。

考虑开发的经济性因素，探明技术可采储量又可细分为探明经济可采储量（Proved Commercial Recoverable Reserves）和探明经济不可采储量两部分。探明经济可采储量指在探明技术可采储量中，按合理预测的经济条件（如价格、配产、成本等）估算求得的、可商业采出的油气数量。可行性评价为不经济的探明技术可采储量被称为探明经济不可采储量。同样，根据可行性评价的经济可采与不经济的结果，控制技术可采储量也可分为控制经济可采储量（Probable Commercial Recoverable Reserves）和控制经济不可采储量。

根据实际的生产情况，探明经济可采储量又可分为产量和剩余探明经济可采储量（Remaining Proved Commercial Recoverable Reserves）。控制经济可采储量可分为产量和剩余控制经济可采储量（Remaining Probable Commercial Recoverable Reserves）。无论是探明的还是控制的剩余经济可采储量，是指在特定时期内所估算的，在给定经济水平要求下，预期能够从储层中开采出来的资源数量。

为了更好地满足国家政府对自然资源禀赋的管理要求，依据GB/T 19492—2020进行全面的资源评估和分类管理时，应基于油气藏或油气田的整体评价。根据预探、评价和开发的整个勘探开发阶段，地质储量分类可对应划归为预测、控制或探明地质储量（见图2-5）。

在2018年由美国石油工程师协会（SPE）、世界石油大会（WPC）、美国石油地质学家协会（AAPG）、美国石油评价工程师协会（SPEE）、美国证券交易委员会（SEC）和国际岩石物理学家和测井分析家协会（SPWLA）等机构联合修订的石油资源管理系统（Petroleum Resources Management System，PRMS）应用指南中，根据储量的证实程度，可分为证实储量（Proved Reserves，简称 P_1）、概算储量（Probable Reserves，简称 P_2）和可能储量（Possible Reserves，简称 P_3）。无论在哪个分类体系中，储量必须是已发现的、可采的、经济的、剩余的。

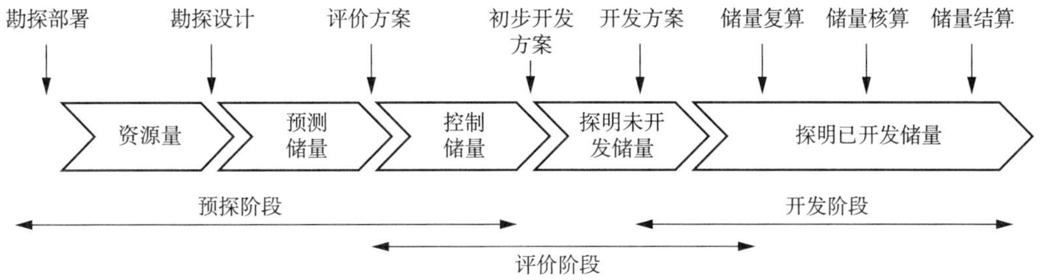

图 2-5 油气储量分类分级和决策过程与勘探开发阶段的对应

资料来源：中国自然资源部矿产资源储量评审中心．中国国家标准《油气矿产资源储量分类》（GB/T 19492—2020）与《联合国资源分类框架》（UNFC 2019）对接文件［S］．北京：中国自然资源部，2022.

（三）海洋石油勘探开发特点及现状

1. 海洋石油勘探开发特点

由于海洋石油资源位于海底，其勘探开发过程会面临高盐度、低温和强海流等极端且复杂多变的自然环境，所以开发过程需要更复杂的方案设计和开发装备，当然也通常具有更高的风险和收益。以钻井为例，陆上钻井受场地约束少，搭建固定井架后即可进行钻井；海上钻井钻机与井口之间隔着深度不同的海水，需要将钻井装置集中放置在海上装置上，并需要隔水套管隔离海水；水下井口安装也更为复杂，涌现出了适应不同水深的作业平台，如桩基式平台、重力式平台等固定平台，以及坐底式、自升式、半潜式等浮式平台，而这些平台的建造费用普遍较高。根据 S&P Global 公司的统计，2006—2022 年陆上钻井数量年均约 8 万口井，年均钻井及井下服务投资 1469 亿美元，平均每口井约 189.4 万美元；海上钻井数量年均约 3000 口，年均钻井及井下服务投资 586 亿美元，平均每口井约 1968 万美元。可以看到，海上每口井的投资支出大约为陆上每口井的 10 倍。

（1）海洋石油勘探

对海洋石油进行勘探的独特之处在于勘探设备需安置在大型物探船之上。在进行地球物理勘探时，需作业船只布置好地震采集电缆、水鸟等水下装置，并下放作为震源的压缩空气枪。空气枪激发地震波穿过海水进入地层，采集电缆中的海洋检波器（又称压电检波器或水听器）接收各岩石层反射回的不同特性的反射波。由于海上油气勘探不需要钻炮眼，也没有障碍物，所以可以保持连续施工和测线均匀分布。处理计算机系统根据采集到的地震资料生成地层的三维切片，再将切片按一定方式堆叠起来，形成地层立体图像。

（2）海洋石油钻井

海洋石油钻井需要钻井设备穿过海水，到达海底进行作业。由于海水的存在，海上钻井就需要海上钻井平台和特殊的井口装置。钻井平台（Offshore Drilling

Platform）能够将钻井设备（包括附属设备）、管材、工具及其他材料等承托在海面上。按照结构特点，钻井平台可分为固定式和移动式两类。

固定式平台（Offshore Fixed Drilling Platform）是指用桩将结构物固定于海底或依靠自身的巨大重量坐落于海底、不能再移位的钻井平台，包括桩基式平台、重力式平台和人工岛。这类平台稳定性好，抵抗海面恶劣环境的性能强，而且完井后可作为采油平台，使用寿命大大增加。但因不能移动，所以建造成本较高。

移动式平台（Offshore Mobile Drilling Platform）是能够重复实现就位、起浮、移航等操作，可以改变作业地点的钻井平台，主要包括坐底式钻井平台、自升式钻井平台、钻井船和半潜式钻井平台。坐底式钻井平台又称沉浮式或沉底式钻井平台，其上部和固定式钻井平台类似，下部是由多个浮筒或浮箱组成的桁架结构，多用于河流和海湾等 30 米以浅的浅水域。自升式钻井平台是有多个桩腿插入海底，可自行升降的移动式钻井平台。平台升起作业时考虑了安全气隙，海风、海浪、海流的环境对平台的影响小，并且配有悬臂梁系统，可在不同的井间快速移动，作业效率高。该类平台主要用于潜水钻井，其工作水深一般在 168 米以内。钻井船是船型钻井平台，相当于在船舶上安装有钻井设备，同样也可以在锚泊定位或动力定位状态下进行钻井作业。半潜式钻井平台的结构形式与坐底式钻井平台类似，上部为钻井的工作平台，下部为浮体，能够适应复杂的地势，是目前海上钻井应用较为广泛的一种石油钻井平台。钻井作业时，浮筒处在海水下 20~30 米处，受大海风浪影响小，具有较强的稳定性。当作业结束后，排出水形成浮箱，可进行拖航。

海洋石油钻井的井口装置不仅需要安装防喷器来控制井口，实施防喷、放喷和压井，还需要将平台井口和海底井口连接起来，隔绝海水，引导钻具进入井眼，在钻柱外形成能够循环钻井液的环形空间。当防喷器位于水面上方，采用隔水管隔离海水、连接放喷器组与海底井口的装置被称为水上井口装置，一般适用于固定式平台、坐底式平台和自升式平台等有底部支撑装置的钻井平台。当防喷器位于水面下方、海底井口上方，配备有补偿升沉运动的伸缩部件以及有补偿平移和摇摆的弯曲部件（挠性接头或球接头），上部通过隔水管连接平台井口，下部利用导管稳定导孔的装置被称为水下井口装置，一般适用于浮式钻井平台。

（3）海洋石油开发与生产

海洋油田开发与生产是在海上平台或其他海上生产设施上进行的，不仅需要适应恶劣的海况和海洋环境，还要满足安全生产和海洋环境保护的要求。生产平台上的设备更紧凑、自动化程度更高，同时还需要配有可靠、完善的生产生活供应系统，如独立的发电/配电系统和可靠的通信系统。

海洋油田开采有平台采油、水下采油和单点系泊浮式生产系统等方式。平台采油方式通常是在钻井平台钻完井后，将平台上钻井装置换成采油装置，即改为采油平台。水下采油方式是利用湿式、干式或混合式三种水下采油设备进行开采。单点系泊浮式生产系统由单点系泊系统、生产储油油轮、井口平台、海底管线和穿梭油轮等组成。

2. 我国海洋油气勘探开发装备发展现状

中国海油成立之后，通过引进、消化、吸收和再创新，不断提升海洋石油勘探开发的技术水平，推动了中国海洋石油工业的进步。同时，中国海油还加强了与国际先进企业的合作，共同研发新技术、制造新装备，提升了国际竞争力。目前，中国已具备从浅水到3000米深水的装备制造和作业能力，包括3000米深水半潜式钻井平台“奋进号”、3000米深水铺管起重船“海洋石油201”、3000米12缆深水物探船“海洋石油720”、3000米深水地质勘察船“708”、3000米深水大马力三用工作船“海洋石油681”和“海洋石油682”，为自主开发海洋油气田提供了坚实的装备保障。

目前，中国已具备开发南海深水能源的能力。自主研发建造的全球首座十万吨级深水半潜式生产储油平台——“深海一号”能源站最大水深超过1500米，最大井深达4000米以上，是目前中国自主发现的水深最深、勘探开发难度最大的海上超深水气田，标志着中国半潜平台船体总装快速搭载和精度控制技术达到世界先进水平。

二、石油产业链中游：集输与储运

（一）石油集输与储运工艺流程

原油集输和储运就是原油的收集、储存与运输过程。根据工艺流程的不同，该过程主要分为集输、外输和储存三大部分。

1. 石油集输

石油集输是根据各油田的地质特点、采油工艺、原油和天然气物性、自然条件、建设条件等制定的，以油井井口为起点、途经集中处理站、以矿场原油库或输油管线首站为终点的全部工艺过程，包括油井产出原油及其伴生物（包括伴生气、水、砂、泥等）的收集、计量和在集中处理站进行的油气水分离、原油脱水、原油稳定等环节，为后续集中外输、出售或利用做准备。在油井的井口和集中处理站之间设有计量站和接转站，这些站点联合对原油进行一系列处理，包括油气分离、原油脱水和原油稳定。我国油田生产的原油多数含蜡、凝点较高，一般采用加热方式进行集输。按加热方式的不同，可分为井口加热集输流程、蒸汽伴热集输流程、掺热油集输流程、掺热水集输流程、掺活性水集输流程等。油气集输系统的性能可以采用其能耗、处理质量、损耗等方面衡量。

2. 石油外输

经过原油的集输过程，原油进入外输环节，即以矿场原油库或输油管线首站为起点，以炼油厂的原油库或其他转运枢纽为终点的全部工艺过程。根据运量、运距及地理条件的不同，原油的外输可选择铁路、公路槽车、油轮或长距离输油管道等多种运输方式。运量和运距较小时主要选用铁路或公路运输，大宗原油的运输主要依靠长距离输油管道和油轮。长距离输油管道由输油站与管道线路两大部分组成。长距离输油管道连绵数百至几千千米，为了给在管道中流动着的油提供克服流动阻力和沿管线坡度举升的能量，在管道沿线需设若干个给油流加压的泵站和给含蜡多、凝点高的原油加热的加热站。同时，从安全角度考虑，管道沿线还设有发生事故或检修时关断的中间截断阀，保护地下管道免受腐蚀的阴极保护站等辅助设施，以及支撑数字化集中控制的通信线路和基站等。与油品的铁路、公路、水路运输相比，管道运输具有运量大、运费低、损耗小、安全可靠、对环境污染小和占地面积小等优势。在运输过程中，要注意根据输量的改变，调节输油管道的工况、控制输油管道的水击、及时进行管道清管和泄漏检测等事项。

3. 石油储存

储存环节是从矿场集输处理后或在运输前后，利用油库进行储存、输转和供应的环节，在石油集输和运输的过程都会出现。由于原油和石油产品具有易燃易爆性，油库的业务需要在防火、防爆、防雷电、防静电和防毒等安全的条件下，接收、储存和发放油品，并在这些作业中保持油品的质量和数量。油库的主要设施是根据油料收发和储存要求来设置的，一般包括装卸油站台和码头、装卸油泵房、储油罐、灌油间、汽车装车台等主要生产设施，供排水、供电、供热和洗修桶等辅助生产设施，必要的生产管理设施。

按油库的管理体制和经营性质，油库可分为独立油库和企业附属油库两大类。独立油库是专门从事接收、储存和发放油品作业的独立自主经营核算的企业和生产管理单位，可进一步分为民用油库和军用油库；企业附属油库是各企业为满足自身生产经营需要设置的油库。按油库的储油能力不同，油库可分为一级、二级、三级、四级和五级等。按主要储油方式可分为地面油库、隐蔽油库、山洞油库、水封石洞库和海上油库等。按储存的油品又分为原油库、成品油库（包括润滑油）和轻烃油库。

（二）集输与储存能力分布

1. 陆上管道分布

长距离输油管道是全球油品陆上输送的主要方式。近年来，天然气管道是全球管道建设的主要增长点，原油管道建设相对平稳，而成品油因其运输方式多样化使其管道建设相对较少。截至 2021 年底，全球在役管道总里程约 202 万千米，其中原油管道约 40 万千米，成品油管道约 27 万千米。北美、欧洲、俄罗斯及中亚地区是全球在役长距离油气管道的主要分布地区，北美地区（除墨西哥）在役管道总里程约 84 万千米，主要分布在美国。亚太地区的在役管道总里程约 29 万千米，主要分布在中国、印度和澳大利亚（见表 2-2）。

表 2-2 全球在役油气管道里程

地区	原油管道（10^4 千米）	成品油管道（10^4 千米）	天然气管道（10^4 千米）	油气管道总里程（10^4 千米）	占全球油气管道总里程比例（%）
亚太地区	4.96	5.46	18.22	28.64	14.2
俄罗斯及中亚地区	6.28	2.00	21.33	29.61	14.7
欧洲地区	2.41	2.40	26.69	31.50	15.6
北美地区	18.42	10.76	54.99	84.17	41.7
拉丁美洲地区	2.49	2.19	6.13	10.81	5.3
中东及非洲地区	5.59	3.94	7.64	17.17	8.5

资料来源：李秋扬，赵明华，张斌，等. 2020 年全球油气管道建设现状及发展趋势［J］. 油气储运，2021，40（12）：1330-1337，1348.

世界范围内，美国、俄罗斯和中国是管道里程数排在前 3 位的国家，其长输管道的建设主要是为了满足本土消费和能源进出口需要。美国建设以州际、州内管道连通的干线管道为主的管网系统，规划扩建或新建将页岩气产地与 LNG 出口港口相连的管道，畅通能源出口渠道。俄罗斯为满足向欧洲出口能源的运输需求，建成“兄弟”（Urengoy-Uzhgorod）、北极光（Northern Lights）、联盟（Soyuz）、亚马尔—欧洲（Yamal—Europe）、蓝溪（Blue Stream）、土耳其溪（Turk Stream）和北溪（Nord Stream）等长输管线。中国建设“中—俄”“中国—中亚”和“中—缅”油气进口通道满足能源进口运输需要，形成“西油东送、北油南运、西气东输、海油（气）登陆”的长输管道格局，满足本土能源消费运输需求。随着世界经济的稳步增长以及世界各国对能源需求的不断增加，全球油气管道的建设步伐加快，建设规模和建设水平都有很大程度的提高。

2. 海上运输线路

（1）海运船舶

由于主要的石油进口国和出口国之间远隔重洋，而且进口数量庞大，所以海上运输成为石油国际贸易的主要方式。油轮船舶是全球油品海上输送的主要工具。根据载重吨位的不同，油轮可分为通用型油轮、中程油轮、大型油轮（远程 1、阿芙拉型、远程 2）、特大型油轮（VLCC）和超大型油轮（ULCC）（见图 2-6）。目前，全球商业船舶中原油船舶大约有 4000 艘，其中超大型油轮约有 700 艘。

（2）主要航运要塞

全球原油海运网络与全球原油贸易网络相匹配，主要从中东、西非、南美等产油区运往北美、欧洲、亚太等地区。

当中东地区的原油要运往亚太地区时，可由波斯湾出发，途经霍尔木兹海峡（Strait of Hormuz）至阿拉伯海，此后向东到印度洋运往印度，或继续穿过马六甲海峡（Strait of Malacca），或绕行印度尼西亚龙目海峡，或绕行巽他海峡运往中国、日本或韩

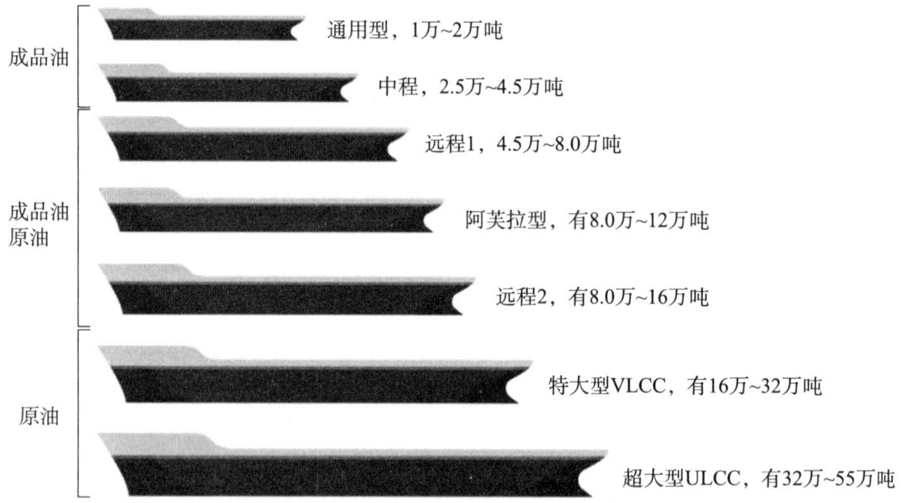

图 2-6 按载重吨位划分的油轮级别

资料来源：美国能源信息署（EIA）。

国等国家。当中东地区的原油要运往美洲或欧洲地区时，可由波斯湾出发，经过霍尔木兹海峡来到阿拉伯海，此后有两条航线。一条航线是过印度洋来到东非，经过莫桑比克海峡，再绕过好望角（Cape of Good Hope），经过大西洋运至西欧或美洲东海岸。另一条航线是经过曼德海峡（Bab el-Mandab），途经红海过苏伊士运河（Suez Canal），至地中海运往欧洲，或继续经过直布罗陀海峡，途经大西洋，运到北美东海岸。当西非地区的原油进行出口贸易时，可绕过好望角运至东亚国家，或经过英吉利海峡运至西欧各国，或穿越大西洋运至北美地区。南北美东岸的原油经过大西洋，途经好望角运至东亚国家，西岸的原油可经过太平洋运至亚洲。另外，还有南美—北美、东南亚—东北亚、地中海—北海，以及西非—西欧、西非—北美、西欧—北美等相对中短途区域间航线。

原油航运途经的要塞主要有霍尔木兹海峡、马六甲海峡、好望角、苏伊士运河和曼德海峡等。霍尔木兹海峡位于阿曼与伊朗之间，连接波斯湾与阿拉伯海，是世界上最重要的石油枢纽。马六甲海峡位于印度尼西亚、马来西亚、新加坡之间，将印度洋和中国南海、太平洋连接起来，形成中东运往中日韩等亚洲消费市场最短的海上路线。好望角位于非洲南部，是通过亚丁湾、曼德海峡和苏伊士运河向西行驶的替代航线必经之地。苏伊士运河位于埃及，连接红海与地中海，是亚洲与非洲的交界线，最大吨位 21 万吨，因此无法通过特大型油轮（VLCC）和超大型油轮（ULCC）。曼德海峡位于也门、吉布提和厄立特里亚之间，是地中海和印度洋之间的战略纽带，最窄处只有 18 英里，且被一座小岛分成两个仅宽 2 英里的航道，使得油轮进出较困难而且数量受限制。

（三）海洋油气集输与储运特点及现状

1. 海洋油气集输与储运工艺特点

海洋石油从海底井口采出后主要有两种方式进行存储和运输，一种是将存储设备放置于海上，通过油轮运回陆地；另一种是用海底管道把原油输送到岸上，再用其他方式运往下游炼厂。

（1）海洋石油存储

存储设备主要有平台储罐、海底储罐和储油油轮三种。平台储罐是在固定式钢结构物上建造的金属储油罐，一般应用在浅水区的储油平台上，与生产平台相邻。海底储罐是经过防腐处理、放置在水深小于 100 米海区的金属储油罐，该类存储设备能够避开风浪冲击、失火和雷电事故的发生。两种固定式储油罐都需要使用穿梭油轮来进行原油外输。储油油轮是配备油舱和各种管路系统的油轮，可看作“浮式储油罐”，例如浮式生产储油油轮（Floating Production Storage & Offloading，简称 FPSO）和浮式储油轮（Floating Storage & Offloading，简称 FSO）。该类存储设备融合了储油罐和穿梭油轮的功能，既能够进行原油的存储，又能够进行原油的外输。其中，FPSO 是集生产处理、储存外输及油田生活支持、动力供应于一体的综合性大型海上生产设施，是海洋油气资源开发的核心设施。

（2）海洋石油外输

平台储罐、海底储罐和 FPSO/FSO 中的原油储存到一定量后，需要使用穿梭油轮进行外输。穿梭油轮的装卸是存储设备外输的关键环节，通常有海洋岛式码头、多点系泊和单点系泊三种方式。海洋岛式码头适用于浅水区，主要由一个工作平台、两个系船柱、两个侧锚船柱和连接栈桥组成。多点系泊是通过将缆绳或锚链系泊到多个固定在海床上的浮筒的系泊方式，该种方式操作复杂，需注意避免与其他结构物碰撞。单点系泊是通过将缆绳或锚链系泊到单点系泊装置的方式，该种方式具有风标效应，能够随海流和风向的变化围绕着单点系泊装置自由转动，始终保持在最佳的抗风位置，具有较强的环境适应性。

海底管道是另一种海上原油运输方式。该种方式不受存储设备容量、穿梭油轮接运不及时、海况环境等限制，能够在原油产出的同时将其输送出去。但相比于陆地铺管，海底管道施工难度大、施工费用高、检查和维修困难。海底管道的施工不仅需要铺管船、挖沟船、拖轮等其他辅助作业船组成专业船队，还需要供应材料、设备和燃料的船只。国内外通常采用铺管船法和拖管法进行海底管道的铺设。铺管船法是利用安装专用铺管设备的铺管船，以“S”形或“J”形铺管法或卷管式铺管法进行管道铺设。拖管法是将预先在陆地上制备好的一定长度的管道，通过牵引船拖拉至预定位置，在管道连接完整后再下沉至海底的方法，根据牵引过程中管道所处的水深可进一步分为浮拖法、离底拖法和底拖法。

（3）海洋石油处理

在油藏的高温、高压条件下，天然气溶解在原油中。为保证存储、运输的安全，开采出来的原油需要进行分离、净化、计量处理，符合标准后才可以进行存储和外输。油井来液先进入油气水分离系统，分离出来的污水进污水处理系统，经处理并符合排放标准后排放入海。此时油中含水率可降至0.5%~15%，进一步对其进行油气分离处理，将原油中含有水、砂等机械杂质及伴生气分离出来。分离出的伴生气进伴生气处理系统，经除液后利用或送到火炬系统烧掉。

根据处理装置所在位置不同，处理方式主要分为海上处理和陆地处理两种。海上处理是将一系列油气水三相分离器安装在海上平台或FPSO，在油水分离的同时，达到气液分离的目的。陆地处理方式是建设海上油气陆岸处理终端，配备成套、完整、全流程的油气处理技术和装备。

2. 我国海洋油气集输与储运装备发展现状

近年来，中国海油在浮式生产储油油轮方面取得令人注目的成就。在数量上，中国海油是世界上拥有FPSO最多的石油公司之一，规模与总吨位均居世界前列。在技术上，中国海油在深水油气装备制造能力方面实现全面突破，已具备自主设计建造能力，处在国际先进水平。

中国海油成功设计和建造了亚洲首艘圆筒型FPSO“海葵一号”（海洋石油122），实现了在深水超大型海洋油气装备自主设计建造方面的关键技术突破；打造了全球首航智能FPSO“海洋石油123”，采用了智能化和数字化技术，打通多个智能管理模块之间的数据壁垒，实现了油气资源的高效开发和利用；建设完成最大作业水深FPSO“海洋石油119”，实现了中国大型FPSO高端制造核心技术和EPCI（设计、采购、建造、安装）总包能力方面的新突破；先后完成世界最大吨位级FPSO巴油P67和P70“姊妹船”，标志着中国具备了世界级FPSO的设计及拖航、交付能力，打通了海洋工程总承包服务全链条，也表明中国在开拓国际浮体总包业务方面走在了亚洲前列。

三、石油产业链下游：石油炼制与化工

（一）原油炼制与化工工艺流程

从地下开采出来的原油是多种烃类的混合物，需要经过加工处理才能被人类社会使用。加工过程分为炼制和化工两大环节。

1. 石油炼制工艺流程

石油炼制是指通过初次加工（Primary Processing）和深加工（Deep Processing）将原油各组分分离，炼制生产燃料油、润滑油、石蜡、沥青、焦炭等石油产品的过程（见图2-7）。

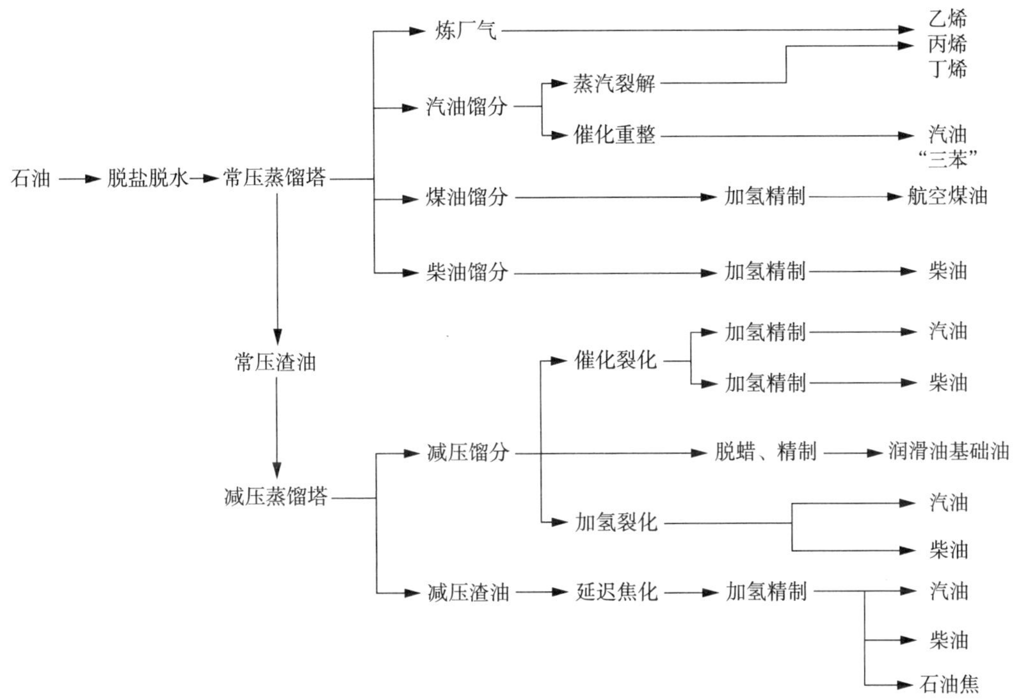

图 2-7 炼油工艺及产出品

（1）原油的初次加工

由于原油中各种烃类物质的沸点存在差异，可以采用蒸馏这种物理反应将原油中不同沸点范围的轻重组分分离出来。这个蒸馏的过程即为原油的初次加工，也称为一次加工。基于沸点会随着气压的变化而下降的物理原理，炼化厂又将蒸馏过程分成了常压蒸馏过程和减压蒸馏过程，通过常压分馏塔（常压塔）和减压分馏塔（减压塔）的设备实现。

原油在进行蒸馏前首先会经过脱水、脱盐的预处理，随后被送入加热炉加热至350℃（不会发生热分解），之后进入常压蒸馏塔，其中沸点较低的烃类物质会被气化上升，经过蒸馏塔内的塔盘直达塔顶。由于塔体的温度由下至上是逐渐降低的，所以气化的烃类物质自下而上经过塔盘时，不同组分的烃就按各自沸点的高低分别在不同温度的塔盘中液化成液体。该阶段的分馏产品主要有炼厂气、汽油馏分、煤油馏分、柴油馏分和常压渣油。

将常压分馏塔塔底的常压渣油加热后送入减压蒸馏塔，在低于100kPa的负压条件下进行蒸馏操作，蒸馏温度限制在420℃以下。重油中的高沸点馏分就会在比常压条件下的蒸发温度低一些的温度下气化，进一步实现烃类物质的分离。该阶段的分馏产品主要有减压馏分油和减压渣油。减压馏分油可作为催化裂化、加氢裂化的原料，或用来生产润滑油基础油。减压渣油可作为延迟焦化、溶剂脱沥青、加氢转化等的原料。原油的分馏产品和用途见表2-3。

表 2-3　原油的分馏产品和用途

沸点范围（℃）	分馏产品	含碳原子数	主要用途
（气体）	炼厂气	1～4	液化气和石油化工原料
20～200	汽油馏分	5～10	汽油发动机燃料
150～280	煤油馏分	11～16	喷气式飞机燃料
200～350	柴油馏分	10～22	柴油发动机燃料
350～500	减压馏分油	16～20	催化加工原料及润滑油基础油
500 以上	减压渣油	21～45	化工原料和燃料

（2）原油的深加工

为了从原油中获取更多的轻质油，提高油品质量，增加产品的种类，需要对原油中的烃类物质进行裂化和重整，就像使用“剪刀”和“缝衣针”修剪或拼接布料一般，改变烃类分子碳链的长度和分子结构，使原油中的烃类达到人们对石油产品数量、质量、品种的要求。这个对原油进行的进一步加工过程称为石油的深加工或二次加工。

对于常压蒸馏馏分中的炼厂气，可采用烷基化、醚化等加工过程，把小分子的烃类气体合成为大分子的液体烃类，得到高辛烷值的汽油组分。对于常压蒸馏得到的汽油直馏馏分、煤油直馏馏分和柴油直馏馏分，可通过催化重整、异构化和加氢精制过程使分子重构、脱硫脱酸，来提高汽油馏分辛烷值，使汽油、煤油和柴油达到质量指标要求。对于减压馏分油和减压渣油，可通过热加工、催化裂化、加氢裂化等工艺把较大的油品分子转化成较小的分子，增加轻质油的产率。减压馏分油也可以通过脱蜡，精制后形成润滑油基础油。

催化重整（Catalytic Reformation）是在加热、加压和催化剂存在的条件下，将直流汽油馏分转变成富含芳烃的高辛烷值汽油，并副产液化石油气和氢气的过程。该过程不仅能够提高油品质量，还能够为常压馏分的加氢精制、减压馏分油和减压渣油的加氢裂化提供氢气原料。

加氢精制（Hydrofining）是在催化剂的催化作用下，让氢气与油品中的硫、氮、氧等杂质发生化学反应，生成硫化氢（H_2S）、氨（NH_3）、水（H_2O）及相应的烃，同时将油品中的金属脱除并沉积到催化剂上。

原油炼制的热加工是指依靠热的作用，将重油转化成气体、轻质油、燃料油或焦炭的工艺过程，主要包括热裂化、减粘裂化和延迟焦化。热裂化（Thermal Cracking）是以石油重馏分或重油为原料，通过裂解反应或缩合反应，生产小分子烃类气体、汽油、柴油或焦炭的过程。减粘裂化（Visbreaking）通过浅度热裂化过程来减小原料油的黏度和倾点，生产合格的重质燃料油和少量轻质油品，也可为其他工艺过程（如催化裂化）提供原料。延迟焦化（Delay Coking）是通过管式加热炉把原料油急速加热到约 500℃高温后迅速进入焦炭塔内，停留足够的时间进行深度裂化反应，使减压渣油的一部分转化为气体烃和轻质油品，另一部分转化为焦炭。

催化裂化（Catalytic Cracking）是炼油工业中最重要的一种二次加工工艺，也是重质油轻质化的重要手段。该工艺过程是以减压馏分油、蜡油等重质馏分油或减压渣油为原料，在常压、450~510℃条件及催化剂作用下，发生的热裂化过程。该工艺可获得气体烃、高辛烷值汽油、柴油等轻质油品和焦炭。

加氢裂化（Hydrocracking）是重质原料在催化剂和氢气存在的条件下进行的催化裂化加工。该过程可以有效防止催化裂化过程中积炭的生成，去除氮、氧、硫杂原子有机化合物杂质，降低原料油的碳氢比。

（3）石油产品的精制与调和

一次加工和二次加工后的油品还需要经过精制才能在燃烧性能、储存与输送安全、对环境影响等方面满足市场使用要求。同时，需要经过调和来满足不同的质量档次和牌号，充分发挥每种油品在性能上的差异和优势，调和匹配，以取得最大的经济效益。

2. *石油化工工艺流程*

石油化工是以石油为原料，经过物理、化学加工生产各种有机化学品及合成材料的过程，包括三烯三苯等的基本有机化工原料生产环节，以氯乙烯、乙二醇、丙烯腈等为代表的石油化工中间产品生产环节，以合成树脂、合成橡胶和合成纤维为主的合成材料生产环节。由于石油化工中间品和合成材料的生产环节属于化工产业，所以本书仅对基本有机化工原料的生产工艺流程进行介绍。

（1）烯烃的生产

烯烃具有不饱和键，化学性质活泼，能够进行多种化学反应来形成种类繁多的其他产品，是重要的有机化工原料。其中，乙烯、丙烯和丁二烯因碳原子少，结构简单成为最重要的基础化工原料。上述三种烃类物质主要由高温裂解反应产生。石油中两个以上碳原子的轻质烷烃和馏分油经过高温裂解反应后，碳碳（C–C）单键、碳氢（C–H）单键断裂和脱氧，得到由氢气、烯烃和烷烃组成的裂解气，以及裂解汽油组成的混合物。经过对裂解气的分离和精制，产生合格的乙烯、丙烯等产品。丙烯还可以通过液化气催化裂化得来。丁二烯还可以通过正丁烯和正丁烷脱氢制得。

（2）芳香烃的生产

芳香烃中的苯、甲苯和二甲苯被称为一级基本有机原料，简称为BTX。在以石油为原料的炼制与化工过程中，芳香烃主要来自石油的催化重整、高温裂解制乙烯和轻质烃的芳构化。催化重整在产生高辛烷值汽油调和组分的同时，产生了苯、甲苯和二甲苯等芳香烃物质。高温裂解制乙烯过程副产的裂解焦油，经过蒸馏得到75~150℃的中间馏分，也可得到苯、甲苯和二甲苯等芳香烃物质。为了满足经济社会对芳香烃日益增长的需求，还可以通过烷烃脱氢、环化来生产芳香烃。

（二）炼化产品类型

1. *石油产品*

石油产品是指通过原油初次加工、深加工的炼制过程得到的产品，主要包括汽油、煤油、柴油、润滑油、燃料油、沥青、石蜡、液化石油气和石油焦等。

汽油（Gasoline）是活塞式发动机的燃料，可供活塞式发动机汽车使用，也可供装有活塞式发动机的螺旋桨式飞机使用。随着内燃机压缩比增大，内燃机压力升高，需要汽油具备与之匹配的抗爆性。而汽油中的正庚烷在高温和高压下较容易自燃，从而引发爆震现象，这不仅会降低引擎效率，还可能引致汽缸壁过热甚至活塞损裂。所以引入辛烷值（RON）指标，用于反映汽油质量。正庚烷的辛烷值为0，而异辛烷因其爆震现象很小，其辛烷值定为100。其他的碳氢化合物也有不同的辛烷值。辛烷值越高，汽油的抗爆性越好，既能提高发动机的功率，又能节约燃料。我国车用汽油按辛烷值不同分为多个牌号，主要有89号（辛烷值是89）、92号（辛烷值是92）、95号（辛烷值是95）、98号（辛烷值是98）等。

煤油（Kerosene）是喷气式发动机的燃料，也在工业上被用作洗涤剂，在农业上被用作杀虫剂等。因装有喷气式发动机的飞机一般飞行高度高、续航里程长、飞行速度快，所以需要煤油这种具有较低的凝点、较高的发热值和较大密度的燃料。

柴油（Diesel）是压燃式发动机（柴油机）的燃料，主要供载重汽车、拖拉机、内燃机车、各类船舶和柴油汽车使用。反映柴油质量的主要指标是燃烧性能、抗爆性能、凝点和黏度。我国车用柴油按其凝点高低分为6个牌号，有5号（凝点不高于5℃）、0号（凝点不高于0℃）、-10号（凝点不高于-10℃）、-20号（凝点不高于-20℃）、-35号（凝点不高于-35℃）、-50号（凝点不高于-50℃）。

润滑油（Lubricating Oil）是在机器运转过程中起润滑作用的油品。它还具有冷却、冲洗、密封、保护、减震、传递力等作用。

燃料油（Heating Oil）可作为船用内燃机的燃料，也可作为锅炉的燃料。作为船用内燃机燃料时，需要燃料油喷油雾化能力良好，燃烧完全，降低耗油量，减少积炭和机械磨损。作为锅炉燃料时，需要燃料油达到对环境质量要求的标准。

沥青（Asphalt）具有很好的黏结性、绝缘性、隔热性及防湿、防渗、防水、防腐、防锈等性能，可用于道路工程、建筑工程、水利工程、绝缘材料、防护涂料等，还可用于保持水土、改良土壤。

石蜡（Paraffin Wax）是从润滑油中经压榨脱蜡或溶剂脱蜡的方法分离出来的，可用于食品、药品等包装，可作为原材料制成洗涤剂、乳化剂、分散剂、增塑剂、润滑脂等，还可用于金属防锈、印刷业、纺织业。

液化石油气（Liquefied Petroleum Gas，LPG）是指石油当中的轻烃，以 C_3、C_4（即丙、丁烷烃和烯烃）为主及少量 C_2、C_5 等组成的混合物，常温常压下为气态。经加压后装入钢瓶，作为城市居民生活及服务行业的燃料。

石油焦（Petroleum Coke）是来自石油炼制过程中渣油的焦炭化，可作为制造碳化硅和碳化钙的原料，用于金属铸造以及高炉冶炼等，同时经过进一步高温煅烧后，也可作为制作冶金电极的原料。

2. 化工产品

烯烃中的乙烯、丙烯和丁二烯与芳香烃中的苯、甲苯和二甲苯是石油化工的基础原料，简称“三烯三苯”。

乙烯作为基础化工原料可进行聚合、氧化、加成、羟基合成等化学反应，加工生产α-烯烃、聚乙烯、乙醇、乙二醇、丙醛、醋酸等化工品，作为制作溶剂、塑料等的基础原料（见图 2-8）。

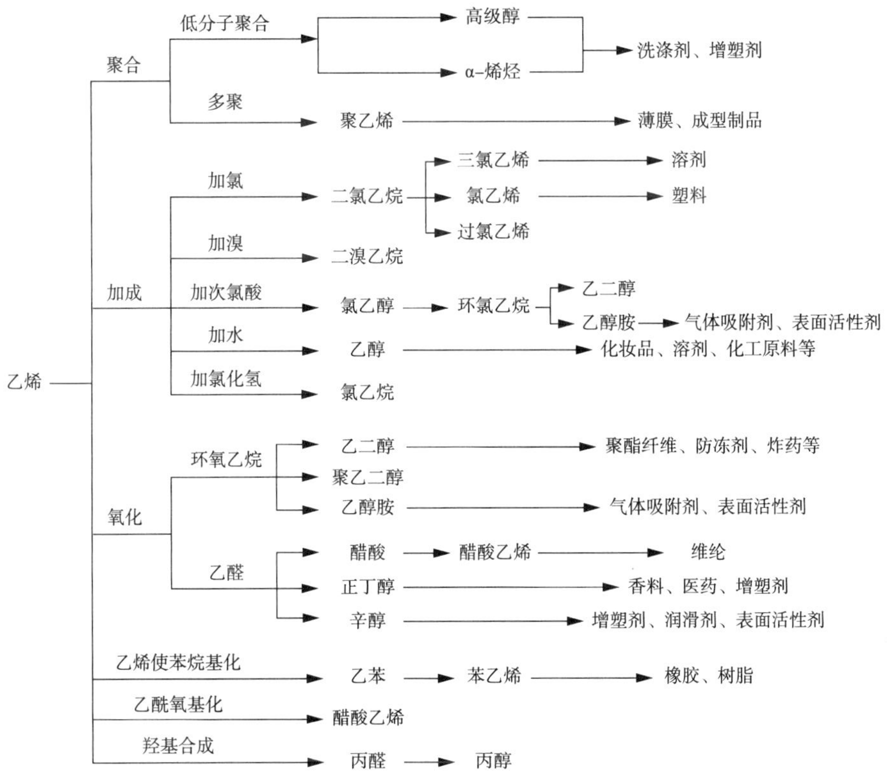

图 2-8 由乙烯得到的若干化工产品

资料来源：王朋岩，杨勉，刘晓东．石油工业概论［M］．北京：石油工业出版社，2016.

丙烯可进行聚合、氧化、加成、羟基合成等化学反应，来生产聚丙烯、丙烯腈、丙烯醛等化工品，用来制作添加剂、树脂等材料。丁二烯可用来生产氯丁二烯，是制作合成橡胶的基础原料（见图 2-9）。

苯、甲苯和二甲苯是最重要的芳烃。纯苯主要用作生产苯乙烯和苯酚丙酮；甲苯主要用作汽油调和与甲苯歧化；对二甲苯（PX）是二甲苯的一种，也是最重要的芳烃，是现代化纤工业的重要原料，可进一步生成为 PTA（精对苯二甲酸）。PTA 和乙二醇反应得到聚酯。聚酯可用作生产塑料瓶，但其最主要的用途是生产涤纶长丝，涤纶长丝可用于生产服装、窗帘、汽车座椅和工业传输带等产品（见图 2-10）。

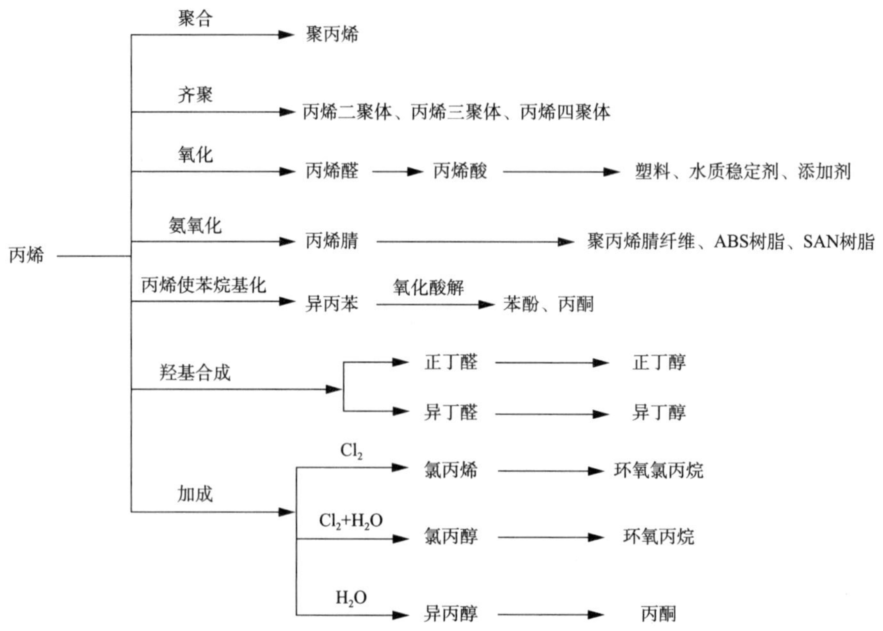

图 2-9　由丙烯得到的若干化工产品

资料来源：王朋岩，杨勉，刘晓东．石油工业概论［M］．北京：石油工业出版社，2016.

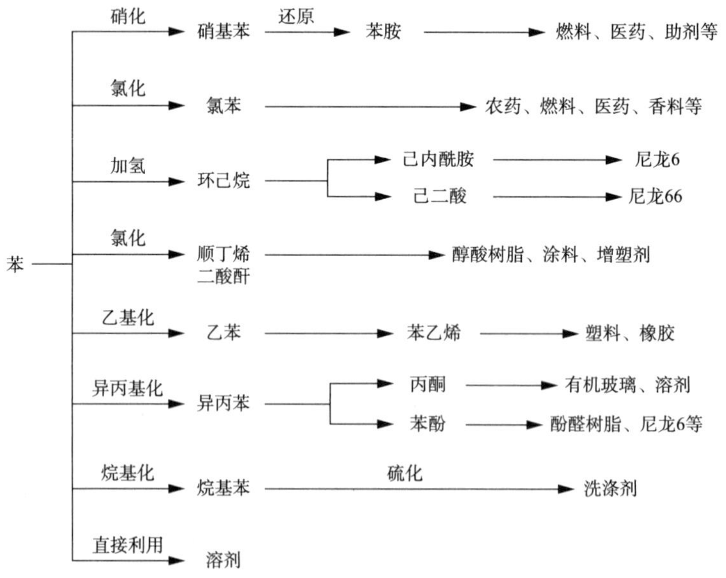

图 2-10　由芳烃得到的若干化工产品

第三节 石油市场

一、世界石油供需情况分析

（一）世界原油资源状况

1. 世界石油资源总量

根据英国能源研究院（Energy Institute，EI）2023年发布的《世界能源统计年鉴》，世界石油探明经济可采储量在近40年间总体呈阶梯增长趋势，大约每10年一个增长周期，4个周期增长率先快后慢。1980年至1990年为快速增长阶段，世界石油探明经济可采储量从6826亿桶增长到10009亿桶，增长率达46.63%，年均增长率4.66%。此后探明经济可采储量减速增长，2000年世界石油探明经济可采储量达到13009亿桶，较1980年探明储量翻一番，相较于1990年增长了29.97%，1990—2000年年均增长率3.00%。2010年世界石油探明经济可采储量增长到16369亿桶，较2000年增长了25.83%，2000—2010年年均增长率2.58%，较前10年进一步下降。2020年，世界石油探明经济可采储量达到17324亿桶，是2000年探明经济可采储量的1.33倍，是1980年探明经济可采储量的2.54倍，较2010年增长了5.83%，年均增长率仅为0.58%（见图2-11）。

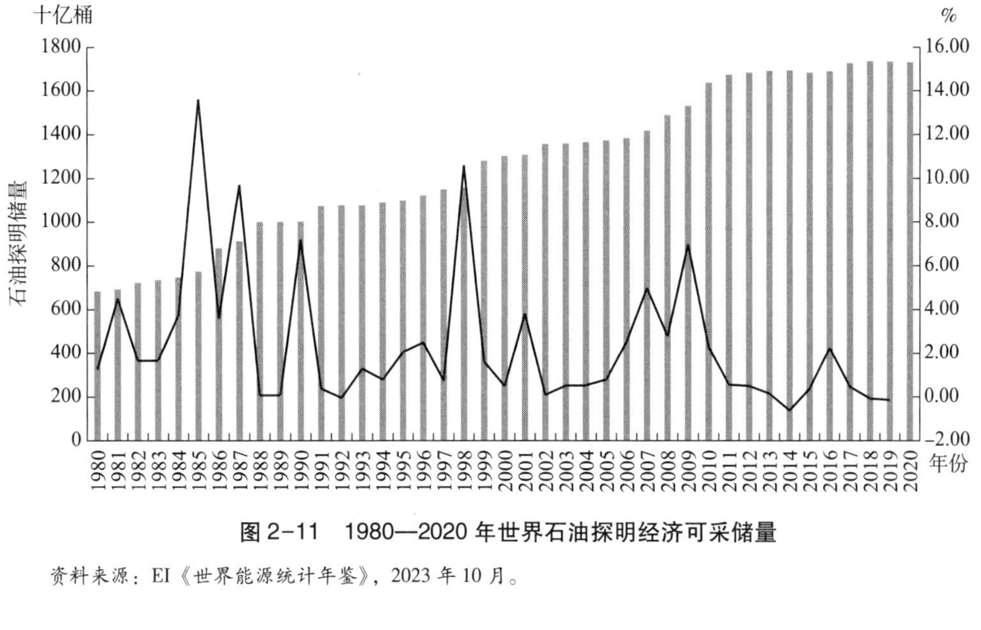

图2-11 1980—2020年世界石油探明经济可采储量

资料来源：EI《世界能源统计年鉴》，2023年10月。

2. 世界石油资源分布

世界石油资源分布不均，主要分布在中东、中南美洲、北美洲地区。根据 EI 2023 年发布的《世界能源统计年鉴》，2020 年中东地区的石油探明经济可采储量为 8359 亿桶，占全球石油探明储量 48.25%。其次依次是中南美洲、北美洲、独联体国家、非洲、亚太和欧洲地区，石油探明经济可采储量分别为 3234 亿桶、2429 亿桶、1462 亿桶、1251 亿桶、45.2 亿桶和 13.6 亿桶，分别占全球石油探明经济可采储量的 18.67%、14.02%、8.44%、7.22%、2.61%和 0.79%（见图 2-12）。其中，OPEC 国家石油探明经济可采储量达 12147 亿桶，占世界石油探明经济可采储量的 70.12%。OECD 国家石油探明经济可采储量仅为 2600 亿桶，仅占比 15.01%。

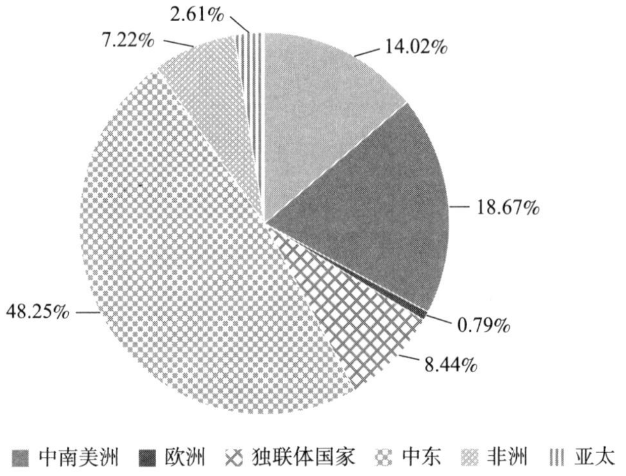

图 2-12　2020 年世界石油探明经济可采储量地区分布

资料来源：EI《世界能源统计年鉴》，2023 年 10 月。

20 世纪末，以蒸汽辅助重力泄油技术（SAGD）为代表的稠油开采技术和以水力压裂技术为代表的页岩油开发技术的成熟应用，使得油砂、页岩油等资源得以经济开发，大型油砂和页岩油矿藏开始被纳入常规的储量统计范畴。世界石油探明经济可采储量的区域间分布在世纪之交发生了改变，但主要增量仍来自储量分布较多的中南美洲和北美洲地区。

中南美洲地区石油探明经济可采储量增长幅度最大，占世界总量的比重从 1998 年的 8.11%增长到 2020 年的 18.67%。该地区 1998 年石油探明经济可采储量为 938.5 亿桶，到 2008 年提升至 1942.7 亿桶，增长幅度达到 107.00%，到 2020 年进一步提升至 3233.7 亿桶，增幅达到 66.45%。

北美洲地区探明经济可采储量占世界总量比重小幅上升，从 1998 年的 10.32%增长到 2020 年的 14.02%。该地区 1998 年、2008 年和 2020 年的石油探明经济可采储量分别为 1194.5 亿桶、2152.5 亿桶和 2429.1 亿桶，三个年份间的增长幅度分别为 80.20%和 12.85%（见图 2-13）。

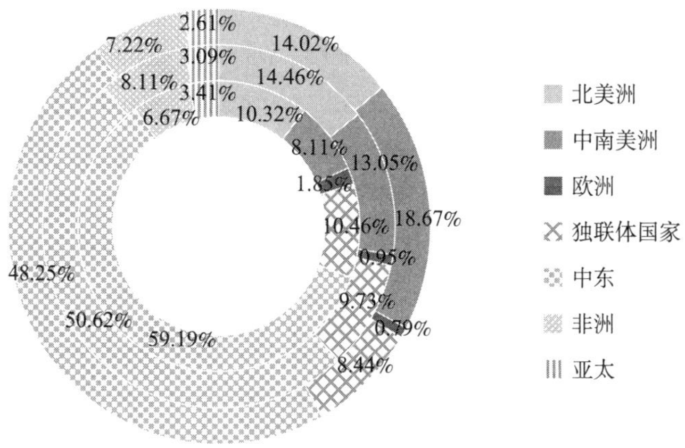

图 2-13 1998 年、2008 年和 2020 年世界石油探明经济可采储量占比及增幅

注：圆圈从内到外依次为 1998 年、2008 年、2020 年。

资料来源：EI《世界能源统计年鉴》，2023 年 10 月。

分国家看，石油探明经济可采储量较大且剩余开采时间较长的国家主要是一些 OPEC 和“OPEC+”国家。2020 年，OPEC 国家石油储采比大于 100 年，其中，委内瑞拉、沙特阿拉伯、伊朗、伊拉克、科威特、阿拉伯联合酋长国、利比亚、尼日利亚等 OPEC 国家位居世界石油资源和剩余开采时长前列。俄罗斯和哈萨克斯坦作为“OPEC+”国家位于石油资源前 15 名之中，石油探明经济可采储量分别为 1078 亿桶和 300 亿桶，分别占世界总量的 6.22%和 1.73%。加拿大和美国的石油探明经济可采储量分别位于世界探明储量的第 3 位和第 9 位，分别为 1681 亿桶和 688 亿桶，分别占世界总量的 9.70%和 3.97%。但两国石油产量差距较大，储采比存在较大差异，加拿大的储采比达到 89.75，而美国的储采比仅为 11.43（见表 2-4）。

表 2-4 2020 年世界主要石油生产国剩余探明经济可采储量

排序	国家	石油探明经济可采储量（亿桶）	占世界总量比重（%）	储采比
1	委内瑞拉	3038	17.54	—
2	沙特阿拉伯	2975	17.17	73.84
3	加拿大	1681	9.70	89.75
4	伊朗	1578	9.11	138.54
5	伊拉克	1450	8.37	96.60
6	俄罗斯	1078	6.22	27.69
7	科威特	1015	5.86	102.22
8	阿拉伯联合酋长国	978	5.65	72.82
9	美国	688	3.97	11.43

续表

排序	国家	石油探明经济可采储量（亿桶）	占世界总量比重（%）	储采比
10	利比亚	484	2. 79	312. 26
11	尼日利亚	369	2. 13	55. 32
12	哈萨克斯坦	300	1. 73	45. 73
13	中国	260	1. 50	18. 26
14	卡塔尔	252	1. 46	40. 51
15	阿尔及利亚	122	0. 70	25. 10

资料来源：EI《世界能源统计年鉴》，2023 年 10 月。

（二）原油生产格局

1. 世界石油总产量

1980 年至 2022 年，世界石油产量呈波动上升趋势，平均增速先慢后快。1980 年至 2010 年为缓慢增长阶段，世界石油产量从 230 亿桶增长到 304 亿桶，增幅达 32. 17%，年均增长率 1. 07%。此后全球石油产量加速提升。2019 年世界石油产量达到 347 亿桶，较 2010 年增长了 14. 14%，年均增长率 1. 57%，比 1980 年至 2010 年的年均增速提高 0. 5 个百分点。2022 年世界石油产量为 343 亿桶（见图 2-14）。

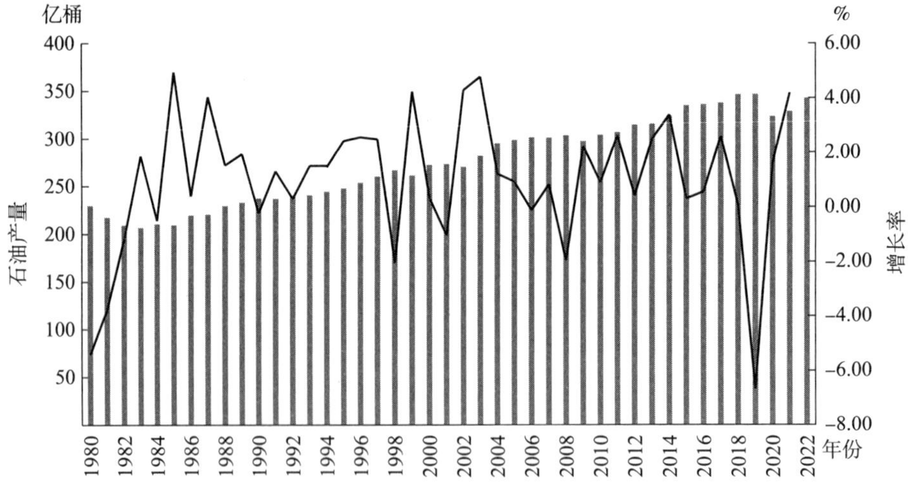

图 2-14　1980—2022 年世界石油产量

资料来源：EI《世界能源统计年鉴》，2023 年 10 月。

2. 世界石油产量分布

世界石油产量表现出区域集中特征，主要集中在中东、北美洲和独联体国家。2022 年，上述三个主要产油地区共生产石油 238. 66 亿桶，共占全球石油产量的

73.85%。其中，中东地区的石油产量为105.70亿桶，全球占比32.71%。北美洲和独联体国家石油产量分别为82.90亿桶和50.06亿桶，全球占比分别为25.65%和15.49%（见图2-15）。2022年，OPEC国家石油产量达117.65亿桶，全球占比36.42%。“OECD+”国家石油产量仅为97.64亿桶，全球占比30.22%。

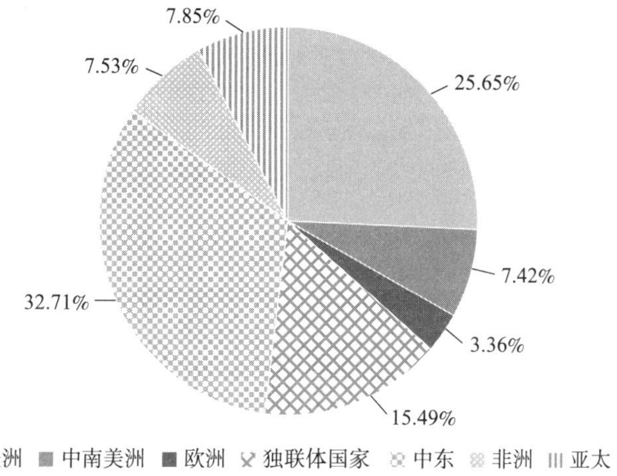

图2-15 2022年世界石油产量地区分布

资料来源：EI《世界能源统计年鉴》，2023年10月。

分国家看，石油产量较大的国家仍是一些OPEC和“OPEC+”国家。2022年，所有OPEC国家石油产量达124.24亿桶，全球占比36.27%。其中，沙特阿拉伯、伊拉克、阿拉伯联合酋长国、伊朗、科威特、卡塔尔和尼日利亚位居世界石油产量前15名。俄罗斯、墨西哥和哈萨克斯坦作为“OPEC+”国家，石油产量位于前15名之中，分别为40.89亿桶、7.10亿桶和6.46亿桶，全球占比分别为11.94%、2.07%和1.88%。美国和加拿大的石油产量分别位于世界石油产量的第1位和第4位，是全球石油供应的主要力量。两国石油产量分别为64.84亿桶和20.35亿桶，分别占世界总量的18.94%和5.94%。美国、沙特阿拉伯和俄罗斯是全球石油供应的核心力量，三个国家2022年石油产量共150.05亿桶，占世界石油总产量的43.80%（见表2-5）。

表2-5 2022年世界主要石油生产国产量

排序	国家	石油产量（亿桶）	占世界总量比重（%）
1	美国	64.84	18.94
2	沙特阿拉伯	44.30	12.92
3	俄罗斯	40.89	11.94
4	加拿大	20.35	5.94
5	伊拉克	16.50	4.82
6	中国	15.01	4.38

续表

排序	国家	石油产量（亿桶）	占世界总量比重（%）
7	阿拉伯联合酋长国	14. 67	4. 28
8	伊朗	13. 95	4. 07
9	巴西	11. 34	3. 31
10	科威特	11. 05	3. 23
11	墨西哥	7. 10	2. 07
12	挪威	6. 94	2. 03
13	哈萨克斯坦	6. 46	1. 88
14	卡塔尔	6. 45	1. 88
15	尼日利亚	5. 29	1. 54

资料来源：EI《世界能源统计年鉴》，2023 年 10 月。

（三）原油消费格局

1. 世界石油消费总量

1980—2022 年，世界石油消费量与世界石油产量呈同频波动上升趋势，平均增速先慢后快。1980 年至 2010 年为缓慢增长阶段，世界石油消费量从 29. 81 亿吨增长到 39. 88 亿吨，增幅达 33. 78%，年均增长率 1. 13%。此后全球石油消费量加速提升，2019 年达到 44. 42 亿吨，较 2010 年增长了 11. 38%，年均增长率 1. 26%，比 1980 年至 2010 年的世界石油消费量增速提高了 0. 13 个百分点。2022 年世界石油消费量有所下降，约 43. 95 亿吨（见图 2-16）。

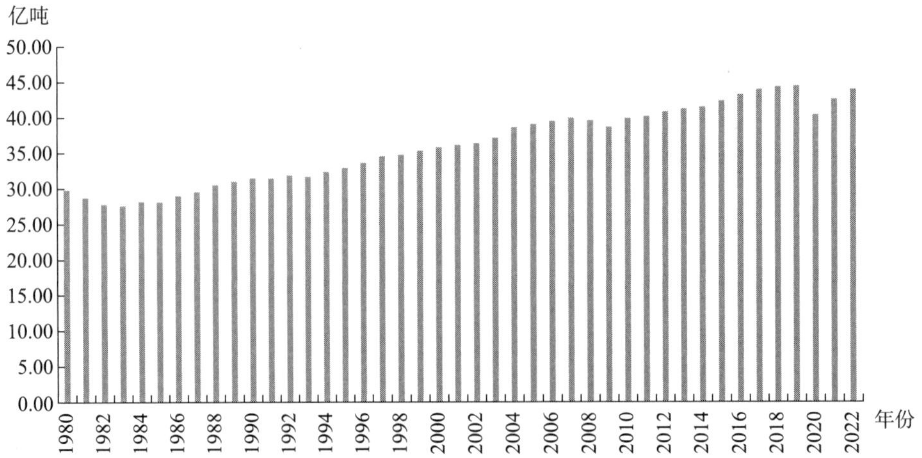

图 2-16　1980—2022 年世界石油消费量

资料来源：EI《世界能源统计年鉴》，2023 年 10 月。

2. 世界石油消费量分布

1980—2022 年，世界石油消费表现出区域集中特征，消费主体略有不同。2022 年，亚太、北美洲和欧洲三个地区共消费石油 32.94 亿吨，共占全球石油消费量的 74.97%。亚太地区是石油消费的主要地区，共消费石油 16.15 亿吨，全球占比 1/3 以上。1980 年，全球石油消费的主要地区有北美洲、欧洲、亚太和独联体国家四个区域，共占全球消费总量的 74.82%。其中北美洲是石油消费的主要地区，共消费石油 9.28 亿吨，占当时全球消费总量的 31.12%（见图 2-17）。40 年间，石油消费重心从北美洲转向了亚太地区。

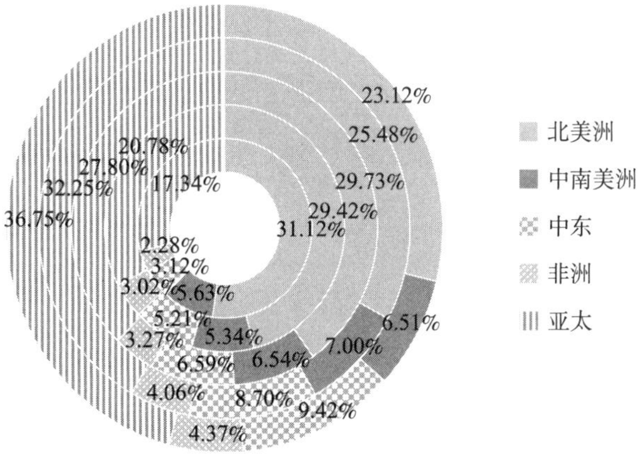

图 2-17　1980 年、1990 年、2000 年、2010 年和 2022 年世界石油消费量地区分布

注：圆圈从内到外依次为 1980 年、1990 年、2000 年、2010 年、2022 年。

资料来源：EI《世界能源统计年鉴》，2023 年 10 月。

1980—2022 年，石油消费的主要国家发生了较大变化。1980 年，石油消费量排名前 10 位的国家分别为美国（7.86 亿吨）、苏联（4.22 亿吨）、日本（2.41 亿吨）、德国（1.47 亿吨）、法国（1.10 亿吨）、意大利（0.98 亿吨）、加拿大（0.92 亿吨）、中国（0.83 亿吨）、英国（0.81 亿吨）和巴西（0.56 亿吨）。上述 10 个国家共消费石油 21.16 亿吨，占全球石油消费总量的 70.96%。2022 年，美国（8.23 亿吨）仍位居石油消费量排名的首位，石油消费量较 1980 年增长了 4.71%。其次是中国，因经济高速发展带动了能源消费快速增长，石油消费量从 1980 年的 0.83 亿吨上升到 2022 年的 6.59 亿吨，约增长了 7 倍。再次分别是印度（2.37 亿吨）、沙特阿拉伯（1.66 亿吨）和巴西（1.16 亿吨），石油消费量较 1980 年均有大幅增长，分别增加了 6.41 倍、4.93 倍和 1.07 倍。日本（1.52 亿吨）、德国（0.97 亿吨）、法国（0.67 亿吨）和意大利（0.57 亿吨）等发达国家的石油消耗量均有不同程度的下降（见图 2-18、图 2-19）。

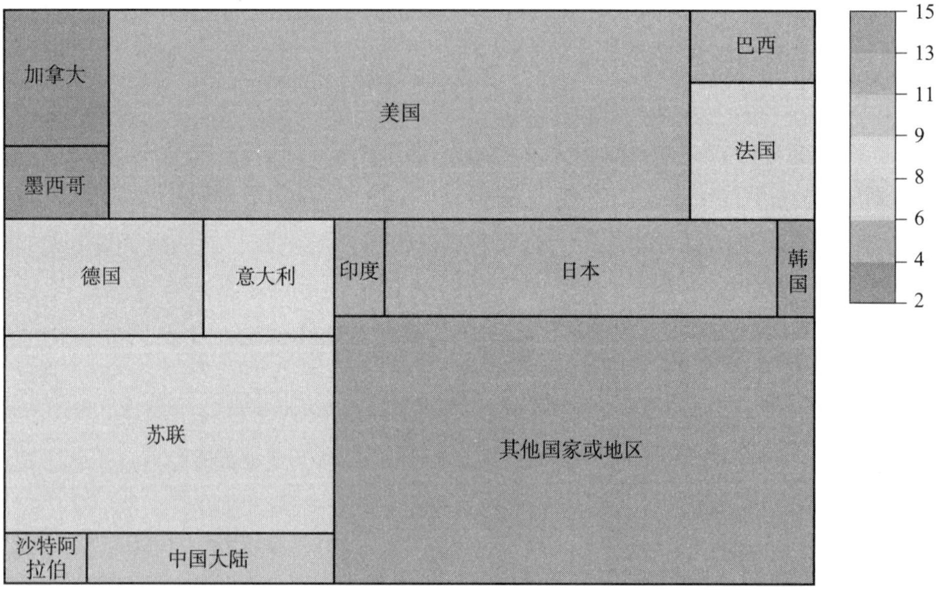

图 2-18　1980 年世界石油消费量国家分布

资料来源：EI《世界能源统计年鉴》，2023 年 10 月。

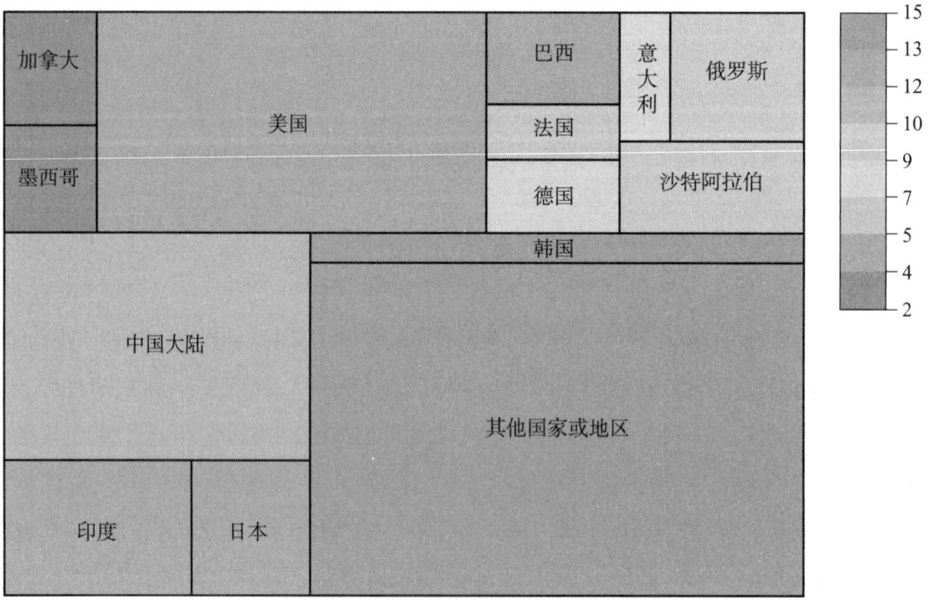

图 2-19　2022 年世界石油消费量国家分布

资料来源：EI《世界能源统计年鉴》，2023 年 10 月。

（四）炼化能力格局

1. 世界炼厂产能情况

1980—2022 年，世界炼厂产能呈先降后升趋势。1980—2000 年，世界炼厂产能波动变化，维持在 40 亿吨/年左右。此后全球炼厂产能稳步提升，2022 年世界炼厂产能达到 50.75 亿吨/年，较 2000 年增长了 26.88%，与新冠疫情前水平相当（见图 2-20）。

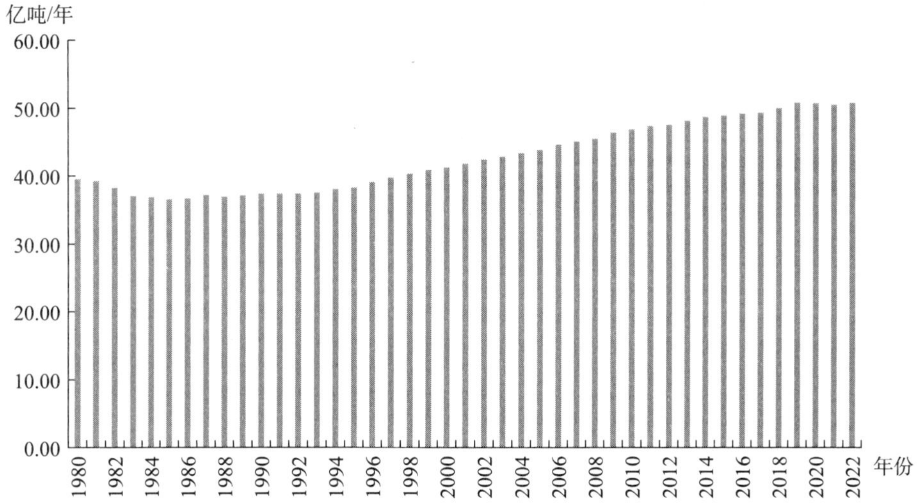

图 2-20　1980—2022 年世界炼厂产能

资料来源：EI《世界能源统计年鉴》，2023 年 10 月。

2. 世界炼厂产能分布

1980—2022 年，亚太地区、中东国家的炼厂产能占全球产能比重逐渐上升。2022 年，亚太地区的炼厂产能达到 18.02 亿吨/年，共占全球炼厂产能的 35.51%，相较于 1980 年增长了 1.25 倍。中东国家 2022 年的炼厂产能达到 5.51 亿吨/年，虽然比北美洲（10.74 亿吨/年）和欧洲（7.49 亿吨/年）少，但增长速率较快，达到 214.06%。柴油新建产能向资源地和消费地聚集，集中在亚太、中东地区，欧洲炼油能力逐步萎缩、北美地区炼油能力停滞不前，全球炼油重心持续东移（见图 2-21）。

炼化一体化纵深发展，呈现“减油增化”“化主油辅”，并加速向化工产品链转移的特征。能源转型出现拐点，炼化行业面临更大冲击，国际石油巨头加快调整炼化业务布局。炼化产业规模化基地化一体化趋势凸显，行业集中度持续提升，2000 万吨/年以上规模炼厂超过 30 家，最大为 6200 万吨/年，平均规模 770 万吨/年；100 万吨/年以上乙烯装置超过 40 套，最大 150 万吨/年。炼化产业基地化集群发展持续推进，形成美国墨西哥湾（原油加工能力 46455 万吨/年、全国占比 52%，下同），日本东京湾

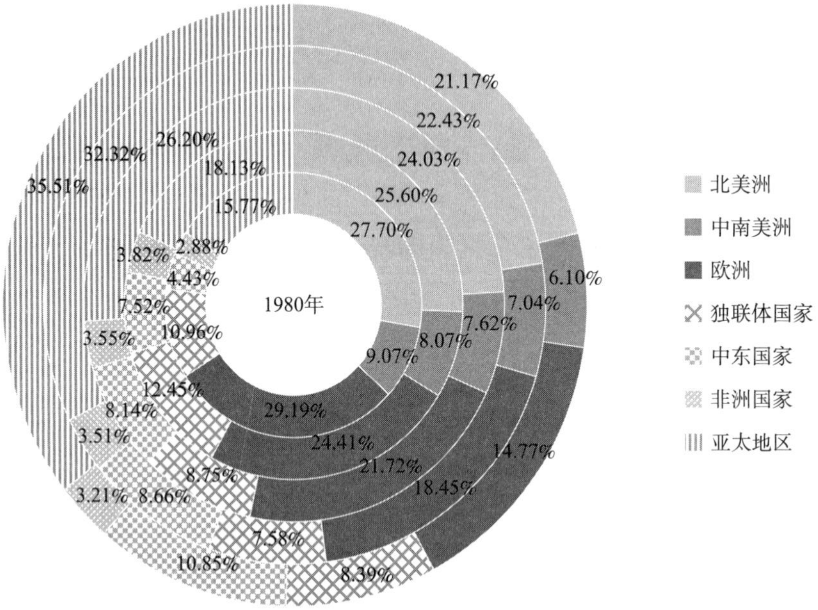

图 2-21　1980 年、1990 年、2000 年、2010 年、2022 年世界炼厂产能区域分布

注：圆圈从内到外依次为 1980 年、1990 年、2000 年、2010 年、2022 年。

资料来源：EI《世界能源统计年鉴》，2023 年 10 月。

（19600、90%），新加坡裕廊岛（6730、100%），韩国蔚山、丽水（11470、78%），沙特朱拜勒和延布园区（5550、38%）等炼化基地（见表 2-6）。

表 2-6　全球主要炼化产业基地

地址	炼油		乙烯	
	原油加工能力（万吨/年）	占全国比例（%）	生产能力（万吨/年）	占全国比例（%）
美国墨西哥湾	46455	52	2705	95
日本东京湾	19600	90	314	60
韩国蔚山、丽水	11470	78	340	60
新加坡裕廊岛	6730	100	387	100
沙特朱拜勒和延布园区	5550	38	1109	70

2022 年，中国千万吨及以上炼厂已增加到 32 家，主要集中在辽宁、山东、浙江和广东沿海四地，炼油规模达到 9.2 亿吨，稳居世界前列，全球影响力持续提升。同时，中国也已成为世界化工产品生产大国，积累了相当的实力，各个子行业都不断有世界级装置投产。其中，单套规模达到 80 万吨/年以上的蒸汽裂解乙烯装置有 28 套。中国已形成以国企、合资企业、民企和进口商四大系统为源头的供应格局。

（五）原油和石油产品贸易格局

1. 原油贸易格局及演变

（1）原油贸易格局

2022 年，世界原油进出口贸易主要集中在中东、欧洲、中国大陆和美国等主要国家和地区之间。

中国、美国、欧洲和印度是世界主要的原油进口国/地区。中国大陆地区作为世界第一大原油进口地区，2022 年共进口原油 5.08 亿吨，与欧盟（5.01 亿吨）整体的原油进口量相当。中国大陆的原油进口主要来自中东地区的沙特阿拉伯（0.88 亿吨）、伊拉克（0.56 亿吨）、阿联酋（0.43 亿吨）和俄罗斯（0.86 亿吨）。欧盟国家的原油进口主要来自俄罗斯（1.17 亿吨）、美国（0.78 亿吨）、伊拉克（0.53 亿吨）和沙特阿拉伯（0.39 亿吨）。美国是世界第二大原油进口国，2022 年共进口原油 3.13 亿吨，其进口来源国和地区主要有加拿大（1.89 亿吨）、中南美洲（0.35 亿吨）、墨西哥（0.32 亿吨）和沙特阿拉伯（0.23 亿吨）。

沙特阿拉伯、俄罗斯、加拿大、阿联酋和美国是世界主要的原油出口国。其中，沙特阿拉伯在 2022 年共出口原油 3.65 亿吨，出口流向主要为包括中国在内的亚太地区、欧洲地区、日本和印度。俄罗斯在 2022 年共出口原油 2.65 亿吨，主要流向欧洲、中国、印度和其他独联体国家。加拿大的原油出口流向较为集中，2022 年共向美国出口原油 1.89 亿吨，占全年该国原油出口总量的 94.30%。阿联酋的原油出口主要流向亚太地区，出口量占其出口总量的 98.68%，其中向日本出口原油 0.49 亿吨，向中国出口原油 0.43 亿吨，向印度和新加坡分别出口原油 0.23 亿吨和 0.12 亿吨，向其他亚太地区国家共出口原油 0.43 亿吨（见图 2-22）。

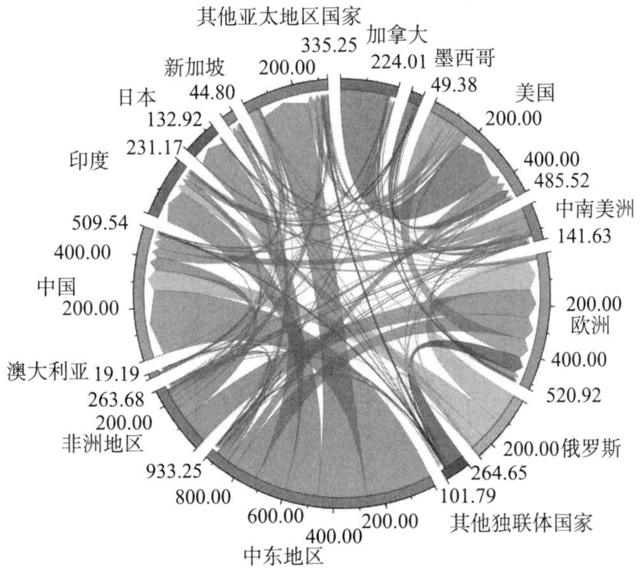

图 2-22　2022 年主要国家和地区的原油贸易进出口流（单位：百万吨）

资料来源：EI《世界能源统计年鉴》，2023 年 10 月。

（2）原油贸易格局演变

供需的变化是全球原油贸易格局演变的内在动力。世界石油贸易呈现“供给西移、消费东移”的特征，贸易重心逐渐向亚太倾斜。原油供应主力集中于中东，北美地区供应能力明显提升。消费东移信号明显，欧美消费减少明显，亚太地区显著增加（见图 2-23）。

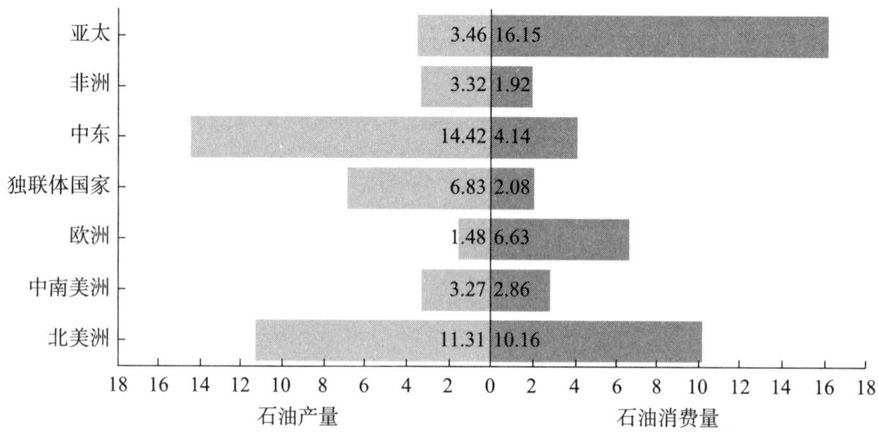

图 2-23　2022 年主要国家和地区油产量和消费量对比（单位：亿吨）

资料来源：EI《世界能源统计年鉴》，2023 年 10 月。

亚太地区成为全球原油供应的最大目标市场。亚太地区炼油能力和原油进口量迅速增长，原油进口量占到全球的一半以上。2017 年中国原油进口量约 4.27 亿吨，首次超过美国（4.24 亿吨），成为全球最大的原油进口国。2022 年，中国原油进口量 5.08 亿吨，美国则进一步下滑至 3.13 亿吨。

不同品种原油供应和需求变化影响贸易流向。轻质油（轻质含硫+轻质低硫）产量占比下降 2%；重质油（重质含硫+重质低硫）产量占比上升 3%；低硫油（轻质低硫+中质低硫+重质低硫）产量占比提高 2%；北美、亚太地区复杂加工比例高，非洲、中东、独联体国家初级加工比例高。

2. *石油产品贸易格局及演变*

（1）石油产品贸易格局

2022 年，世界石油产品进出口贸易主要集中在中东、欧洲、亚太和美国等主要国家和地区。

中国和美国是世界主要的石油产品进口国，欧洲和非洲是世界主要的石油产品进口地区。中国作为世界第一大原油进口国，2022 年，仅大陆地区就进口石油产品 0.93 亿吨，与中东地区（0.87 亿吨）整体的石油产品进口量相当。中国大陆的石油产品进口主要来自其他亚太地区国家（0.30 亿吨）、美国（0.16 亿吨）、阿联酋（0.11 亿吨）和俄罗斯（0.10 亿吨）。美国是世界第二大石油产品进口国，2022 年共进口石油产品 0.98 亿吨，其进口来源国和地区主要有加拿大（0.27 亿吨）、欧洲（0.21 亿吨）和墨西哥（0.08 亿吨）。欧盟在 2022 年共进口石油产品 2.07 亿吨，其石油产品进口主要来自俄罗斯（0.76 亿吨）、美国（0.32 亿吨）和印度（0.20 亿吨）。非洲在 2022 年共进口石油产品 1.41 亿吨，其进口来源国主要有欧洲（0.47 亿吨）、印度（0.17 亿吨）、沙特阿拉伯（0.16 亿吨）和阿拉伯联合酋长国（0.16 亿吨）。

美国、俄罗斯和欧洲是世界主要的石油产品出口国。美国在 2022 年共出口石油产品 2.53 亿吨，出口流向主要有中南美洲、墨西哥和欧洲。俄罗斯在 2022 年共出口石油产品 1.26 亿吨，流向主要集中在欧洲，其对欧洲出口的石油产品占该国出口总量的 60.64%。欧洲的石油产品出口主要流向非洲、美国和中南美洲，上述三个出口流向的出口量占欧洲出口总量的 72.40%（见图 2-24）。

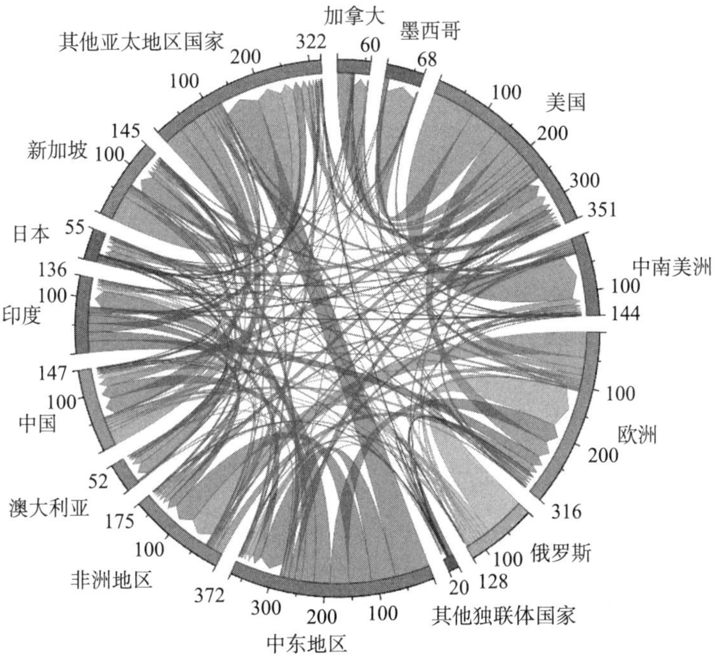

图 2-24 2022 年主要国家和地区的石油产品贸易进出口流

资料来源：EI《世界能源统计年鉴》，2023 年 10 月。

（2）石油产品贸易格局演变

苏伊士以东成品油市场发展潜力巨大，欧美后继乏力，世界炼油工业重心逐步东移。亚太是世界炼油能力增长最快的地区，也是目前世界上炼油能力最大的地区，2022 年亚太炼力占全球份额为 36%，比 2000 年提高了 10 个百分点；北美与欧洲的炼油能力大幅削减，全球份额持续下降。

全球石油产品贸易量增速高于原油贸易增速：从 2005 年到 2022 年，世界石油产品贸易量由 6 亿吨提高到 12.5 亿吨，年均增速 6.4%；同期世界原油贸易量由 18.9 亿吨提高到 21.3 亿吨，年均增速不足 1%；世界原油贸易量与石油产品贸易量的比率也由

2005 年的 3.1 倍降至 2022 年的 1.7 倍。

二、石油价格定价机制

随着全球石油工业与市场的发展，石油市场先后出现市场供求关系定价、成本加成定价和标杆定价等机制。其中，市场供求关系定价是根据市场供需情况决定石油价格。成本加成定价则是在考虑生产成本的基础上，按照一定的加成比例确定石油价格。标杆定价则是将某一种或几种国际知名石油的价格作为标杆，其他石油价格则根据标杆价格进行调整。

国际原油贸易中的原油价格一般采用原油长期合同定价法中的公式计算法定价，由参照基准价加升（贴）水来确定原油结算价格。其中，参照基准价是与约定计价期内现货价格、期货价格或者某价格评价机构的价格指数相联系而计算出来的价格。升（贴）水是根据交易油种相较于基准油的品质差别、加工收益、市场流动性、相对供需关系及交易计价期等多种因素确定的。基准价主要有美国西得克萨斯中质原油（WTI）、英国北海布伦特原油（Brent）、迪拜原油（Dubai）、阿曼原油（Oman）、塔皮斯轻质原油（Tapis）和米纳斯原油（Minas）。上海期货交易所的 INE 原油期货价格因能够反映中国乃至东南亚等原油市场的需求，逐步得到国际市场的关注。根据交易地的不同，原油贸易的参照基准价略有区分。北美地区的原油贸易通常使用 WTI 原油价格作为基准；欧洲地区多使用 Brent 原油价格作为基准；亚洲地区多以 Dubai 原油价格、Oman 原油价格作为基准；中东地区多以阿格斯（Argus）含硫原油指数作为基准。

国际成品油定价机制主要有市场竞争形成价格和国家定价两种，其中市场化是全球成品油定价的主流模式和发展趋势，绝大多数国家都实行市场化的成品油定价机制。中国成品油价格执行浮动价格，参照近 10 个交易日国际原油期货价格变化进行定价，设定调控上限为每桶 130 美元，下限为每桶 40 美元。当国际市场原油价格低于每桶 40 美元（含）时，按原油价格每桶 40 美元、正常加工利润率计算成品油价格；高于每桶 40 美元低于 80 美元（含）时，按正常加工利润率计算成品油价格；高于每桶 80 美元时，开始扣减加工利润率，直至按加工零利润计算成品油价格；高于每桶 130 美元（含）时，按照兼顾生产者、消费者利益，保持国民经济平稳运行的原则，采取适当财税政策保证成品油生产和供应，汽、柴油价格原则上不提或少提。一般地，定价由国家发展和改革委员会决定，媒体将适时发布汽油柴油零售价的变化。

中国成品油定价机制经历了多次改革，大致可分为完全政府管制、双轨制和向市场化过渡三个阶段。20 世纪 80 年代以前，成品油定价机制是处于完全政府管制阶段，与国际市场存在较大差异。进入 20 世纪 80 年代后，成品油定价机制进入双轨制阶段，以国家定价为主、计划内外多种价格并存。在这一阶段，国家实行石油工业产量包干，允许各石油生产单位在完成任务的基础上将生产的超额产量通过更高的价格进行销售。这个阶段拉大价格差异，导致出现套利空间，不利于成品油市场的发展。进入 21 世纪，中国成品油定价机制进入了向市场化过渡的阶段，成品油价格逐步与国际油价接轨，设置调控上下限。

三、世界石油市场的主体及竞争格局

世界石油市场大致可分为寡头垄断期、垄断竞争期和多元化竞争三个主要阶段。在每个阶段的市场结构演进过程中，国际石油公司、国家石油公司、石油输出国组织等市场参与主体都起着重要的推动作用。

（一）国际石油公司建立推动寡头垄断市场的形成（20 世纪 60 年代前）

在 1928 年以前，世界石油市场仍处于垄断初期。1870 年，以小型炼油厂起家的 J. D. 洛克菲勒在美国俄亥俄州克利夫兰城创建了标准石油公司。此后，洛克菲勒不断壮大公司规模，一方面通过削价压垮炼油业务竞争对手，成为全美炼油业唯一的主导者；另一方面通过控制产油区的输油管网，洛克菲勒开始介入石油生产领域。1882 年，在洛克菲勒的主导下，标准石油公司创立了世界第一个托拉斯（垄断组织的最高形式）。1891 年，标准石油公司成为上下游一体化的石油公司，原油产量达到美国总产量的 1/3。1901 年，海湾石油公司（Gulf Oil）和得克萨斯石油公司（Texaco，德士古公司）也相继成立。1909 年，因得到英国政府的支持，英波石油公司（bp 的前身，1954 年更名为英国石油公司）在中东快速发展壮大。与此同时，以诺贝尔兄弟石油公司为首的五家石油公司在苏联形成了寡头垄断，并开始与美国石油公司在欧洲、亚洲市场上竞争。1911 年，标准石油公司在反垄断浪潮中拆解为 34 个独立的实体，其中最大的一家是新泽西标准石油公司，之后几经兼并演变形成了埃克森石油公司（Exxon）。其余的公司包括后来的美孚公司（Mobil，前身为纽约标准石油公司）、雪佛龙公司（Chevron，前身为加利福尼亚标准石油公司）、阿莫科公司、大陆石油公司、阿科公司等。至此，以私人资本创建和经营的石油公司初步形成了以国内为主的寡头垄断格局。

1928—1934 年，以英荷皇家壳牌石油（Shell）、新泽西标准石油公司和英波石油公司（bp）为代表的英国、美国、荷兰等国的大型石油公司为分配除苏联和美国以外的世界石油市场，先后签订了《红线协定》《阿科纳卡利协议》，确定了海湾基价加运费的计价制度，与其他接受这些条款的大型跨国公司一同形成了垄断价格制度。第二次世界大战后至 1960 年，美国经济实力的增强推动石油工业在世界范围内迅速扩张。埃克森石油公司（Exxon）、美孚石油公司（Mobil）、雪佛龙石油公司（Chevron）、海湾石油公司（Gulf Oil）、德士古公司（Texaco）迅速成长为大型跨国石油公司，并与英荷皇家壳牌（Shell）和英国石油公司（bp）一起并称为“石油七姊妹”，依托租让合同对产油国石油资源形成了实质控制，拥有了产油权、定价权和处置权。以大型石油公司为主的世界石油卡特尔正式形成，世界石油市场彻底进入了寡头垄断期。

（二）国家石油公司的成立推动世界石油市场进入垄断竞争期（20世纪60—70年代）

第二次世界大战激发了部分国家的民族意识和主权意识。拉美和中东的产油国逐渐意识到加强对本国石油资源控制权的重要性。1960年，伊朗、伊拉克、科威特、沙特阿拉伯和委内瑞拉发起建立石油输出国组织（OPEC），官方决定标价以打破石油公司单方面决定价格的局面。此后，卡塔尔、印度尼西亚、阿尔及利亚等国相继加入。1960—1970年，由利比亚带头，OPEC各国先后成立了国家石油公司，通过参股和直接接管石油资产的方式实现了石油工业的国有化，利用废除石油租借地制度取消了外国公司在本国的特权。同时，以意大利的埃尼集团、挪威国家石油公司、巴西国家石油公司和墨西哥国家石油公司为代表的非OPEC国家石油公司也向“石油七姊妹”发起了挑战。世界石油市场进入了垄断竞争期，竞争主体已经由国际大型石油公司转变为OPEC国家与非OPEC国家石油公司并存。

（三）石油技术服务公司促使市场向多元化竞争转变（20世纪80年代之后）

20世纪80年代之后，第三次全球产业转移、跨国公司的快速发展促使国际产业分工从产业间水平分工向产业内垂直分工转变。在此背景下，石油市场主体及竞争格局也发生翻天覆地的变化。十几个大型国际石油公司在大规模兼并和收购操作下形成了埃克森美孚、英荷皇家壳牌、英国石油阿莫科和道达尔四个超级公司。原来的“石油七姊妹”让位于埃克森美孚、英国石油公司、英荷皇家壳牌、雪佛龙、道达尔、康菲石油这六大超级石油巨头。随着石油资源国有化浪潮兴起，国家石油公司占有越来越多的石油资源，对本国石油资源的掌控能力越来越强。

随着石油工业不断成熟、社会化分工不断深入，石油技术服务产业也不断发展壮大。经过不断重组，大型石油技术服务逐步横向发展，形成了一批综合性、一体化、实力强的石油技术服务巨头，例如斯伦贝谢、哈利伯顿、贝克休斯和威德福等。同时，也有部分企业逐步纵向深入，形成了一批专业化、市场化程度高的，在细分领域表现优异的企业，例如德西尼布FMC、东方地球物理公司、中海油服等。

与此同时，国际石油公司与国家石油公司加深了合作，并形成了“新七姊妹”——沙特阿拉伯国家石油公司（Saudi Aramco）、俄罗斯天然气工业股份公司（Gazprom）、中国石油天然气集团有限公司（CNPC）、伊朗国家石油公司（NIOC）、委内瑞拉国家石油公司（PDVSA）、巴西国家石油公司（Petrobras）和马来西亚国家石油公司（Petronas）。

第四节 石油产业链的经济特征

一、资本密集性、资产专用性高

石油产业具有初始投资大、运营成本高、投资回报周期长等特点，充分体现出其资本的高度密集属性。在初始投资方面，国际能源署2023年发布的数据显示，新建一个中型炼油厂的平均投资高达数十亿美元，而开发一个大型油田所需的初期勘探和开采投资超过百亿美元，资金主要用于钻井平台、输油管道、炼油装置等昂贵的专用设备设施的购买安装和建设。在运营成本方面，石油产业平均每年的运营成本占当年总收入的比例超过30%，主要用于支付生产过程中设备设施维护、人员劳动报酬、能源消耗、环境保护及安全管理等方面产生的费用。在投资回报周期方面，石油市场供求关系、价格波动、汇率变化以及政策环境等多重因素都会对石油产业经营效益产生重大影响，因此石油项目的投资回报往往存在很大不确定性，一般需要5~10年甚至更长时间才能实现盈亏平衡。

同时，石油产业的装备设施多数是高度专业化、技术复杂、价格昂贵的。一方面，装备设施运行维护和更新换代的成本相对较高，且需要由专门的技术人员负责；另一方面，这类装备设施等资产具有明显的专用性，在石油产业之外价值贬值，具有较高的沉没成本。这体现了石油产业资产的专用性特征。例如作为石油产业专用设备的钻井平台，其功能是针对石油开采的特定需求进行设计和制造的，一旦投入使用，很长时间内都会难以转作他用。用于油品炼制的炼油厂和用于输送油品的管道网络等基础设施，其选址布局、线路设计和建设是基于石油资源和消费市场的分布，一旦建成，短期内难以调整。

石油产业的资本密集性和资产专用性特征共同造就了石油产业的高门槛和高风险。对于有意入局石油产业的企业主体和投资者来说，深入了解并充分准备应对资本密集性、资产专用性所带来的风险挑战是至关重要的。对于政府部门和相关行业机构来说，也需要制定有效的政策措施来引导和促进石油产业生态的健康、可持续发展。

二、产业链长、产品用途广泛

石油产业涵盖了从原油资源的勘探、开采，到炼制加工、运输，再到分销、化工利用和最终消费等多个紧密相连、缺一不可的环节，体现了产业链长的特点。勘探是第一个关键环节，也是石油产业链的起点，利用各种技术手段了解地质状况，寻找和查明石油资源，确定油藏的位置、面积和储量。勘探后的开采环节，是在有石油储存的地方对石油进行挖掘和提取，利用钻井技术使原油从储层流入井底，又从井底提升到井口。在炼制加工环节中，原油经过一系列的物理处理和化学反应，被加工成汽油、煤油、柴油、燃料油等各种燃料，及可制作为塑料、合成纤维、化肥、农药等化工产品的化工原材料。这些产品随后通过运输和分销环节，被送往消费市场，满足人们的生产生活需要。石油产业链的各个环节之间相互依存、相互制约，共同构成一个有机整体。上游的勘探和开发为中游的运输和炼制加工提供原料保障；中游的运输和炼制加工为下游的销售和化工利用提供产品支持；而下游的销售和化工利用则反馈市场需求信息，引导上游和中游的生产和调整。随着科学的进步、技术的升级，以及市场的发展，石油产业也在不断演化、延伸和拓展，使其产业链更加多元和复杂。例如，随着“碳达峰、碳中和”等环保标准和要求的日益提高，石油产业也更加关注废气废物的处理、资源的循环利用等问题，催生了新的产业环节。

石油从炼制加工环节开始，就以各种各样的形态进入千家万户，覆盖了能源、交通运输、建筑、化工、农业、医疗等各行各业。比如，汽油、柴油、燃料油等作为液体燃料，被广泛用于为交通运输、发电以及工业生产等领域提供能源动力；润滑油是机械设备和汽车正常运转离不开的重要物质；沥青被广泛用于道路建设和维护，以及建筑物的防水、密封、保温等；橡胶则是制造轮胎的主要原材料。石油的进一步加工，如通过裂解、重整等化学反应，可以生产出乙烯、丙烯、甲苯等基本有机物，是重要的化工原料，可以用于生产成千上万种化工产品，如塑料、涂料、合成纤维、农药、化肥、医药等，对于支撑现代社会发展具有不可替代的作用。

石油产业具有产业链长、产品用途广泛的特征，在带来产业规模大、市场空间广、发展机会多等优势之外，也带来了一系列的挑战。比如，复杂的产业链结构增加了管理的难度和成本，与经济生活深度融合的产品结构也加大了供需精准匹配的难度，带来了更多的市场风险。面对全球能源结构的转型和新能源的崛起，石油产业不仅要加强产业链的整合和管理，提高各环节的协同效率，也要积极探索多元化的发展道路，以适应未来市场需求的变化。

三、国际性和高度政治化

石油资源在全球的地理分布极不均衡，有的地区储量丰富、有的地区则匮乏，分布在不同地区的石油资源在品质、开采难度和经济成本上也存在显著差异。据 EI 2023 年发布的《世界能源统计年鉴》显示，截至 2022 年底，全球已探明石油储量约 2407 亿吨，主要集中在中东、南美洲和北美洲地区，分别占全球总储量的 48.4%、18.7%和 14%。同时，石油消费区与石油生产区往往不匹配，部分产油区并非石油消费市场所在地，因此全球石油贸易往来极为活跃、流通规模大，石油成为最重要的大宗商品之一，大大增强了石油产业的国际性。石油生产地、出口国通过向国际市场出售原油和石油产品来获取外汇收入，而石油消费地、进口国则依赖稳定的国际石油供应来维持其经济的正常运转——这就形成了供需双方相互依存、荣辱与共的市场关系，其中任何一国的石油政策调整或地缘政治事件都可能对国际石油市场引发“蝴蝶效应”。此外，跨国石油公司在全球范围内开展业务，通过投资、并购、联合生产等手段，促进资源配置优化、生产效率提高、先进技术普及应用，加强了国际间的合作与竞争。

石油在现代生产生活中的关键地位，决定了其不仅仅是普通商品，更是关系到国家能源安全、经济发展乃至社会稳定的战略性资源。各国政府都高度重视本国的石油产业，通过制定能源政策、税收政策、环境政策、出口限制政策等措施来干预石油市场，维护自身利益。例如，美国通过实施石油出口禁令和征收高额关税等措施来限制外国石油进入本国市场，保护国内产业；而一些石油生产国则通过实施价格管制和产量限制等措施来稳定国内油价和防止资源过度开采。石油产业也是大国间利益博弈和竞争的“战场”，不仅表现在对石油资源的争夺上，还表现在对石油市场影响力、石油定价话语权以及石油运输通道控制力的争夺上，有时甚至将石油作为地缘政治的“武器”。20 世纪 70 年代，中东地区受到西方外部势力影响导致地区政治动荡，OPEC 成员国通过减少产量、提高油价、实施禁运等手段，对西方国家发动了“石油武器”，对全球石油市场造成冲击，导致油价飙升，引发了严重的经济危机。近年来，美国通过建立石油期货市场、推动页岩革命等手段，试图掌握全球石油定价权；而俄罗斯则通过加强与 OPEC 产油国的合作，来维护自身在国际石油市场中的地位。

石油产业链的国际性和高度政治化特征也是相互交织、互为因果的。从历史上看，石油产业的国际性和政治化特征在不断强化。20 世纪初，石油产业处于起步阶段，主要集中在美国和欧洲少数国家，石油市场规模小、相对封闭、国际贸易量有限，石油与政治间的相互影响也较小。第二次世界大战后，随着经济全球化，跨国石油公司不断崛起，国际石油市场发展壮大，地缘政治与石油市场间的影响开始凸显。进入 21 世纪以来，新兴市场对能源的需求进一步推动了国际石油市场的繁荣，同时地缘政治风险和恐怖主义威胁等因素对全球石油供应造成了严重冲击，气候问题引发的各国能源转型和碳减排博弈也对石油产业产生了深远影响。未来，随着能源转型和科技革命、产业变革的推进，石油产业将面临更多的挑战和机遇。但无论如何变化，其国际性和政治化特征都将持续存在并深刻影响全球能源格局。

四、市场供给主体多样

在石油市场供给中，产油国政府、国家石油公司（NOC）、国际石油公司（IOC）、石油输出国组织（OPEC）以及国际能源署（IEA）等多元参与主体发挥着各自的作用，形成了错综复杂的市场供给结构。产油国政府掌握行政权和产业控制力，在全球石油市场中的策略受到地缘政治的深刻影响。中东地区的产油国，如沙特、伊朗等，其石油政策往往需要考虑地区政治稳定、宗教冲突等问题；而北美的产油国，如美国和加拿大，则更多考虑通过技术创新、市场手段和政策干预提高本国石油产业的竞争力。产油国之间的竞争与合作策略也影响着全球石油市场的格局。NOC 和 IOC 是石油生产、贸易的直接载体，各有特点和优劣势。NOC 通常拥有丰富的石油资源和地域优势，而缺乏先进的技术和管理经验；IOC 则拥有全球化的运营网络、先进的技术和雄厚的资本实力。双方的竞争与合作关系主要体现在技术、资本和市场等方面。技术方面，NOC 和 IOC 通过合资、合作开发等合作方式实现技术共享和优势互补——这种模式有助于技术普及，提高石油资源开发效率，但也容易产生技术争议和知识产权等问题。资本和市场方面，双方经常展开激烈的“并购战”和“投资战”，争夺市场份额和资源控制权，这种竞争一方面促进了石油产业的繁荣，但另一方面也可能引起市场割裂、产能过剩等问题。OPEC 是全球最大的石油卡特尔组织，成员国通过统一协调石油产量和出口量来影响国际油价，维护成员国的经济利益和市场地位。然而，在 OPEC 内部，尤其是中东地区的政治动荡和军事冲突，使其在维护市场稳定和利益时面临困难。IEA 是一个政府间组织，倡导提高能源效率、减少化石燃料依赖、推动清洁能源发展等理念，以应对全球气候变化和能源安全挑战，关注石油市场的供需平衡和价格波动等问题，为成员国政府和企业提供政策建议、技术支持和信息交流等。

石油产业链呈现出供给主体多元化的特征，这是受石油资源禀赋、市场—技术—政策环境，以及地缘政治等多重因素叠加作用的结果。各方发挥着不同作用，相互之间既有合作，也有竞争，共同推动石油产业发展。随着全球能源转型的深入推进和可再生能源的快速发展，石油产业面临诸多新的挑战和机遇。各参与主体需要加强合作交流，共同应对市场变化和技术创新带来的挑战；同时也需要关注可持续发展和环境保护等议题，以实现石油产业的绿色转型和可持续发展。

五、市场结构兼容垄断与协作

石油市场结构复杂、格局多变，呈现垄断的特征，体现在资源、技术和市场方面。资源方面，石油是不可再生的自然资源，地理分布极不均衡。中东、俄罗斯、北美等地拥有丰富的石油储量，形成了资源的自然垄断局面，这些地区的产油国或石油公司凭借资源优势，在石油市场中占据了重要地位。技术方面，石油的勘探、开采和炼制等环节需要高度专业化的设备设施、技术和人才，一些大型石油公司（如埃克森美孚、壳牌等）在这些领域长期进行研发投入和储备，形成了技术垄断，不仅提高了进入门槛，也增强了议价能力。市场方面，在特定地区或特定市场，少数几家石油公司可能控制绝大部分市场份额，形成市场垄断，可能导致价格操纵、抑制竞争等行为。

石油市场在产业链各环节间、国际合作、技术创新方面也呈现了协作的特征。首先，石油产业链长、环节多且复杂，各环节间需要紧密协作，上游的勘探开采公司需要与中游的运输公司、下游的炼制销售公司等建立稳定的合作关系，以确保石油的顺畅生产和供应。其次，面对全球范围的能源需求和环保压力，各国在石油领域的国际合作日益加强，OPEC 与非 OPEC 产油国之间的协作、IEA 的成立等都是加强国际合作的体现，有助于稳定国际油价、促进全球能源结构的优化。最后，石油产业积极寻求创新，石油公司、研究机构、政府等各方紧密协作，通过共同研发新技术、分享最佳实践、建立联合研发中心等方式，推动科学发展和技术进步，提高石油生产的效率和安全性，降低成本，实现产业升级。

石油市场的垄断与协作不是相互排斥对立的，而是相互并存、相辅相成的，垄断中有合作，合作中也有竞争。一方面，垄断力量一定程度上塑造了石油市场格局；另一方面，协作因素也保障了市场生态的健康发展。这可以通过 OPEC 的角色演变来说明：OPEC 成立初期主要是作为产油国的卡特尔组织，通过控制产量影响国际油价，表现出明显的垄断特征；随着全球能源格局的变化和环保压力的增大，OPEC 开始寻求与其他产油国和消费国的协作，比如通过与非 OPEC 产油国达成减产协议来稳定市场供需平衡、与消费国对话以缓解油价波动等，都体现了 OPEC 在协作方面的努力。

六、产业上游高风险、高收益，下游规模经济性明显

石油产业链的上游和下游表现出明显不同的经济特征。上游具有高风险和高收益的特征。高风险主要体现在勘探风险、技术风险、政治风险和市场风险等方面。在勘探阶段，企业需要投入大量资金、人力和时间，成功率往往较低，有时甚至一无所获；即使勘探成功，也可能面临油田规模小、品质差、经济价值低等问题，导致投资无法收回。石油勘探开采是技术密集型活动，如果企业无法掌握先进技术或设备更新不及时，可能产生效率低下、成本上升等问题；但新技术的研发存在不确定性，其应用也会带来未知风险。许多油田位于政治环境不稳定或敏感地区，政局动荡、战争或制裁等事件可能导致油田关闭、产量下降或供应链中断，给上游企业带来巨大损失。全球油价受到供需关系、地缘政治、货币政策等因素影响，面临较大的波动频率和幅度。油价下跌时，企业收入减少甚至亏损；油价上涨时，虽然收入增加，但也可能面临成本上升和市场需求下降的风险。高收益主要体现在稳定的市场需求和高企的石油价格方面。尽管全球加快发展可再生能源，加速追求对化石能源的替代，但石油在未来可预见的一段时期内仍将是全球能源消费的重要组成部分，尤其是在地面交通、航空等领域，以及化工原料领域，石油需求依然旺盛。尽管石油价格通常受到多种因素的影响，呈现持续波动状态，但总体维持在较高水平，使得石油企业能够获得良好的经济收益。由于石油产业存在高资本、高技术门槛，新进入者难以在短时间内形成有效的竞争力，从而保护了现有企业的市场份额和盈利空间。

石油产业链的下游表现出规模经济性特征。炼油、石化、销售等环节都需要大量的资本投入和基础设施建设，比如厂房、生产线、炼化设备设施、加油站网络和储运系统等，形成了高额的固定成本。当这些基础设施建成并投入运营后，随着生产规模的扩大，单位产品的固定成本逐渐降低，边际收益逐渐提高。大规模的生产还可以提高生产效率和资源利用率，进一步降低成本。下游产品种类繁多，包括汽油、柴油、

润滑油、沥青、石化产品等，产品间存在一定关联性，可通过联合生产和加工来实现资源共享和成本优化。例如，炼油厂同时生产汽油和柴油，石化厂利用炼油厂的副产品作为原料生产石化产品。

石油产业链上游呈现高风险、高收益特征，下游呈现规模经济性特征。上游企业在追求高收益的同时，需要具备强大的风险管理能力、敏锐的市场洞察力以及持续的技术创新能力，以应对各种挑战和不确定性。在大规模资本投入、基础设施建设、联合生产加工等因素共同作用下，下游企业能够通过扩大生产规模降低成本、提高效率和资源利用率，从而在市场竞争中占据优势地位。

七、长期需求价格弹性高于短期

需求价格弹性是用于衡量商品需求量对价格变化敏感程度的重要指标，有长期和短期之分。从经济、技术和市场等不同层面来看，石油的长期需求价格弹性高于短期。

在经济层面，当石油价格上涨时，企业和消费者更倾向于寻找天然气、可再生能源等替代品。由于替代品的研发、推广和应用需要一定时间，其替代效应更多表现在长期。随着替代品的逐渐普及，石油需求量将相对减少，从而提高其需求价格弹性。石油价格的持续上涨将促进各国经济结构调整，从而减少石油依赖。例如，发展公共交通、提高能源利用效率、推广节能环保技术等，降低石油消费量，这种结构性调整涉及产业升级、技术创新等多个方面，长期将更加显著。

在技术层面，随着节能领域技术不断更新换代，企业和消费者在面对高油价时有了更多的可选应对策略。例如，利用技术手段提高发动机效率、改进建筑保温性能等，可以在不降低生活质量的前提下减少石油消耗。该类技术的长期积累和应用，将显著提高石油的需求价格弹性。太阳能、风能等新能源技术快速发展，也为石油替代提供了可能，在长期范围内，随着该类技术的成熟和成本降低，其应用份额将逐渐增加，从而进一步削弱石油地位。

在市场层面，石油价格的波动会影响企业和消费者购车和出行方式的选择。当油价持续上涨时，消费者可能更愿意选择购买新能源汽车或减少私家车的使用频率。这种消费行为的变化会在长期内有所表现，因为需要更多的时间来适应和调整消费习惯。

八、定价机制复杂，衍生品丰富

石油产业链具有定价机制复杂的特征，体现在三个方面：一是石油价格受到供需关系、地缘政治、货币政策、经济增长等因素交织的影响。供需关系是决定油价的基础，战争、制裁等地缘政治事件往往导致油价短期剧烈波动，主要经济体的货币政策和全球经济增长预期也会影响油价走势。二是受 OPEC 与非 OPEC 产油国博弈的影响。OPEC 作为世界上最大的石油输出国组织，能够通过调整成员国产量来影响市场供需平衡，进而达到控制油价的目的，对全球油价有重要影响。非 OPEC 产油国的产量增长和市场份额扩大对 OPEC 的定价权构成挑战，这种博弈关系使石油定价过程更加复杂多变。三是受期货市场与现货市场互动的影响。石油期货市场的价格走势往往对现货市场产生指引作用。期货市场参与者众多，包括石油公司、投资银行、对冲基金等，它们通过交易期货合约对未来油价的涨跌进行风险对冲，影响现货市场的价格走势。

石油衍生品丰富，有期货、期权、掉期等多样化工具，为市场参与者提供了灵活的避险和投机手段。例如，石油公司可以通过期货合约锁定未来的销售价格，规避价格波动风险；投资银行可以利用期权策略进行高风险高回报的投机交易。石油公司、金融机构、对冲基金、散户投资者等都是石油衍生品市场的参与者，拥有不同的风险偏好和交易目的，交易行为相互交织、相互影响，形成了复杂的市场结构。随着金融市场的全球化和信息技术的进步，石油衍生品交易已经形成了全球化的交易网络，各大交易所之间通过跨市场套利机制紧密联系在一起，形成了一个 24 小时不间断的交易市场，使市场信息更加透明，同时也加剧了市场波动和风险的传播。

石油定价机制的复杂性和石油衍生品的丰富性之间相互影响。一方面，定价机制的复杂性使石油市场充满了不确定性和风险，也为衍生品市场提供了丰富的交易机会和策略空间；另一方面，市场参与者在衍生品市场的交易活动也反过来影响石油的定价过程。例如，在地缘政治事件导致油价剧烈波动时，投机者可能会利用期货市场的杠杆效应进行过度投机，进而提高油价波动幅度，而石油公司等实体企业也会通过衍生品市场进行避险操作，同样会影响油价走势。

九、气候、环境与外部性

石油产业在全链条过程中都可能对环境产生显著影响，包括空气污染、水污染、土壤污染以及全球气候变化等。空气污染是石油产业最直接的环境影响。石油开采和炼制过程会释放大量的有害气体，如二氧化硫（SO_2）、氮氧化物（NO_X）、挥发性有机物等，不仅会对大气环境造成污染，还可能对人类健康产生危害；石油燃烧产生的二氧化碳（CO_2）是全球气候变化的主要驱动因素之一；水力压裂等石油开采技术需要消耗大量水资源，开采过程中产生的废水以及炼制过程中产生的油污可能直接或间接地污染水源；海上石油泄漏事件对海洋环境造成了灾难性的影响，陆上的石油泄漏和不当的废弃物处理可能导致土壤污染，不仅会影响土壤的生物活性和肥力，还可能通过一系列环节传递威胁到人类健康。

为了规避和减轻石油产业对环境的潜在影响，需要采取一系列有效措施。例如，改进开采和炼制技术以减少污染物的排放；加强废弃物处理和污染治理；推广清洁能源和可再生能源以替代石油等。总的来说，石油产业对环境的影响是多方面且深远的。我们在享受石油带来的便利和繁荣的同时，也需要时刻关注并应对其带来的环境问题。

十、油气行业治理与监管

政府监管贯穿整个石油产业链，旨在确保资源的合理开发、市场的公平竞争、环境的保护以及消费者的权益。党的二十届三中全会指出，要推进能源等行业自然垄断环节独立运营和竞争性环节市场化改革，健全监管体制机制。

政府设立专门的资源管理机构，制定资源管理法规，设定市场准入标准，颁发勘探许可证、开采许可证等，对进入油气行业的企业进行资质审查，对油气资源的勘探、开采活动进行许可和监管，确保资源的合理开发和利用；推进能源领域价格改革，对石油产品的价格进行监管，防止价格操纵和市场垄断，维护公平竞争的市场环境。通过税收和财政政策调节油气行业的发展，例如，对石油开采企业征收资源税、环境税等，用于资源和环境保护，实施财政补贴、税收优惠等措施鼓励行业技术创新和清洁能源的发展。石油开采、炼制和运输过程中存在较高的安全和环境污染风险，政府通过制定严格的安全和环保法规，设立专门的监管机构进行监督和检查，确保行业安全生产，达到环境保护的目的。

全球能源治理结构也在发生变革。许多国家和国际组织积极参与全球能源治理，通过制定国际能源政策、推动能源技术革新、加强能源基础设施建设等方式，维护全球能源市场的稳定和可持续发展。石油产业作为全球能源市场的重要组成部分，也深受这种治理结构变革的影响。

参考文献

[1]王震，潘涛，刘明明，等．国民经济的命脉：石油经济：走进石油(第二版)[M]．北京：石油工业出版社，2023.

[2]Marshak S. Earth：Portrait of a Plant，2nd Edition[M]．New York：W. W. Norton，2005.

[3][英]迈克尔·阿拉．石油地质概论[M]．周川闵，等，译．北京：石油工业出版社，2020.

[4]郑寿春，李慧慧，郭志钢．石油产业链风险的探讨[J]．煤炭技术，2010，29(8)：224-225.

[5]郭克强．我国非常规油气产业波及效应研究[D]．北京：中国石油大学，2017.

[6]石宝珩，李虞庚．石油工业通论[M]．北京：石油工业出版社，2011.

[7]李娜，褚王涛．我国石油资源资产经济价值估算研究[J]．中国矿业，2020，29(9)：56-60.

[8]金永明．新时代海洋强国战略的演进历程与重要成就[J]．国家治理，2024

(2)：40-45.

[9]王朋岩，杨勉，刘晓冬．石油工业概论[M]．北京：石油工业出版社，2016.

[10]中国海油集团能源经济研究院．蓝海经济(第2辑)[M]．北京：中国石化出版社，2023.

[11]冯连勇，陈大恩，唐旭．国际石油经济学(第2版)[M]．北京：石油工业出版社，2013.

[12]唐旭，王建良．能源经济学[M]．北京：石油工业出版社，2017.

[13]任晓娟，袁士宝，徐波．石油工业概论(第三版)[M]．北京：中国石化出版社，2022.

[14]唐旭，张宝生．石油产业的经济波及效应[M]．北京：社会科学文献出版社，2014.

[15]"Petroleum resources management system. Petroleum resources management system [EB/OL]．(2007)[2024-11-15]．https：//www. spe. org/industry/docs/Petroleum-Resources-Management-System-2007. pdf"

[16]全国国土资源标准化技术委员会．油气矿产资源储量分类：GB/T 19492—2020[M]．北京：中国标准出版社，2020.

[17] Norwegian Petroleum Directorate. The norwegian petroleum directorate's resource classification system[S]．2016.

[18]中国自然资源部矿产资源储量评审中心．中国国家标准《油气矿产资源储量分类》(GB/T 19492—2020)与《联合国资源分类框架》(UNFC 2019)对接文件[S]．北京：中国自然资源部，2022.

[19]胡洪瑾，姜文利，李登华，等．油气资源储量分类体系对比及中国最新分类体系特点[J]．石油与天然气地质，2022，43(3)：724-732.

[20]王建良．资源约束背景下全球化石能源供应及其对气候变化的影响[D]．北京：中国石油大学，2014.

[21]陈荣书．石油及天然气地质学[M]．武汉：中国地质大学出版社，1994.

[22]Energy Institute. Energy Institute Statistical Review of World Energy 2023[R]．London：Energy Institute，2023.

[23]陈嘉茹，燕菲，陈建荣，等．油气全产业链开放进入新时期——2019年中国油气政策综述[J]．国际石油经济，2020，28(2)：55-60.

[24]马宝金，张贺恩，吴达华，等．走进石油(第二版)：叩开蓝海油气之门——海洋石油[M]．北京：石油工业出版社，2023.

[25]喻新尧，周麟璋，屈少辉，等．我国陆上油气通道安全现状及对策研究[J]．中国能源，2022，44(5)：51-55.

[26]李秋扬，赵明华，张斌，等.2020年全球油气管道建设现状及发展趋势[J].

油气储运，2021，40(12)：1330-1337，1348.

[27]高振宇，张慧宇，高鹏.2022 年中国油气管道建设新进展[J]. 国际石油经济，2023，31(3)：16-23.

[28]王雪辰. 全面深化能源体制机制改革[N]. 中国电力报，2022-11-12(3).

[29]王浩. 行政组织法视野下能源监管体制改革研究[J]. 西南石油大学学报(社会科学版)，2019，21(1)：1-7.

[30]王震. 油气工业为新中国加“油”添“气”[N]. 中国能源报，2019-09-23(5).

第三讲

天然气产业链及其经济特征

第一节　天然气产业链的经济特征及其定价机制

一、天然气产业链的经济特征

（一）天然气产业链及构成

天然气（Natural Gas）是一种广泛存在于油田、天然气田，少量存在于煤层，主要由甲烷构成的气态化石能源，常作为燃料、化工原料，用于发电等。在当前经济技术条件下，可通过常规钻井活动工业开采的天然气称为常规气，通常包括油田伴生气、气藏气和凝析气，非常规气通常包括煤层气、页岩气、水溶气、致密气、可燃冰等。

根据物理形态不同，主要分为气态天然气与液态天然气，不同物理形态需要使用不同的储运方式：气态天然气主要使用管道和高压储罐运输，分别称为管道气（PNG）、压缩天然气（CNG）；液态天然气主要储存在低温储罐中通过船舶、槽车运输，称为液化天然气（LNG）

天然气产业链是一条贯穿天然气产业全过程的资金庞大、技术密集的完整链系。上游为天然气生产，一般而言，天然气通常开采于陆地或海上油田，随着常规天然气开采逐渐饱和，近年来非常规天然气开采量不断升高；中游为天然气储运，按照天然气的气态与液态两种物理形态，主要采用管道运输或 LNG 槽车运输，利用地下储气库或 LNG 储罐存储；下游为天然气销售与利用。

在 LNG 产业链中，上游开采的气态天然气通过各级天然气管网输送至 LNG 工厂进行液化处理，经过 LNG 工厂的液化、LNG 航运及 LNG 接收站的再气化过程，通过管道分销到终端用户（见图 3-1）。

（二）天然气产业链的经济特征

1. 天然气产业规制经济：从规制到解除规制

在天然气产业的发展历程中，其独特的产业特性与经济环境的变化共同推动

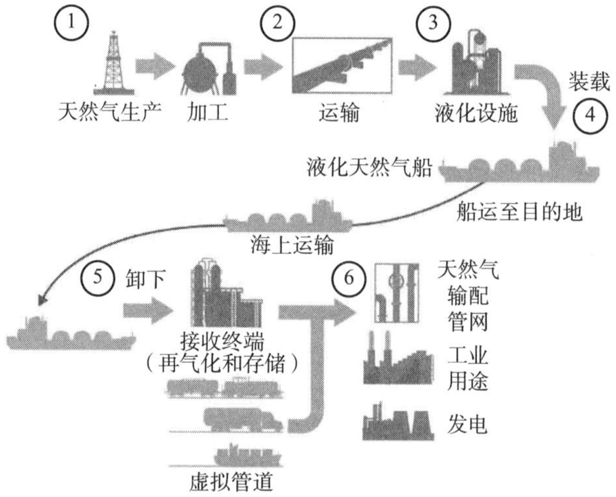

图 3-1　LNG 产业链示意图

资料来源：美国能源部。

着市场形态的演变与政府规制的调整。18 世纪末、19 世纪初，英美两国陆续出现了使用天然气照明的商业行为。到 20 世纪初，美国出现了天然气矿井，开始了商业规模运作，天然气产业由此诞生。天然气产业投资规模庞大，属于典型的资本密集型产业，同时天然气行业中的管道运输、城市燃气配送等环节具备自然垄断属性，极易形成寡头或卡特尔联盟等不完全竞争的市场形态。因此在诞生初期，天然气市场通常呈现为自然垄断市场。然而，20 世纪初世界经济危机的爆发使人们认识到垄断在一定程度上容易造成市场失灵，政府出于纠正市场失灵的动机，通过政府规制（regulation）行为，管制井口价格干预市场，以抑制垄断企业获得超额利润。

20 世纪 70 年代末和 80 年代初，英国、美国等发达国家深陷滞胀危机，政府对经济的过度干预遭到了公众的强烈质疑。彼时，天然气市场的形势也极为严峻，“气荒”现象严重。面对如此困境，政府开始逐步放松对天然气价格的干预力度，转而强化对自然垄断环节的监管，目的在于充分激发生产者的积极性，从而增加天然气的供应，缓解市场的供需矛盾。随着市场化进程的不断加深，天然气管道容量日益充足，为市场提供了稳定的运输保障，进而逐渐形成了竞争性的供应格局。同时，为了降低风险，天然气产品与金融领域紧密挂钩。在这一过程中，伴随天然气产品金融化的持续完善，成熟的现货市场与期货市场逐步形成，竞争主导取代了政府主导（见图 3-2）。

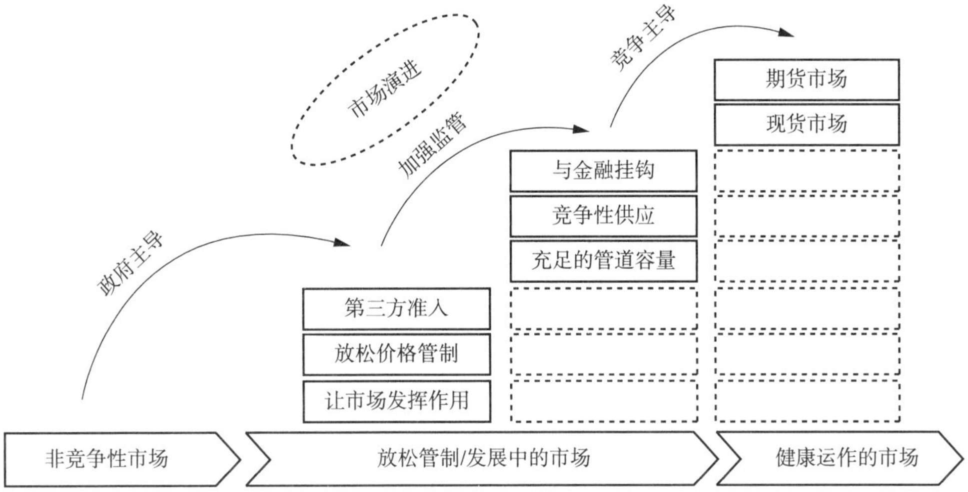

图 3-2 天然气产业发展趋势

专题：美国天然气市场演进历程

美国天然气市场经历了自然垄断、全面监管、市场化发展三个阶段。

自然垄断阶段发生在 20 世纪 20—30 年代，当时天然气公司的规模较小，几乎没有市场竞争，天然气市场被天然气公司垄断。

1938 年美国国会通过了《天然气法》，标志着美国天然气产业进入监管阶段。《天然气法》要求联邦电力署监管跨州管道公司的天然气管输及销售业务，制定强制执行的管道服务费率，然而《天然气法》并不包括对跨州销售的天然气的井口价格（生产商对管道公司的销售价格）的监管，过高的井口价格通过管道公司直接转嫁给了下游用户，从而抵消了跨州管道业务监管的效果。1954 年，美国最高法院通过《菲力普斯决议》，要求联邦电力署对跨州销售天然气的生产商井口价格进行监管，标志着美国天然气产业进入全面监管阶段。

对上游供给的价格管制打击了上游生产商投资勘探开发的热情，过低的价格也导致了天然气需求的飙升。20 世纪 60 年代末，天然气需求开始大于供给，管制造成的天然气低价使得终端用户“无气可买”。70 年代末，作为天然气资源输入地的美国北部发生“气荒”，由于天然气供应短缺，数百家学校停课，9000 多家工厂停产，75 万人停工或失业。1978 年，美国国会颁布《天然气政策法》，逐步放开天然气井口价格。《天然气政策法》将天然气价格按合同签署时间和气源类别划分为 30 多个价格类别，规定以 1977 年 4 月 20 日为分界点，将天然气分为新气与旧气，旧气价格仍受监管，新气价格则可向上浮动。1989 年，美国国会颁布了《天然气井口解除控制法》，正式解除了对天然气井口价格的所有价格监管，美国天然气供应市场蓬勃发展，出现了几百个天然气生产商在竞争激烈的市场上共同销售的局面。

1985 年，联邦能源监管委员会颁布了 436 号令，鼓励管道气公司提供公开准入输气服务，允许消费者向生产者购气，标志着管道公司将天然气和管输服务捆绑销售的垄断时代开始走向终结。1992 年，联邦能源监管委员会（原联邦电力署）颁布了 636 号令，强制性要求管道公司提供公开准入输气服务，自此管道公司从垄断性质的输售一体化运营商，转型为管输服务供应商。

20 世纪 70 年代起，通过《天然气政策法》、《天然气井口解除控制法》、联邦能源监管委员会 436 号令、联邦能源监管委员会 636 号令等一系列法律法令的颁布，美国天然气进入市场化发展阶段，形成了成熟的、极富竞争性的天然气市场环境，上游的中小型天然气生产商可以充分参与市场竞争。价格监管取消，全面实施市场定价，使得投资能够通过市场得到合理回报，激发了大量中小企业投资上游勘探开发技术的热情，最终促成页岩气革命。页岩气产业发展使美国降低了能源对外依存度，从天然气进口国变成天然气生产与出口大国。

2. 天然气产业链：资本密集

天然气产业链具有显著的资本密集特性。从上游的勘探开发环节来看，需要投入大量的资金用于地质勘查、钻井设备购置与安装、油气田基础设施建设等。勘探过程充满不确定性，可能需要在多个区域进行尝试性作业，进一步加大了资金投入风险。一旦发现可开采的气田，后续的开发也需要巨额资金来建设生产设施、铺设管道等，以确保天然气能够稳定地从地下输送出来。

中游的运输环节同样资本需求巨大。无论是建设长距离输气管道，还是发展 LNG 运输船、接收站等液化天然气（LNG）基础设施，都需要庞大的资金支持。管道建设不仅涉及复杂的工程技术，还面临土地征用、环境评估等诸多成本因素。而 LNG 运输设施的建设更是需要先进的技术和巨额的投资，以保证天然气在不同地区之间的高效运输。下游的城市燃气配送和工业用气供应环节也离不开大量的资金投入。城市燃气配送需要建设城市燃气管网系统，包括中低压管道、调压设施等，以将天然气输送到千家万户和各类用气企业。同时，为了满足不断增长的市场需求，还需要对现有设施进行升级改造和扩建，也依赖持续的资金投入。工业用气供应则需要根据不同行业的需求，建设专门的供气设施和管道，以确保工业生产的稳定运行。

在典型的 LNG 产业链（800 万吨/年）中，LNG 液化设施、LNG 运输以及再气化的投资费用所占比例分别约为 75%、15%和 10%，资本性支出分别为 60 亿～100 亿美元、10 亿～20 亿美元和 6 亿～15 亿美元。各环节单位成本分别为 3.0～4.5 美元/百万英热、0.8～1.5 美元/百万英热、0.4～0.8 美元/百万英热。

3. 独特的 LNG 项目结构

全球在产的 LNG 项目一般分为三种结构：一体化项目结构（Integrated）、转移定价项目结构（Transfer Pricing）、来料加工模式（Tolling）。

能源一体化项目结构一般是油气公司在拥有天然气资源的情况下配套发展LNG，壳牌、卡塔尔、东京燃气、英国燃气均采用一体化项目结构，一体化项目结构中各参与方具有共同的产权，以及该价值链上游与液化厂的股权。一体化模式接收站的回报率不高、投资风险最小，风险集中在运行和维护方面，投资者、经营者建设LNG接收站、采购LNG是为了向其特许经营协议项下所服务区域的终端用户供气供电，是为了消费而建设和采购的，与以转卖天然气牟利为目的而建设的LNG接收站、采购LNG有重大区别。对于这类实体，需求侧基本上没有风险敞口，也不需要在上游及液化厂之间转移价格，从而避免"上游资源进入液化工厂"之间的价格谈判，风险集中在LNG供应的连续性和可靠性上。因此，上游资源是一体化项目的前提，如果上游资源不足，LNG项目发展会受到很大制约，若上游资源充足，则可以进行资源对冲，降低风险。

转移定价项目结构是以天然气液化厂为经营主体，向邻近上游气源拥有者购气。转移定价项目结构中，上游资源与LNG液化厂的股东往往不同，而上游资源与液化厂达成的转移价格（上游资源进入液化工厂时的价格）是决定上游资源与液化厂投资回报率的关键因素，因此价格转移谈判耗时费力。通过将LNG价值链中上游资源与液化厂这两项资本密集型部分拆开，较小型公司以及较低预算的国家能够以较小持股的方式运作LNG业务的不同部分。当政府独家拥有上游资源时，这种结构能够方便项目引进新的合作伙伴。也门LNG项目就采用转移定价项目结构。

来料加工模式（代工厂模式）以LNG项目合作伙伴分别作为经营主体，各自按股比提供气源，或者以气源方为经营主体，委托LNG厂液化加工，支付加工费。此类接收站投资者、经营者不再涉足LNG采购及销售，从而不承担任何与LNG贸易有关的风险，即不必面对和处理上下游在供需问题上的不确定性。投资者仅仅投资和运行接收站，提供接收站接卸LNG船、储存LNG、再气化或者液化再装载的服务。因此，其核心关注点在于保持接收站各项设备设施处于完好的运行状态，保持高利用率，因为这是确保其收入稳定的关键。意大利的亚德里亚接收站、英国National Grid公司旗下的谷岛（Isle of Grain）接收站、法国的敦刻尔克接收站、荷兰的Gate接收站均采用的是来料加工模式。

4. 复杂的LNG商业结构合同

LNG基础设施的建设和运营需要巨额的投资并涉及多个参与方，需要商业合同来明确权利义务、保障投资安全、稳定市场供应和规范市场行为，形成了复杂的商业结构合同。LNG关键的商业结构合同主要包括以下几种：液化服务合同（Liquefaction Services Agreement，LSA）、LNG购销协议（LNG Sale and Purchase Agreement，SPA）、LNG运输协议（LNG Shipping Agreement）、LNG接收站使用协议（LNG Terminal Use Agreement，TUA）。其中LNG购销协议在LNG产业链中起着关键作用。其主体通常为LNG的卖方（如天然气生产商、贸易商或液化工厂运营商等）与买方（如城市燃气公司、工业用户、发电企业等）。协议中明确了交易产品为LNG，包括质量标准以及交货状态。同时确定了交易数量、交付时间地点和方式等，并明确交付过程中的责任划分。此外，还确定了价格机制，并规定了支付方式。

LNG中长协购销协议中常见的基本概念或术语如下：

照付不议与补提（Take or Pay-Make Up）——买方承诺每年购买一定的最低数量LNG；如果实际采购量不足这一最低数量，则就短缺部分（通常按照是否够整船为分界）买家仍然需要支付货款（Take or Pay）；就买家已经支付货款但尚未提货的部分，买家日后可以进行免费补提（Make Up）。补提时是否需要调价是商业谈判的重点。

下浮灵活性和回提（DQT/DFQ-Make Good）——在双方商定的年合同量（ACQ）的基础上，买方每年有一定的灵活性进行减量（DQT/DFQ），从而减少照付不议机制下的最低采购数量。每年减量的数量、比例上限和累计减量的数量、比例上限是经常需要谈判的商业点。另外，有些卖家也可能基于技术或运营等理由要求卖家的下浮灵活性，在买家（或卖家）行使减量的灵活性后，可在后续年度将减去的量加入到年度合同量中（Make Good）；回提的指定权、强制性、比例等也是经常需要谈判的商业点。

上浮灵活性和额外量（UQT/UFQ-Excess Gas）——在双方商定的年合同量的基础上，买方有一定的灵活性在某一年度增加采购量（UQT/UFQ），用以应对可能的市场需求上涨。另外，一些绑定特定供货来源的合同会要求卖家在有余量（Excess Gas）的时候，优先询问买方的购买意向。上浮灵活性和额外量的比例、上限、强制性等也是经常需要谈判的商业点。

渐增期（Ramp Up Period）——考虑到买卖双方新建基础设施的调试期，以及买方下游市场的成长期，在供货期伊始，双方可能无法按照预定的稳产期年合同量进行供货，因此需要设定一段供货量逐步增加的时间段。

不可抗力回调（FM Restoration）——受不可抗力影响，LNG购销可能中断。在不可抗力事由消失后，一些合同可能规定相关受影响的合同量在日后需要进行补足。这一点取决于双方的商业需求，也是经常需要谈判的商业点。

国际上LNG贸易方式主要采用装运港船上交货（Free On Board，FOB），目的港船上交货（Delivered Ex-Ship，DES）和成本、保险费、加运费（Cost，Insurance and Freight，CIF）三种。FOB贸易方式指LNG卖方在出口终端码头，按照LNG价格和装船费用，将LNG销售给买方；LNG运输由买方负责，LNG的所有权和风险在接收站码头由卖方转移给买方。DES贸易方式指LNG卖方在买方接收站码头，按照LNG价格、装船费用、运输费用和运输期间的保险费用，将LNG销售给买方；LNG运输由卖方负责，LNG的所有权和风险在接收站码头由卖方转移给买方。CIF贸易方式中买方承担的费用与DES方式一样，卖方负责将货物运至指定的目的港，在目的港船上将货物交给买方，但因为买方从出口终端码头处开始承担LNG风险，并且不控制运输，所以在LNG贸易中一般不采用该方式。

“照付不议”（Take or Pay），即“不提货亦需付款”，是长期天然气供应的国际惯例和规则。“照付不议”合同的本质是将天然气开发公司、管输与销售公司和用户捆在一起，共同克服生产、输配和消费的风险问题。“照付不议”合同中应有对供气方和管输方供输气义务进行约束的条款，如短供、短输法则。

5. 区域市场

与石油产业不同，天然气目前尚未形成全球统一的交易市场。石油在常温常压下呈液态，其运输方式通常为专线管道运输和轮船运输，且由于在各个国家都有巨大的需求量，所以形成了国际交易市场。在 LNG 出现之前，天然气主要以管道运输为主，极大地受制于地理条件和基础设施建设情况，难以实现跨越大洋和远距离的运输。同时，管道的铺设需要大量的资金投入和时间成本，而且只能连接特定的区域，生产与消费在区域上基本处于一对一的状态，因而全球天然气市场呈现出了明显的区域性特征。而 LNG 的出现在一定程度上打破了这种限制，天然气在生产地进行液化后储存运输不仅使天然气的供应更加灵活，也使原本依赖管道天然气供应的地区有了更多的选择，可以从不同的国家和地区进口 LNG，降低了对单一供应源的依赖，促进了市场的竞争和发展。尽管全球 LNG 贸易快速兴起，极大地推动了全球天然气市场一体化进程，但形成高度一体化的全球性市场仍有很长一段路要走。

国际天然气市场大体可以划分为三大区域市场，分别是北美市场、欧洲市场和亚太市场（见图 3-3）。其中北美地区天然气资源较为丰富，美国是主要的生产和消费国，同时拥有发达的天然气管道网络，使天然气在区域内的运输和调配较为便捷，市场最为成熟和开放，价格主要由市场供需关系决定，受国际市场价格波动的影响相对较小，Henry Hub 价格是该地区最具影响力的定价基准。欧洲是世界上天然气消费量较多的地区之一，仅次于美国和亚洲，但欧洲自身的天然气产量相对有限，对外依存度较高，特别是以往对俄罗斯的管道天然气依赖较大，TTF 与 NBP 价格是该地区最有影响力的基准价格。亚太地区是天然气需求增长最快的区域，随着经济的快速发展和对清洁能源的需求增加，天然气消费量不断攀升。然而，该地区的天然气资源相对匮乏，主要依赖进口，尚缺乏有影响力的区域定价基准。

在北美气气竞争的场所是 Henry Hub 交易中心，Henry Hub 交易中心连通美国东北、东南、中西部以及墨西哥湾地区的天然气市场，并与 9 条州际天然气管道和 4 条州内天然气管道相连通，健全的管网系统、储气库和地理位置优势是 Henry Hub 交易中心成为北美天然气交易中心的先决条件，这一高度集中的供应网络和基础设施容量，为货物和金融交易提供了流动性。不同交易枢纽、市场中心和城市门站间的相对价格和贸易净流向，为上游（勘探与生产）和中游（处理、储存和管输）业务的投资活动提供重要的信息。作为仅次于 WTI 原油的商品期货合约，天然气期货交易不仅受到实物供需的影响，也受到金融工具（天然气衍生品）自身需求等其他因素的影响。

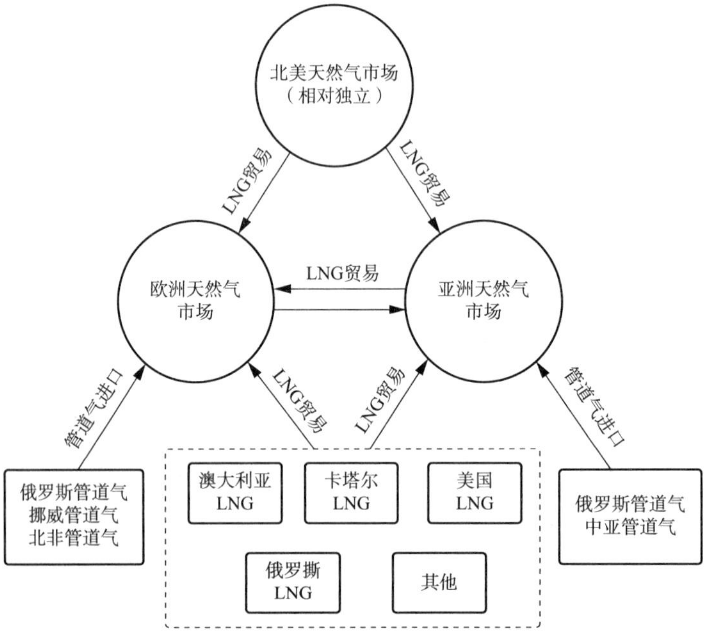

图 3-3　全球三大天然气区域市场

6. 多种形式并存的定价方式

不同地区天然气市场的发展阶段存在显著差异，进而导致不同地区的定价方式不尽相同，加之管道气与 LNG 贸易各自独有的特点，最终形成了多种方式并存的定价格局。从大类看，可以分为政府价格管制与非政府定价两类，两类定价方式可以进一步细分成七种定价机制（见表 3-1）。

表 3-1　全球天然气价格形成机制概览

	定价机制	缩写	全称	主要内容
非政府定价	与油价挂钩	OPE	Oil Price Escalation	与油价挂钩作价
	气气竞争	GOG	Gas-On-Gas Competition	参照商品市场交易价格作价
	双向垄断	BIM	Bilateral Monopoly	一个国家只存在一个主要供应商，同时也只存在一个或两个主要买方
	最终产品净回值	NET	Netback from Final Product	卖方天然气销售价格反映买方销售其产品的价格
政府价格管制	管制价格（服务成本）	RCS	Regulation：Cost of Service	政府根据供气商的成本和合理利润制定气价
	管制价格（社会和政治因素）	RSP	Regulation：Social and Political	政府根据卖方可能的成本、买方愿意支付的气价、政府收益需要等因素不定期调整气价
	管制价格（低于成本）	RBC	Regulation：Below Cost	政府故意将气价保持在低于成本的水平，以补贴国内用户，同时政府通过财政政策补贴供气商

（1）与油价挂钩

天然气批发价格通常通过基础价格及升级条款与原油、天然气和燃料油等竞争性燃料挂钩，即定价公式。定价公式一般由三个部分组成：

（a）基准价。基准价是定价公式的核心。基准价的合理与否直接关系到整个合同期的天然气价格以及生产企业和用户的利益。因此，基准价的确定要兼顾生产企业和消费者双方的利益，既要使生产企业获得合理的利润，又要使消费者愿意并能够接受。

（b）函数关系。函数关系是定价公式的主体，可以采取乘法形式或加法形式。无论是采取哪种形式，关键是要使影响天然气价格的有关因素能够在天然气定价公式中得到恰当的体现。

（c）限制条件。限制条件分为上限和下限。设置价格上限是对需方的一种保护；设置价格下限是对供方的一种保护。

自20世纪70年代起，大部分亚洲LNG中长协价格与油价挂钩，挂钩的原油价格主要采用日本JCC（Japan Crude Cocktail）价格。第一个油价挂钩合同由1973年印尼国家石油公司与日本买方财团签订，该合同定价方式为简单直线方程：

$$P(LNG)=A\times P(\text{原油})+B$$

“斜率”在长期合同中范围是0.05～0.183，双方通过商定关键参数，制定LNG在CIF合同中的价格，这种合同自1977年就开始实施。LNG协议价格为离岸（FOB）价格，加上LNG从印度尼西亚运往日本的实际运费，买方、卖方、运输公司（长期外包给Pertamina）每年商定运费，基础FOB价格为0.99美元/百万英热，对应的油价为6美元/桶，FOB价格可以上涨到油价的90%，并包括10%的通货膨胀率，参照实际的美国通货膨胀率，统一认定该比率每年调整3%。

在第三次石油危机中油价一度跌至10美元/桶以下，LNG长协合同的卖方收益因此大幅减少。卖方希望调整定价公式而获得稳定收益，买方也希望得到稳定供应，S曲线因此诞生。但当时其使用限制在11～29美元这一较小的油价范围内。当油价超出这个范围时，买卖双方可以会面讨论。S曲线主要是为了在一定程度上平衡买卖双方的利益和风险。对于卖方来说，通过这种方式可以在油价波动时保障一定的收益，避免价格过低导致利润受损；对于买方而言，设定上限可以防止在油价过高时承担过高的采购成本，同时在一定油价范围内又能享受到与油价挂钩的合理价格变动，有助于保障能源供应的稳定性和经济性。不同地区和不同合同的LNG长协S曲线具体形态和参数可能会有所差异，主要取决于市场情况、供需双方的谈判力量以及合同约定的具体条款等因素。

专题：亚洲LNG定价14.85%斜率的由来

参考第一个油价挂钩合同，1973年印尼国家石油公司与日本买方财团签订时：

$$P(LNG)=\frac{0.9\times0.99\times P(原油)}{6}+0.1\times0.99\times(1.03)^{n}+FR$$

式中，n——年数，1973年$n=0$；

FR——运费率。

与石油相关的价格要素简化后变为：$0.1485\times P(原油)$

因此，参数0.1485是在一系列假设的基础上得出的，运费率在1977年大约为0.50美元/10^6Btu，这个费率直到2000年才重新商讨，FOB价格中的通胀要素当时为0.11美元，意味着LNG价格公式为：

$$P(LNG)=0.1485\times P(原油)+0.61$$

（2）气气竞争

气气竞争（天然气对天然气的竞争）价格是由天然气供需直接相互作用决定的，并以各种不同的周期（日度、月度、年度或其他时段）进行交易。通常包括以短期中心定价为基础的天然气交易，以及使用天然气价格指数确定月度价格的长期合同。

（3）双向垄断

双向垄断价格由大型卖方和大型买方之间的双边谈判和协议决定（一般在政府或者国有企业之间进行），谈判价格通常在一年内固定，可能有书面合同。

（4）最终产品净回值

净回值定价是以天然气的市场价值为基础，通过回推方式形成上游供气价格的一种方法，其中，上游供气价格是买方生产的最终产品销售价格的函数。这种定价方法一般在天然气作为化工原料（如氨或甲醇）的行业使用。

（5）管制价格

管制价格由监管机构正式确定或批准，根据管制价格的目的，分为服务成本价格、社会和政治因素价格、低于成本价格三类。服务成本价格是为了收回投资及给予企业合理的回报率。社会和政治因素价格是根据社会经济发展不定期设定，以应对不断增加的成本。低于成本价格被故意设定在生产和运输天然气的平均成本之下，通常是作为国家对民众的一种补贴。

二、全球天然气产业现状

（一）资源分布情况

近10年来，全球能源领域整体投资规模保持在15000亿~20000亿美元的水平，并没有出现明显的增长。与此同时，近年来，在全球“去碳化”和终端用能电气化的背景下，全球能源领域投资正逐步向清洁能源倾斜。尤其是在风电和光伏领域，投资规模正逐年小幅稳步增长，2021 年较 2010 年提升约 27%。受此影响，油气领域投资规模特别是上游投资正在持续受到压制。

由于能源低碳化的趋势与需求，石油公司更加重视天然气资产，天然气储量增长较为强劲。近 10 年新发现天然气储量占当年新发现油气储量平均比重为 61%。2011 年新发现天然气储量占比最高，为 71%。近 10 年新增的富天然气盆地主要包括东非鲁伍马盆地、西北非塞内加尔盆地、东地中海埃拉托色尼盆地和黑海盆地等。其中鲁伍马盆地和埃拉托色尼盆地天然气藏单体可采储量均大于 2000 亿立方米。另外，值得注意的是，中东的扎格罗斯、中阿拉伯、鲁卜哈利等传统富油盆地，近 10 年天然气新增储量也位居前 10，表明中东各国也大大提高了对天然气勘探的重视，并获得了不错的天然气新发现。在此背景下，全球天然气探明储量持续提升，总体上全球天然气储量充足。根据 2023 年《世界能源统计年鉴》的数据，全球天然气已探明储量为 188 万亿立方米，储采比达 49 年。

从地区分布来看，中东地区和独联体国家的天然气储量较为丰富，中东地区的储量为 75. 8 万亿立方米，占全球天然气总探明储量的 40. 3%；独联体国家的储量为 56. 6 万亿立方米，占比为 30. 1%，两者合计占比超过 70%。

从国家分布来看，天然气储量最多的三个国家是俄罗斯、伊朗和卡塔尔。俄罗斯已探明储量为 37. 4 万亿立方米，占全球天然气总探明储量的 19. 9%；伊朗的储量为 32. 1 万亿立方米，占比 17. 1%；卡塔尔的储量为 24. 7 万亿立方米，占比 13. 1%。其他国家的天然气探明储量占比均小于 10%（见表 3-2）。

表 3-2　全球天然气资源分布

国家	储量（万亿立方米）	占比（%）
俄罗斯	37. 4	19. 9
伊朗	32. 1	17. 1
卡塔尔	24. 7	13. 1
土库曼斯坦	13. 6	7. 2
美国	12. 6	6. 7
中国	8. 4	4. 5
委内瑞拉	6. 3	3. 3
沙特阿拉伯	6. 0	3. 2
阿联酋	5. 9	3. 2
尼日利亚	5. 5	2. 9

（二）天然气生产与消费

全球天然气产量分布相对集中，主要集中在两大高产区——独联体国家和北美地区。独联体高产区主要包括俄罗斯、哈萨克斯坦等。俄罗斯是该高产区的核心国家，拥有丰富的天然气资源和强大的开采能力，西西伯利亚地区的气田为全球天然气供应作出了重要贡献。北美高产带，主要涵盖美国和加拿大。美国凭借先进的开采技术和完善的基础设施，自页岩气革命以来天然气产量大幅增长，成为全球重要的天然气生产国之一。美国的页岩气革命不仅增加了本国的天然气产量，还改变了全球天然气市场的格局。2023 年，全球天然气产量为 4.1 万亿立方米。其中，北美地区天然气产量排名第一，达到 1.26 万亿立方米，占世界总产量的 31.1%；其次是独联体国家，产量达到 7736 亿立方米，占比 19.1%；中东地区排名第三，产量达到 7127 亿立方米，占比 17.6%（见图 3-4）。

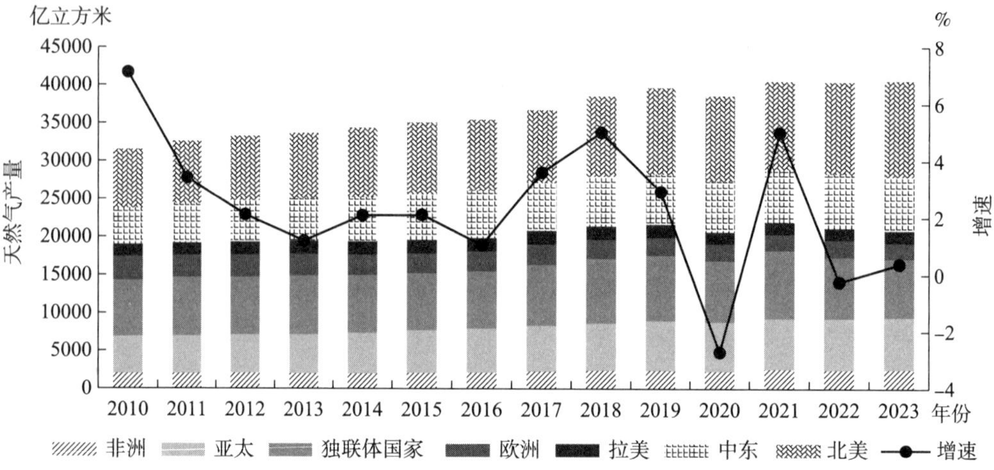

图 3-4　全球分地区天然气产量

全球天然气消费主要集中在三大区域：亚太、欧洲和北美。亚太地区经济增长迅速，能源需求旺盛。中国、日本、印度等国是主要的消费国。中国的工业发展和城市化进程推动了天然气消费量的大幅增长，主要用于工业生产、发电和居民生活等领域。日本由于能源资源相对匮乏，对进口天然气依赖度较高，主要用于发电和民用。欧洲的能源结构中，天然气占有重要地位，广泛用于发电、供暖和工业生产。但近年来，受能源政策和地缘政治影响，欧洲在努力调整天然气的供应渠道和消费方式，以提高能源安全性和可持续性。北美地区消费集中在美国和加拿大。美国是全球天然气消费的主力，其消费增长较为稳定，在工业、发电和民用等领域都有广泛应用。得益于丰富的资源和先进的技术，美国的天然气产量和消费量都位居世界前列。2023 年，亚太地区消费量约为 9354 万亿立方米，欧洲地区消费量约为 0.5 万亿立方米，北美地区消费量约为 1.1 万亿立方米（见图 3-5）。

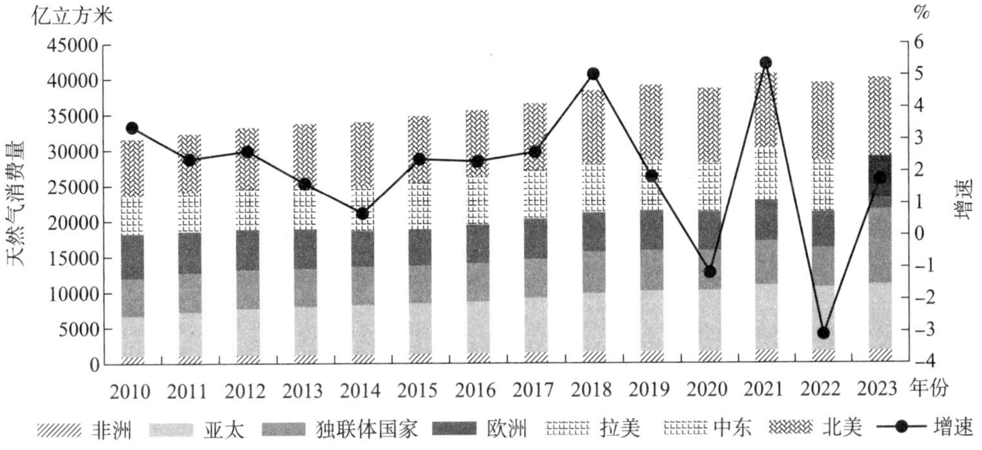

图 3-5 全球分地区天然气消费量

（三）全球天然气基础设施

1. LNG 接收站

LNG 液化产能主要集中在中东地区，北美地区产能增长迅速。截至 2023 年底，在运营的液化项目产能合计 4.62 亿吨，主要分布在中东、澳大利亚、北美洲、非洲、东南亚、俄罗斯等地区，产能分别为 9490 万吨/年、9470 万吨/年、8958 万吨/年、8340 万吨/年、6093 万吨/年、3040 万吨/年。其中，受美国产能扩张拉动，北美洲液化产能显著增长，在全球液化总产能中占比由 2016 年的 2%迅速增至 19%，在全球 LNG 行业中地位提升（见图 3-6）。截至 2023 年底，在建/达成 FID 的液化产能合计 1.9 亿吨，主要分布在北美洲、中东、非洲，分别占比 53%（1 亿吨）、17%（3200 万吨）、14%（2700 万吨）。FID 前阶段液化项目产能潜在液化产能约 7.3 亿吨，主要分布在北美洲、俄罗斯、非洲、中东，分别占比 48%（3.3 亿吨）、14%（1 亿吨）、13%（9400 万吨）、12%（8500 万吨）（见图 3-7）。

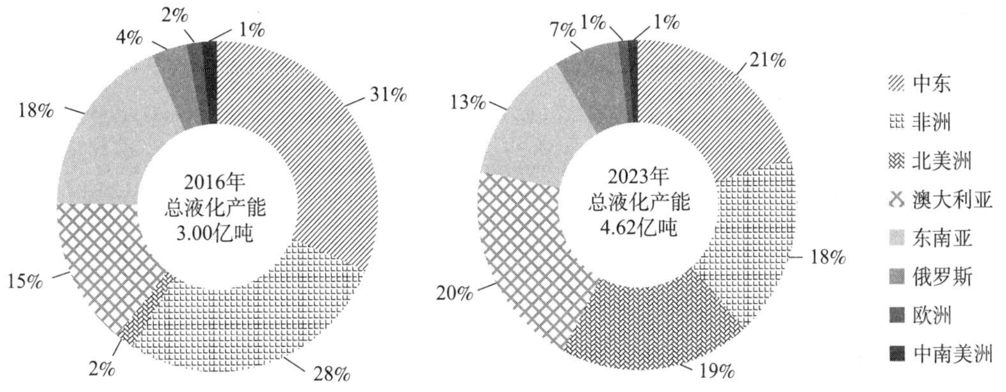

图 3-6 全球在运营液化产能分布（2016 年、2023 年）

资料来源：IHS。

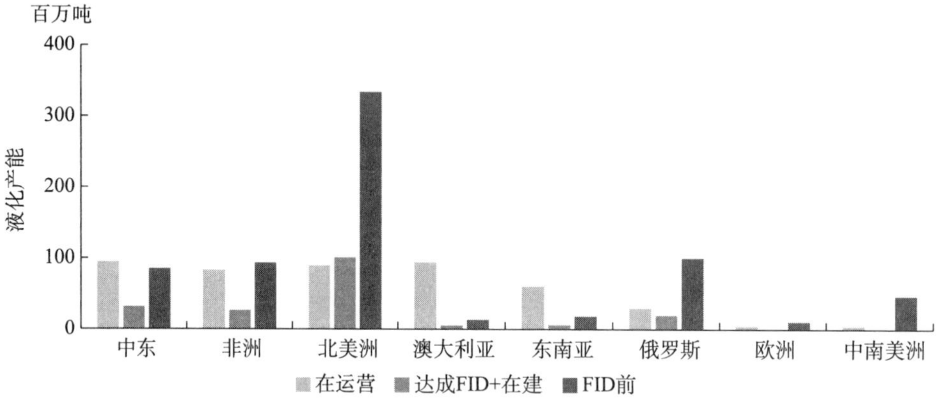

图 3-7　2023 年全球液化产能分布（按地区及阶段划分）

资料来源：IHS。

2. LNG 再气化设施

全球 LNG 再气化能力主要集中在亚洲、欧洲等地区。中国、日本、韩国和欧洲等地因具有较大的天然气市场需求，是 LNG 再气化的主要力量。近年来，全球 LNG 再气化能力的平均利用率保持在 40%左右，但主要需求地区差异较大。由于欧洲 LNG 进口增量创高位纪录，其 LNG 再气化利用率也实现大幅提升。相比之下，亚洲和亚太地区以及拉丁美洲的平均再气化利用率均有不同幅度下降。

近年来，LNG 再气化能力呈增长趋势。根据美国能源信息署发布的数据，到 2024 年底，全球 55 个国家将拥有 LNG 终端，全球 LNG 再气化能力将达到 1630 亿立方英尺/日。预计 2024 年全球 LNG 产能将提高 16%，即每天 230 亿立方英尺。2023 年和 2024 年亚洲将引领全球再气化产能的增长，增长份额占 52%，达到 119 亿立方英尺/日；欧洲将占增长份额的 30%，达到 86 亿立方英尺/日；世界其他地区占 10%，达到 23 亿立方英尺/日。

目前陆上再气化终端的占比较大，而浮式储存及再气化装置（FSRU）相对较少。但 FSRU 作为一种重要的 LNG 再气化设施，正受到越来越多的关注。FSRU 能够在海上接收 LNG，并对其进行加温再气化，以高压气体的形式进行输送，具有建设工期短、灵活性较强等优点，全球共 44 个浮式和海上 LNG 接收终端，接卸能力合计占全球比重 18%。截至 2023 年 4 月，全球共 16 个在建浮式和海上 LNG 接收终端（总接卸能力 58.3 百万吨/年），仅 2023 年前四个月，5 个基于 FSRU 的 LNG 接收终端投产，总接卸能力达 21.8 百万吨/年（见图 3-8）。

3. LNG 运输船

为便于运输，天然气通常采用在加压下极低温冷冻的方法液化，液化天然气运输船设计建造难度极高。LNG 运输船不仅要达到极高标准的密封性，且蒸发率要低，液

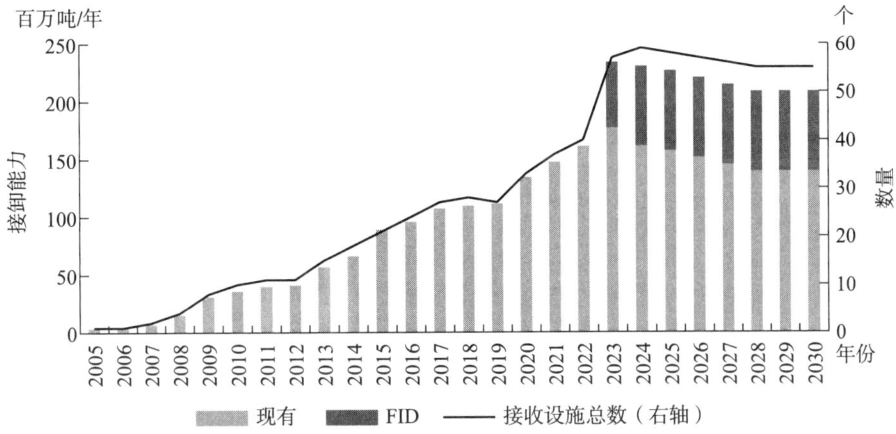

图 3-8 浮式和海上 LNG 接卸能力及数量

资料来源：IGU，World LNG Report 2023。

化天然气封闭系统设计要能在零下 162 摄氏度的低温下储存液化天然气。LNG 运输船封闭系统的关键要素可分为膜系统和自支撑系统两类，膜系统主要由 Gaztransport & Technigaz（GTT）设计，而自支撑系统主要包括球形“Moss”型容器。现代新造船舶大多采用膜系统。

推进系统会影响资本支出、运行费用、排放、船舶尺寸范围、船舶可靠性和合规性，每个新造船舶应根据自身特色选择合适的推进系统。早期，蒸汽轮机用于船舶推进，现在这项技术已经不再采用。在 2000 年之前，使用 BOG 和重燃油运行的蒸汽轮机系统是液化天然气运输船的唯一推进解决方案。不断增加的燃油成本和更严格的排放法规催生了对更高效发动机的需求，从而产生了双燃料电力推进/三燃料电力推进（DFDE/TFDE）和带有再液化装置的低速柴油（SSDR）等替代品。近年来，为适应不同的航行速度和条件，高压 MAN B&W M 型电子控制注气和低压 Winterthur Gas & Diesel X-DF 等双燃料推进系统应运而生。M 型电子控制进气发动机（ME-GA）系统和双燃料低速喷气发动机（X-DF）系统是主流。目前，新近交付船中 X-DF 系统占据主导地位，截至 2023 年 4 月底，已有 146 个订单。ME-GA 系统逐渐成为与 X-DF 系统竞争的首选推进系统之一（见图 3-9、图 3-10）。

液化天然气航运市场从 2000 年开始迅速发展，在过去 10 年中总体呈上升趋势。截至 2023 年 4 月底，全球共有 LNG 运输船 668 艘，其中包括 45 艘浮式储存和再气化装置（FSRU）和 8 艘浮式储存装置（FSU）。船队规模与 2021 年相比增长了 4%（见图 3-11）。近年来，主要受途经运河的限制以及经济性影响，全球 LNG 运输船的平均容量基本维持在 17 万立方米。

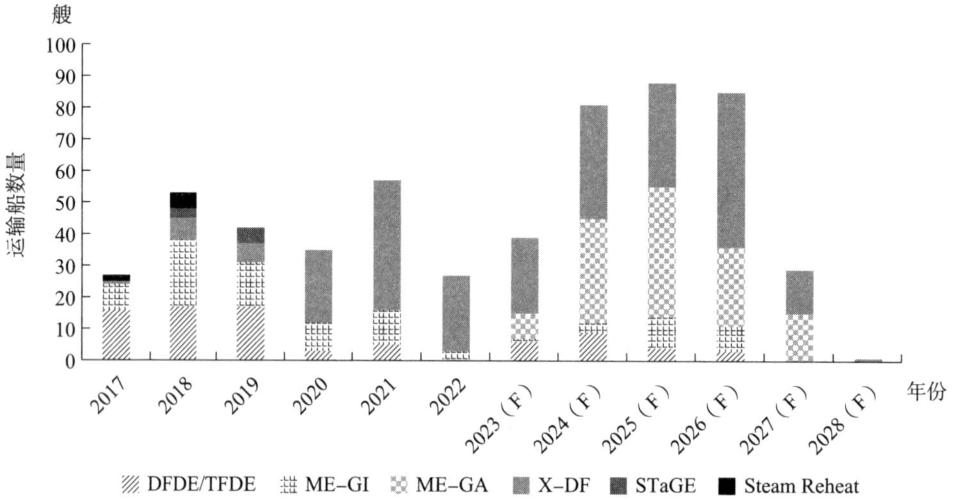

图 3-9　2017—2028 年交付 LNG 运输船的推进类型

资料来源：IGU，World LNG Report 2023。

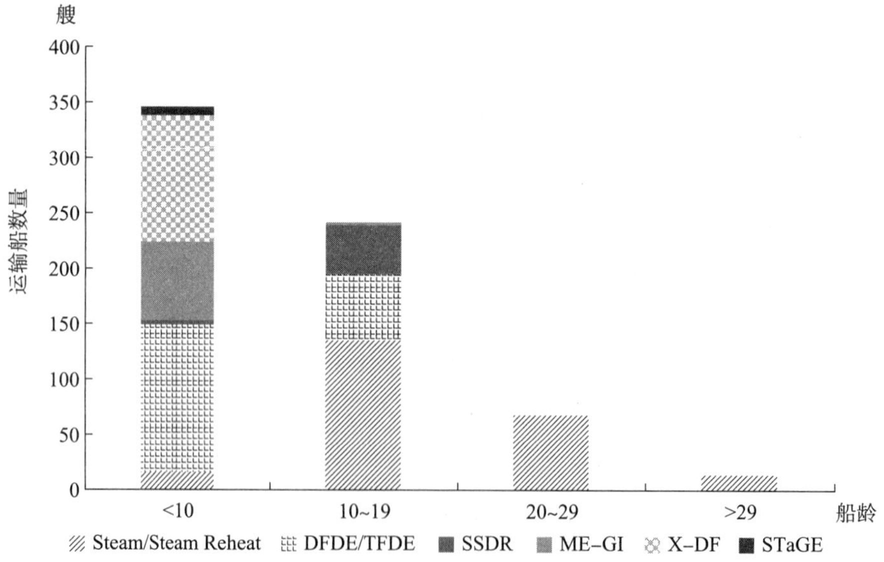

图 3-10　全球 LNG 运输船船龄与推进系统

资料来源：IGU，World LNG Report 2023。

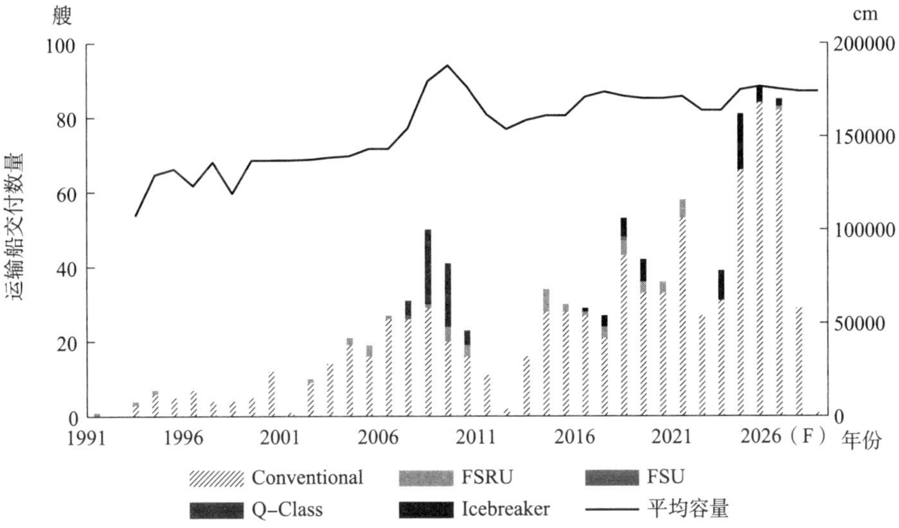

图 3-11　1991—2028 年 LNG 运输船交付情况

资料来源：IGU，World LNG Report 2023。

中国和韩国是全球 LNG 运输船建造强国。2023 年 4 月，韩国造船商现代重工集团、三星重工和大宇是 LNG 船舶的前三大造船商，分别有 96 艘、78 艘和 64 艘订单，中国造船商沪东中华目前正在建造的有 41 艘（见图 3-12）。Maran Gas Maritime 运营着全球最大的现役 LNG 运输船队。韩国、日本和中国造船厂之间激烈竞争使新造船舶成本保持相对较低水平。

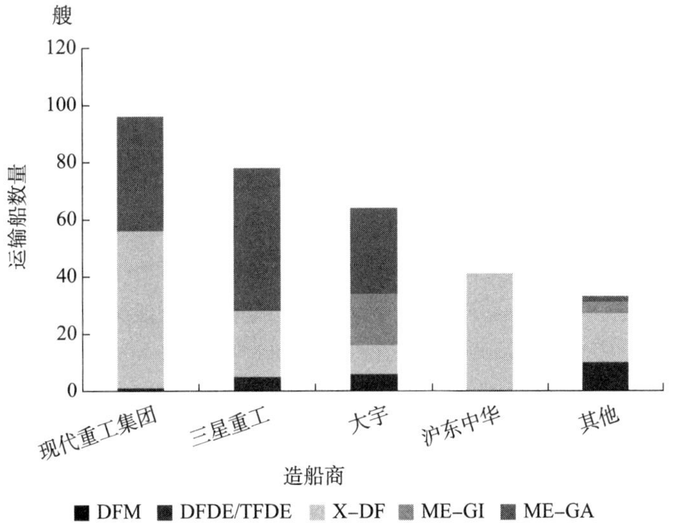

图 3-12　全球 LNG 运输船建造者

资料来源：IGU，World LNG Report 2023。

（四）天然气贸易

当前，世界天然气供需格局发生深刻变化。在供应方面，呈现出重心“西移”的态势。传统的天然气供应地区主要集中在中东和俄罗斯等地区，但随着北美地区页岩气革命的成功，美国等国家的天然气产量大幅增加，成为重要的天然气供应方。在需求方面，则表现出重心“东进”的特点。亚太地区经济的快速发展，尤其是中国、印度等发展中经济体的崛起，对能源的需求持续增加，天然气作为一种相对清洁的能源，在这些国家的能源结构中的地位日益重要。

全球天然气贸易的灵活性不断增强。一是LNG贸易比例不断增加。LNG具有运输灵活、储存方便等优点，能够更好地满足不同地区的需求。随着LNG液化项目的不断建设和投产，LNG在全球天然气贸易中的比例持续上升，2023年LNG贸易量占总贸易量的40%以上，与2000年占比相比翻番。二是全球LNG贸易内部结构也在发生趋势性变化，特别是非长期协议（合约年数小于5年的LNG中短期合约以及现货）比例持续提升。到2023年，非长期协议贸易量已占全球LNG总贸易量的近40%，与2010年占比相比接近翻番。

（五）全球天然气定价机制

根据交易对象的不同，天然气定价机制细分为国家内部天然气交易定价机制、国际管道气贸易定价机制、国际LNG贸易定价机制三类。

1. 国家内部天然气交易定价机制

与其他两类定价机制相比，国家内部天然气交易更加注重国内的实际情况和政策目标，其定价机制呈现出最为显著的多样性。目前国家内部交易定价机制以气气竞争为主，与油价挂钩、净回值、政府定价等多种定价方式并存。分区域看，北美和欧洲地区国内天然气交易几乎全部采用气气竞争的方式定价；亚洲地区以与油价挂钩为主，气气竞争比例持续上升，政府管制定价仍占一定比例（见图3-13）。

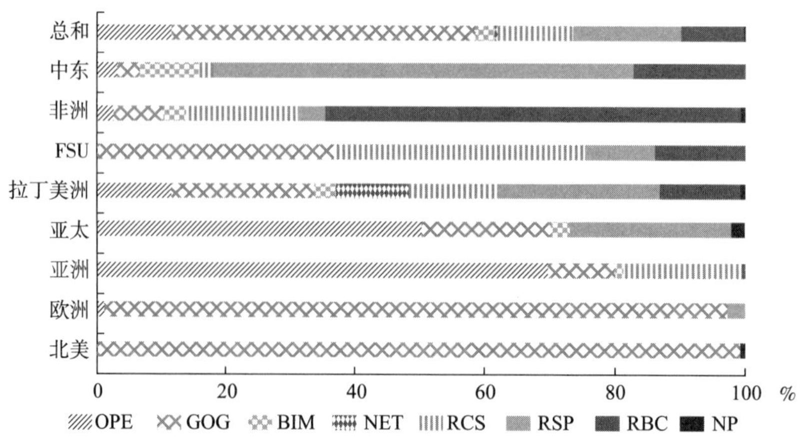

图3-13　各地区天然气定价机制占比（2023年）

资料来源：IGU，Wholesale Gas Price Survey 2024 Edition。

2. 国际管道气贸易定价机制

国际管道气贸易的定价方式同样较为多样化，但区域特征较为明显。整体来看，国际管道气贸易中气气竞争是主流，与油价挂钩和双向垄断的定价模式仍是重要方式。分地区看，在天然气现货、期货市场较为发达的欧美地区，国际管道气贸易普遍采用气气竞争的定价方式；亚洲地区因为缺乏存在广泛影响力的现货与期货价格，仍普遍采用与油价挂钩的方式；而中东、非洲以及苏联地区以双向垄断为主。

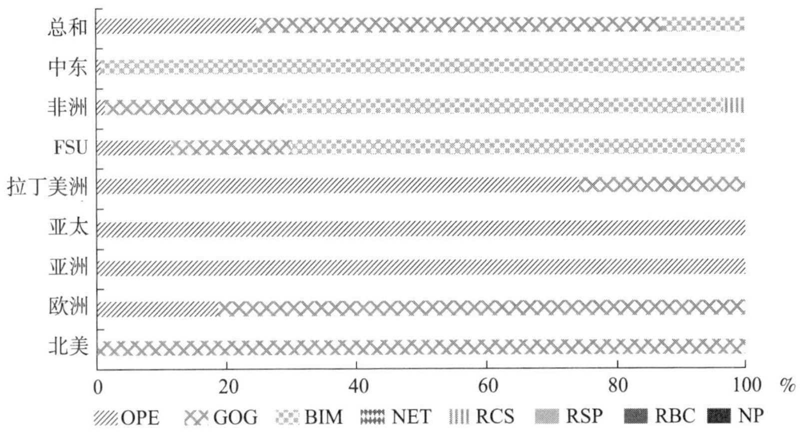

图 3-14　2023 年不同地区国际管道气贸易定价机制

资料来源：IGU，Wholesale Gas Price Survey 2024 Edition。

3. 国际 LNG 贸易定价机制

与前述两类定价机制相比，国际 LNG 贸易灵活性最强，市场化程度最高。作为石油的替代能源，日本 1973 年签订了第一个与原油价格挂钩的 LNG 长协合同。由于石油在全球能源市场的主导地位以及其成熟的定价体系，与油价挂钩的定价方式为市场提供了一种相对稳定且可参考的价格机制。许多国家和地区在签订 LNG 进口合同时，借鉴了日本的经验，采用与油价挂钩的定价方式。因此与油价挂钩的定价方式在较长一段时间是国际 LNG 贸易定价的主流。但 2017 年来，随着美国 LNG 出口快速增加，与 Henry Hub 价格挂钩的长期合同以及现货 LNG 贸易持续增长，采用气气竞争（GOG）进行定价的份额不断增长。2023 年，跨国 LNG 贸易定价机制以气气竞争、与油价挂钩为主，两者占比大致相当。分地区来看，亚洲地区的 LNG 贸易中与油价挂钩的比例依然高于 60%，欧洲地区与油价挂钩的比例已低于 20%，而北美则全部以气气竞争为主（见图 3-15）。

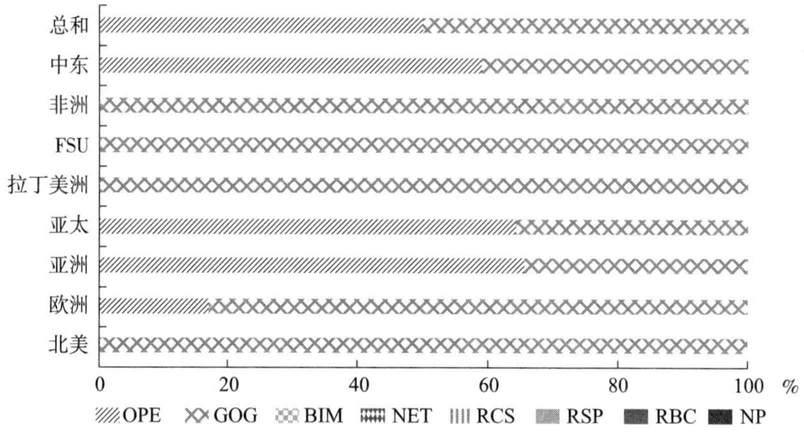

图 3-15　2023 年不同地区国际 LNG 贸易定价机制

资料来源：IGU，Wholesale Gas Price Survey 2024 Edition。

三、全球天然气产业发展趋势

（一）全球 LNG 市场即将进入快速增长期

全球 LNG 市场短期偏紧，但将逐渐走向宽松。因 LNG 新增产能有限，2023—2024 年全球 LNG 市场供应继续偏紧。根据对已有项目的统计，2023—2024 年年均新增产能约 1000 万吨，远低于 2018 年、2019 年约 2500 万吨的增长。需求方面，由于乌克兰危机，俄欧管道气贸易将持续下降，未来几年欧洲 LNG 进口量将维持高位。

随着大量天然气液化项目投产，2025 年后全球 LNG 供应紧张局面有望缓解。根据已对外宣布的液化项目的统计，有望在 2025—2027 年投产的天然气液化项目产能约 1.3 亿吨，其中已通过 FID 的项目约 1 亿吨。

2024 年后新造 LNG 运输船将进入集中交付期，为 LNG 消费快速增长奠定基础。因先前新造订单支撑不足，2022 年、2023 年全球 LNG 运输船船队数量增速较低，自 2024 年起，全球 LNG 运输船新造订单集中交付，船队运力迅速累积，增速明显提升，预计 2025 年为 847 艘，2026 年为 952 艘，年增速将超过 10%。

2025 年后，全球 LNG 项目集中投产，LNG 市场或进入量足、价低阶段。预计 2025 年后 TTF 价格有望恢复到 10 美元/百万英热以下水平。充足的供应与运输能力叠加合适的价格将共同推动全球 LNG 消费快速增长，2025—2030 年年均消费增速将超过 6%，2030 年 LNG 需求有望达到 7800 亿立方米，几乎与管道气贸易量持平。

（二）全球天然气消费仍将较快增长，但欧洲天然气消费将快速下降

虽然全球天然气消费在 2022 年受挫，但由于亚太地区旺盛的需求，全球天然气消费中长期增长潜力仍存。预计 2030 年全球天然气消费量将超过 4.4 万亿立方米，与

2021年相比增加超3000亿立方米。分地区看，预计2030年亚太地区消费量将超过11000亿立方米，与2021年相比增长超过2500亿立方米；北美地区增量将超过1000亿立方米。

高价抑制加之可再生能源发展对天然气消费的替代，未来10年欧洲天然气消费量将加速减少。2022年高气价已引发欧洲天然气消费量大幅下降，特别是工业、居民及商业部门。欧洲工业部门天然气年消费量从2021年的1290亿立方米降至2022年的1080亿立方米，减少约16%；居民及商业消费同比下降近20%。虽然短期看，欧洲天然气消费量的下降规模和持续时间高度不确定，但从长远来看，欧洲雄心勃勃的能源替代政策，如REPowerEU，将导致欧洲天然气消费量在2030年前出现结构性下降。对可再生能源、绿色气体和能源效率的投资将导致欧洲天然气消费量从2021年的约6000亿立方米减少到2030年的约4300亿立方米，降幅或超过1/4。

乌克兰危机背景下，亚太地区特别是中国天然气市场消费规模将进一步扩大、进口选择更加多元灵活、储备能力进一步提升、自给率保持较高水平、市场的自身调节能力不断完善，这些特征有利于地区话语权的提升。需求方面，如前所述，亚太地区消费依然旺盛，成为天然气增长的主要推动力量；进口方面，俄罗斯东向战略的推进，有望为亚太地区增加数条充足、稳定的天然气进口通道，加之不断推进的LNG接收站建设，亚太地区将在进口上拥有更充分灵活的市场选择；内部供应方面，中国《"十四五"现代能源规划体系》提出，到2025年全国集约布局的储气能力达到550亿~600亿立方米，占消费比重的13%，同时中国天然气产量将高速增长，产量峰值将超过3000亿立方米，天然气市场供应保障能力快速提升；市场方面，中国天然气市场改革稳步推进，气价联动政策有望出台，价格在市场中的信号作用有望进一步增强，市场自身的调节能力将进一步强化。相对而言，欧洲由于缺少了俄罗斯管道气这一稳定的气源，LNG需求刚性增长，将从LNG市场的灵活购买者转变为资源抢夺者。

（三）天然气贸易流向调整，美国市场影响力提升

欧洲天然气领域"去俄化"，俄罗斯积极寻找新的天然气出口通道。欧盟委员会提出REPowerEU能源独立计划，该计划通过增加从非俄罗斯供应方进口能源、提高能效、增加可再生能源和电气化的方式，快速摆脱对俄罗斯化石燃料的依赖。在考虑俄罗斯对土耳其天然气出口的情况下，2030年俄罗斯对欧洲管道气出口量将维持在250亿立方米，与2021年相比下降超过80%。天然气出口是俄罗斯重要的财政来源之一，随着俄欧政治互信基础的进一步坍塌，俄罗斯积极寻找新的油气出口市场，全力加紧对亚洲输气管线的完善，天然气出口进一步向东倾斜。

美国作为全球第一大天然气生产国、全球第一大LNG出口国，在天然气市场中的

影响力将持续上升。美国天然气出口有利于提升其国内 Henry Hub 定价基准在全球天然气贸易中的影响力，预计更多天然气交易者和更广泛的市场将直接或间接根据其基准进行定价，美国将因此在全球范围内拥有更大的影响力。

（四）LNG 贸易灵活性不断增加依然是长期趋势，全球化市场加速形成

尽管 2022 年非长期贸易占比下降、新签合同平均期限增加，但买家对长期合同依然谨慎，这一趋势在欧洲尤为明显。特别是乌克兰危机后欧盟政策旨在中期内尽量减少天然气消费，即使面对高昂的现货价格，欧洲公用事业公司依然不希望签订期限超过 15 年的合同。

随着时间的推移，离岸（FOB）交付、与 Henry Hub 挂钩以及合同期限缩短等特征将进一步增强。从卖方市场看，未来新增 LNG 产能（包括在建以及拟建项目）中美国占比超过 50%，由于其独特的项目模式，与美国签订的 LNG 协议多以离岸（FOB）交付为主；从买方市场看，低碳转型背景下，2030 年后天然气消费的不确定性增加，买方倾向于避免超过 20 年的长期购销承诺，将更偏好于中短期且更灵活的合同模式。

LNG 贸易占比的快速增长、灵活性的增强以及参与主体多元化程度的提高，均将推动全球天然气市场的一体化进程。贸易量上，2012 年全球 LNG 贸易量占天然气贸易总量的比例为 32.4%，到 2023 年已超过 40%，国际能源署（IEA）预测到 2030 年可能超过管道气成为最主要的贸易方式。贸易灵活性上，现短货 LNG 以及灵活性更强的离岸交付资源比例的增加，极大地增强了全球 LNG 贸易的灵活性，跨区套利愈加频繁，进一步推动天然气市场的全球化进程。同时，新签液化天然气贸易合同中，出现了与油价、亨利枢纽、欧洲天然气基准价格、JKM 挂钩的各种方式，还有混合指数定价的合同，有望进一步增强不同区域市场价格的联动性。市场主体方面，为保证能源供应多元化和改善能源消费结构，加快低碳转型步伐，越来越多的能源消费国开始重视 LNG 的进口，预计到 2026 年具有接收能力的国家或地区将超过 60 个，与 2020 年相比增加超过 40%。

第二节　中国天然气产业体系建设及展望

一、中国天然气行业发展现状

在“四个革命、一个合作”能源安全新战略指引下，天然气在中国能源结构中的地位持续上升，天然气产业加速发展，逐步形成具有中国特色的“产供储销”体系（见图 3-16）。到 2023 年，中国已成为天然气全球第四大产气国，第三大消费国，第一大天然气进口国，第一大 LNG 进口国。

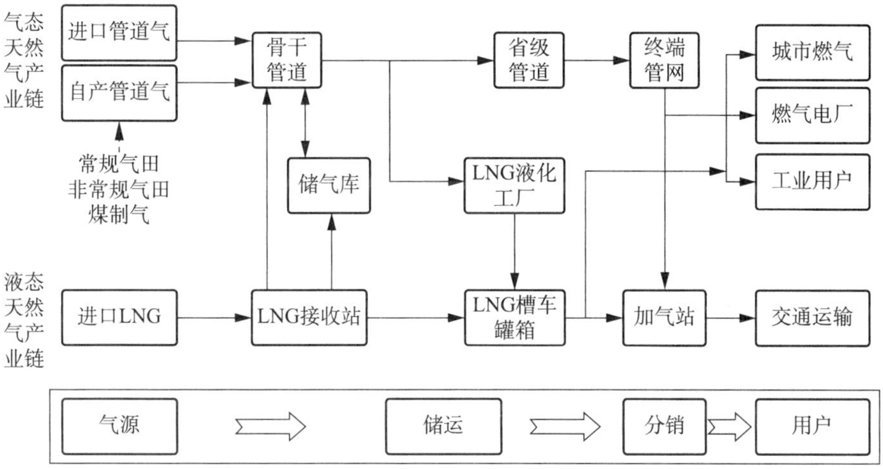

图 3-16 中国天然气产供储销体系（产业链）

（一）中国天然气产业多元供应体系建设

随着国内油气企业在新层系新领域不断取得新突破，加速推进新项目产能建设，严控老油气田递减率，中国天然气产量保持持续增长，已建成常规气为主、非常规气为辅、多主体的国产气生产体系。2023 年国内天然气产量约 2324 亿立方米，同比上涨 5.6%，与 2010 年相比产量增长超过 2000 亿立方米。其中，常规气产量 1938 亿立方米，占比 83%，主要来自长庆油田、塔里木油田等；页岩气 250 亿立方米，占比 11%，保持高速增长；煤层气 118 亿立方米，占比 6%（见图 3-17）。在生产主体中，中石油以占比 69%占主导地位，中石化、中海油分别占比 19%和 12%。

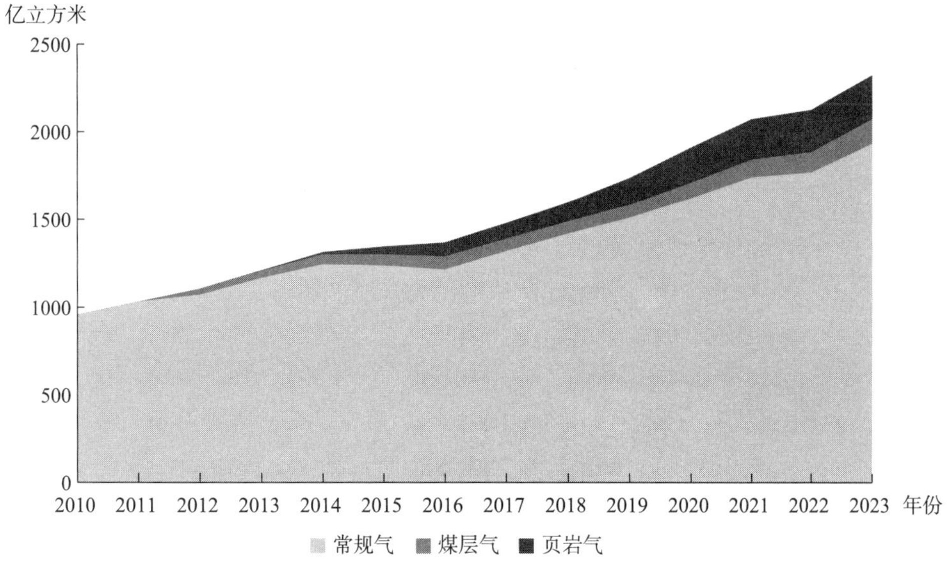

图 3-17 中国天然气产量构成

资料来源：国家发改委。

为了满足日益增长的天然气消费需求，中国进口气量呈现出快速增长态势，2023 年中国天然气进口量约为 1656 亿立方米，与 2013 年相比增加超过 1100 亿立方米。中国天然气供应由国产为主快速转换为国产、进口并重。

中国持续加强与重点资源国的战略合作，建成 LNG 为主、管道气为辅的多元进口体系，进口气量稳步增长。2010—2023 年，中国进口管道气量从 383 亿立方米增长到 671 亿立方米，主要来自俄罗斯、乌兹别克斯坦、哈萨克斯坦与缅甸等国家。

LNG 以其方便运输、机动灵活、来源多元等特点，逐渐超过管道气成为我国最重要的进口形式。LNG 进口量于 2017 年超过管道气进口量（见图 3-18）。2023 年 LNG 进口 984 亿立方米，与 2013 年相比增加约 723 亿立方米。中国 LNG 进口来源超过 27 个国家和地区，其中澳大利亚、卡塔尔、俄罗斯、马来西亚、印度尼西亚、美国是我国前六大 LNG 来源国。2023 年我国从这六个国家进口 LNG 占进口总量的 80%以上，自澳大利亚进口量仍位居第一，但比重降至 34%；自美国进口量同比较快增长，增速达 51.2%。

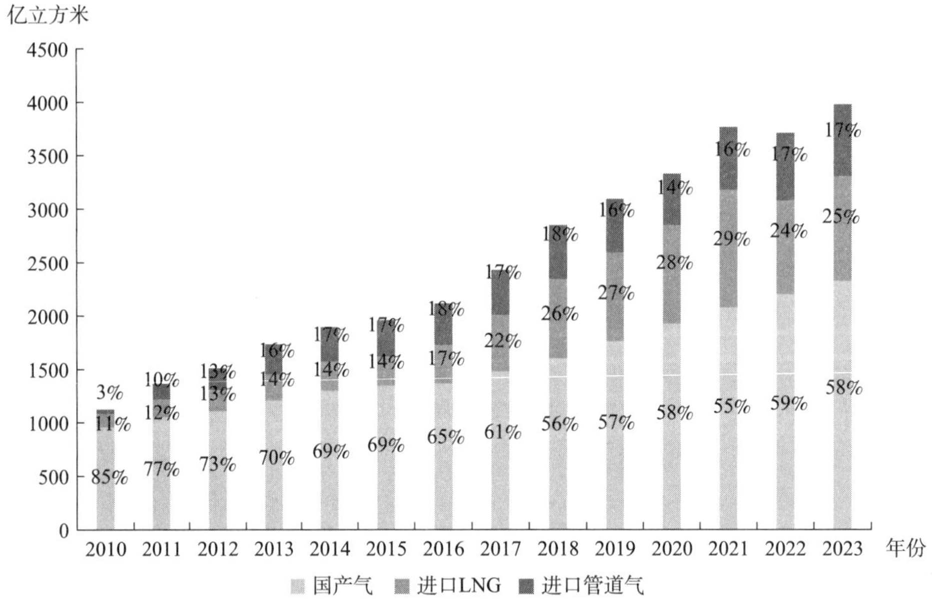

图 3-18　中国天然气供应体系构成

资料来源：国家发改委、国家能源局、海关总署。

（二）中国天然气基础设施建设

中国天然气基础设施建设加快推进，形成主干互联、区域成网、储气成群态势。自国家管网公司成立以来，油气管网“全国一张网”建设稳步推进。到 2023 年，全国长输天然气管道总里程 12.4 万千米。初步构建形成了西南、西北、东北、海上四大天然气进口重大战略运输通道，同时形成“四横四纵”骨干天然气管网布局，基本形成

"西气东输""北气南下""海气登陆""就近供应"的天然气输送空间总体格局。其中，四大战略通道包括中亚—中国天然气管道、中俄东线天然气管道、中缅油气管道以及海上LNG进口通道。庞大而高效的输送网络，不仅有力地保障了国内天然气的稳定供应，提升了能源安全保障能力，还促进了能源结构的优化调整，为经济社会的持续发展提供了坚实的支撑。截至2023年底，中国已投入使用的跨境天然气管道输送能力合计1050亿立方米。其中，中缅管道于2013年建成，设计输气能力120亿立方米/年；中亚管道A、B、C线设计能力合计550亿立方米/年，在2026年中亚管道D线完工后，中国中亚天然气进口管道的输送能力将增加300亿立方米/年，达850亿立方米/年；中俄东线于2019年建成，设计输气能力为380亿立方米/年，在2026年中俄远东线建成后，中俄管道气进口能力将增加到480亿立方米/年（见表3-3）。

表3-3 中国跨境天然气管道

相关方	跨境管道	状态	投产时间	设计能力/（亿立方米/年）
俄罗斯	中俄东线	运行中	2019年	380
	中俄远东线	建设中	2026年（预计）	100
	中俄中线	待定	2030年（预计）	500
	中俄西线	搁置	—	—
中亚	中亚管道A	运行中	2009年	150
	中亚管道B	运行中	2010年	150
	中亚管道C	运行中	2017年	250
	中亚管道D	建设中	2026年（预计）	300
缅甸	中缅管道	运行中	2013年	120

资料来源：根据公开数据整理。

LNG接收能力持续突破。截至2023年，全国已投产LNG接收站28座（不包含香港、台湾），总接卸规模1.23亿吨/年，同比增长12.8%。随着新天曹妃甸、浙能温州、北燃天津南港及广州南沙LNG应急调峰储气库投运，中国接收站运营主体日益多元化，除国家管网、中国海油、中国石油和中国石化外，地方国有企业、民营企业已多达11家。截至2023年，国家管网接卸能力2760万吨/年（占比22%），位居首位；其次是中国海油2560万吨/年（占比21%），中国石油2060万吨/年（占比17%），中国石化1780万吨/年（占比14%）；地方国有企业、民营企业（申能、新奥、广汇、九丰、深燃等）接收能力逐渐增加，规模达3180万吨/年（占比26%）（见表3-4）。

LNG接收站利用率位于近年较低水平。近两年，受国际气价位于高位、中国天然气消费不振等因素影响，中国LNG接收站利用率维持在相对低位，远低于2019—2021年87%的平均利用率。2023年，中国天然气消费恢复正增长，但因东北亚LNG现货价格持续波动、天然气消费恢复程度不及预期、LNG中长协购销合同量增长，国内贸易商进口LNG现货积极性不高，全年LNG接收站平均利用率仅65%，与上年同期基本持平。其中，仅1月、6月、12月LNG接收站平均利用率超70%，2月、9月、10月的淡季利用率不足60%。

表3-4 中国LNG接收站基本情况（截至2023年）

控股方	项目名称	接卸规模（万吨/年）	接卸规模合计（万吨/年）
国家管网	国家管网天津	600	2760
	国家管网辽宁大连	600	
	国家管网广西北海	600	
	国家管网深圳迭福	400	
	国家管网海南洋浦	300	
	国家管网揭阳粤东	200	
	国家管网广西防城港	60	
中国海油	中海油深圳大鹏	680	2560
	中海油福建莆田	630	
	中海油浙江宁波	600	
	中海油广东珠海	350	
	中海油江苏滨海	300	
中国石油	中石油江苏如东	1000	2060
	中石油唐山曹妃甸	1000	
	中石油海南深南	60	
中国石化	中石化天津	1080	1780
	中石化青岛	700	
地方国有企业、民营企业	广汇江苏启东	500	3180
	北燃天津南港	500	
	新天曹妃甸	500	
	新奥浙江舟山	500	
	申能/中海油上海洋山	300	
	浙能温州	300	
	九丰广东东莞	150	
	申能上海五号沟	150	
	浙江嘉兴LNG应急调峰储运站	100	
	广州南沙LNG应急调峰储气库	100	
	深燃深圳华安	80	

中国高度重视天然气储气设施建设，储气能力得到快速提升。随着LNG接收站的建成投产，中国LNG储存能力稳步增长，截至2023年，已投产LNG接收站储存能力合计达1708万立方米，较2022年底增加303万立方米，已建成储气库29座，储气调峰能力约230亿立方米。

（三）中国天然气产业消费体系建设

在政策、经济、环保等多因并举下，近 10 年中国天然气市场处于高速增长期，建成工业与城燃为主、发电与化工为辅的消费体系。2013—2023 年，天然气消费量年均增长超 220 亿立方米，实现消费量翻番。2016 年天然气消费量首次超过 2000 亿立方米，2019 年消费量突破 3000 亿立方米，2023 年达 3945 亿立方米，与 2013 年相比增量约 2240 亿立方米，增长 131%（见图 3-19）。

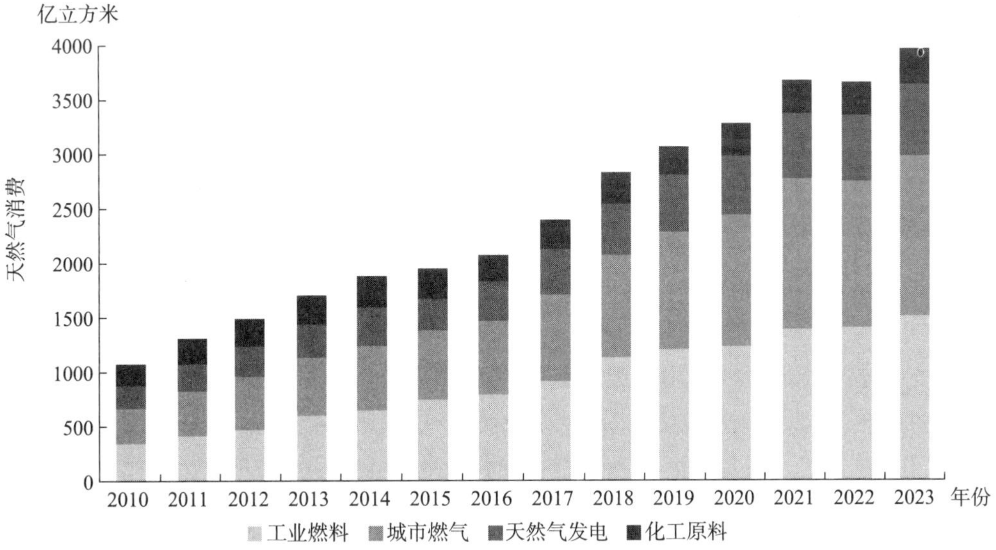

图 3-19　中国天然气分部门消费量

资料来源：《中国能源统计年鉴》。

交通用气较快回升。一方面，2023 年，为有效降低汽车污染排放、持续提高生态绿色发展水平，国家、省市相继出台《天然气利用政策（征求意见稿）》《船舶制造业绿色发展行动纲要（2024—2030 年）》《广东省全面推行清洁生产实施方案（2023—2025 年）》等多项政策，支持使用 LNG 动力船舶和液化天然气作为车船燃料，加快推进天然气在交通领域的高效利用及加注站等基础设施建设。另一方面，受东北亚 LNG 现货价格同比大幅降低影响，车用 LNG 较液化石油气（LPG）及燃料油的经济性逐步显现（以华东地区为例，自 2023 年 2 月起，LNG 价格持续低于 LPG 和燃料油，8 月价差分别扩大至 41.70 元/百万英热、66.05 元/百万英热），叠加市场物流周转率的提升，2023 年中国 LNG 重卡销量超 15 万辆，同比增长 307%，为交通用气需求提供了增长潜力。

工业燃料恢复性增长。虽然 2023 年 LNG 成本较上年明显降低，为价格敏感的工业用户的用气需求起到一定支撑；但受出口需求疲软、库存高位等因素影响，工业企业持续呈弱复苏态势；同时，房地产市场恢复缓慢，陶瓷、玻璃等相关行业用气需求疲软。此外，受 2022 年 LNG 价格大幅上涨及部分省市对工业企业点供站、双气源的安全管控等因素影响，工业用户在2023年更倾向管道气。

城市燃气快速增长。一方面，受人民生活水平日益提高、“双碳”目标等因素驱动，中国城镇燃气普及率持续增长，用气人口同比增长6%，旅游、餐饮业持续复苏（2023年铁路旅客发送量同比增长130.4%，全国餐饮收入同比增长20.4%），商业用气需求较快增长。另一方面，近年来，LNG主要扮演城燃用气补充气源的角色，在临近冬季供暖季，得益于明显降低的进口LNG成本，2023年部分城燃企业采购LNG的备货补库需求高于2022年，但国内管道气供应充足制约其上行空间。

燃气发电增速反弹。燃气发电作为规模最小的LNG消费板块，用户主要集中在华南地区，由于燃气电厂经济性有限，LNG多用于调峰使用，且季节性特征明显。在进口LNG价格回落的刺激下，华南地区部分燃气电厂发电积极性有所提升。

（四）中国天然气产业政策体系建设

中国天然气政策体系日趋完善，体制机制顶层设计基本形成。近年来中国大力推进天然气市场化改革，按照“X+1+X”的原则，上游引入竞争，突破中游运输瓶颈，规范运输环节收费，建立油气交易中心，逐步放松价格管制，初步形成上游全面放开、中游公平开放、下游市场竞争激烈的格局。2015年以来，国家出台超过50项政策推动中国天然气产业链整体持续发展，促使天然气产业市场参与主体更趋多元，下游市场竞争更为激烈，大力提高天然气产业链活力。

积极推动天然气价格体制改革。2023年国家发改委下发《关于建立健全天然气上下游价格联动机制的指导意见》，深化中国天然气价格机制改革。各省市积极响应国家层面改革要求，建立健全城镇燃气终端销售价格与采购成本联动机制，探索天然气价格联动机制，河北、浙江、山东、湖南、福建等省份陆续出台具体价格联动措施，如调整天然气基准门站价上浮幅度、缩短上下游联动调价周期、简化联动价格公式、全面推进居民天然气顺价机制等，或加速推动上下游价格联动机制的建立与完善。

持续推进基础设施公平开放。2021年，国家发改委发布《天然气管道运输价格管理办法（暂行）》和《天然气管道运输定价成本监审办法（暂行）》。新机制在定价成本构成与归集、定价成本核定、管道运输准许收入的计算方法、管道运输价格的核定和调整、信息公开五个方面作了详细规定，构建了相对统一的运价结构，打破了运价率过多对管网运行的条线分割，有利于实现管网设施互联互通和公平开放。2023年，国家能源局出台《天然气管网设施托运商准入与退出管理办法（征求意见稿）》，旨在进一步推动天然气管网设施公平开放，规范天然气管网设施的使用及托运商管理，维护公平竞争市场秩序。

二、中国天然气定价机制

定价存在于天然气产业链的各个环节。天然气产业链包括上、中、下游。上游主要由天然气生产商及进口商构成，上游厂商生产或进口天然气，并以出厂价将天然气出售给大用户、中间商或自己的销售公司。中游主要由管道公司和天然气存储商等构成，自2019年国家管网公司成立后，我国实行运销分离，上游厂商、大用户或中间商向管道公司购买管输容量，委托管道公司提供输气服务，由于管输环节具有明显的自然垄断性，管道公司一般不具有定价权，管输费受政府严格监管。下游主要由独立中间商、天然气零售商和各类终端用户等构成，典型的零售商是城市燃气公司，其通过城市配气管网向用户端供气并收取费用。城市管网具有自然垄断性，政府对最终入户的天然气价格实行监管，配售分离是未来的发展趋势。终端用户包括工业用户、商业用户、发电用户和居民用户等，其中大部分用户需要通过城市配气管网实现供气，一小部分大型用户，由于其具有稳定的需求，往往选择直供的方式，直接向上游厂商购气。

天然气产业链价格体系主要包括上游出厂价格、中游管输价格以及下游销售价格（见图3-20）。不同环节定价方式各不相同。

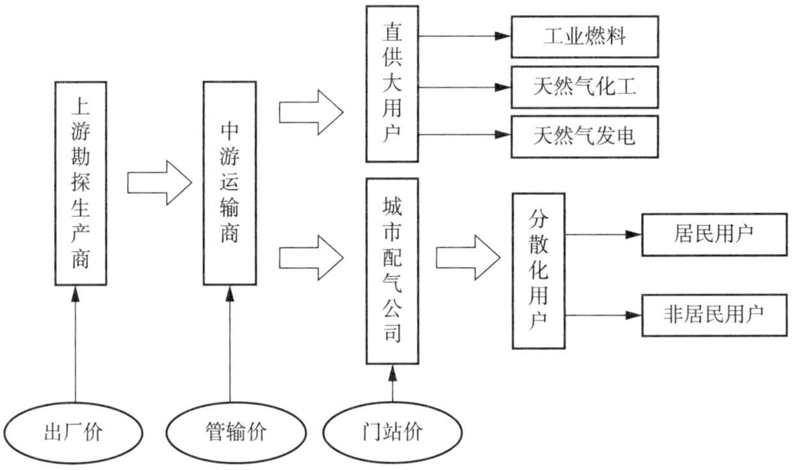

图3-20 我国天然气产业链价格体系

（一）上游出厂价格

我国天然气出厂价包括井口价和净化费，涵盖了勘探开采及脱油、脱水、脱硫等净化处理成本。当前，我国天然气价格管理已由出厂环节调整为门站环节。2011年底，在广东、广西开展天然气价格形成机制改革试点，将天然气价格管理由出厂环节调整为门站环节，实行最高上限价格管理，并将定价方法由“成本加成”定价改为“市场净回值”定价，建立起天然气与燃料油、液化石油气等可替代能源价格挂钩的动态调整机制。2013年开始在全国范围内推广门站价格机制改革。门站价格是指管道天然气的供应商与下游购买方在天然气所有权交接点的价格，由天然气出厂价格和管道运输价格组成，系城市管道燃气运营商的购气价。门站价格为政府指导价，实行最高上限价格管理，供需双方可在国家规定的最高上限价格范围内协商确定具体价格。

（二）中游管输价格

按照“管住中间、放开两头”的总体思路，天然气管输价格被纳入政府定价目录，实行政府定价管理。其中，跨省（自治区、直辖市）管输价格由国务院价格主管部门制定，其他短途管输定价职能则下放到省级地方政府。对于国家管网公司经营的跨省（自治区、直辖市）天然气管道，按照“准许成本加合理收益”的原则确定管输价格，准许收益率为8%，国务院价格主管部门组织实施对天然气管道的成本监审；以宁夏中卫、河北永清、贵州贵阳等管道关键节点为主要界线，将管道划为西北、西南、东北及中东部4个价区，分区核定运价率，实行“一区一价”，但2023年国家发展改革委印发《关于核定跨省天然气管道运输价格的通知》，才首次分区域核定了国家管网公司经营的跨省天然气管道运输价格（见表3-5）。

表3-5　国家管网公司主要跨省天然气管道运价率（2022年）

序号	价区	管线名称	管输费（含税，元/千立方米·千米）
1	中东部	西一线东段（中卫以东）	0.2386
2		西二线东段（中卫以东）	0.2386
3		西三线东段（中卫以东）	0.1202
4		陕京一线	0.2805
5		陕京二线	0.2805
6		陕京三线	0.2805
7		陕京四线	0.2805
8		川气东送	0.3824
9		榆济线	0.4363
10		忠武线	0.2386
11		中贵线	0.389
12		长宁线	0.2386
13		中缅线（贵阳—贵港段）	0.4035
14		唐山LNG管线	0.2805
15		港清线	0.2805
16	西北	西一线西段（中卫以西）	0.1416
17		西二线西段（中卫以西）	0.1416
18		西三线西段（中卫以西）	0.1202
19		涩宁兰线	0.1416
20	东北	秦沈线	0.4594
21		哈沈线	0.4594
22		大沈线	0.4594
23		永唐秦线	0.2805
24	西南	中缅线（瑞丽—贵阳段）	0.4035

注：此表非最新数据，并非严格的“一区一价”，最新数据可在国家管网公司官方网站查阅。

（三）下游销售价格

天然气产业链下游用户可分为直供大用户和分散化用户。直供大用户一般包括大型工业用户、化肥生产商、燃气电厂等，该类用户与上游企业单独签订天然气购销协议，通过地方城燃企业已建管网代输，或自建管道设施、从主干管网单独开口接气使用，用气价格由市场形成，即由供需双方谈判确定。分散化用户使用天然气需通过城市配气管网配送，城燃企业以门站价格从上游企业获取天然气，再以零售价格销售给居民用户、商业用户以及其他通过配气管网实现供给的用户。门站价格由城燃企业与上游企业在现行政策框架下谈判形成；零售价格包括门站价格和配气价格，其中配气价格按照“准许成本加合理收益”的原则制定，准许收益率不超过7%，由地方价格管理部门监管。

专题：我国天然气定价机制改革进程及未来趋势

基于国内天然气行业的基本条件，并参考国内相关领域和国外天然气行业的改革经验，我国总体上按照边际突破、渐进式推进、针对性调整的原则，陆续发布了一系列天然气定价机制改革的重大政策或决定（见表1）。

表1　我国天然气价格市场化改革主要进程

改革时间	改革进程
2011年12月	在广东、广西两省（区）开展改革试点，主要是探索建立反映市场供求和资源稀缺程度的价格动态调整机制，逐步理顺天然气与可替代能源比价关系，为在全国范围内推进天然气价格改革积累经验
2011年12月	放开国产海上天然气和页岩气、煤层气、煤制气出厂价格以及液化天然气气源价格。如果这些特定气源要进入长途管道和其他气源混合输送，则需要遵守政府规定的统一门站价格，价格不由供需双方自行协商
2013年7月	重申页岩气、煤层气、煤制气出厂价格以及液化天然气气源价格放开，由供需双方协商确定。对进入长输管道混合输送情况进行了细分，允许混合输送但单独销售的特定气源价格市场化，气源价格由供需双方协商确定，并按国家规定的管道运输价格向管道运输企业支付运输费用；需进入长输管道混合输送并一起销售的（即运输企业和销售企业为同一市场主体），仍然要执行政府统一门站价格
2014年9月	进一步落实放开进口液化天然气气源价格和页岩气、煤层气、煤制气出厂价格政策，放宽对混合输送并一起销售的特定气源的限制，规定需要进入管道与国产陆上气、进口管道气混合输送并一起销售的，供需双方可区分气源单独签订购销及运输合同，气源与出厂价格由市场决定，管道运输价格按有关规定执行
2015年4月	对非居民用存量气和增量气价格并轨；放开天然气直供用户（化肥企业除外）的用气门站价格，由供需双方协商定价。直供用户是指直接向上游天然气供应商购买天然气，用于生产或消费、不再对外转售的用户
2015年11月	非居民用气应加快进入上海石油天然气交易中心，由供需双方在价格政策允许的范围内公开交易形成具体价格，力争用2~3年时间全面实现非居民用气的公开、透明交易
2016年10月	储气设施天然气购进价格和对外销售价格，由市场竞争形成

续表

改革时间	改革进程
2016 年 11 月	全面放开化肥用气价格，由供需双方协商确定
2016 年 11 月	西气东输供福建省天然气门站价格，由供需双方协商确定
2017 年 8 月	鼓励天然气生产经营企业和用户积极进入天然气交易平台交易，明确指出所有进入上海、重庆石油天然气交易中心等交易平台公开交易的非居民天然气价格由市场形成
2018 年 6 月	鼓励居民用气供需双方通过上海、重庆石油天然气交易中心等平台进行公开、透明交易，充分发挥市场机制的作用，形成市场交易价格
2020 年 5 月	海上气、页岩气、煤层气、煤制气、液化天然气、直供用户用气、储气设施购销气、交易平台公开交易气、2015 年以后投产的进口管道天然气以及具备竞争条件省份天然气的门站价格，由市场形成；其他国产陆上管道天然气和 2014 年底前投产的进口管道天然气门站价格，暂按现行价格机制管理，视天然气市场化改革进程适时放开并由市场形成
2021 年 6 月	加强对天然气管道运输价格的管理，主要提出：一是管道运输价格实行政府定价，按照“准许成本加合理收益”的方法制定，准许收益率按 8%确定，后续统筹考虑国家战略要求、行业发展需要、用户承受能力等因素动态调整；二是以宁夏中卫、河北永清、贵州贵阳等管道关键节点为主要界线，将国家管网公司经营管道划分为西北、西南、东北及中东部 4 个价区，分区核定运价率，实行“一区一价”
2022 年 4 月	加快建设全国统一大市场，推动油气管网设施互联互通并向各类市场主体公平开放，稳妥推进天然气市场化改革，加快建立统一的天然气能量计量计价体系
2023 年 7 月	建立健全天然气上下游价格联动机制，就联动机制主要内容及配套的价格信息公开制度、燃气企业激励约束机制进行了指导，并提出相关工作要求，确定居民和非居民销售价格可与燃气企业采购价格实行联动

我国天然气价格改革的核心思路是放开竞争性环节价格，价格由市场供需和竞争形成，政府只对具有垄断属性的管输和配气价格进行监管。围绕这一思路，未来我国天然气定价机制将呈现以下趋势。

（1）天然气价格市场化水平将进一步提高

我国天然气定价机制改革始于 2011 年，《国家发展改革委关于在广东省、广西壮族自治区开展天然气价格形成机制改革试点的通知》（发改价格〔2011〕3033 号）提出在广东、广西试点天然气价格改革，供需双方可在不超过最高门站价格的范围内协商确定具体门站价格，开了我国天然气价格改革之路。2015 年，《国家发展改革委关于理顺非居民用天然气价格的通知》（发改价格〔2015〕351 号）对非居民用存量气和增量气价格并轨，并试点放开天然气直供用户（化肥企业除外）用气门站价格。2018 年，《国家发展改革委关于理顺居民用气门站价格的通知》（发改价格规〔2018〕794 号）提出理顺居民用气门站价格，居民用气和非居民用气价格并轨。2020 年，国家发展改革委发布《中央定价目录》（中华人民共和国国家发展和改革委员会令第 31 号），对比 2015 年版，定价目录移除了“天然气”项目，虽然在注释中保留了门站价有关内容，但进一步释放了天然气价格放开的信号。预计未来，随着改革的不断深入，我国天然气价格市场化水平将进一步提高，届时，下游用户会有更多的气源选择权和价格谈判空间。

（2）加强对管网输配环节的监管力度

为推动实现天然气价格市场化改革，近年来我国在加强油气基础设施公平开放、服务价格和成本监审方面迈出了坚定的步伐。2017 年 5 月，中共中央、国务院发布《关于深化石油天然气体制改革的若干意见》，提出分步推进国有大型油气企业干线管道独立，实现管输和销售分开。2019 年 3 月 19 日，中央全面深化改革委员会第七次会议审议通过《石油天然气管网运营机制改革实施意见》，提出组建国有资本控股、投资主体多元化的石油天然气管网公司，推动形成我国的油气市场体系，提高油气资源配置效率，保障油气安全稳定供应。2020 年 5 月，中共中央、国务院《关于新时代加快完善社会主义市场经济体制的意见》进一步强调，推进油气管网对市场主体公平开放，适时放开天然气气源和销售价格，健全竞争性油气流通市场。2021 年 6 月，国家发改委印发《天然气管道运输价格管理办法（暂行）》和《天然气管道运输定价成本监审办法（暂行）》，对管输定价原则及成本监审作出了规定。天然气管输、配气等环节具有一定垄断性；同时，作为连接供应方和需求方的桥梁，决定了供需双方能否顺利衔接、价格市场化改革能否顺利实现。预计未来，我国必将打造更加透明的信息公开机制、更加公平的市场服务机制和更加严格的成本监审机制，以进一步提升油气管网公平开放水平。

（3）加快推进天然气能量计量计价

能量计量计价是天然气国际贸易和世界大多数国家采用的天然气交接及计量收费方式。能量计量计价是推动管网公平开放、建立“X+1+X”市场体系的重要前提，可有效解决不同来源、不同品质天然气入网难的问题。2019 年 5 月国家发改委、国家能源局等部门联合印发的《油气管网设施公平开放监管办法》规定，国家推行天然气能量计量计价，于本办法施行之日起 24 个月内建立天然气能量计量计价体系，但这项目标没有如期实现。2022 年 4 月 10 日发布的《中共中央、国务院关于加快建设全国统一大市场的意见》进一步明确要加快建立统一的天然气能量计量计价体系。我国对天然气实行能量计量计价的政策环境已形成，技术条件已具备，市场条件已成熟。但由于能量计量计价需要基于一个统一的单位发热量标准将体积价格转换为能量价格，涉及天然气的门站价格、管输价格乃至终端用户价格，因此发热量标准的选取关系到上中下游各方利益，本质上看，目前影响推行天然气能量计量计价的关键还是各方的利益纠结。这就需要政府有关部门以及产运储销各方尽快统一认识，加快建立能量计量计价体系的步伐，将天然气价格市场化改革与能量计量计价同步推进。

三、中国天然气产业发展趋势分析

（一）中国天然气消费趋势

众多机构和学者围绕天然气在中国能源体系中的作用与前景展开研究。在中石油经济技术研究院的可持续转型情景下，天然气是碳达峰阶段推动经济社会清洁低碳发展的主体能源，是碳中和阶段支撑可再生能源跃升发展的最佳伙伴。2040 年前，各领域用气需求均将保持增长，2040 年峰值将突破 6000 亿立方米，发电用气将贡献增量的 55%。2040 年后，各领域用气需求均回落，2060 年将降至 3700 亿立方米。与可持续转型情景相比，在能源独立情景与新能源加速情景下，中国天然气消费峰值更低、达峰时间更早、2060 年消费量将更少。在中国海油集团能源经济研究院的 CNS 情景下，天然气在中短期内仍有较大的发展空间。在工业、交通、建筑等领域，利用天然气代替煤炭等高碳燃料，仍有较大的需求空间。天然气消费量预计在 2040 年前后达峰，峰值为 5500 亿~6500 亿立方米，2060 年降至 4200 亿立方米。与 CNS 相比，在 CNS-CCUS 情景下天然气的利用空间明显扩大，而在 CND 情景下，电气化的推进、氢能的规模化发展将促进天然气消费提早达峰，预计在 2030—2035 年即进入峰值平台期，峰值约为 5200 亿立方米，2060 年降至 2100 亿立方米，发展空间被明显压缩。在《bp 世界能源展望》的净零情景下，2030 年中国天然气消费量约为 4700 亿立方米，2060 年降至 1800 亿立方米。IHS 的研究认为，中国天然气消费量在 2036 年达峰，峰值约 4700 亿立方米，2050 年下降至 3600 亿立方米。黄维和等的研究指出，统筹考虑“双碳”目标、能源安全、资源禀赋、经济性等因素，“碳中和”目标下预计 2035—2040 年中国天然气消费将达到峰值 6000 亿~6500 亿立方米，2060 年天然气消费为 3500 亿~5300 亿立方米，在一次能源消费结构中占比 10%左右，在新型能源体系建设中将发挥重要作用。匡立春等的研究表明，天然气是可再生能源的“最佳伙伴”，未来将与其融合发展。2021—2035 年，天然气消费快速增长，城市燃气、工业燃料、发电用气均有较大增幅，2035 年消费量约 6000 亿立方米；天然气消费在 2040 年前达峰，峰值近 6500 亿立方米，2036—2050 年间预计调峰发电用气是主要增长来源；2051—2060 年，随着取暖、工业用气电力替代，天然气消费平稳下降，2060 年降至约 4000 亿立方米。范静静等的研究指出，2020—2030 年，天然气消费将稳步上升；2030 年之后，天然气发展降速，并在 2035—2040 年间达到峰值，峰值约为 6000 亿立方米；2040 年之后，随着可再生能源在能源系统中的主体地位不断上升，天然气将逐渐退出。Xunzhang Pan 等的研究表明，中国天然气消费将于 2040 年达峰，峰值为 7800 亿立方米，2050 年下降至 6200 亿立方米。

尽管不同机构与学者对中国天然气消费峰值的预测存在较大差异，但未来较长时间内保持较快增长的趋势基本一致。中国天然气消费将在2040年前达峰，峰值在4500亿~7800亿立方米，集中在6000亿立方米附近。在2040年后，不同机构对国内天然气消费量的预测差距进一步扩大，2060年消费量的预测区间在1500亿~5500亿立方米，集中在4000亿立方米附近（见图3-21）。

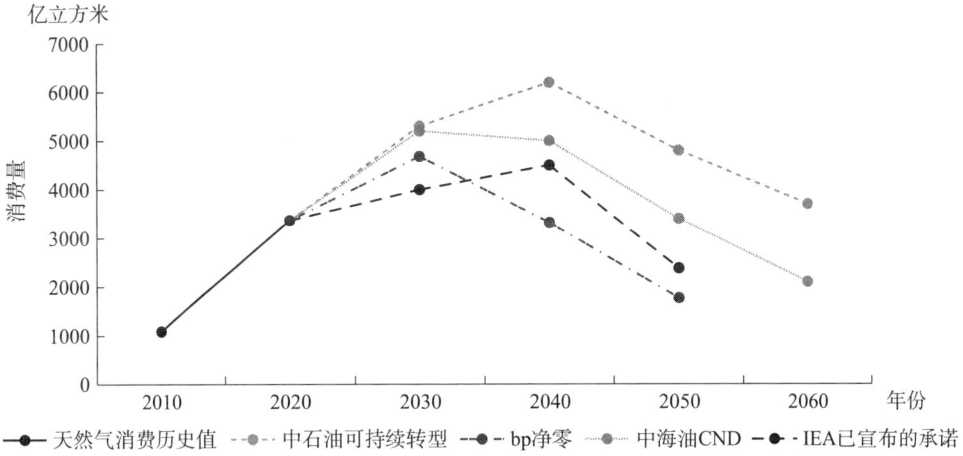

图3-21 双碳背景下未来中国天然气消费量变化的典型路径

（二）中国天然气供应趋势

中国天然气勘探开发处于早中期阶段，增产潜力大。中石油经济技术研究院的研究认为，国内天然气产量有望突破3000亿立方米。中国海油集团能源经济研究院指出，在常规天然气与非常规天然气“双轮”驱动下，国内天然气产量继续稳步增长，2035年有望突破3000亿立方米。中国工程院发布的《油气工程技术2035发展战略研究》显示，随着深水、陆上深层—超深层常规天然气、深层—超深层页岩气、深层煤层气勘探开发技术的突破和完善，2035年中国天然气产量有望突破3000亿立方米，其中致密气、页岩气以及煤层气等非常规天然气占比约50%。贾承造的研究指出，非常规资源将成为增长主力，预测2035年中国天然气产量在3000亿立方米水平稳产。其中，常规气产量1400亿立方米、致密气700亿立方米、页岩气700亿立方米、煤层气200亿立方米。潘继平的研究表明，国内天然气在“十四五”持续加大投入的基础上，在2030年前将持续保持年均增产100亿立方米以上，年产气量超3000亿立方米，之后5~10年可持续增产至3300亿立方米以上，年均增产幅度逐步放缓。黄维和等的研究表明，中国天然气产量2040年后达峰，峰值产量超过3000亿立方米，并且有望稳产到2060年，叠加煤制气、生物质制气后，国内资源自主供给能力可保持在50%以上。陆家亮、王建良等的研究认为，中国天然气产量具有突破4000亿立方米的潜力。

未来中国管道气进口仍有较大增长空间。2023年，中国管道气进口超过600亿立方米，约350亿立方米来自土库曼斯坦，约150亿立方米来自俄罗斯。截至2023年底，中国天然气管道进口能力约为1050亿立方米/年，其中中亚管道进口能力约为550亿立方米/年，中俄东线进口能力约为380亿立方米/年，中缅管道进口能力约为120亿立方米/年。未来中国管道气的进口能力有望达到1850亿立方米/年，其中中亚管道进口能力有望增长至850亿立方米/年。若中俄中线能够建成，中俄天然气管道的总进口能力有望达到980亿立方米/年。

中国LNG进口能力将持续攀升。截至2023年底，中国LNG接收站的接收能力约为1.23亿吨/年。考虑在建以及规划项目，2025年中国接收站的接收能力有望增长至1.5亿吨/年，2040年有望突破2亿吨/年。

长期看，中国天然气的供应保障能力持续提升。中国目前初步构建形成了西南、西北、东北、海上四大天然气进口重大战略运输通道。如果中俄中线能够建成，未来中国管道气进口能力将接近2000亿立方米/年，加上LNG接收能力以及国内产量，中国天然气供应能力将接近9000亿立方米/年。

第三节 关于“双碳”背景下天然气产业发展思考

一、天然气产业发展面临的挑战

中国天然气“产供储销”体系建设取得了显著成效，但在“双碳”背景下，中国天然气行业存在低碳仍含碳、国内供需不平衡、天然气消费峰谷波动大、市场化价格机制未充分形成等问题。

与可再生能源相比，天然气低碳但仍含碳。虽然天然气是相对清洁的能源，但燃烧过程中仍会产生二氧化碳等温室气体。随着全球气候变化问题的日益严重，减少温室气体排放成为各国的重要目标，天然气行业需要通过创新技术来减少燃烧过程中的排放量，以满足更严格的环保要求。此外，甲烷是天然气的主要成分，天然气发展或将因此面临甲烷泄漏控制趋严的政策约束。天然气生产、加工、运输以及利用等环节的甲烷泄漏标准将会进一步提高，或将增加天然气全产业链的成本。

在对外依存度整体上行的背景下，储气调峰能力仍显不足。当天然气对外依存度达到或超过30%，储气量需要超过消费量的12%。2023年我国天然气表观消费量3945亿立方米，对外依存度超过40%，但截至2023年底，我国加成储气库29座，储气调峰能力约230亿立方米，仅为表观消费量的5.8%。我国天然气消费峰值有望达到6000亿立方米，按照12%计算，我国需要配套储气调峰能力720亿立方米。由于储气调峰能力不足，在采暖季往往不得不采用压非保民等应急手段，“气荒”时有发生，影响工业生产和居民生活用气。

中国天然气消费峰谷波动大、高月高日天然气用气量大幅攀升，成为中国天然气供应的重要挑战之一。2015—2021年中国天然气“消费最高月份”消费量增长了近

200亿立方米，而“消费最低月份”消费量增长了约120亿立方米。2021—2022年冬季，全国各地尤其是北方地区的天然气日消费量陡然增加，屡创新高，全国用气量最高突破13.2亿立方米，较2019年增长20%。

天然气市场化价格机制尚未充分形成。尽管经过了几轮价格机制改革，大部分天然气的销售价格已不受规定的门站价格管制，但在实际操作中仍存在一些问题。从上游来看，国产陆上气和2014年底投产的进口管道气门站价由政府管制；海上气、页岩气、LNG、直供用户、2015年投产的进口管道气等门站价虽然理论上由市场形成，但石油公司进口的LNG现货很大一部分进入长输管网后价格仍受约束。在下游的城市燃气终端销售环节，非居民用气和居民用气价格“双轨制”特征较为明显。虽然发改委相关文件规定了非居民用气和居民用气可以在一定范围内协商确定具体门站价格，但在实际操作中，非居民用气和居民用气很难真正联动起来，前者的调价幅度往往高于后者，形成交叉补贴。

二、“双碳”目标下中国天然气总体定位

“双碳”目标将有力促进中国经济结构、能源结构、产业结构优化升级，培育形成绿色发展新动能，加速推进能源转型进程。“双碳”目标提出一年后，《中共中央、国务院关于完整准确全面贯彻新发展理念做好碳达峰碳中和工作的意见》和《2030年前碳达峰行动方案》发布，正式启动了构建碳达峰碳中和“1+N”政策体系的进程，重点领域和行业碳达峰实施方案和一系列配套保障措施陆续发布，为中国系统科学开展能源转型工作指明了方向。天然气因其清洁、低碳的特点，成为“双碳”进程中具有关键支撑作用的能源，在构建清洁低碳、安全高效的能源体系中起着不可替代的作用，是实现“双碳”目标和美丽中国建设的重要力量（见图3-22）。

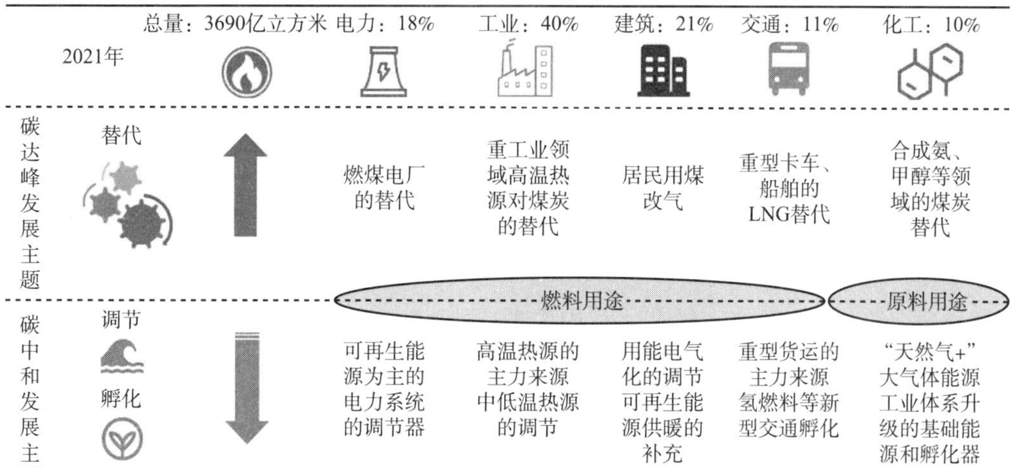

图3-22 “双碳”目标下中国天然气的发展定位

大力推动能源转型，实现“碳达峰碳中和”目标，原则是确保能源供给安全，关键是要稳妥有序推进，核心是要节能减排增汇。天然气是最为清洁低碳的化石能源，是中国能源行业由高碳向低碳、零碳转型的重要抓手，“双碳”背景下，中国天然气发展定位可以归纳为“一大三小”。“一大”是指，从整体上看，天然气是中国“双碳”进程下具有关键支撑作用的能源。“三小”分别对应着三个具体的角色定位，包括：低碳能源转型的现实能源、系统稳定的首选能源、产业升级的基础能源。

天然气是低碳能源转型的现实能源。“双碳”目标是从高碳的化石能源向零碳的可再生能源转化。因为能源系统的庞大和复杂性，这种转化目标难以一蹴而就，需要逐步实现。因此，高碳向零碳的转变事实上对应着高碳向低碳、低碳向零碳的转型路径。与煤炭和石油相比，天然气是碳排放量最低的化石能源，且具备较好的利用基础，因此是能源转型的现实能源。

天然气是系统稳定的首选能源。在新型能源体系中，电力系统占据着非常重要的地位，2024 年 7 月 25 日国家发展改革委、国家能源局、国家数据局联合印发《加快构建新型电力系统行动方案（2024—2027 年）》。能源系统稳定很大程度上由电力系统稳定性决定，电力系统的稳定要求系统内要配置足够的调峰资源和技术。与灵活性煤电、电化学储能、水电等调峰方式相比，气电在调峰深度、调峰时长、环保等方面具有独特优势，因而成为系统稳定的首选能源。

天然气是产业升级的基础能源。在大气环境与能源总量刚性约束下，工业燃料实施“气代煤”发展空间巨大，天然气推动采矿、光伏、化学纤维、塑料等行业绿色生产技术和循环经济模式不断发展。长期来看，天然气产业的发展，不应当局限于天然气自身，而应向“天然气+”大气体能源工业体系迈进。新的工业体系不仅涵盖天然气自身，还包括氢气、生物质气等多种可再生燃气。在这个过程中，天然气可发挥基础能源作用，一方面推动天然气制氢发展，加快氢能发展进程，另一方面也可以利用天然气工业体系现有的管网资源、槽车等资源，与氢能等气体在运输、应用等方面实现系统发展。

三、打造 5A 级天然气产业链

推动能源转型，实现能源清洁低碳化利用，成为中国能源发展的重要任务，需要在调整优化产业结构、控制能源消费总量、改进能源消费结构等多个方面共同发力。天然气是推动我国能源清洁低碳化利用中最现实的过渡能源。从供给侧来看，天然气既面临煤炭清洁化利用带来的竞争，又面临可再生能源的替代。天然气行业要给消费者提供“可获得（Availability）、运得到（Accessibility）、用得稳（Assurance）、买得起（Affordability）、有责任（Accountability）”的商品，打造 5A 级天然气产业链，才能充分发挥天然气在构建新型能源体系中的过渡能源作用，与新能源协同、互补发展，共同推动我国的能源转型，实现能源清洁低碳化利用（见图 3-23）。

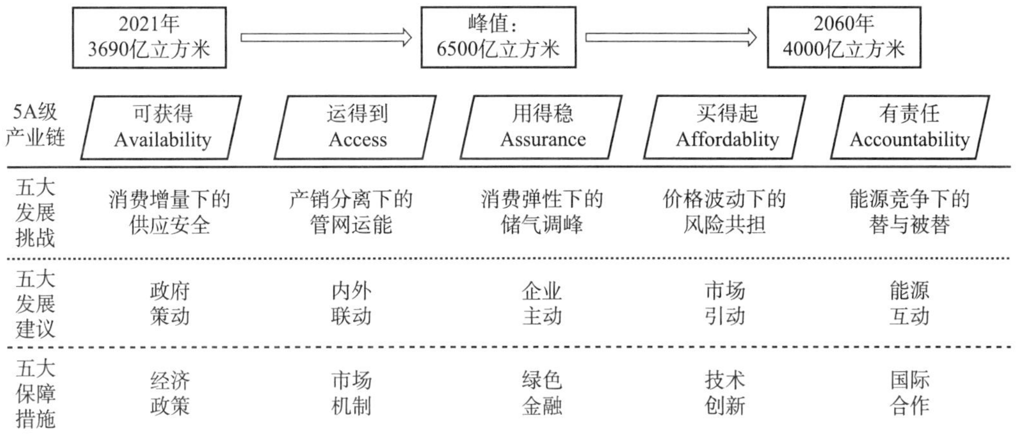

图 3-23 打造 5A 级天然气产业链主要内容

“可获得”，是指天然气供应能力充足。中国天然气消费仍将处于快速增长期，天然气消费峰值有望超过 6000 亿立方米，而国内天然气产量峰值将超过 3000 亿立方米，天然气消费量的 50%需要依靠进口来填补。目前，中国 LNG 接收站接卸能力约 1.23 亿吨，管道进口能力约 1050 亿立方米。即使 LNG 接收站与进口管道满负荷运行，进口能力仍存在约 500 亿立方米的缺口；若按 70%的运行负荷计算，则存在超过 1000 亿立方米的缺口。未来仍需立足国内外资源，加强国内勘探开发力度的同时，不断完善进口通道建设，提升天然气供给能力。

“运得到”，是指广泛高效的天然气管网是拓展天然气市场的关键。供需两端的联通、市场的拓展，必须依靠广泛高效的天然气管网来实现。目前中国天然气管道里程 12.2 万千米，一次管输能力超过 3800 亿立方米。按照 6000 亿立方米的消费峰值计算，若按 90%通过管道运输计算，天然气管道一次货运需求量为 5400 亿立方米，存在 1600 亿立方米的缺口。加快推进全国“油气一张网”建设，加强天然气基础设施间互联互通，做好新建气田、储气库、LNG 接收站外输管道的规划建设，确保天然气顺畅输送。

“用得稳”，是指强大的储气调峰能力是保障供应安全和拓展下游用户的有力支撑。为了保障天然气的安全、稳定供应，必须在天然气管网系统中形成强大的综合调峰能力。要重点推动天然气储备调峰能力建设，推进 LNG 接收站及分销设施建设。

“买得起”，是指有竞争力的价格是促进天然气市场发育的必要条件。按照“管住中间，放开两头”的方针积极推进天然气价格市场化改革的过程，降低管输价格等中间成本，提升天然气的市场竞争力。

“有责任”，是指天然气从开采、储运到利用的全产业链各环节，必须做到环境友好，实现真正的清洁低碳化利用。尽管与煤炭和石油相比，天然气更加清洁低碳，但仍然属于化石能源。无论是作为工业燃料、发电燃料，还是化工原料，天然气的利用都要做到低碳排放甚至零碳排放，满足最严、最高的环保标准。同时，要健全天然气产业法律法规体系，完善产业政策体系，建立覆盖全行业的天然气监管机制。

参考文献

[1]王震，刘念，周静．全球液化天然气定价机制：演进、趋势和基准价形成[J]. 价格理论与实践，2009(8)：30-31.

[2]王震，薛庆．充分发挥天然气在我国现代能源体系构建中的主力作用——对《天然气发展“十三五”规划》的解读[J]. 天然气工业，2017，37(3)：1-8.

[3]重庆石油天然气交易中心．美国天然气市场化历程[EB/OL]. (2019-02-25)[2023-11-22]. http://www. oilsns. com/article/382304.

[4]杨晓光．浅谈 LNG 接收站项目的商业模式[EB/OL]. (2022-03-25)[2023-12-15]. http://center. cnpc. com. cn/sysb/system/2022/03/25/030063338. shtml.

[5]范多凌，俞黎芳．液化天然气(LNG)系列之中长期购销协议的定价以及价格回顾机制[EB/OL]. (2021-08-19)[2023-12-28]. https://mp. weixin. qq. com/s/TyD-vTIT0vn6Keef_mQzyOA.

[6]范多凌，张静佳，田潇，等．液化天然气(LNG)系列之：购销协议(SPA)要点剖析[EB/OL]. (2022-01-20)[2024-01-15]. https://mp. weixin. qq. com/s? __biz=MzA4NDMzNjMyNQ==&mid=2653247004&idx=1&sn=0a952974cbebd71b3b2e7f0bc4bb5f73&chksm=84393db6b34eb4a07e4bfe96ea7299f5a970e72c90a4ad48830c46c2db8c1356aaf7ad10b58e&scene=27.

[7]LNG168 物联网．全球在产的 LNG 项目模式[EB/OL]. (2019-12-01)[2024-01-29]. https://www. sohu. com/a/357583941_738536.

[8]煤气与热力．LNG 中长期购销合同机制及主要条款的近期变化[EB/OL]. (2017-09-05)[2024-06-29]. https://www. gasheat. cn/Trend/detail/4327. html.

[9]贾承造．全国油气勘探开发形势与发展前景[J]. 中国石油石化，2022(20)：14-17.

[10]潘继平．中国油气勘探开发新进展与前景展望[J]. 石油科技论坛，2023，42(1)：23-31，40.

[11]陆家亮，赵素平，孙玉平，等．中国天然气产量峰值研究及建议[J]. 天然气工业，2018，38(1)：1-9.

[12]能源蓝皮书中国能源发展前沿报告(2021)：“十三五”回顾与“十四五”展望[J]. 中国工业经济，2022(4)：2.

[13]匡立春，邹才能，黄维和，等．碳达峰碳中和愿景下中国能源需求预测与转型发展趋势[J]. 石油科技论坛，2022(1)：9-17.

[14]侯梅芳，潘松圻，刘翰林．世界能源转型大势与中国油气可持续发展战略

[J]. 天然气工业，2021(12)：9-16.

[15]黄维和，周淑慧，王军. 全球天然气供需格局变化及对中国天然气安全供应的思考[J]. 油气与新能源，2023(2)：1-12，20.

[16]范静静，王建良，黄辉，等. “双碳”目标下中国天然气发展定位及潜在路径研究[J]. 煤炭经济研究，2022(8)：38-47.

[17] Pan X , Wang L , Dai J , et al. Analysis of China's oil and gas consumption under different scenarios toward 2050：An integrated modeling[J]. Energy, 2020, 195：116991.

[18]王震，孔盈皓，李伟. “碳中和”背景下中国天然气产业发展综述[J]. 天然气工业，2021(8)：194-202.

第四讲

能源金融缘起、演变与趋势

第一节　能源金融的基本概念及内涵

一、能源金融的概念

在能源金融的定义方面，学术界尚未形成统一认识。林伯强等（2011）认为，能源金融是利用金融市场对能源市场上价格信号的形成与传递进行完善，对能源市场上存在的风险进行管理和规避，解决在能源开发利用过程中存在的融资问题，并对能源产业结构进行优化，从而促进节能减排和新能源开发利用，其核心是能源的市场化定价机制。佘升翔等（2007）认为，根据系统理论，能源金融是由金融系统和能源系统间相互渗透和融合的新金融体系。能源实体金融主要包括能源银行、能源基金和能源企业股票上市等。能源虚拟金融主要包括能源期货、能源期权、互换合约、股票、债券及相关金融衍生品等。贺永强等（2007）认为，能源金融是一个新的金融形式，由能源与金融相互结合渗透。

能源是经济的血液，金融是经济的动脉，能源金融就是把这两者结合在一起，是能源系统和金融系统相互渗透、耦合而形成的一种新的金融形态。能源金融不仅是能源和金融在物理视角的叠加，两者之间还要能发生化学反应。所谓的物理视角，就是能源企业做金融，实质上是服务能源。而所谓的发生化学反应，就是说形成了一种新产品，或者说由于能源与金融的相互融合推进了整个社会的发展。比如，在新能源领域，美国曾经出现一种新的融资方式叫收益型公司（Yield Corporation，Yield Co）。新能源投资要形成大额固定资产，其流动性就变弱了。而Yield Co方式，实际上是将这些投资进行了证券化，通过在市场交易，大幅提高了能源投资的流动性。可以看到，这种证券化过程带来了新产品的创新，能源与金融的耦合发生了化学反应。

金融是能源金融的本质，能源则是能源金融的核心。从内容看，可以把能源金融分为两类，一类是研究能源金融市场，另一类是研究能源公司金融，或者是研究能源项目金融。能源金融市场就是围绕着能源商品价格形成的衍生品市场及其定价机制，包括商品价格形成机制，以及利用衍生品来进行风险管理，就是所谓的风险对冲。能源公司金融或者能源项目金融就是利用金融市场实现公司融资战略的行为。

二、能源金融市场体系

能源金融市场具有类似金字塔的结构，金字塔的底部实际上是能源市场，各类能源市场有大有小，有现货市场，以及很多衍生品市场，这些市场有各自的特点。再往金字塔上一个层次是交易场所，包括期货、期权等不同的交易类型，能源企业、金融机构等不同的参与者，场内、场外等不同的交易场所，以及套期保值、套利等不同交易行为。再往金字塔上一个层次是交易规则，交易规则非常重要，包括期货、期权等各种交易类型的规则设定，例如 2020 年 4 月美国 WTI 出现了极端的负油价，而位于欧洲伦敦市场的 Brent 价格却一直维持正价格，实际上就是实物交割和现金交割两种方式的不同影响。金字塔顶端是价格的形成机制，它有很大的影响力。基于衍生产品，特别是期货市场形成的价格往往会成为基准价格。基准价格是在国际贸易中通常使用的结算价格的基础，这会影响供给方和需求方的利益，所以基准价格非常重要。能源金融市场体系框架见图 4-1。

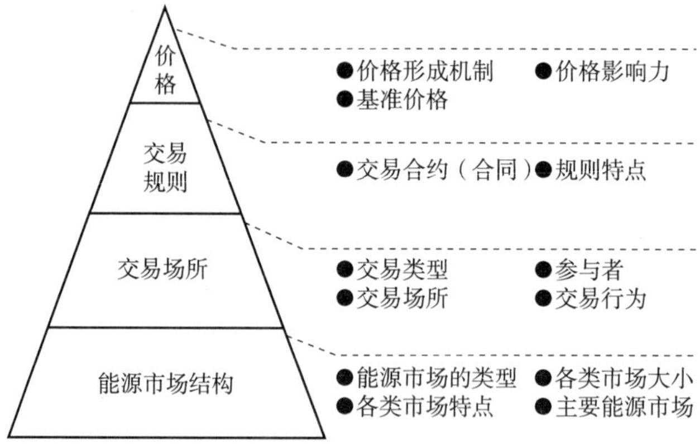

图 4-1 能源金融市场体系框架

在能源金融市场中，金融机构和能源企业发挥着重要的作用。金融机构如银行、证券公司、保险公司等，为能源企业提供融资、风险管理、投资等金融服务，支持能源产业的发展。同时，能源企业也通过金融市场筹集资金，进行项目融资，如发行股票、债券等，以满足其资金需求。

第二节 能源金融的起源

一、金融衍生品市场的起源

金融衍生品市场发展经历了品种不断拓展、供给不断深化的过程。金融衍生品市场最早起源于农产品，从农产品扩展到工业品，再扩展到金融产品，最后扩展到能源领域。金融工具的发展从远期开始，逐步发展出期货、期权、掉期等，且场内与场外市场同步发展。

一般认为，金融衍生品出现于1848年成立的芝加哥期货交易所（Chicago Board of Trade，CBOT），实际上在此之前类似金融衍生品的交易产品已出现。例如，1637年，荷兰掀起郁金香热潮，郁金香价格急剧上涨，荷兰商人在阿姆斯特丹交易所炒作郁金香球茎“期货”。1710年，日本大阪的堂岛大米会所出现第一张期货仓单（大米库券），交易标的物大米的等级标准、价格变动幅度、交割时间、数量等信息在合约中有明文规定，其原理与现代的期货交易非常接近。1848年，芝加哥期货交易所建成，最早推出的品种是玉米、小麦等农产品期货，后来发展出黄金和白银等非农产品，再到后来出现了金融产品。1874年，芝加哥农产品交易场所建立，用于交易黄油、鸡蛋和其他农产品，这正是芝加哥商品交易所（Chicago Mercantile Exchange，CME）的前身。1877年，金属交易商人成立了伦敦金属交易所（London Metal Exchange，LME），并规范了交易方式。

20世纪70年代，布雷顿森林体系瓦解，美元与黄金脱钩，美元的发行得以自由化，美国逐渐走向金融化道路，国际金融资产衍生品市场开始快速发展。1973年，随着布莱克（Fisher Black）和舒尔斯（Myron Scholes）B-S期权定价理论的提出以及莫顿（Robert Merton）期权定价模型的建立，芝加哥期权交易所（Chicago Board Options Exchange，CBOE）应运而生，期权模型的应用随着计算机等信息技术的进步而扩展，期权交易快速发展起来。由于汇率对国际收支、石油贸易影响比较大，市场上开始提供针对汇率变化的期货产品。1972年5月，芝加哥商品交易所推出了七种外汇期货。70年代中期，欧美国家的利率以弗里德曼的货币数量理论为基础，利率完全由市场决定，利率的波动显著影响企业经营效益和投资者收益。1975年，利率期货上市，为对冲利率风险提供了有效工具。

此后，能源金融衍生品逐步发展起来。1978年11月，纽约商业交易所推出2号取暖油期货和6号重质燃料油期货合约，在纽约港交割，是最早的石油期货。随着美国政府放开对原油价格的管制，1981年推出汽油期货。1983年，纽约商业交易所推出了WTI原油期货合约，1988年伦敦国际石油交易所（后被“洲际交易所”收购）也推出了布伦特原油期货合约。1990 年，纽约商业交易所率先推出天然气期货。由于气候的变化对农业和能源的消费都有很大影响，1996 年美国能源企业推出了天气期货，交易方式为场外交易（OTC）。2000 年，洲际交易所（Intercontinental Exchange，ICE）创立，最初以场外能源合约为主要交易产品，经过不断地收并购交易，逐步成为全球规模最大的衍生品交易所之一。随着气候变化和环境问题受到广泛关注，《京都议定书》逐步落实，2005 年欧盟碳排放交易体系开始运行，ICE 在此基础上推出了碳期货品种，如 EUA 期货已经成为碳衍生品市场中的主流产品（见图 4-2）。

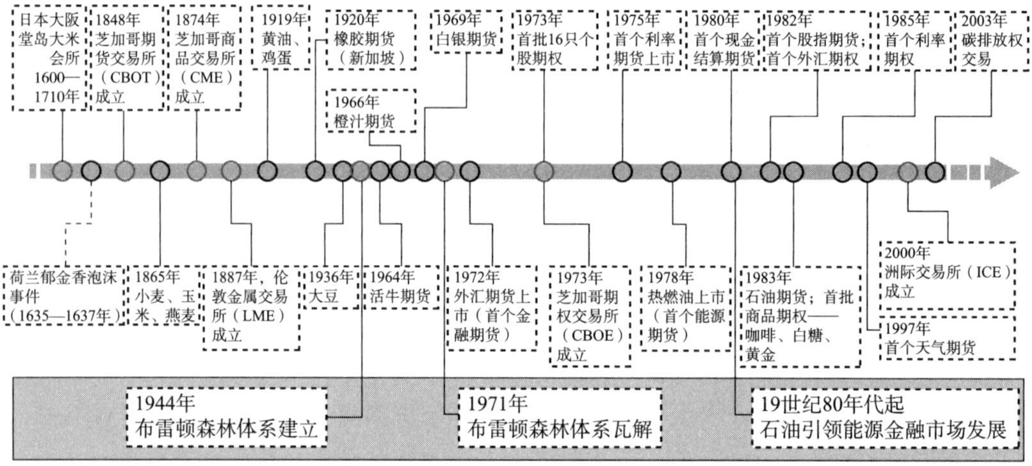

图 4-2　期货期权发展

二、石油美元机制的形成

石油美元是能源金融体系的起点和重要组成部分。美国前国务卿、著名外交家基辛格曾说过，“如果你控制了石油，你就控制了所有国家；如果你控制了粮食，你就控制了所有的人；如果你控制了货币，你就控制了整个世界”。石油美元机制维护了美国的国际金融霸权地位，成为美国在全球能源金融市场中的重要筹码。在能源金融起源的过程中，石油美元机制的形成发挥了重要作用。

1971 年，随着美国总统尼克松宣布布雷顿森林体系瓦解，美元正式和黄金脱钩，国际货币体系进入了一个所谓牙买加体系的浮动汇率时代。美元和黄金脱钩以后面临一个很大的问题，怎样能够通过一种制度上的设计确保美元仍然作为世界最重要的货币，继续维系美元或者说美国在全球金融领域的地位。1974 年，美国与沙特达成秘密协议：美国将从沙特购买石油，沙特对外开展的石油贸易全部以美元计价；沙特获取的石油美元收入，用于在美国市场投资；美国全面保障沙特的军事安全。此外，美国财政部还与沙特货币署达成协议，将沙特的投资回报率与美国经济联系在一起：沙特可通过纽约联邦储备银行购买美国国债，并获知美国政府的交易日期和数量及相关信息，保障沙特持有美债的优先地位。1975 年，石油输出国组织（OPEC）的所有成员国均同意以美元为石油供应定价，并以美国国债的形式持有石油收入余额。

与此同时，如何促进美元回流的问题也得到解决。大部分出口国不是发达国家，缺乏完整的工业体系，生产石油的过程中需要购买国外的设备和服务，此外，也需要购买欧美市场的消费品，并对外进行投资。通过这些方式大量的美元又可以回流美国，形成了美元流出、流入的循环体系，石油美元的机制就此建立，其规模和影响力在随后的几十年里快速扩大（见图 4-3）。

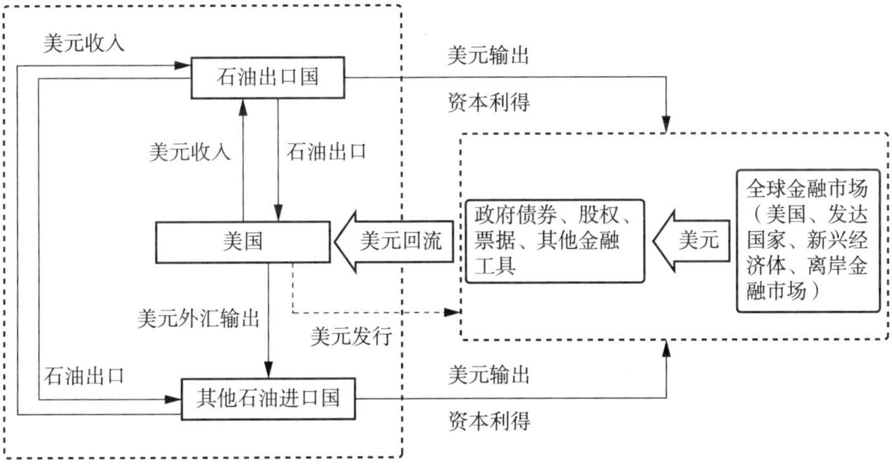

图 4-3 石油美元的全球循环

以美元结算的石油贸易极大地推动了美元输出，助长了美元流动性的泛滥。产油国财政极易受到美元利率和汇率价格的影响，事实上增加了美国对产油国的掌控力。美元通过锚定石油，对全球大宗商品价格产生影响，并对全球经济金融活动产生广泛影响。国际清算银行 2020 年的研究指出了美元在国际货币和金融体系中的核心地位：是最重要的融资货币，跨境贷款和国际债券中 50%以美元计价；是最主要的储备货币，美元占全球官方外汇储备的 61%；此外，约 50%的国际贸易以美元开具发票，40%的国际支付以美元进行，85%的外汇交易通过美元结算。

此后，随着金融市场和能源行业的不断发展，能源金融从石油美元机制出发，再到各类能源衍生品，加之 21 世纪以来出现的非常规能源、新能源和环境问题，所涉及的领域越来越宽、产品越来越多。

第三节 多视角下的能源金融发展

一、视角一：石油价格机制及其变迁

原油价格是整个能源金融市场最核心、最顶端的部分，包括现货价格、期货价格、

远期价格和期权价格等。现货价格是在实际交易中的报价，比如即期布伦特价格（Dated Brent）。期货价格是通过期货交易所公开喊价达成的交易价格，比如西得克萨斯中质原油（West Texas Intermediate，WTI）期货价格。尽管远期价格的形成也会报价，但总的来说，在原油定价体系中，期货价格居于主导地位。

1960年之前，由于七家跨国石油公司埃克森（Exxon）、英国石油（bp）、壳牌（Shell）、雪佛龙公司（Chevron）、海湾石油（Gulf）、德士古公司（Texaco）和美孚（Mobil）控制了全球85%以上的原油储量，原油价格体系由美国跨国石油公司牌价主导，其他国家和地区对石油价格的影响力较小。20世纪60年代石油输出国组织（OPEC）成立，OPEC定的价格被称为“官价”。1973年，中东战争发生，OPEC第一次动用石油武器，通过减产、增产、价格战等手段，导致了第一次石油危机。为应对OPEC的影响，发达国家成立了国际能源署（IEA）。

20世纪70年代之前，原油价格采用基于市场供求关系的成本加成定价模式。自1983年WTI原油期货上市交易以来，定价模式逐步转变为期货市场定价，由欧美主导，且金融属性较强。在亚洲地区，尚未形成类似于欧美的定价体系，阿格斯公司（Argus）、普氏能源资讯公司（Platts）等主导的现货价格指数发挥着重要作用，中国的上海原油期货于2018年推出，虽影响力初显但尚处于起步发展阶段。

全球的原油市场总体可以分为三大类：第一大类为WTI区域市场，也就是北美市场；第二大类为布伦特区域市场，即欧洲市场，主要以西欧为代表；第三个是亚洲市场，包括中东迪拜区域市场和亚太区域市场。原油市场又可以分成纸货市场和实货市场。随着石油市场金融化，纸货市场更具核心地位，如WTI区域市场，是以纽交所的WTI原油期货为核心。实货市场是基础，如北美地区墨西哥湾的原油市场、欧洲的西北欧和地中海现货市场等。

近年来，受新冠疫情冲击，叠加乌克兰危机影响，石油定价机制正在发生一些新的变化。

1. *石油美元体系面临挑战*

信号一：美国滥用金融制裁手段正在削弱美元的国际地位。2022年3月，为了对俄罗斯实行金融制裁，美国政府冻结了俄罗斯央行的3000亿美元储备金。这一事件削弱了人们对美元作为全球储备货币的信任，并促使重要国家在贸易和储备中使用替代货币。印度、伊朗和土耳其等国已宣布或已经在用本国货币代替美元来与俄罗斯开展贸易。美国政府试图在金融市场上孤立俄罗斯，反而刺激更多国家寻找美元的替代品。

信号二：天然气、石油和其他商品用卢布、黄金支付。2022年4月，俄罗斯宣布不再接收美元（或欧元）来支付其能源贸易，要求以卢布支付。而欧洲国家在能源进口方面高度依赖俄罗斯，俄罗斯共向超过20个欧洲国家供应管道天然气。受此影响，欧洲多国不得不统一以卢布结算，首先用欧元购买卢布，然后用卢布购买俄罗斯的天然气、石油和其他出口产品。除了卢布，俄罗斯还接收黄金作为其大宗商品的交换条件。

信号三：美国印钞失控和创纪录的价格上涨。2020 年 3 月，美联储宣布实行无限量量化宽松，2022 年美联储总资产规模达到 9 万亿美元，是 2008 年的 10 倍。随着美联储不遗余力地“印钞”，美元流动性泛滥，叠加乌克兰危机的影响，美国通胀不断发酵，2022 年 6 月居民消费价格指数（CPI）和个人消费支出指数（PCE）同比增速分别达到 9. 1%和 6. 98%，创过去 40 年新高。

2. 中俄油气贸易定价随行就市

2009 年，中俄“贷款换石油”合同正式签署，俄罗斯将在 2011 年到 2030 年间向中国供应 3 亿吨石油，通过管道进行运输，年贸易规模为 1500 万吨（见图 4-4）。2013 年，两国政府又签署了《关于扩大原油贸易合作的协议》，在原有向中国出口规模的基础上逐年增供，到 2018 年达到 3000 万吨石油，增供合同期 25 年，可延长 5 年。石油价格以俄石油运到纳霍特卡（科兹米诺）港口的价格为基准，随行就市。东西伯利亚—太平洋管道（ESPO）出口原油价格基准是在科兹米诺港的基准油价格，科兹米诺计价基准油 API 度为 34. 8、含硫 0. 62%、吨桶比 7. 39，价格挂钩迪拜基准油价，这是由于东亚国家主要进口的中东油以迪拜油为基准。俄罗斯 80%左右的原油出口到欧洲的计价基准是乌拉尔油，而乌拉尔油挂靠布伦特油价。

中俄管道气贸易定价采取国际上惯用机制——与油价挂钩。据公开资料估算，中俄管道气价格与油价挂钩，且设有油价下限保护。当油价低于 40 美元/桶时，中俄东线的天然气价格约为 4 美元/百万英热。当油价高于 40 美元/桶时，天然气价格等于约定斜率（预计在 8%到 10%之间，与其他管道气斜率大致相当）乘以油价加上常数项。中俄 LNG 贸易分为两部分。其中，长协贸易价格与油价挂钩，现货贸易价格以普氏能源日韩价格（JKM）为基准，随行就市。

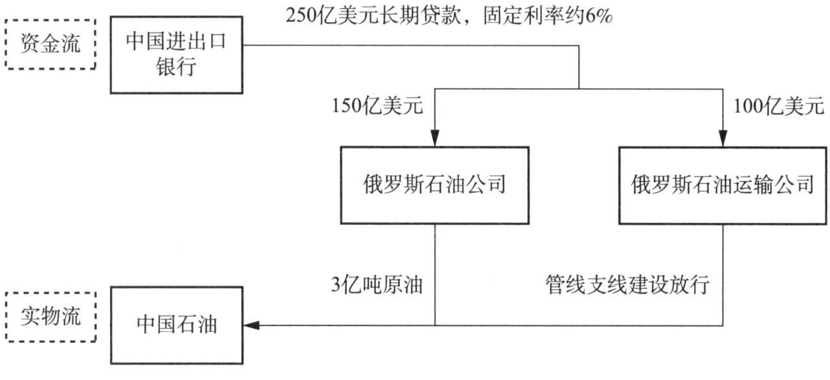

图 4-4　中国与俄罗斯的贷款换石油运作示意图

3. 国际石油贸易结算和海运面临新的金融风险

国际结算是连接能源供需两端最重要的纽带。能源贸易通过国际结算系统进行。

国际资金清算系统（SWIFT）是目前全球最重要的标准化报文传输机构，各国间的结算依托 SWIFT 的报文来高效运行。美元是国际能源贸易中使用最广泛的结算货币。美国及其盟友在 25 个董事会席位中占 21 席，对 SWIFT 具有绝对的控制力。随着全球政治经济环境的变化，能源贸易去美元化趋势显现，各国不仅尝试推动本币结算，更是在建立自己的结算系统，摆脱对 SWIFT 的依赖。欧洲在美国对伊朗实施制裁后，曾探索推出贸易交换支持工具（INSTEX），使用欧元结算，绕过 SWIFT 与伊朗交易。2014 年，俄罗斯央行被制裁后也推出了俄罗斯 SPFS 金融信息传输系统，以保护本国利益。2015 年，中国人民银行也推出了人民币跨境支付系统（Cross-border Interbank Payment System，CIPS）。此外，一些国家中央银行开始探索发行数字货币，尝试新的结算方式。

海运保险是国际原油海运贸易的必要环节。在各类保险中，保赔保险门槛最高、最为重要，其 90%以上的市场由国际船东互保协会（P&I）控制。该协会由 13 家保赔协会组成，其中英国 8 家、挪威 2 家、瑞典 1 家、美国 1 家、日本 1 家，主要由欧美国家构成，在全球代表权方面存在巨大的不平衡。中国油气进口高度依赖海运，但单纯提高自有海运能力并不能从根本上消除油气海运面临的风险，还需要不断提升中国航运保险业的国际竞争力。

乌克兰危机暴露出国际石油贸易结算和海运中存在的金融风险。为遏制俄罗斯通过能源出口获得财政收入的能力，美西方国家开展多轮制裁。2022 年 12 月，美欧设定俄罗斯原油出口价格上限为 60 美元/桶，将制裁推向又一轮高峰。同时，美欧禁止向俄油航运提供金融、保险和再保险服务。金融手段成为大国间博弈的重要武器。

二、视角二：能源产品及其衍生品发展

在全球能源消费格局中，石油、煤炭和天然气是一次能源的三大支柱。原油衍生品市场已形成了以 WTI、布伦特为基准的定价体系。天然气和煤炭方面，一方面开展的国际贸易规模较小，另一方面质量等级难以划分，阻碍了期货市场形成的步伐。20 世纪 90 年代开始，天然气期货市场逐步建立起来，形成了北美以 Henry Hub 价格为基准，欧洲以英国“国家平衡点”（National Balancing Point，NBP）、荷兰天然气交易中心价格（TTF）为主的定价体系，而亚太地区则缺乏影响天然气期货定价的能力。煤炭期货往往局限于区域内，阿格斯（Argus）与麦氏（IHS McCloskey）公布了一系列煤炭质量等级 API 指数，绝大多数的国际煤炭衍生品应用相关指数开展交易。

美国是石油期货的诞生地。为了应对 1973 年的阿拉伯石油禁运，1974 年美国政府通过《紧急石油分配法案》（EPAA）实施了价格管制。1981 年，由于市场供应充足，美国政府解除了这些管制，石油市场走向竞争化、交易化和透明化。成立于 1872 年的纽约商业交易所在 1978 年首先推出了取暖油，后又陆续推出了汽油（1981 年）、原油（1983 年）、天然气（1990 年）、电力期货（1996 年）和动力煤期货（2001 年）。纽约

商业交易所上市的能源类期货和期权达 1372 个，其中交易量最大的商品是 WTI 原油，其次是 Henry Hub 天然气和汽油，再加上纽约港超低硫柴油、布伦特原油，整体上形成了以 WTI 为核心的能源衍生产品体系。随着美国成为天然气出口国，Henry Hub 天然气期货的国际影响力也在快速上升。2008 年，纽约商业交易所被芝加哥商品交易所集团（CME Group）收购。

1980 年，国际石油交易所（International Petroleum Exchange，IPE）在伦敦成立，1981 年重柴油期货合约首次亮相，标志着欧洲首个能源期货合约的诞生，其质量规范与美国广泛使用的取暖油标准极为相似；1988 年，布伦特原油期货合约的推出迅速赢得市场的青睐，并成功确立了 IPE 作为全球原油期货交易重要平台的地位；1997 年，NBP 天然气期货推出，能源交易的种类进一步丰富。2001 年 6 月，IPE 经历了一次重大的转变，被洲际交易所收购。洲际交易所成立于 2000 年，由高盛、摩根士丹利、bp、壳牌、德意志银行、法国兴业银行等金融机构和能源巨头共同建立。洲际交易所在收购 IPE 后，于 2005 年将布伦特期货转为电子化交易，奠定了日后庞大交易量的重要基础，在洲际交易所进行的原油及成品油的期货交易占全球交易的比重超过 50%。2010 年，洲际交易所并入欧洲气候交易所的业务，将能源期货品种进一步拓宽至碳排放配额 EUA 期货等。

近年来，中国能源衍生品市场也快速发展起来。上海期货交易所分别于 2004 年和 2013 年推出了燃料油期货和沥青期货合约，2018 年国际版原油期货合约上市，2022 年又推出了原油期权合约。2011 年 4 月，大连商品交易所首次引入了焦炭期货合约，随后又扩展了其产品线，包括焦煤和液化石油气（LPG）期货合约。这些能源衍生品的交易量呈现逐年增长的趋势，其在价格发现和风险对冲方面的作用日益凸显，为众多企业的市场风险管理提供了工具。尽管如此，由于中国能源衍生品市场起步较晚，加之产品种类和结构相对有限，国际化水平和全球影响力尚未达到成熟市场的标准，在国际竞争中有很大提升空间。

从交易量来看，石油是全球能源衍生品交易最主要的商品。根据美国期货业协会（Futures Industry Association，FIA）统计的全球成交量数据，2023 年能源期货和期权合约交易量前 10 名分别是亨利港天然气期货（莫斯科交易所，3.23 亿手）、布伦特原油期货（洲际交易所，2.68 亿手）、燃料油期货（上海期货交易所，2.52 亿手）、原油期权（印度多种商品交易所，2.18 亿手）、WTI 轻质原油期货（纽约商业交易所，2.04 亿手）、石油沥青期货（上海期货交易所，1.07 亿手）、亨利港天然气期货（纽约商业交易所，1.02 亿手）、天然气期权（印度多种商品交易所，0.80 亿手）、柴油期货（洲际交易所，0.74 亿手）、布伦特原油期货（莫斯科交易所，0.73 亿手）等。其中，中国的交易品种占有两席，在国际能源衍生品市场具有一定的影响力。

三、视角三：能源项目融资创新

1. 油气项目融资

传统油气项目融资一般是以国际石油公司或者国家石油公司为主体进行融资。国际石油公司可以从自己的内部现金流量中抽取资金并注入油气勘探开发项目。政府可以通过官方借贷对国家石油公司注资。随着项目和投资规模快速增长，传统依靠国际石油公司或者国家石油公司来筹集资金的方式很难适应油气项目建设的需要，融资模式需要创新。

项目融资（Project Financing）起源于美国，是一种区别于传统公司融资的大型投资项目融资方式。项目融资这一概念可追溯至20世纪中期，石油与天然气行业的资金筹集主要依赖于一种特定类型的贷款——以产品为基础的贷款模式，这种融资方式允许项目发起人通过预期产出作为偿还贷款的保证，从而为相关项目获取必要的资金支持。到了20世纪六七十年代项目，融资开始受到广泛重视，得到了大规模的发展，并成为基础设施、能源设施等大中型项目建设筹集资金的一种新的融资手段。项目融资与公司融资对比见表4-1。

表4-1 项目融资与公司融资对比

主要内容	项目融资	公司融资
融资主体	项目公司	项目发起人
融资基础	项目产生的现金流	发起人或担保人的信誉
追索情况	有限追索或无追索	全额追索或有限追索
承担的风险	项目参加各方分担	项目发起人
会计处理	发起人资产负债表外融资	进入发起人的资产负债表
技术处理程序	相对复杂、期限长、成本高	相对简单、期限短、成本较低
债务融资比例	一般负债比率较高	自有资金的比例达到40%以上

在油气领域，项目发起方通常通过签订合作协议来组建专门的项目管理企业，该企业将承担项目的日常管理和运作。各发起方将分别向自己的贷款机构进行融资活动，并且独立承担起各自产品销售和债务清偿的责任。此外，油气项目发起方还有可能通过建立独立的融资实体来吸引资金，在项目管理公司之外成立一个专门的融资机构，该融资实体将直接向债权人借款，或通过发行债券和股票来筹集资金，并将这些资金以转贷的形式提供给油气项目公司。这种方式可以为项目扩大资金来源，增强项目的财务灵活性和市场吸引力。

相较传统的融资模式，项目融资的复杂性使其能够达成某些传统融资模式所无法实现的目标。通过设置有限追索权的条款，项目融资能够在项目失败时，保障投资者的其他资产不受损失。在政府推动基础设施建设时，可以采用多样化的融资策略，以此减轻对公共财政预算的潜在负担。对于跨国企业而言，在海外扩张过程中，特别是在那些缺乏经营控制权的实体或投资于高风险国家和地区的情境下，项目融资能够将企业其他业务与特定项目的风险进行有效隔离，有助于将风险的影响限制在特定范围内，从而保护企业的整体财务稳定。

从担保的角度分析，针对特定的油气项目，项目融资所依赖的信用基础存在差异。第一种模式是基于“产品支付”的油气项目融资，其中项目发起方成立专门的项目公司，贷款方或投资者则建立一个“融资中介实体”，该实体与项目公司签订“产品支付协议”。融资以支付“产品购买款项”的方式进行，从而为项目公司注入资金。第二种模式依托于油气设施的使用协议。项目发起方通过项目公司与设施使用者签订“使用协议”，并以该协议下的权益作为担保来获取贷款。第三种模式则是基于销售协议，项目投资者利用该协议，借助油气产品购买方的信用进行融资。在此模式中，购买方是否能够提供一个强有力的、无论提货与否都必须付款的承诺，以及该承诺的可信度（即购买方的信用状况）是决定性的因素。第四种模式则是基于油气产品市场化销售的模式。对于仅有特许经营权而缺乏购买合同或使用协议的油气项目，融资成功的关键在于确保存在一定的市场需求。因此，在获取特许经营权时，通常要求政府提供一定期限内的市场垄断或准垄断保障。

2. 新能源项目融资

随着风电、光伏等新能源兴起，针对新能源项目开展的融资模式创新层出不穷。其中，YieldCo 作为一种创新性的融资工具，被广泛应用于以光伏为代表的新能源行业项目融资。

YieldCo 源于美国，为“Yield Corporation”的缩写，是类似于 MLPs（有限合伙企业）和 REITs（不动产投资信托公司）的一种收益导向型企业，其本质为一种资产证券化的融资模式。在 2005 年，Seaspan Corporation 航运企业开创性地推出了世界上首个 YieldCo 结构。随后，在 2013 年 7 月，美国电力行业的 NRG 能源有限公司成立了 NRG Yield，标志着 YieldCo 模式开始在新能源行业内获得广泛的认可和应用。此后，包括美国最大的风力发电企业 NextEra Energy，以及全球领先的可再生能源公司 SunEdison 在内的众多大型企业，也相继采纳了这一模式，并通过公开募股的方式，使多家 YieldCo 企业登陆资本市场。

YieldCo 由母公司发起创立，将已经能够并网发电的成熟光伏营运资产集合起来，形成资金池，并将发电资产产生的绝大部分现金流收入以股利的方式回馈给股东投资者，实质是资产证券化。NRG Yield 的模式具有典型性：初始阶段，NRG Energy 公司将其能源资产整合至 NRG Yield LLC。之后，公司推动 NRG Yield 在纽约证券交易所进行首次公开募股（IPO），使得公众投资者得以购买 A 类普通股，并由此获得 YieldCo 的全部经济利益和相应的 44.7%表决权。与此同时，NRG Energy 公司保留 B 类普通股，虽然不参与 YieldCo 的经济利益分配，但拥有 55.3%的表决权。利用所筹集的资金，YieldCo 从 NRG Energy 公司购买 NRG Yield LLC 的全部 A 类股份，从而成为其唯一管理方，并从中获得 44.7%的经济利益，而 NRG Energy 公司则保留全部 B 类股份，享有剩余的 55.3%经济利益。此外，NRG Yield LLC 作为资产的实体持有者，能够将所获资金用于多种运营需求，包括但不限于增强流动性、偿还高成本债务以及资产收购。在这一结构中，NRG Energy 公司凭借其 55.3%的表决权对 YieldCo 进行控制，并通过其在 NRG Yield LLC 的 B 类股份获得资产的经济利益。YieldCo 通过担任 NRG Yield LLC 的管理方，实现对资产的控制权，并通过 LLC 的税收穿透机制（即 LLC 本身不征税），将其所享有的 44.7%资产收益传递给公众股东（见图 4-5）。

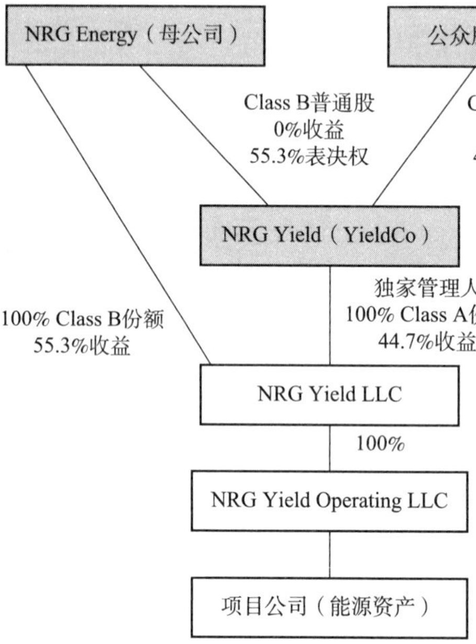

图 4-5　NRG Yield 模式示意图

YieldCo 的商业模式包括多样化的投资组合。YieldCo 公司投资资产涉及光伏、风能、生物质能、水电，还有电能转换能行业。为了增强资产配置的安全性，YieldCo 公司持有美元和非美元资产，以此来缓解由于汇率波动可能引发的风险。此外，YieldCo 公司在资产规模配置上采取了平衡策略，既有大规模的运营资产以实现规模经济，也有小规模的运营资产以保持营利性。这种资产规模的互补配置能够实现运营效率和财务收益的双重优化。YieldCo 公司公开上市，其股票在二级市场上具有高流动性，股东可以自由买卖股票，不仅降低了投资的不确定性，还有助于减少投资者对风险溢价的要求，从而使公司能够以较低成本获得融资。此外，Yieldco 公司还为投资者提供了稳定且风险较低的现金流收入，以及税收优惠。由于太阳能等可再生能源项目能产生稳定的现金流（基于可预测的年产量和消费量），投资者可以在较低的风险下获得稳定回报。税收方面，YieldCo 公司的税收优势体现在两个阶段：公司收入产生的税收和股东股利分配时的税收。由于可再生能源行业的高固定成本，特别是在运营初期，收入往往无法覆盖资产折旧和摊销，导致“净运营亏损”，从而在一定程度上避免了所得税的缴纳。总体而言，YieldCo 公司的市场估值在很大程度上受其股息分配率的影响，这一比率是衡量公司分红能力和投资者回报预期的关键指标。

四、视角四：绿色金融

随着 18 世纪人类步入工业文明时代，环境污染与生态失衡成为人类面临的严峻问题，社会开始倡导绿色发展。金融是经济的血脉，经济要走绿色、协调、可持续的发展道路，必然要将金融与可持续发展相结合，绿色金融应运而生，利用市场化手段解决环境问题。绿色金融（Green Finance）一词首次出现在 1994 年英国环境律师 Hugh Devas 的论文中，指出了绿色金融与环境风险、法律责任之间的联系。自此之后，绿色金融频频出现在国内外研究成果、操作指南和政策报告中。

国际上对绿色金融尚没有统一的界定，但均具备相似的基本内核，将环境改善、生态建设、可持续发展作为服务对象，将绿色产业作为金融扶持项目，将绿色金融作为金融和资本市场手段。2003 年，与绿色金融紧密相关的“赤道原则”出现，要求金融机构在投资项目时要综合评估项目对环境和社会所产生的影响，倡导企业应注重环境、社会、企业三者发展目标的统一。2008 年，联合国环境规划署（UNEP）发起“绿色经济倡议”，首次提出了国际化的绿色金融理念，强调了金融机构在实现可持续发展方面的重要作用。2015 年，联合国发布可持续发展目标和《巴黎协定》，此后在 2016 年的 G20 峰会上，绿色金融的国际发展首次被纳入核心议题。在政策的引导下，绿色金融市场蓬勃发展。英国金融游说组织 TheCityUK 和法国巴黎银行的研究显示，2017—2021 年，全球绿色信贷年总量从约为 4. 32 亿美元增至 786 亿美元，涨幅近 200 倍。根据气候债券倡议组织（CBI）的统计，2014—2021 年全球绿色债券的发行规模从 370 亿美元增加到 5090 亿美元，以欧美为代表的发达国家的发行规模占全球的 70%以上。

党的十八大以来，我国生态文明建设不断推进，绿色发展持续深化，绿色金融体系建设实现了突破性进展。2014 年，中国人民银行研究局发起成立“绿色金融工作小组”，提出了 14 条构建我国绿色金融体系的建议。2016 年 8 月，中国人民银行等七部委在《关于构建绿色金融体系的指导意见》中给出了绿色金融的官方定义：绿色金融是指为支持环境改善、应对气候变化和资源节约高效利用的经济活动，即对环保、节能、清洁能源、绿色交通、绿色建筑等领域项目投融资、项目运营、风险管理等所提供的金融服务。这是全球首个由中央政府部门制定的绿色金融政策框架，也是国内关于绿色金融最权威的定义。目前，我国已形成以绿色贷款、绿色债券为主，多种绿色金融工具蓬勃发展的多层次绿色金融市场体系。近年来，绿色信贷规模以每年超过 20%的速度增长，截至 2023 年 12 月，21 家主要银行绿色信贷余额达到 27. 2 万亿元。绿色债券市场已经成为全球第二大市场，截至 2023 年 11 月末，我国境内贴标绿色债券存量规模约为3.44万亿元。

可再生能源行业的发展是绿色发展的重要内容，也是绿色金融的重点支持领域。可再生能源不同于传统化石能源，资源禀赋的集中程度明显要低，全球风光资源分布相对更为均匀。因此，发展可再生能源可以提高能源自主性和能源安全，是能源转型的重要推动力。然而，能源转型不是简单的去碳化，还要实现安全稳定的供给渠道，助力经济可持续发展。传统投资方式和政府补贴难以实现如此巨量的投资，因此需要结构性金融工具直达痛点，精准投资可再生能源、化石能源降碳、基础设施建设等领域。碳金融是为碳减排而开展的投融资活动，具体包括碳排放权及其衍生品交易、产生碳排放权的温室气体减排或碳汇项目的投融资等，对于实现绿色能源溢价至关重要。

绿色金融从需求端发力推动绿色转型。我国的绿色转型之路主要是通过科技进步与绿色投资来加大新能源供给，降低清洁能源成本。这种从供给侧发力的路径，更加重视运用政府调控手段来代替市场调节和筛选机制，强调对绿色产品和服务供给主体的激励。若市场对绿色产品与服务的需求未能被充分激活，单纯增加供给可能引发供需失衡，进而导致绿色产品与服务的投资回报率在市场上失去竞争力。这种状况可能会削弱金融机构对绿色企业和项目提供资金支持的商业可持续性基础。因此，关键在于从需求侧出发，建立和优化激励措施，以解决绿色发展需求激励的不足，并促进金融机构开发具有商业可行性的绿色金融新策略。从微观主体的企业视角来看，为了降低信息不对称性和构建可持续竞争力，需要建立适应绿色金融的投融资机制、碳资产管理体系和引领可持续发展的ESG（环境、社会与治理）披露体系。

第四节　能源金融如何发挥作用

一、能源类资产价格发现

诺贝尔经济学奖得主默顿·米勒（Merton H. Miller）说过："期货市场的魅力在于让你真正了解价格。"从经济学理论上来看，期货价格等于对期货合约到期日的现货价格的条件期望。在能源资产的定价过程中，交易市场会将产生的新信息迅速、有效地反馈到市场价格中，依托于新信息对市场价格的影响，来逐渐形成均衡价格，不同大小、形态的市场对于新信息产生后的反应、接受和处理速度有所不同。金融市场的反应速率最快，因此金融市场往往具有更强的价值发现能力。Garbade 和 Silber（1983）最早提出G-S模型对可存储商品在期货市场和现货市场的价格变动以及价格发现功能进行研究，并采用OLS（最小二乘法）来检验期货的价格发现功能，此后众多学者基于不同时期的原油期货价格和现货价格，分别对其进行协整检验、单位根检验以及线性因果关系检验，得到一致结论，即原油期货市场在价格发现领域主导现货市场，期货市场具有价格发现功能（见图4-6）。

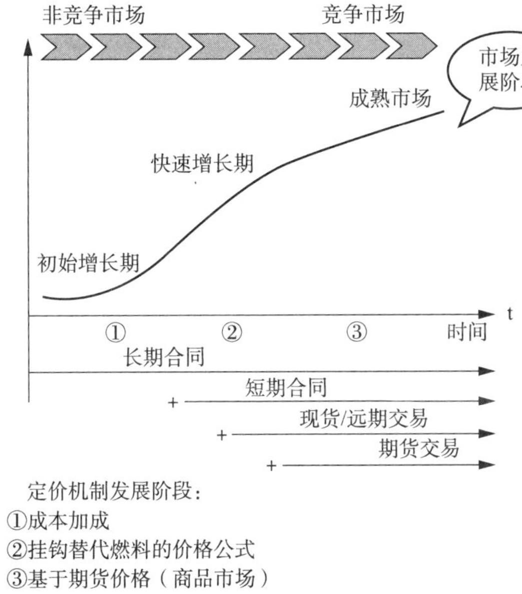

图4-6 一般商品市场发展历程

在实际的交易中，以期货为代表的金融衍生品价格也主宰了许多能源资产的价格体系。其中，布伦特期货市场价格影响力最大、应用最为广泛。

一般来说，能源金融市场发挥价格发现功能需要具备六个关键要素：第一，需要依靠充足的持续能源产品和供应来源，形成国际能源现货交易中心。第二，成为主要消费市场的资源消纳。第三，具备方便的运输渠道，一般位于海港或水路运输的枢纽地，而发达的管道运输将有助于实现灵活的小批量交易。第四，具备成熟稳定的现货、远期、期货市场，将实体经济市场与虚拟经济市场相连接。第五，主要市场需要与其他市场相联系，市场套购机制发挥作用，通过市场供求竞争确定价格。第六，现货、期货、远期交易能够紧密联系，形成多个市场联动的共生体。

1. 原油价格

国际原油贸易采用基于各种基准价格进行升贴水调整的公式计价法。根据原油贸易期限的不同，原油贸易可以分为长约合同定价模式和现货市场定价模式。长约合同采用公式计价法，结算价格为某一基准价格加上升贴水。基准价格方面，目前全球各地区选择的原油基准价格有所不同，大多数地区选取原油期货作为基准价格，或者第三方评级机构的原油报价。

欧洲及非洲原油采用布伦特系统，是世界上最重要、最成熟的定价体系，约70%~80%的实货原油交易直接或间接地以布伦特原油价格为定价基准。布伦特价格体系主要包括远期市场（Brent Forward）、期货市场（Brent Future）、即期现货市场（Dated Brent）、价差合约市场（Contract for Differences，CFD）、期权及其他场外衍生品等。其中，布伦特期货价格为交易所通过结算价格加权平均得到，普氏价格体系则提供即期布伦特、远期布伦特、布伦特差价 CFD，以及其他重要的场外交易市场的报价参考。

布伦特即期现货价格可反映现货市场成交价格。由于合同不能立即装船，一般需要至少滞后 10 天装船，因此 Dated Brent 可认为在 10~30 天内的远期价格。Dated Brent 和 Brent Forward 可通过场外价差交易掉期合约 CFD 联结。CFD 反映 Brent 远期和即期之间的时间价差，可在普氏窗口或场外协商交易。普氏布伦特现货油种为 Brent、Forties、Oseberg、Ekofisk，2018 年加入挪威 Troll 以应对产量衰减保证合约流动性，2023 年 5 月又将美国西得克萨斯生产的米德兰品级 WTI 原油纳入布伦特原油价格体系。

布伦特远期市场主要针对交割月份确定但装船日期未定的合约，需要在装船前一定日期通知卖方，合约报价为交割月份当月价格。通知时间最初为 15 天、21 天、25 天，于 2015 年 2 月开始改为 30 天。远期合约实货交割单位较大，因此仅有少数国际石油公司和贸易商参与交易，但远期价格作为期货合约现金交割结算价及其他市场基准仍具有重要意义。

布伦特期货相对远期市场参与主体更多元化，流动性更高。为避免远期合约价格被少数参与者操纵，沙特等国于 2000 年转为使用布伦特期货加权平均价格作为出口欧洲现货贸易官方定价基准价格。布伦特期货主要采用现金交割，结算价是基于远期价格的布伦特指数（Brent Index）。具体通过以下三者的平均值计算：以原油期货估算远期市场价格；以评估机构估算远期市场价格；以远期市场实际成交价格估算对应月份远期市场价格。布伦特也可通过期转现的方式进行实物交割，原油期货通常在交易的最后一天根据合约的实际交易计算的指数进行财务结算，交易者可以通过经纪人使用"期转现"交易将其转化为实物交割合同，这种期货和现货之间无缝衔接也使布伦特成为全球最稳健的基准之一。

2. 天然气价格

天然气市场通过跨区套利、挂钩替代能源等途径，实现合理定价。受地理位置影响，全球天然气贸易市场主要分为北美、欧洲和亚太市场，依托于成熟健全的管网体系和市场化交易体制，不同地区形成各自的天然气价格体系。

北美天然气价格是以 Henry Hub 为核心的现货和期货价格，属于气气竞争模式（Gas-on-Gas Competition）。美国上游市场采用竞争性定价机制，井口价格完全由市场形成。中游管道建设和运营在第三方无歧视准入基础上，采用服务成本定价法。1978 年美国开始对天然气政策逐步进行调整，放宽天然气价格限制，从而使美国天然气市场完全开放且极具竞争性，并于 1990 年推出天然气期货。由于管道系统的完善，期货买卖双方能在短时间内迅速匹配，短期合约逐渐取代 10 年期以上的长期合约，且短期合约一般集中在 1 年以内。通过实时、众多参与方平等竞争形成的 LNG 现货或短期期货价格大大增强了天然气市场流动性，形成反映天然气自身供求关系的市场浮动价格体系。

欧洲方面，天然气价格机制主要为与油价挂钩和气气竞争两类。例如，德国天然气大量依赖进口，其进口价格与三种石油燃料挂钩，气价与油价联动；英国天然气市场竞争程度很高，且形成了市场影响力强的 NBP 天然气价格，由市场竞争形成。欧洲天然气交易中心多为虚拟型：荷兰 TTF 是最具影响力的天然气交易枢纽，汇集了约 3/4 的欧洲天然气贸易；英国 NBP 则首先开创了虚拟交易枢纽，建立了统一的天然气交易市场并成为欧洲天然气市场的交易中心。二者主要衡量了西北欧市场价格，在洲际交易所也有对应的活跃期货品种。

东北亚的 LNG 贸易定价体系与日韩基准价格（JKM）挂钩，日本和韩国等东北亚地区经济发达，天然气下游市场比较完善，天然气市场化程度较高，但是由于国内天然气资源匮乏，主要依赖于国际 LNG 资源，日本引进 LNG 主要是为了替代原油发电，在长期合同中采用了与日本进口原油加权平均价格（JCC）挂钩的定价公式。随着 LNG 贸易越来越独立，亚洲形成 LNG 定价中心的现实性越来越迫切。总的来看，世界三大天然气市场中，北美最成熟，欧洲比较成熟，亚洲则极具潜力。

3. 新能源产品价格

新能源多数以电力为最终产品，电力价格市场化程度在不断提高，多数国家仍然对其管制，但新能源的绿色属性可以传导到其产业链，并在绿色产品价值发现方面逐步发挥重要作用。比如，在新能源产业蓬勃发展的过程中与之相关的有色金属材料得到快速发展，尤其是以硅和锂为代表的新能源金属品种，受到前所未有的重视。截至 2022 年底，我国工业硅、多晶硅、硅片产量在全球占比分别达到 80%、87%和 98%，是全球最大的工业硅生产国、消费国和出口国；锂资源开发量、锂盐产量、锂盐消费量，在全球占比也分别达到 26%、71%、76%，锂产业已逐步形成完整产业链，并具有较强的国际竞争优势。一直以来，锂资源的国际贸易中以长协定价模式为主，近年来锂期货逐渐兴起。2021 年，伦敦金属交易所、芝加哥商品交易所等交易平台先后上线了锂期货，期货合约采用现金交割方式，定价基于 Fastmarkets 公司发布的对中日韩三国氢氧化锂成本、保险费和运费（CIF）价格所做的周度评估结果进行结算。2023 年 7 月，中国广州期货交易所上市了全球首个实物交割的碳酸锂期货合约。工业硅方面，当前贸易定价主要采用英国金属导报、英国商品研究所等国际机构公布的价格指数定价模式。2022 年 12 月，中国工业硅期货上市，给国内相关行业提供了有效的指导性价格，为整个光伏行业的价格稳定提供基石。上市以来，工业硅期货和碳酸锂期货的市场规模逐步增长，截至 2023 年 11 月底，工业硅期货日均成交 8.5 万手，日均持仓 11 万手，10 月日均持仓量约占现货规模（2022 年产量）的 19%；碳酸锂期货日均成交 21.9 万手，日均持仓 9.7 万手，10 月日均持仓量约占现货规模（2022 年产量）的 35%。同时，工业硅、碳酸锂期、现货市场走势基本一致，期货和现货市场价格相关性不断提高，期货市场价格发现功能得到充分发挥。

二、能源市场风险对冲

能源金融市场的第二个作用是风险对冲。狭义的风险对冲，是指在能源衍生品市场交易中，通过套期保值、投机交易和套利交易等方式，实现保值和增值。而广义的风险对冲，是指利用金融手段管控能源项目和资产风险。

原油期货是国际油气商业投资者和机构投资者重要的风险对冲工具。在美国能源期货市场上，对于投机交易与非投机交易的区分，一般是根据美国商品期货交易委员会（CFTC）的报告，如每周一次的交易者持仓报告（Commitment of Traders，COT），投机者（speculator）是指非商业交易商或管理基金。在原油期货上市交易的早期，参与者主要是上中下游产商利用期货来进行套期保值。其中，商业空头主要是油气上游生产商，通过卖出原油期货来平抑油价波动给未来原油生产销售收入带来的影响。商业多头是油气中下游厂商，通过持有期货多头来规避原油作为原料的价格风险，进而锁定目标利润率或将企业整体经营风险控制在可承受的范围内。许多学者对原油期货的风险对冲功能进行了实证研究，Jin 和 Jorion（2006）研究了美国 119 家油气生产商的套保行为，通过分析公司套保程度和油气储量估值数据，发现套保能够降低公司股价对油气价格波动的敏感性，从而起到风险对冲的作用。

随着 2000 年美国国会通过《商品期货现代化法案》，对除金融商品与农产品之外的所有其他商品（主要是金属与能源商品）基本不进行监管，WTI 原油期货的金融投机属性逐步增强，越来越多的投资银行、对冲基金和期货公司等金融市场参与者开始利用原油期货进行投机套利。以投资机构为主的原油期货非商业持仓快速增长，从 2002 年的 50 万手左右上行至 2018 年的峰值 270 万手，非商业持仓占比也从 2000 年的 20%~30%左右上行至 2016 年初的峰值 80%。

国内企业也可以利用能源衍生品进行风险对冲。2023 年，上海原油期货累计交割 40608 手，合 4060.8 万桶，交割金额 234.51 亿元。一般的大型石化企业，如中石油、中石化等均会设立专门的避险部门，运用包括期货在内的衍生性金融商品，控制购油成本和价格波动的风险。现今的原油市场提供种类繁多的避险工具，诸如原油期货、期权和长期购油合约。2018 年 3 月 26 日，原油期货在上海期货交易所子公司上海国际能源交易中心上市，为我国首个国际化期货品种，吸引了 24 个国家和地区的境外客户参与交易。2021 年 6 月 21 日，原油期权在上海国际能源交易中心正式挂牌交易，为我国首批以人民币计价并向境外投资者全面开放的期权品种，与原油期货形成有效补充，为境内外实体企业管理风险提供了更加丰富而有效的金融工具。新能源期货产品为部分产业链企业借助工业硅期货开展套期保值业务提供便利，帮助企业稳定销售利润。在 2023 年硅价持续下跌的背景下，云南怒江工业硅产业园区的所有工厂先后与厦门国贸等公司合作参与了卖出套期保值，对冲了产品价格大幅下跌的风险，科学有效地利用期货管理产能，6 月怒江工业硅企业开工率达到 88%，远高于同期云南其他产区不足

20%的开工率。

三、能源企业资金融通

金融是经济的血脉，对企业的发展发挥着重要的支持作用。能源金融市场能够帮助能源企业资金融通、资源整合、价值增值。随着全球各国加速推进能源转型和低碳发展，以欧盟为代表的碳金融市场为低碳转型提供了活跃的投融资市场和资金支持。

欧盟碳排放权交易体系（The EU Emissions Trading System，EU-ETS）诞生于2005年，是依据欧盟法令和国家立法的碳交易机制，是世界上参与国最多、规模最大、最成熟的碳排放权交易市场，覆盖了27个欧盟成员国和3个欧洲自由贸易联盟（EFTA）国家，总体规模约占欧盟总排放量的36%（2021年为15.7亿吨二氧化碳当量）。EU-ETS对区域碳减排和温室气体控制起到了良好的促进作用。根据欧盟官方数据显示，2005年欧盟碳排放总量近40亿吨，到2022年降至30亿吨，碳排放总量降低了25%。

在EU-ETS的基础上，欧盟碳金融市场快速发展起来。欧盟碳市场形成了一般碳配额、航空业碳配额及碳抵消机制的核证减排量和减排单位现货产品，以及在上述产品中衍生的远期、期货、期权、互换等金融产品，目前碳期货成交规模超现货的30倍，充分地发挥了碳市场的金融融资作用。欧洲碳交易所的数据显示，2021年企业的交易金额占比从80%同比降至74%，投资机构持仓份额从6%同比升至14%，金融市场对碳配额的投资正快速增加。

同时，欧盟利用EU-ETS获取的收入来运作基金，为低碳发展提供资金。欧盟利用配额拍卖所获得的收入设立了三项基金：NER300、现代化基金和创新基金，前两项主要针对能源生产的转型和脱碳，创新基金则着重支持排放密集型工业的绿色投资。NER300是为了在EU-ETS第三阶段（2013—2020年）资助大规模低碳能源示范项目而设立的，从EU-ETS第四阶段（2021—2030年）开始，NER300中仍未动用的资金将被转入创新基金的资金池中，重点资助碳捕获和封存项目、工业低碳技术推广和可再生能源项目开发。创新基金的规模将扩大1/4，资金池总规模超过430亿欧元。现代化基金成立的目标则是支持低收入成员国能源部门的现代化、多样化和可持续转型。现代化基金资助的成员国门槛由人均GDP低于欧盟平均水平60%的成员国提高至75%，而现代化基金的资金池总规模扩大到600亿欧元左右。

欧盟创新基金资助了涵盖水泥、钢铁、先进生物燃料、可持续航空燃料、风能和太阳能、可再生氢及其衍生物等行业的41个项目，在2030年前开始运营。在“一般脱碳”项下，有8个项目获得14亿欧元的支持。其中包括3个炼油厂项目和5个水泥行业项目。在“工业电气化和氢能”项下，有13个项目获得12亿欧元的资金支持，其中6个项目专注于氢气生产，7个项目专注于氢气在化工、炼油和钢铁行业的利用。使用可再生能源制氢并生产直接还原铁的瑞典H2 Green Steel项目是获得资金支持的钢铁项目之一。“清洁技术制造”项目获得近 8 亿欧元的支持，其中包括 4 个电解槽制造项目、4 个电池项目和 3 个太阳能光伏电池板和组件项目。另有 9 个中等规模的中试项目获得了 2.5 亿欧元的资金支持，涉及风能和海洋能源、化工、玻璃、碳捕获和电子燃料。例如，挪威硅片和硅棒制造商 NorSun 公司从欧盟创新基金获得 5400 万欧元的支持，其表示将利用这笔资金把位于挪威西部的 n 型单晶硅片和硅棒制造工厂的产能提高四倍，实现年产能达到 3GW，并采用相对环保的水力发电设施的电力。

第五节　全球能源金融市场新形势

一、“黑天鹅”事件暴露能源金融产品内在风险

2020 年 4 月 20 日，WTI 原油期货 5 月合约（WTI2005）最低跌至-40.32 美元/桶，结算价收于-37.63 美元/桶，这是自原油期货价格从 1983 年在 NYMEX 开始交易后首次跌入负值，多头投资者损失惨重。美国最大证券行盈透（Interactive Brokers）宣布，由于 5 月纽约期油跌至-37.65 美元，公司部分客户持有多仓原油期货的损失超过其账户资产，由于盈透需代表客户遵守保证金结算要求，因而将面临 8800 万美元的临时性亏损。这次“黑天鹅”事件，暴露出以原油期货为代表的能源金融衍生品交易中存在多重风险。

一是交易所提前修改规则，允许原油期货以负价格结算。由于原油价格的剧烈波动，CME 可能预料到了部分 WTI2005 多头合约无法以正常价格平仓且无法进行实物交割，因此从 2020 年 4 月开始警示投资者并修改相应的交易规则。4 月 3 日，CME 发布《关于部分能源期货报价方式改变的声明》，表示为了保障交易能够正常进行，将允许在 NYMEX 交易的部分能源期货及期权合约以负价格进行交易或作为执行价格，4 月 5 日正式上线支持负价格的交易系统。4 月 15 日，CME 发布负油价风险提示，警示部分能源期货合约潜在的负价格风险，并再次确认交易系统可以在极端情况下运行。

二是原油期货投机者忽视了实物交割规则，没有提前平仓。受新冠疫情影响，原油需求下降，而俄罗斯与沙特的价格战导致原油供给上升，一方面导致了油价暴跌，另一方面也引发了原油库存高企。在原油价格下跌期间，大量来自散户投资者的资金涌向原油基金、纸原油及其他追踪原油价格的交易产品，致使 WTI 原油期货多头数量剧增。WTI 原油期货交割地点在美国俄克拉何马州的库欣地区，截至 2020 年 4 月 17 日库欣地区可用剩余库容仅为 21%，即 1588 万桶，而此时未平仓的合约有 10859 万桶，远高于可用剩余库容。因此，没有原油现货交割能力的投机性多头仓位难以找到储存空间，无法实现实物交割，必须在 4 月 21 日合约到期前平仓或移仓。然而，截至 4 月 20 日晚，WTI2005 合约的单边持仓仍超过 15000 手，急于平仓的多头仓位远大于空头

仓位，出现“挤兑”，空头大幅拉低合约价格，最终出现负的价格。

三是相关产品设计缺陷，“原油宝”类产品遭受巨额亏损。“原油宝”是由中国银行向个人客户发行的挂钩境外原油期货合约的交易产品，工行、建行、中行、交行等均有发行类似产品。对于与 WTI2005 原油期货合约挂钩的产品，工行、建行和交行均选择在交易日前一周的时间进行移仓（或平仓），而中行“原油宝”则在最后一个交易日进行，由于无法进行实物交割，只能按照-37.63 美元/桶的价格结算，亏损接近300%。对于我国个人投资者，通过上海能源交易所参与作为 R4 风险产品的 SC 原油期货投资，面临着 50 万元的较高开户门槛，而“原油宝”等产品的结构设计允许投资者以很低的门槛参与原油期货的交易，将大量不了解期货合约具体运作方式的客户暴露于市场风险中。此外，中行“原油宝”在产品设计上未考虑原油期货会出现负价极端情况，在交易过程中未能向投资者提示负油价带来的风险，且未执行协议中关于保证金充足率降至 20%（含）以下时强制平仓的约定，因此给投资者造成巨额损失。最终，中行也因产品管理不规范、风险管理不审慎、内控管理不健全以及销售管理不合规等原因被原银保监会罚款 5050 万元。

二、全球政治经济形势复杂多变，风险对冲难度升级

随着金融化程度的加深，能源市场的商品属性、政治属性和金融属性复合特征越发明显，能源价格波动剧烈，投资者面临的风险更加复杂和难以把握。

2020 年以来，新冠疫情、欧洲能源危机、俄乌冲突等事件接连出现，油价波动幅度远超预期。2020 年初，新冠疫情的暴发令市场需求大减，3 月 OPEC+大会未能达成减产协议，引起沙特及俄罗斯增加产量以争夺市场份额，供需基本面失衡导致原油库存高企，4 月 WTI 油价跌至-40 美元/桶水平。此后，随着 OPEC+开始减产，油价逐渐回升至 40 多美元/桶水平区间，直至 2020 年 11 月新冠疫苗有重大突破，以及 OPEC+深化减产等，油价逐步回升，到 2021 年中升至 70 美元/桶。2021 年 7 月，受德尔塔（Delta）病毒新增病例快速增加、美联储缩减购债规模、经济复苏放缓的预期升温等因素影响，油价回落至 60 美元/桶。2021 年 9 月开始，全球多地出现“能源荒”，推升油价升至 80 美元/桶上方。2021 年 11 月，变异毒株奥密克戎（Omicron）广泛传播，经济复苏担忧再度升温，油价回落至 70 美元/桶。2022 年初，随着俄乌冲突爆发，油价快速攀升至 140 美元/桶后回落，此后受美国制裁俄罗斯影响，再度攀升至 120 美元/桶上方。2022 年 6 月以后，欧美等主要经济体连续激进式加息，全球经济逐步转弱进而打击石油消费，油价逐步回落至 80 美元/桶，此后保持震荡下跌走势。2023 年 7 月开始，随着美欧结束加息预期升温，产油国持续深化减产，叠加巴以冲突等地缘政治局势紧张，油价上行至 90 美元/桶，但从 10 月开始震荡回落至 80 美元/桶下方。

天然气价格也经历了大幅波动。2021 年以来，天气、地缘政治、能源结构等方面因素轮番冲击，欧洲“气荒”牵动全球市场，气价频繁暴涨暴跌。2020 年 7 月开始，

全球各大燃气价格震荡上行。北美、欧洲和亚洲受供需紧张影响，价格上涨幅度各异。欧洲天然气基准价荷兰 TTF 于 2021 年冬季飙升，带动亚洲天然气基准价日韩 JKM 持续上涨。2022 年初开始，国际天然气市场价格在采暖季结束后经历短暂小幅回落，2 月受地缘政治因素影响，欧洲、亚洲天然气价格再次飙升，创历史最高水平。2023 年，全球天然气市场供需矛盾得到缓解，天然气价格下跌。

2022 年以来，镍价也经历了大涨大跌。由于俄乌冲突引发市场对俄镍供应的担忧，2022 年 3 月 7 日，伦敦金属交易所（LME）镍价一度暴涨 89%，创下历史单日最高涨幅。3 月 8 日，镍价涨幅扩大至 100%，连破 6 万美元/吨、7 万美元/吨、8 万美元/吨、9 万美元/吨、10 万美元/吨关口，两个交易日大涨 248%，持续刷新纪录，随后交易所暂停了镍交易。而 2023 年以来，由于全球经济逆风和经济增长前景的不确定性，金属价格承压，叠加全球原生镍供给过剩，镍价格显著下跌了 46%。

在复杂多变的市场环境下，能源投资和经营主体管控风险的难度显著上升。据市场研究机构 IHS Markit 估计，2021 年众多美国页岩油开采商在 55 美元/桶附近进行了卖出套保，随着油价突破 70 美元/桶，2021 年上半年遭受约 75 亿美元的套保损失。据 Rystad 能源咨询公司估计，2022 年在 WTI 均价 100 美元/桶的情况下，美国页岩油企业套保（税前）亏损超过 100 亿美元。

三、全球能源转型浪潮下，战略性矿产资源重要性空前提升

全球能源转型浪潮下，战略性矿产资源重要性空前提升。全球能源系统正从燃料密集型向材料密集型转变，清洁能源的快速发展将极大地拉动矿产资源需求，使锂、镍、钴、稀土等战略性矿产资源的重要性空前提升。能源转型将催生新一轮材料革命，循环经济与高端材料成为未来发展重点。相关的稀有材料、关键矿产资源将供不应求。

中美两国均出台对外依存度高的关键矿产资源清单。2016 年，中国国土资源部发布《全国矿产资源规划（2016—2020 年）》，提出强化矿产资源宏观管理，制定战略性矿产目录，把 24 种矿产资源列入。其中，锆（铪）、铌、铬、锰、镍、高纯石英、钴、铁、钽、铀、铂族、铜等 12 种战略性矿产资源对外依存度超过 70%。2018 年，美国内政部公布了一份被认为对美国经济和国家安全至关重要的 35 种战略性矿产清单（关键矿物清单）（Final List of Critical Minerals 2018），几乎包括了所有的经济矿物，如工业上使用的铝、用于催化剂制造的铂族金属、用于电子产品制造的稀土元素、用于合金制造的锡和钛等。美国地质调查局的数据显示，这份关键矿物清单中的 31 种矿物主要依赖进口。中美双方对关键矿产的对外依存度均高于 50%，且来源地重合度高，导致两国存在较大的竞争。

美国试图构建独立于中国的关键矿产供应链，构建能源与关键矿产国际联盟、矿产安全伙伴关系、可持续关键矿产联盟等各种“小圈子”来强化供应链伙伴关系，具有强烈的排他性、区域化和集团化特征。从 2011 年起，美国能源部、日本经济产业省

和欧盟委员会宣布将每年举办关键矿产会议，标志着西方主要经济体关键矿产合作的开始。2019 年，美国联合英国、加拿大、澳大利亚、新西兰启动五国关键矿产合作联合行动计划，还联合澳大利亚、巴西、刚果（金）、阿根廷、纳米比亚、菲律宾、赞比亚等发起《能源资源治理倡议》。2022 年，美国与加拿大、澳大利亚、法国、德国、英国、欧盟、日本、韩国等盟友建立“矿产安全伙伴关系”，宣称其目的是协调盟友国内部关键矿产供应链的矛盾。2023 年，印度被吸纳为“矿产安全伙伴关系”的最新成员。

美国及其盟友日益强化对中国资本在“关键矿产”领域投资的审查力度，包括将监管权限延伸到域外，导致众多中资企业投资海外矿业交易折戟。2022 年 11 月，加拿大政府发布了《命令外国公司剥离对加拿大关键矿产公司投资的公告》，要求三家中资上市矿业公司在收到相关告知函 90 日内剥离其各自对三家初级（勘探）矿业公司的投资。这三家公司均在加拿大风险投资交易所（TSX Venture Exchange）上市，分别持有在加拿大和南美（勘探阶段）的锂矿资产。加拿大政府声称，此举是为实施“关键矿产战略”所做的重要举措，以及“当外国投资威胁到加拿大的国家安全和国内外的‘关键矿产’供应链时，加拿大将采取果断行动”。2023 年 6 月澳大利亚发布《2023—2030 关键矿产战略》，鼓励投资和国际合作，但同时也强调将会“追踪和监控关键矿产项目中的外国投资，并确保其不违背澳大利亚的国家利益”。2023 年 2 月，一家中企增持澳大利亚稀土公司股份的申请被拒，7 月澳大利亚政府又否决了一家被认为与中国有关联的美国公司收购一家澳大利亚矿业公司的申请。

美国拉拢主要关键矿产资源国联合限制中国对资源的获取，这无疑会威胁中国战略资源产业链供应链安全。此外，随着全球大宗矿产资源日渐“金融化”，原油、煤炭、铝、铜、铅、锡等资源能源定价受制于纽约商品交易所和伦敦金属交易所，且交易通常以美元进行，也给中国进口这些矿产带来了一定的风险。

第六节　中国发展能源金融的机遇

近年来，美国逐渐减少对中东及其他关键石油出口地区的依赖，导致这些区域的地缘政治不稳定性显著增加，从而使油价中包含的地缘政治风险成本变得更加显著。这种格局的转变对我国构成了重大的挑战，但也为我国参与全球能源金融市场、发展国内能源金融市场提供了机遇。

中国能源需求仍将保持增长势头，具有巨大的市场优势。中国原油消费预计在 2030 年前达峰，峰值在 7.8 亿吨（1500 万桶/日），2040 年前天然气消费达峰，峰值消费量近 6500 亿立方米。根据《“十四五”可再生能源发展规划》，2025 年可再生能源消费总量达到 10 亿吨标准煤左右，“十四五”期间可再生能源消费增量在一次能源消费增量中的占比超过 50%。《“十四五”现代能源体系规划》明确了“十四五”时期能源发展方针、主要目标和任务举措，是中国加快构建现代能源体系、推动能源高质量发展的总体蓝图和行动纲领。为推动能源高质量发展，中国需要以金融手段促发展、补短板，提升国际能源市场话语权。

一、积极发展能源金融衍生品市场，提升能源定价话语权

在世界石油贸易新格局下，中国需要竞争亚洲原油基准价。世界石油贸易格局发生巨变，生产西移、消费东移，美国重新成为世界石油生产的中心，亚洲成为石油消费的增长点。经过长期的发展，欧洲和北美地区已成为高度发达的市场经济体系，其经济结构显示出对能源的依赖性正在逐步降低。相对而言，亚洲的经济体，尤其是中国和印度，目前仍处于工业化的发展阶段，对全球石油消费增长的贡献率最高。中国石油消费增速大幅上升，石油的消费量不断增长，已超过 6 亿吨/年。同时，亚太是世界炼油增长能力最快的地区，也是目前世界上炼油能力最大的地区，近年来原油进口量迅速增长，占全球一半以上。尽管亚太地区的原油消费量和进口量巨大，但在该地区内还没有一个成熟的期货市场为原油贸易提供定价基准和规避风险的工具。北美市场以 WTI 为核心，欧洲市场以布伦特为核心，亚洲市场则参考普氏报价的现货价格，存在信息差和时间差，没有形成期货价格基准，从而导致了原油溢价。日本、新加坡、印度等国都在建立原油期货市场方面进行了探索和尝试，但影响力有限，没有形成原油贸易定价的基准。随着亚太地区的原油贸易在国际上的影响力和话语权不断提升，亚洲需要一个更有权威性的基准油价。

上海原油期货作为国内首个上市的国际化品种，迈出了提升价格影响力的关键一步，期货原油交割出库后转运到韩国、缅甸、马来西亚等国家，辐射亚太地区的价格基准已初现雏形。但由于国内现货市场发展不充分，油气期货产品体系不够健全，产业参与数量不足，一定程度上限制了功能的发挥，需要推动更多国产原油销售企业参与期货市场，采用上海原油期货计价。此外，上海期货交易所 LNG 期货已获证监会立项批复，预计将采用“国际平台、竞价交易、能量计量、人民币计价”的整体方案。在当前形势下，需加快推出天然气期货和 LNG 期货，凭借国内天然气需求的持续上升以及中国在 LNG 市场中日益增强的影响力，中国正在逐步建立起自己的天然气贸易基准价格体系，旨在反映中国市场的供需状况，并为国际天然气贸易提供价格参考。

同时，中国在新能源领域优势明显，需尽快提升碳市场影响力。在新能源产业中，技术优势是决定市场定价能力的关键因素。尽管我国在传统能源领域存在资源稀缺等问题，但在新能源领域，尤其是在光伏和风能发电方面，我国已经跻身世界领先行列，具备了显著的市场和技术领先地位。持续推进和完善新能源金融体系是我国战略发展的关键。针对传统能源短缺且对新能源需求迫切的国家和地区，我国碳交易市场可先行对港澳台地区开放，随后逐步扩展至印度、日本、韩国等亚洲邻国，并最终与欧洲市场实现接轨。国际企业的参与不仅能够扩大中国碳市场的规模，还能增强其吸引力。

随着碳交易及其衍生品市场的国际化，全球企业将被吸引参与其中，这将显著提升人民币的国际地位。预计未来全球碳交易市场的规模有可能超越原油市场。在此背景下，中国碳交易市场的规模和占比将直接关系到中国在全球新能源定价权方面的影响力。

二、针对能源产业链薄弱环节，利用金融市场补链强链

当前，中国经济结构正处于转型阶段。截至2023年底，中国第三产业的产值占比达54.6%，第二产业的占比为38.28%，第一产业占比7.12%。展望未来，第一产业比重将呈现持续稳步下降的态势；在新一代科技与产业变革、创新驱动发展、“碳达峰、碳中和”目标硬约束等背景下，我国工业的创新发展能力将继续提升，高端发展态势逐步显现，第二产业比重将下降；在产业转型升级、新型城镇化和居民消费品质升级等背景下，服务业发展迎来新机遇，在经济发展中的主导产业地位进一步凸显。

随着产业结构转型升级，能源消费结构也在发生变化。近年来，我国新能源发展迅猛，2023年天然气、水核风光电等清洁能源消费比重达到了26.4%，能源消费结构向清洁低碳加快转变。风电、光伏发电、水电、生物质发电装机规模连续多年稳居世界第一，新能源汽车产业发展取得了积极成效，新能源汽产销量已累计突破1000万辆大关。我国清洁能源矿产需求巨大，但关键矿产储量不足，对外依存度高，战略性矿产资源供应链脆弱性突出。《中国矿业金融发展研究报告2023》指出，我国作为全球最大的矿产资源生产国和消费国，具有资源家底薄，人均消费高，产量、消费量全球第一，对外依存度长期居高不下等特征。

在亟须提升能源资源把控力的背景下，加强国内找矿突破和国际矿业合作非常迫切，且仅通过国家财政资金实现难度较大，必须鼓励和吸引更多社会资本参与。一方面，可以深度参与国际能源金融市场，通过收并购、股权投资等方式，补足油气、能源金属等产业链上游短板。另一方面，金融机构在为矿企提供资金的同时，还能通过有效的金融运作，提升矿企在成本控制、融资、国际经营和风险应对等方面的能力，助推其成为国际化程度高、市场竞争能力强、经营发展多元化的“龙头”企业。中国地质调查局国际矿业研究中心数据显示，国际大型矿业公司高度金融化，美国、澳大利亚、加拿大、日本、巴西、英国等国矿业公司金融机构持股比例一般在50%以上。相对来看，我国矿业金融化程度偏低，还存在较大的发展空间。

三、借助“一带一路”能源贸易，持续推动人民币国际化

“石油美元”机制表明，能源贸易和货币国际化之间存在着相互关系。国际能源贸易可以促进人民币的国际化，而货币的国际化对国际能源贸易也有一定的推动力。而“一带一路”沿线国家与中国经济的互补性，使双方之间的能源贸易成为促进彼此经济发展的重要机遇，同时也是推动人民币走出国门的重要途径。通过“一带一

路”能源贸易推行人民币国际化的方式主要包括与沿线国家的政府或货币管理当局缔结协议来约定在能源贸易中以人民币计价结算，以及与沿线国家缔结货币互换协议。

近年来，我国从俄罗斯、阿联酋、伊朗等国进口的油气已经开始使用人民币结算。2021年，中国和伊朗签署了为期25年的战略合作协议，宣布伊朗对中国的石油出口将以人民币或数字人民币结算。2022年9月，俄罗斯总统普京表示，俄天然气工业股份公司和中方决定以50∶50的比例用卢布和人民币结算天然气贸易费用。2023年3月，中国海油与道达尔能源在上海石油天然气交易中心国际液化天然气交易平台达成首单以人民币结算的跨境LNG交易业务。2023年10月，中国石油国际事业有限公司也在该平台达成了首单国际原油跨境人民币结算交易，联合石化新加坡公司宣布将从阿联酋阿布扎比国家石油公司采购2024年春季LNG并以人民币结算。2023年7月，路透社报道显示，印度的几家炼油厂已经在使用人民币从俄罗斯购买石油。

与此同时，为促进跨国贸易和投资，我国也与越来越多国家缔结货币互换协议。相关国家可以通过备用信贷渠道取得人民币资金，注入本国金融体系，使国内机构或企业可以方便地借到人民币，用于支付从中国的进口，为双边贸易合作与发展提供便利。2023年10月，国务院新闻办公室发布的《共建“一带一路”：构建人类命运共同体的重大实践》白皮书称，中国已与20个“一带一路”共建国家签署双边本币互换协议，在17个共建国家建立人民币清算安排，人民币跨境支付系统的参与者数量、业务量、影响力逐步提升。

进一步深化“一带一路”能源合作，也需要更加国际化的能源金融市场护航。一方面，要以原油期货上市为契机，进一步深化能源体制改革，不断完善期货与衍生品交易制度，可在人民币离岸市场适时推出以人民币计价的大宗商品期货交易，为“一带一路”沿线国家的贸易提供稳定的价格和风险管理工具。另一方面，在扩大传统能源结算领域话语权的同时，也要将人民币结算进一步拓展至新能源领域，合理利用自身巨大的能源需求以及在低碳领域先进的技术优势，与中东国家、俄罗斯、巴西等广泛开展新能源合作，完善“新能源—人民币”的能源金融体系。

参考文献

[1]Devas Hugh. Green finance[J]. European Energy and Environmental Law Review, 1994(3)：220-222.

[2]Garbade K D, Silber W L. Price movements and price discovery in futures and cash markets[J]. The Review of Economics and Statistics, 1983：289-297.

[3]Jin Y, Jorion P. Firm value and hedging：Evidence from US oil and gas producers[J]. The Journal of Finance, 2006, 61(2)：893-919.

[4]Black F, Scholes M. The valuation of option contracts and a test of market efficiency [J]. The Journal of Finance, 1972, 27(2): 399-417.

[5] BIS. US dollar funding: An international perspective [EB/OL]. https://www.bis.org/publ/cgfs65.htm.

[6]TheCity UK. Green finance: A quantitative assessment of market trends[EB/OL]. https://www.thecityuk.com/media/021n0hno/green-finance-a-quantitative-assessment-of-market-trends.pdf.

[7]上海期货交易所课题组. 国际原油市场与衍生品交易[M]. 北京：中国金融出版社，2016.

[8]王震，仇鑫华，刘明明. 基于契约理论的油气资源开发机制研究[M]. 北京：石油工业出版社，2022.

[9][美]桑托什·莱卡，西布龙·亚当森. 可再生能源金融理论与实践[M]. 王震，译. 北京：石油工业出版社，2022.

[10][美]索尼亚·拉巴特，罗德尼·R. 怀特. 碳金融：碳减排良方还是金融陷阱[M]. 王震，王宇，等，译. 北京：石油工业出版社，2010.

[11]林伯强，黄光晓. 能源金融[M]. 北京：清华大学出版社，2011.

[12]王震，李楠，丛威. 海洋关键矿产开发支持能源转型研究[J]. 中国能源，2022，44(7)：50-58.

[13]薛庆，王震，刘明明，等. 负油价、商业周期与套期保值[J]. 国际石油经济，2020，28(5)：6-14.

[14]王震，何曦. 美元和油价时变相关性新特征研究[J]. 中国能源，2022，44(2)：6-12.

[15]王震，何曦. 美联储货币紧缩对原油市场的溢出效应研究[J]. 天然气与石油，2022，40(3)：1-7.

[16]王震，李楠，潘继平. 油气与新能源融合发展的模式与路径[J]. 天然气与石油，2024，42(1)：1-7.

[17]陈卫东，边卫红，郝毅，等. 石油美元环流演变、新能源金融发展与人民币国际化研究[J]. 国际金融研究，2020(12)：3-12.

[18]佘升翔，马超群，王振红，等. 能源金融的发展及其对我国的启示[J]. 国际石油经济，2007(8)：2-8，78.

[19]贺永强，马超群，佘升翔. 能源金融的发展趋势[J]. 金融经济，2007(24)：15-16.

第五讲

国际石油合作模式与机制

国际合作是世界油气工业发展的主题。就定义而言，国际石油合作是指不同主权国家的政府、法人和自然人为了实现油气资源的有效开发和利用而在平等、自愿、互利基础上合理调配资源、资金、技术、市场等生产要素的活动。广义的国际石油合作涵盖投资合作、贸易合作、信贷合作、科技创新合作以及双边、多边合作机制建设等，狭义的国际合作则是指不同主体间以勘探开发油气资源、分享勘探开发收益为目的而开展的经济协作活动。本章从狭义的视角探讨长期以来资源国政府或其国家石油公司与国际石油公司之间达成的特色合作模式与机制，重点关注国际石油合作合同模式以及资源国石油财税制度。

第一节　国际石油合作及其合同演变

一、国际石油合作的目的及作用

20 世纪以来，石油的用途从一般交通运输燃料逐步扩大到航空和舰艇等军用燃料，其战略属性不断得到强化，而石油资源的稀缺性和分布不均衡性加剧了对获取全球油气资源的竞争，具有丰富资源的产油大国愈加成为全球关注焦点，更多消费国希望通过国际石油合作参与到石油勘探与开发中。在此背景下，国际石油公司与资源国政府或其国家石油公司成为国际石油合作的重要主体，受不同目标驱动开启合作共赢之路。油气资源国的目标是追求经济利益、获得资金支持、提升装备技术水平、促进相关产业发展并积累管理经验，具体而言，要最大限度地提高来自油气区块的政府所得，追求高效率的资源开采和最低的投资风险，寻找最佳的收益时机，促进本国经济发展，同时要求国际石油公司进行技术转让、本国技术专业人员培训和环境保护。而国际石油公司的目标是寻求油气发现、投入开发并获得合理的投资回报，具体涉及获得可供使用的基础资料、选择灵活的开发方案、确保油气项目尽快实现现金流入、平衡风险与报酬并尽可能降低投资风险、利润所得可自由汇出等。

石油合同（Petroleum Contract）通常是指油气资源国政府或受政府委托的国家石油公司同国际石油公司为合作开发本国油气资源而依法签订的合作合同，是明确合同双方在油气勘探、开发、生产和销售各环节权利、义务的法律文件。通过签订受法律保障的石油合同，合同双方共同推进油气勘探开发活动，使用合同条款约定的有效利益划分模式以获得油气商业发现并最终实现现金流。国际石油合同具有重要的纽带作用，不仅维持油气资源国政府和国际石油公司的合作，也影响油气行业和世界经济的关系（见图 5-1）。由于石油合作的长期性和不确定性，必须通过石油合同对合作规则加以约定，以规范参与双方的行为和利益分配、实现长期稳定的合作。石油合同也具有重要的约束作用，规定合作双方在资源、资金、工作量等多个方面的义务和未来收益的分配规则。在义务方面，蕴含资源的油气区块具有较大价值，资源国提供的作业面积过大会损害本国利益，而作业面积过小则会影响国际石油公司的勘探发现；国际石油公司的投资过大可能承担不必要的损失，但过分规避风险缩减投资则会损害资源国利益。在利益分配方面，利益分配方式直接影响石油合作双方的决策和最终收益，必须通过石油合同对相关内容作详细规定以保证合作的有效执行和项目的正常运转。

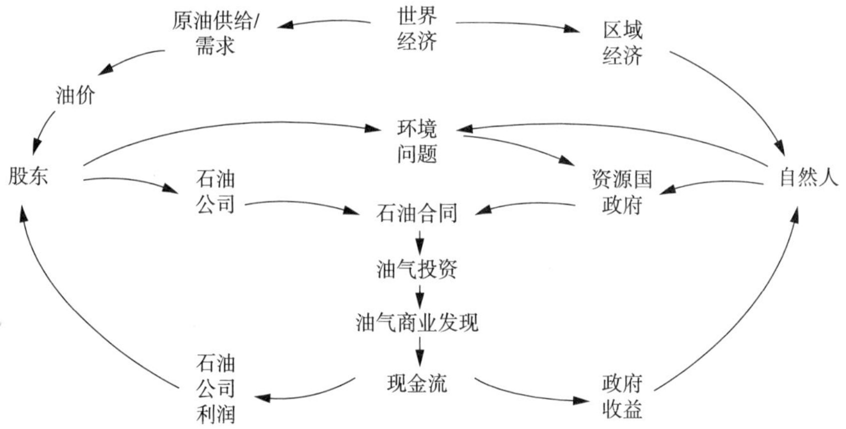

图 5-1　石油合同的纽带作用

二、国际石油项目的合作原理

（一）国际石油合作项目的收益分配

国际石油合作项目的收益分配取决于油气资源的所有权。除美国等少数几个石油工业先行的国家和地区允许私人持有油气资源外，世界上绝大多数国家和地区的油气资源都为资源国所有，但政府无法直接开发油气资源，资源的勘探开发大多是由国家石油公司独自承担或通过代表资源国政府的国家石油公司与国际石油公司合作开展。油气生产带来的收益包括常规收益和资源地租，其中常规收益又包括常规投资收益和税收，因此石油生产总收益由三部分构成：常规投资收益，即勘探开发投资在合理内部收益率下应获得的收益；税收，即将石油公司视为传统的投资运营公司，在其获得油气生产常规投资收益时应缴纳的各项税金；资源地租，即由于油气资源的稀缺性、不均衡性及品质差异性产生的超额利润。石油生产总收益在资源国政府和国际石油公司之间进行分配，其中常规投资收益一般由油气勘探开发投资的主要提供者即国际石油公司获得，包括作业者和非作业者；税收由社会管理职能的履行者即资源国政府或其国家石油公司获得；资源地租的绝大部分由油气资源的所有者即资源国政府或土地所有者获得，少量由国际石油公司获得。

（二）国际石油合作项目的合作博弈

油气资源国政府和国际石油公司都想尽可能多地获得收益分配份额，因此，在国际石油合作合同的谈判过程中形成了油气资源国政府与合同者即国际石油公司双方就收益分配和风险承担的合作博弈（见图 5-2）。

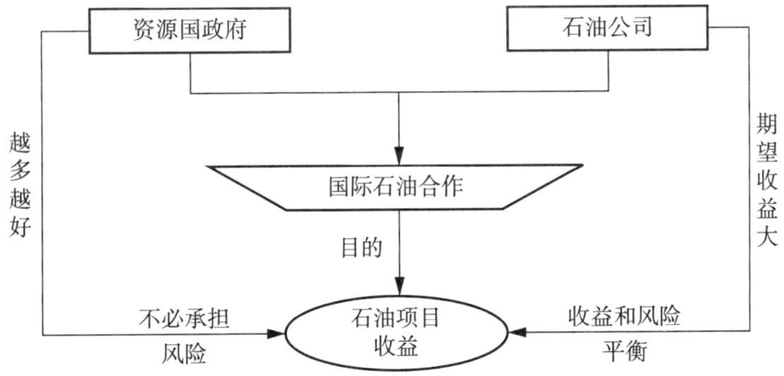

图 5-2 国际石油合作合同双方的博弈

油气资源国政府的收益占油气生产总收益的比重为政府收益比，勘探开发投资合同者的收益占油气生产总收益的比重为合同者收益比。理论上，政府总是希望通过国际石油勘探开发合作合同的签订，确保自身在合同约定的范围内最大限度获取油气生产收益，即政府所得最大化；同样，作为从事油气勘探开发的合同者，国际石油公司的目的是通过合同约定使项目投资在可接受风险的前提下实现所得最大化。合作博弈是在两个极限间进行：一个是油气资源国政府的最低收益比，对应的是合同者收益比的最高限；另一个是合同者的最低收益比，对应油气资源国政府收益比的最高限。在油气资源禀赋既定的国际合作项目中，合同者能获得的收益比介于合作博弈的两个极限之间，既取决于油气资源国政府与合同者之间的商务谈判能力和技术、经营实力，也取决于双方对该油气合作项目生产收益与风险水平的不同认识和评价结果。

在油气资源国政府与合同者项目收益分配既定的条件下，具有不同油气资源禀赋的项目所能实现的油气生产总收益在绝对量上的差异悬殊。由于油气资源由资源国所有，政府所得的高低在相当程度上直接取决于资源国油气资源的内在禀赋，如中东产油国的政府所得远高于非洲国家，因此，国际石油公司要获得更大份额的投资回报，就必须具备在一定所得的前提下创造出更多油气总收益的技术和运营能力，做大蛋糕的同时也为油气资源国政府带来更多的资源收益。在不考虑政治因素的条件下，油气资源国政府会更倾向于选择有核心技术、装备且市场竞争能力、综合实力强的国际石油公司。同时应注意的是，对于国际石油公司而言，无论政府所得高低，理论上油气合作项目只要能够达到其既定的基准收益率要求，就可以接受该项目合同条款，尽管合同者收益率越高的项目对国际石油公司的吸引力越大。

三、国际石油合同的历史演变

国际石油合作是一个历史经济范畴，是国际石油经济关系在一定历史条件下所采取的方式，其产生与发展有深刻的社会历史原因。理想的国际石油合作合同模式应满足合同双方的目标和期望，其目标应是追求公平和平衡，一旦合同对一方显失公平，合同关系就难以长期维持。

现代石油工业自 1859 年宾夕法尼亚州打出第一口现代工业油井后得到迅速发展，20 世纪初到第二次世界大战期间，石油在军事、经济中的作用日益提高，美国兴起跨国石油公司，其他西方国家的石油公司也借助政府的支持大力发展跨国石油工业。在第二次世界大战结束之后，民族解放运动广泛兴起，许多油气资源国实现政治独立后，纷纷开始要求经济上的独立，相继提出将石油公司收归国有。“国有化”浪潮对西方跨国石油公司在资源国的垄断造成很大冲击，但仍未使油气资源国在石油合作关系上实现与西方国家的对等，这一阶段的国际石油经济关系仍然由西方跨国石油公司主导。20 世纪 60 年代，一大批“亚非拉国家”宣布独立，这一阶段西方跨国石油公司与各油气资源国之间依然是以旧的不平等关系为主导，科威特、委内瑞拉、伊朗、沙特阿拉伯和伊拉克等资源国政府联合发起并建立了石油输出国组织（OPEC），兴起了争取平等石油经济关系的浪潮。进入 20 世纪 70 年代后，OPEC 成员国经过 10 余年的顽强斗争，从西方主要国家及其跨国石油公司手里收回了石油资源以及石油生产的主权，开始掌控本国石油工业。在此基础上，OPEC 控制了各成员国石油及石油产品的独立贸易权，同时逐步获得了对全球石油价格的决定权，西方国家和跨国石油公司不得不改变过去的政策，接受在相对平等互利的基础上与油气资源国签署新的石油合作合同或协议。

国际石油合作合同的历史演变是世界石油工业发展的重要内容。早期的租让制合同可追溯至 1901 年由英国人达西代表的英国阿塞公司在中东波斯签订的“达西合同”。根据合同条款，英国阿塞公司仅支付矿区使用费即可获得面积约 50 万平方千米、长达 60 年的石油专有开采权，凸显了国际石油公司在与资源国之间合作关系中的绝对优势。在早期租让制合同模式下，国际石油公司作为承租者拥有实际的完全管理权，自行决定勘探进度、产量、价格，资源国对其决策没有实际影响。

在 20 世纪初至 50 年代，中东油气资源国的石油合作合同多采用传统租让制模式。随着中东地区石油国有化进程的推进，特别是 1951 年伊朗国民议会通过《石油国有化法案》，许多中东国家开始重新谈判石油合同，以阿曼（1967 年）和迪拜（1974

年）的租让制合同宣告现代租让制和许可制的产生。现代租让制（同下文提到的矿税制）强调资源国享有石油资源的主权地位，相比于早期租让制合同，现代租让制合同模式的合同期限更短、区块面积更小。

与此同时，世界其他地区的资源国政府也在积极争取更加公平的石油合作经济关系。1966 年，印度尼西亚国家石油公司与外国公司签订了世界石油工业历史上首份产品分成合同。在该合同模式下，资源国持有油气资源的所有权和专营权，外国石油公司承担勘探费用和风险，在获得油气商业发现后，资源国与外国石油公司按照约定的条款进行油气产量或收入的分配。在 1966 年，伊朗则首次提出风险服务合同模式。20 世纪 70 年代后期以来，石油公司出现了联合经营合同模式等（见图 5-3）。

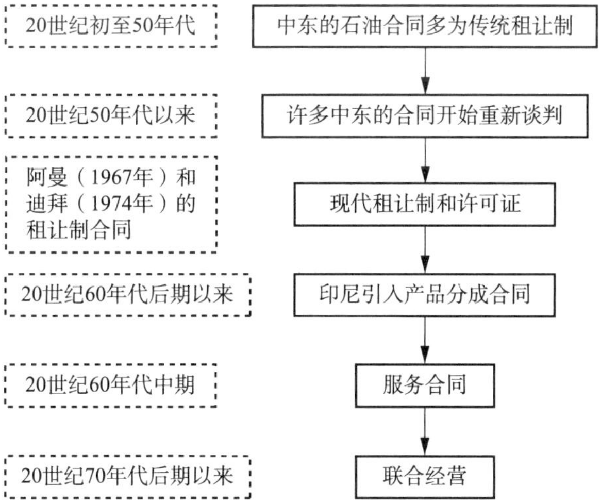

图 5-3 国际石油合作合同的历史演变

第二节 国际石油合作合同模式与基本条款

一、国际石油合作合同模式类型

国际石油合作合同具有商业合同的一般法律特征，例如：合同是一种法律约束关系，合同关系受法律规范和调整，合同权利受法律保护，不履行合同义务要承担法律责任；合同是双方或多方的法律行为，是当事人意思一致的表示；合同当事人之间的法律地位是平等的；只有当合同当事人的行为具备合法性时，该行为才能得到国家的承认和保护。

国际石油合作合同还具有商业合同的一般经济特征，例如：经济合同的当事人必须具有法定资格，是从事生产和经营活动的法人和其他经济组织；经济合同具有经济管理的内容；经济合同是双方等价的有偿合同，双方当事人的权利义务是对等的；经济合同的订立必须采用书面形式。同时，国际石油合作合同又具有一般经济合同所不具备的法律特征与经济特征，例如：现代国际石油合作合同一般被认为是国际公法同资源国私法的结合体，私法成分是合同协议和商业属性的必然结果，而公法成分如政府控制、国内市场义务、政府参股与健康安全环保（HSE）管理等，则是社会进步同资源国政府拥有油气资源并委托国际石油公司开发这一特征引入的。

国际石油合作合同是石油市场发展并逐步健全的产物，是规范和约束参与油气资源开发双方权利和义务的法律文本，是保证和调节油气生产总利润在资源国政府和国际石油公司之间收益分配的标准。经过历史演变，目前国际上普遍采用的合同模式可分为两大类，即矿费税收制（简称矿税制）和合同制（见图 5-4）。在不同的合同模式下，国际石油公司所享受的权利、承担的义务以及得到的收益是不同的。

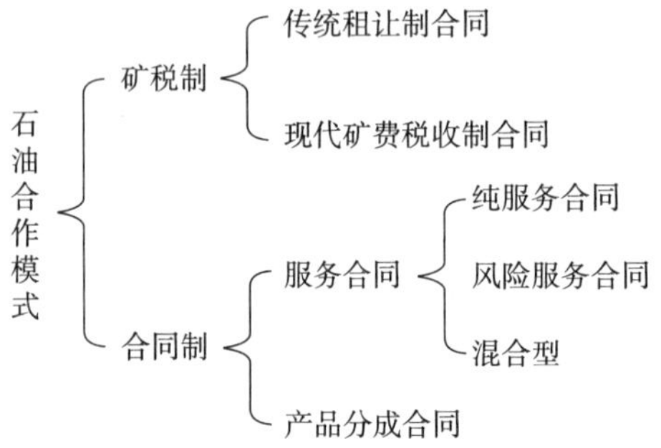

图 5-4　国际石油合作合同模式分类

（一）矿税制合同模式

矿税制合同由早期租让制合同演变而来，而租让制合同是全球油气勘探开发最早采用的合同模式。在矿税制合同模式下，外国石油公司一般通过谈判或竞标的方式和资源国政府达成协议，获得在一定区域和时期内实施勘探、开发、生产、运输和销售等作业的权利，并支付矿区使用费和所得税，因此也被称为矿费税收制合同。矿区使用费是资源所有者把资源租让给他人使用而获得的一种收益，是所有权的体现，支付矿区使用费并不意味着合同者具有对资源的所有权，而是承认政府所有权的一种方式，即使个别合同中矿区使用费费率为零，也并不意味着对资源国政府所有权的否定。目前，矿税制合同模式适用美国、加拿大、澳大利亚、英国、挪威、阿拉伯联合酋长国等国家。

有些矿税制合同规定油气资源国政府（或代表政府的国家石油公司）可以与外国石油公司合资经营，政企合资经营与外国石油公司独资经营的关键区别在于，外国石油公司承担全部勘探费用，当取得商业油流发现后，油气资源国按照约定的比例承担开发和操作费用（非干股情况下），并在油气销售总收入中扣减矿区使用费后，按比例回收剩余收入。

矿税制合同模式利益分配的一般流程如下：

1. 缴纳矿区使用费

在对勘探开发区块征收的税费中，定金和土地租金不能作为成本进行扣减，国际石油公司首先缴纳矿区使用费，而定金和土地租金最终由外国石油公司在税后净利润中自行承担。

2. 扣减费用和成本

扣减项主要包括经营成本、折旧与摊销等。

3. 缴纳企业所得税

国际石油公司按合同规定的应纳税所得额和税率纳税。

与其他类型的合同模式相比，资源国政府在经济上基本无风险，管理上也较为简便。若采用竞争性招标，资源国还可以获得数额可观的签字费、较高税率的各种税收等，有利于油气资源国政府的收益较早获得保证。当然，政府在早期获得收益保证也意味着项目收益在油气资源国政府和外国石油公司之间的分配难以得到合理保障。矿区使用费的递减税性质极强，极大地抑制了外国石油公司的勘探积极性，特别是油气资源国的一些边际区块（勘探开发潜力较差的区块），外国石油公司的勘探经济性在这种合同模式下面临的挑战较大；而那些油气资源开发潜力巨大的项目，油气资源国的政府所得会因项目盈利水平的提高而降低，外国石油公司取得更高的收益。

（二）产品分成合同模式

在 20 世纪 70—80 年代，产品分成合同模式已发展为最通用的国际石油合作合同模式。在该合同模式下，油气资源由资源国政府所有，外国石油公司与油气资源国政府或代表政府的国家石油公司签订合同，在合同区内从事石油勘探、开发和生产等作业。通常外国石油公司独自承担勘探风险，如获得油气商业发现，要进行开发和生产，并承担相应比例的开发和生产费用。在扣除矿区使用费后，区块的油气产量可分为成本油和利润油，其中成本油用于限额回收外国石油公司的生产作业费和投资，利润油则由油气资源国政府或其国家石油公司与外国石油公司之间按照合同规定的比例和条件进行分成。产品分成合同模式是目前全球油气资源国政府采用最多的一种合同模式，在印度尼西亚、俄罗斯、阿尔及利亚、哈萨克斯坦等国家较为普遍。

产品分成合同模式下的成本回收和利润油分成顺序如下（见图 5-5）：

（1）缴纳矿区使用费。

（2）成本回收。油气资源国政府允许作为合同者的外国石油公司从净收入中回收成本。多数产品分成合同对成本回收的上限有限制，成本超出回收上限的部分可以结转到合同期内以后的年度再进行回收。

（3）利润油分成。油气总销售收入扣除矿区使用费和回收成本后的部分为利润油，外国石油公司与油气资源国政府按合同规定的比例进行分成。

（4）缴纳企业所得税。外国石油公司分得的利润油需要按油气资源国法定的税率缴纳企业所得税。

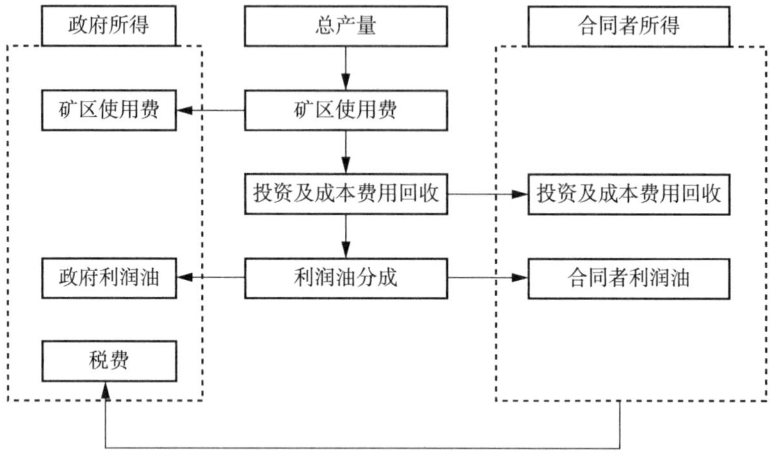

图 5-5　产品分成合同模式收益分配流程

与矿税制合同相比，产品分成合同最大的特点是油气资源国始终拥有资源的所有权和与所有权相对应的经济利益。外国石油公司仍然是勘探开发的最初风险承担者，一旦有商业油气发现，就可以按比例回收成本，并在成本回收后与油气资源国一起分配利润油。这一特点对外国石油公司的吸引力很大。产品分成合同模式更好地处理了油气资源国政府与作为合同者的外国石油公司之间针对油气勘探、开发和生产过程中出现的风险和收益分配关系。产品分成合同模式为合同双方提供了必要的适应性和灵活性，油气资源国政府在法律上保留了完整的所有权和管理权，而日常业务中由外国石油公司行使经营权和控制权。这种灵活性便于油气资源国政府在保证外国石油公司在获得公平回报收益比例的基础上统筹设计产量分配框架，使油气资源国政府的收入比例和份额能够随油价的上涨而增长。更为重要的是，合同双方都有机会获得石油。产品分成合同模式同样存在缺点，主要在于产品分成合同的框架和内容通常复杂多变，合同双方有太多不确定因素需要通过谈判确定，频繁谈判容易使外国石油公司的收益经常面临不确定性，对外国石油公司在合同实施过程中所要求的技巧性较高。

（三）服务合同模式

在 20 世纪 60 年代后期，中东和拉丁美洲地区的一些产油国出现了较标准的风险服务合同。在该合同模式下，资源国享有油气资源所有权和勘探、开发、生产的经营管理权，而作为合同者的外国石油公司提供勘探资金，并独自承担勘探风险。一旦获得油气发现，外国石油公司还要提供全部开发和生产资金，在油田投产后，油气资源国将按合同的规定，在一定期限内逐步偿还外国石油公司的勘探开发投资费用，并支付一定的风险服务报酬。

风险服务合同是一种对油气资源国政府更为有利而对外国石油公司风险很大的合同模式。作为合同者的外国石油公司被要求承担全部的勘探风险，但是获得的收益却相对固定，与其承担的风险不对称。这类合同也因此更适用于油气资源潜力较好、可预见的勘探风险相对较小的国家，否则对外国石油公司的鼓励和吸引力并不大。采用风险服务合同的国家大多是油气资源丰富但资金或技术实力不足的国家，包括厄瓜多尔、秘鲁、委内瑞拉等南美国家以及伊拉克等亚洲国家。此外，服务合同模式还涉及纯技术服务合同，即油气资源国出资雇用外国石油公司提供技术服务，并向合同者支付服务费，合同者不承担任何风险，所有的风险都由油气资源国承担，当然，所有的发现也均归油气资源国独有。

国际石油合作合同模式对比见表 5-1。

表 5-1　国际石油合作合同模式对比

合同模式	矿税制	产品分成	风险服务
风险	国际石油公司承担全部风险	勘探风险由国际石油公司承担，开发风险由资源国政府和国际石油公司分担	勘探风险由国际石油公司承担，开发风险由资源国政府和国际石油公司分担，生产风险由东道国政府承担
资金	国际石油公司	国际石油公司	国际石油公司和东道国政府
利润	国际石油公司得到全部产量并支付矿区使用费	国际石油公司与资源国政府分享产量	东道国政府拥有全部产量，支付国际石油公司固定报酬
管理	国际石油公司在资源国法律要求下经营	资源国政府参与经营管理	在资源国政府的控制下共同管理

二、国际石油合作合同基本条款

国际石油合同的基本条款按照规定的内容和属性可以分为作业条款、财税条款和法律条款，各条款所包含的内容如表 5-2 所示。

表 5-2　国际石油合同条款及其内容

合同条款	内容
作业条款	最低义务工作量和支出、合同期限、合同面积、面积退还、设备所有权、商业油气流的判断
财税条款	资源国是否参股、参股方式、税收和成本的篱笆圈、产品定价机制、成本回收上限、成本回收顺序、利润油的界定和分配、矿区使用费的征收比例、企业所得税的税率、折旧的计提、定金及其回收、产品定价及销售方式、亏损的结转、租金、关税、管道建设及其费用、国内市场义务、培训费等
法律条款	会计、审计和人员费用，保险，保密，转让，健康、安全和环保（HSE），不可抗力，合同生效和终止，适用法律与争议解决，合同文字和工作语言等

（一）作业条款

1. 最低义务工作量和支出

关于最低义务工作量和支出的条款主要有三种方式：一是规定地震采集和处理数据量、钻井数量、钻井深度等工作量指标；二是规定最低支出金额；三是对最低作业工作量和支出金额都作明确规定，最低义务工作量和最低支出互相制约。

2. 勘探期

国际石油合同中主要有三种规定合同期限的方式：一是规定一个区间，设置最短和最长的期限；二是规定最短期限，如勘探期最短10年，分为两个五年期；三是规定最长期限。从合同期限的可延续性看，可分为不允许延期和允许延期两种。在合同期限内，合作的国际石油公司有放弃执行合同的权利，有些合同规定国际石油公司可以在勘探期内的任何时间放弃该区块，但要提前告知资源国相关主管部门，但有些资源国要求只有在完成合同规定的最低义务工作量时才可以放弃。

3. 开发生产期

开发和生产期限从商业性生产开始，但期限呈现差异，常见的是20年、25年或30年，有些国家可以申请延期。

4. 面积退还

面积退还是指国际石油公司在完成一定工作计划或一定期限后，将合同区域的一定面积返还给资源国政府或其国家石油公司的行为。有强制性面积退还和选择性面积退还两种。前者是指国际石油公司在勘探期间的特定阶段必须按事先同意的比例放弃区块的一部分面积；后者是指允许作业者在向资源国政府发出特别通知后，放弃全部或者部分勘探面积的勘探权。强制性退还将勘探期分为几个阶段，每一阶段末都有相应的退还面积比例要求。通常在勘探期结束时，除已转为开发（或生产）面积的外，其他勘探面积全部退还。若无发现则需退还全部勘探面积。

5. 合同区域条款

合同区域条款涉及经纬度的坐标和区块面积。

6. 作业设备所有权

关于国际石油公司在作业时使用的设备的所有权归属，合同中有三种不同的处理方式：一是国际石油公司提供一切技术和设备，在合同期满或中止时，资源国的国家石油公司按双方同意的价格购买设备。二是作业者将自己所有的设备或购买的设备运入资源国，在合同生效之日起，将这些设备转让给资源国的国家石油公司所有。在合同期限内，国际石油公司可免费使用设备，在不妨碍国际石油公司进行作业的条件下，资源国的国家石油公司有权使用设备。三是由资源国的国家石油公司购买和租用设备，由国际石油公司使用并支付费用。

7. 油气发现商业性的判断

当勘探区块获得石油发现时，需判断该发现是否为商业性发现，该判断由资源国政府或国际石油公司单独作出，或共同作出。当国际石油公司与资源国政府或其国家石油公司意见不一致时，如果资源国政府或其国家石油公司认为没有商业价值，那么国际石油公司可以单独开发。如果资源国认为有商业价值，而国际石油公司认为没有商业价值时，资源国可以单独开发，也可以授权国际石油公司开发，但开发和操作费用由资源国承担。

（二）财税条款

1. 资源国参股

资源国有按一定比例参与勘探开发项目的权力。资源国政府或其国家石油公司可以持有干股，不承担勘探投资，有商业发现时再承担一定比例的开发和生产费用。参股的方式可以由政府管理机构代表国家进行，也可以通过国家石油公司作为项目的一个合作伙伴来实现。从国家参股的比例来看，有些国家是固定比例，有些国家以不同产量台阶确定参与比例。通常资源国只负担其份额的开发和生产费用，勘探费全部由合同者负担。在某些国家，有商业发现后，资源国会以自己的份额偿付国际石油公司为其垫付的勘探费用。

2. 现金定金及其回收

国际石油合同中的定金包括签字定金、发现定金和产量定金，在有些国家还存在其他现金定金费用。

（1）签字定金

签字定金是合同签订时，国际石油公司需缴纳的定金。有些合同不涉及签字定金条款，对于有签字定金条款的合同则需确定其缴纳方式和计征标准。签字定金的金额可以通过谈判来确定，根据区块的石油远景资源量和地理条件的优劣以及各合同条款的不同，签字定金水平有差别。也可以通过公开招标方式确定，或由国家的立法确定。签字定金的计征方式，多数国家以区块为单位计征签字费，但在美国、加拿大等国家，则以面积为单位计征签字定金。

（2）发现定金

发现定金是在获得商业性发现时国际石油公司需要缴纳的定金。大部分的发现定金是通过谈判方式确定的，以定额或探明储量的一定比例计征。

（3）产量定金

产量定金是在产量达到一定标准时应缴纳的定金。有些国家按日产量滑动计征，当日产量达到规定水平时一次性缴纳固定金额，起征点的产量水平各不相同。有些国家按累计产量滑动计征，当累计产量达到一定数额时，缴纳固定数额或者按当时油价的一定比例征收。

（4）其他现金定金和费用

其他现金定金和费用包括数据费、申请定金等。这些现金定金在有些国家可以回收，有些国家不能回收，有些国家虽然不能回收，但可以抵减应纳税额。

3. 矿区使用费

矿区使用费从总收入或总产量中优先提取，支付方式有现金和实物两种。矿区使用费的计算，在有些国家采用单一固定费率，有些国家采用单因素滑动费率。目前采用的滑动指标主要有六种：一是生产年序，按生产的年序规定矿区使用费率，一般在生产期的前3~4年矿区使用费率逐年增加，以后则按固定比例缴纳矿区使用费；二是产量水平，按年产或日产水平确定矿区使用费率，费率随产量水平的提高而增加；三是依据累计收入与累计成本的比值（R值）和内部收益率（IRR）确定，R值和内部收益率受产量、价格、成本等多种因素的影响，都属于综合指标；四是矿区使用费费率石油密度进行调整；五是地理位置。通常陆上矿区使用费费率高于海上，海上区块离岸越近，矿区使用费费率越高，水深越深，矿区使用费费率越低；六是油田开采程度或开发方式，新油田比老油田的矿区使用费费率低，对实施提高采收率的油田和边际油田征收较低的矿区使用费费率。在有些国家，矿区使用费费率由两个因素共同决定。

4. 成本回收

在合同区内合法的经营成本和资本成本通常都被认为是可以回收的。在投产之前发生的勘探、评价和开发投入在商业性生产开始后以一定的折耗方式按照商议的比例回收。成本回收的顺序通常为操作费用、生产成本、开发成本利息、开发成本、勘探成本利息、勘探成本，但不同国家的规定也会有区别。有些国家的合同中不规定回收成本的上限，在扣除矿区使用费后，剩下的份额都可以用于国际石油公司收回成本，但大多数国家的石油合同规定成本回收的上限，有些国家采用固定回收比例，有些国家采用滑动比例，滑动指标有累计产量、年产量和油价等，不同国家间该比例的差别很大。有些国家对于不同地理条件的区块执行不同的回收比例限制，例如陆上和浅水区块的成本回收上限比例是70%，而深水区块则为75%。如果当年回收的成本没有达到成本回收上限，两者之间的差额就会形成结余成本油，结余成本油可以按照一定比例（利润油分配比例或商定的比例）在资源国政府和国际石油公司之间分配，在某些国家结余成本油全部归资源国政府。当年可回收但超过成本回收上限的未回收成本可在一定期限内结转到下一年度回收。不可回收的成本项目通常包括部分现金定金、贷款利息、罚款和罚金、利得税和超出合同中规定传送点的运输费用。

5. 利润油分配

总产值减去矿区使用费后的净收入扣除成本油后的部分为利润油。利润油在资源国和国际石油公司之间按一定比例分配，该分配比例或为固定比例，或为滑动比例。滑动指标有日产量、累计产量、R值、报酬率、内部收益率、投资倍数、油价、原油的平均密度（API 度）和时间，或由两个或两个以上因子共同决定。

6. 亏损结转

亏损可以在一定的会计期间内结转，以季度为单位或以年为单位。

7. 土地租金

某些国家的合同条款规定不征收土地租金，但大部分合同包含土地租金条款，通常采用以区块或者面积为单位按年度征收的方式，有些国家也采用一次性交清的方式。某些国家在整个合同期内执行统一的地租征收标准，但大部分国家开发阶段和生产阶段的地租高于勘探阶段。关于地租开始征收的时间，有些国家从合同生效之日开始，有些国家自合同区正常生产之日开始。

8. 企业所得税

国际石油公司的收入要缴纳企业所得税，大多数国家的所得税税率为固定税率，少数国家采用滑动所得税税率，可与日产量或 R 值等挂钩。所得税的应税收入为净利润扣除所有的税收扣除项。这些扣除项包括回收的勘探开发投资、固定资产折旧、当年发生的运营成本、利息费用、当年发生的弃置费、定金、矿区使用费、培训费等。

9. 折旧与摊销

固定资产计提折旧，资本化的勘探开发成本要进行摊销。可按照不同的资产类型确定计提或摊销年限，从资本性支出发生当年开始计提。折旧、摊销额的确定，大多数国家采用直线法，即平均年限法，在合同规定的期限内等额计提折旧或摊销折耗，有些国家采用加速折旧法。

10. 财税篱笆圈政策

税收篱笆圈规定了成本、收入和税基合并的范围。有些国家以合同区为一个计税篱笆圈。在计算应税收入时，合同区内可进行收入合并；有些国家以一个企业为计税篱笆圈，以公司为单位合并收入；有些国家规定，以一个国家为篱笆圈，一个合同区内的损失可以被另一合同区产生的利润抵销。

11. 关税

大部分石油合同都规定了对国际石油公司的进口关税豁免，对进口石油勘探开发所必需的专用设备和材料免征关税。有些合同中规定只对那些本国不能生产的设备和材料免征关税。国际石油合作在有些国家可以享受出口关税豁免。大部分国家的出口关税采用固定比例，也有些国家采用滑动的出口关税比例，如在哈萨克斯坦，出口关税的税率随油价滑动。

12. 国内市场义务

国内市场义务要求合同者把所得的部分利润油销售给政府，以满足国内的需要，大部分合同中都有国内市场义务的规定。另外，当资源国发生紧急事件时，资源国有权购买国际石油公司全部或部分的份额石油，这种情况被称为国内市场应急供应义务。关于资源国市场义务的定价，有些国家按照国际市场价格定价，有些国家会规定一个特定价格。对于销售价差造成的损失，有的国家可作为成本回收，但多数国家无此规定。

13. 培训费

国际石油公司有最大限度地雇用资源国员工的义务，为资源国员工提供培训，或按年度支付固定数额的培训费。国际石油公司在勘探期、开发期和生产期支付的培训费金额不同。

14. 管道建设及其费用

经过国家石油公司批准的油田内新建造的管道，以及从油田到主要出口系统的管道所发生的支出为可回收成本，计入国际石油公司的成本。如果需要建立新的出口管道，则将其看作完全独立的另外项目。石油资源国通常会允许国际石油公司建造和经营出口管道，管道的资本支出和运营成本都纳入项目整体的财税体系，第三方关税收入计入收入总额。但是，在有些国家，国际石油公司承建的管道只允许用于出口承建者的原油。

（三）法律条款

合同的法律条款是在执行合同过程中合同各方所受到的内外部约束和保护。主要包括合同转让、环境保护、不可抗力、适用法律与争议解决、合同文字和工作语言等。

1. 合同转让

石油协议的权利义务在某种情况下可以转让给第三方，这种转让通常需要有关主管机关的批准或国家石油公司的书面同意。

2. 环境保护

随着环境保护意识的增强以及环境保护国际法原则的确立，环境保护问题在国际石油合作合同中逐渐得到承认，并且环境保护对于石油项目运行的影响逐渐增强。

3. 争端解决与法律适用

争端解决条款包括争端解决办法、程序和规则。争端的解决办法主要有协商、调解、仲裁和诉讼。仲裁是解决争议的相对正式的非司法方式。通常各国的石油立法或石油协议对仲裁庭的组成、地点、程序和法律效力等有明确规定。一个国家面临的国际纠纷的多少能反映出该国的投资环境的优劣。

4. 合同语言

合同的法定语言一般采用资源国的通用语言。合同语言的选择在合同争议的解决与法律的适用方面密切相关，选择失当会增加合作的风险。

5. 不可抗力

国际石油合同的不可抗力包括战争、地震、暴风雨、洪水等合同任何一方在签订合同时不能预见、不可避免和控制的特别事件。不可抗力的发生关系到合同的执行，如遇不可抗力，国际石油公司必须在约定的时间内通知另一方。遭遇不可抗力，国际石油公司可以申请延长合同期限。

第三节 国际石油合作机制的经济学分析

一、影响石油合同模式选择的关键要素

世界上大多数油气资源国根据本国资源禀赋和投资环境，逐步形成和发展了一系列相对成熟和固定的石油合同模式，以及相对稳定的合同条款，供国际石油公司选择和应用。影响资源国石油合同模式选择的关键要素包括资源量、技术水平、资金来源。虽然油价很重要，但作为外生变量是无法控制的，因此不将油价列为关键要素。油气资源国政府会根据油价的高低变化来调整既定合同模式下的财税条款，进而限制或激励国际石油公司的投资行为，石油合同模式是战略要素组合下的选择（见图 5-6）。

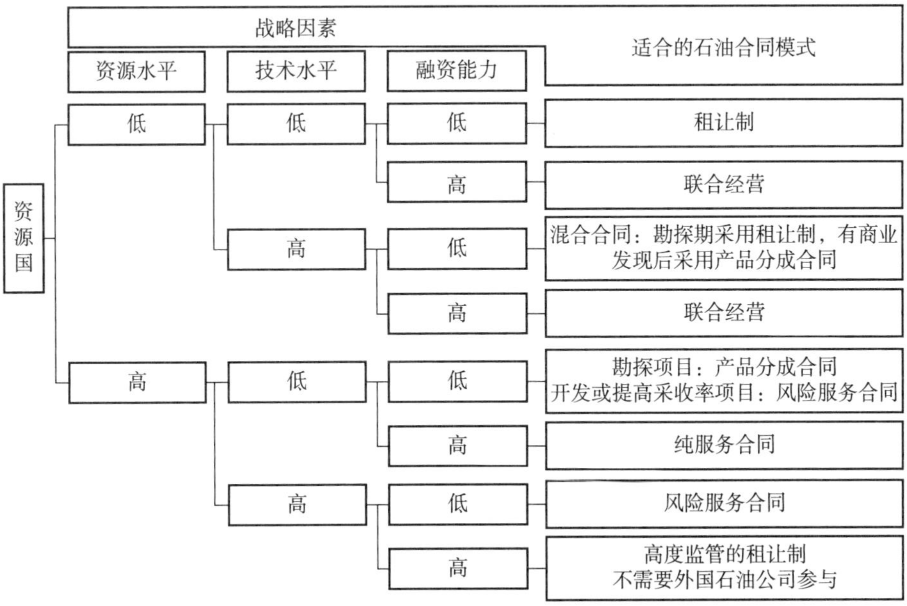

图 5-6 战略要素组合下的石油合同模式

（一）资源量

油气资源探明程度及其丰富程度是任何一个国家制定其石油和天然气开发战略的出发点。尽管油气资源是不可再生的，但人们对资源的认识过程是不断深化的，不同时期全球油气可采资源量的评价结果总体上呈上升趋势。特别是非常规油气革命和深海油气技术的商业性突破，极大地丰富了人们对油气资源的认识。国际石油公司决定

在既定国家从事勘探投资时，该国潜在的或探明的资源规模是一个关键因素。对于石油生产国或潜在石油生产国，其勘探活动更加值得关注。就石油开发战略制定和石油合同模式确立而言，石油资源量必须作为一个关键战略要素。

（二）技术水平

油气资源勘探开发涉及广泛的尖端技术领域，勘探阶段需要地质专家结合地震勘探对资源进行前景评价，开发阶段需要地面工程技术和石油开采技术，如在深层深海和北极等技术挑战较高的地区，还需更复杂的海洋工程技术和极地支持技术。一个国家的技术水平在制定石油勘探开发战略、确立石油合同模式时起着重要作用，与其资源禀赋一样被认为是关键的战略要素。

（三）资金来源

油气勘探开发是典型的资金密集型行业，虽然行业发展所需的大量资金理论上可在资本市场筹集，但实践中，由于油气勘探阶段的极大不确定性和高风险性，勘探费用往往需要国际石油公司的自有资金。自有资金的投入可以确保一旦取得可观的资源发现就能让石油公司获得相当丰厚的收入，但较低的地质成功率也带给石油公司巨大的投资沉没风险。因此，油气勘探的高资本密集性极大地约束了那些资金匮乏国家的战略选择，在确立石油合同模式时，资金来源同样是关键的战略要素。

二、要素组合下的石油合同模式选择

油气资源国根据其资源量、技术水平和资金来源等关键要素选择石油合作合同模式，其宗旨是实现国家利益的最大化。对资源量、技术水平和资金来源三大要素分别设高、低两种情景，可得到表5-3所示的8种组合。

表5-3　高低情景下各种关键要素的组合

组合	资源量	技术水平	资金来源
A	低	低	低
B	低	低	高
C	低	高	低
D	低	高	高
E	高	低	低
F	高	低	高
G	高	高	低
H	高	高	高

（一）A类组合

属于A类组合的国家资源禀赋差、技术水平低、资金供给不充分。任何希望对其油气资源进行开发的国家中，这是关键战略要素最差的一种组合。每个国家的根本目标都是尽最大可能和尽快搞清其潜在的资源基础，资金和技术是达到这个目标的必要条件。关键战略要素属于A类组合的国家，可以选择的合同模式是相当有限的，其首要目标是吸引外资来寻找油气，应寻求开发基金的援助，确定油气资源潜力，以及与既有资金又有技术的跨国石油公司签订租让协议或产品分成类合同。

（二）B类组合

属于B类组合的国家资源贫乏、技术水平低，但有良好的资金来源。与A类组合相似，跨国石油公司不愿向资源贫乏的地区投资，但如果该国有较好的资金来源，可以通过技术合同方式寻求服务公司开展地球物理活动，基于所获得的可靠资料吸引石油公司做进一步风险勘探。技术水平低可能成为国家深入参与油气勘探或开发进程的障碍，而资金来源好则可以考虑同跨国石油公司搭建合资经营伙伴关系。

（三）C类组合

属于C类组合的国家资源贫乏、资金不济，但拥有高技术水平。高技术水平意味着C类大多是工业较发达的国家，很难有意愿使用有吸引力的工业协议条款去吸引外资。发达国家通常都具有高度成熟的国家治理体系，而在采矿业协议中要有吸引力的条款通常是将该国资源交给跨国石油公司处置。在这个特定的组合中，国家因资本有限，更希望在石油开发中得到干股，即按照国家投股比例分担的资金应由承担开发任务的石油公司承担，国家从石油公司的销售利润中按一定比例偿还。以干股参与的方式要求石油公司在初期提供所需要的全部资金，项目风险增加，随之风险回报率也减少。C类组合的国家可以通过发放许可证吸引国际石油公司的投资。

（四）D类组合

属于D类组合的国家资源贫乏，但有高技术水平和良好的资金来源。该组合大多是经济高度发达，但本国缺少石油资源的国家。作为发达国家，收取租税并非政府考虑的重点，通常也不要求收税和参与作业，油气开发战略重点是更加希望能够在本国发现油气，选择的合同类型对石油公司常常没有那么苛刻。当然，对于一个有高技术水平和良好的资金来源的政府来说，似乎也可以组建一个国家石油公司，这个公司既能单独进行勘探作业，又能作为合资经营伙伴。在勘探中，国家作为合资经营伙伴是可行的，因为在勘探阶段降低了工业界投入的资金，从而大大地改善了风险勘探中的预期经济效果。

D类组合的国家首先考虑的是建立本国资源，租让制似乎是能更好地反映资源量少的地区进行石油勘探可能承担的高风险的一种合同类型。但是，具有高技术能力和良好资金来源的国家通常是治理体制完善的发达国家。因此，D类国家实行租让制时，未必保留传统的租让制特点。英国、加拿大和挪威所实行这种租让协议就被称为“现代租让协议”。

（五）E 类组合

属于 E 类组合的国家资源量已探明，但还没有建立起发达工业体系或具备良好的资金来源。技术基础落后和资金缺少表明本类国家属发展中国家，既然资源基础已经建立，这类国家的合同选择就要保证从开发有限的资源中获取最大的利益。因此，石油开发合同将以国家能获得最大收益为宗旨，并确实保证石油的开发活动能成为发展本国工业的原动力。E 类组合的国家已探明油气资源量，其勘探风险显著低于资源贫乏的国家，从而提高国际石油界的期望值，符合国家社会经济目标的产品分成合同被业界广泛接受。

（六）F 类组合

属于 F 类组合的国家拥有石油资源和广泛的资金来源，但技术水平较低。该类国家仍属发展中国家，高水平的石油资源意味着该国已是石油生产国，良好的资金状况表明该国已从资源开发中得到不菲租金收入。在各个关键战略要素中，资源量是最重要的。那些已肯定拥有丰富油气资源的国家，合同模式的选择明显要灵活许多。可以想象属 F 类的国家曾经实行过某种形式的租让制协议，并依靠这些协议探明了其资源量，并为国家提供了比较丰富的收入，为良好的资金来源创造了条件。F 类国家合同模式的主要目标应该是利用石油收入，与国际石油公司建立合资公司并在石油领域进行最大可能的技术转让以提升技术水平。此类组合的国家中，服务合同成为最广泛的石油开发模式选择。

（七）G 类组合

属于 G 类组合的国家包括那些已拥有石油资源并且具有相当发达技术水平的国家，缺少资金的原因往往与其发展过快而背负庞大外债有关。既然资源基础是最为重要的战略要素，最佳石油开发战略是由国家石油公司进行有限的勘探和开发，在那些超过国家财力的油气远景地区实施风险服务合同。建立资源基础是国家石油公司存在的先决条件。具备良好的技术基础，则意味着国家石油公司有能力单独进行石油开发。为保证石油资源的最佳开发，G 类组合的国家必须吸引国际石油公司的投资来弥补国家石油公司的资金不足。考虑到资源情况和本国工业高度发达的特点，应尽可能与感兴趣的跨国石油公司选择风险服务合同。

（八）H 类组合

属于 H 类组合的国家已建立了资源基础，拥有发达的技术水平和良好的资金来源。有较好的资源基础表明在吸引外国公司申请作业许可方面已获得了成功，发达的技术水平是已成为重要石油消费国的发达国家的标志。石油资源靠近石油市场无疑在勘探阶段更能吸引大石油公司。国家有良好的资金来源，可以使国家更大规模地参与石油事业。H类国家都是高度发达的国家，有十分健全的国家治理体制和相应的现代财务制度。这种财务制度很容易适应石油生产作业，随着一系列财政政策变化，租金收入将达到最高水平。也可采取其他形式收取租金，例如，生产的原油全部或部分地按优惠价收购。这些国家的石油工业必然会实行高水平的管理。经济发展是一个长期的过程，高度发达的国家自然有丰富的石油工业管理经验。

H类国家的石油开发战略同样旨在从越来越少的石油资源中为国家获取最大的利益。如上所述，其财政租金收入已经达到最高水平。该国为了保障供应，强行按既定（优惠或不优惠）的价格收购一定数量的原油。以现有的高技术水平和良好的资金来源，比较容易建立国家石油公司。H类国家石油工业地质和政治方面的风险都很小，以许可证发放为核心的矿税制受到普遍欢迎。

石油开发策略模式如表5-4所示。

表5-4 石油开发策略模式

石油资源贫乏				石油资源丰富			
技术水平低		技术水平高		技术水平低		技术水平高	
资金来源差	资金来源好	资金来源差	资金来源好	资金来源差	资金来源好	资金来源差	资金来源好
A 产品分成 国家石油公司同地方工业联系 矿区使用费 以假设生产量为基础的税收	B 公平参与有偿的地球物理作业 矿区使用费加税收	C 租让制和产品分成 矿区使用费加税收	D 租让制 地方工业参与 国家石油公司	E 租让制和产品分成 国家发展机构参与 以盈利率为基础的税收	F 服务合同 通过合资经营达到技术转让 矿区使用费加税收	G 风险服务合同 国际援助机构的有限参与 矿区使用费加税收	H 高度发达财务制度 大工业企业的参与 石油服务业的发展 国家石油公司 矿区使用费加税收

三、石油合同与石油公司的投资决策

油气资源国政府通过石油合同对投资公司的义务工作量、成本回收以及收益分配都进行了约束，但石油公司依然具有勘探开发阶段的决策权。分析石油合同对于石油公司的影响必须以石油公司在勘探开发阶段所面临的不确定性和决策范围作为基础。油气勘探开发不仅风险大，技术难度也非常高，每一阶段的工作方案都需要地质工程师、技术工程师的详细规划与设计，在方案选择方面需要科学决策，才能提高成功率。

在勘测阶段，石油公司可以通过签订合同等方式从资源国政府得到某一矿区的勘测许可，并支付费用。在这一阶段，石油公司获得基本地质资料，但并不因此获得进入勘探阶段的优先权。不过这一阶段的勘测工作，也可以以平等的机会取得勘探许可证，进入勘探阶段。也就是说，这一阶段的工作和费用的支出并不能使石油公司对地质储量有一个明晰的估计和评价，也不能使其获得进入下一阶段额外的选择权。这一阶段的投资决策与最终的产出和收益没有直接关系。

在勘探阶段，石油公司通过竞标等方式，签订合同，支付签字等费用，获得对某一区块的勘探权。这一阶段的成本还包括进行勘探的费用。在石油合作中，通常每年有最低投资限额。在这一阶段，石油公司为勘探所付出的成本非常大，而且，如果经过勘探阶段证明区域资源不具有经济效益，则石油公司付出的所有成本均为沉没成本，不可回收。所以，虽然研究和实践都证明勘探投资与探明储量呈正相关关系，但是对于石油公司来说，也并非投资越大越好。当然，如果区城内油气资源丰富，则在合同期内或合同期结束时，石油公司就具有了对区内的资源进行开发的权利。所以，在设计勘探方案时，要充分考虑发现油气资源的可能性、未来收益等各方面因素，最终选择预期收益最大的方案。

在开发阶段，经过勘探阶段，如果发现具有商业价值的储量，则石油公司可以通过续签合同并支付租金，获得在区块内开发石油的权利。进入开发阶段，石油公司投入资金进行打井等基础建设，为石油开采做准备。在开发阶段，石油公司需要投入的资金更多，如果最终开采阶段的产出量与勘探阶段的预测差别较大，则石油公司将承担损失。显然，开发投资巨大，且仍然具有一定的投资风险，石油公司也要在考虑自身收益的基础上选择合理方案。

在开采阶段，按照惯例，开采和开发阶段为同一合同期，因此该阶段的成本不包含签订合同的成本。在完成开采前的准备工作，即开发阶段后，石油公司进入开采阶段。在该阶段，石油公司将油气资源开采到地面，并进行运输、处理、销售等活动，以获得经济效益。当然为了维持石油的正常生产，石油公司也需付出成本。由于市场等方面的原因，石油公司仍然可根据自身收益与支出作出暂停开采或放弃开采的决策。

对上述过程进行分析，发现在每个阶段都可以根据具体情况，选择不同的投资运营方案，目标是规避风险并获取收益。风险的来源，除了地质工程不确定性可能导致的勘探失败即没有储量发现之外，也包括来自石油合同的约束。即使勘探成功，且由于较大的勘探投资而获得了较大的储量发现，在石油合同的约束下，石油公司未必能得到较大的收益。即由于合同的影响，虽然石油公司承担了更大的风险，也付出了更大的投资，实现了合作项目更大的价值，但石油公司本身并不能获得更多的收益。这种情况必然影响石油公司的决策，而在现行的石油合同下，石油公司有权结合地质情况和石油合同的规定，衡量风险与收益，选择能够实现自身期望收益最大的投资方案。对于这种情况，石油合同无法约束，而现行的以约束为主要目标的石油合作机制也不能发挥很好的作用。

石油合同中各条款的综合效果将影响国际石油项目的营利性。特别是财税条款的每一项内容都会对合作项目经济评价指标产生不同程度的影响，有些对项目的影响方向是确定的，如定金、地租等条款；有些条款的规定对项目经济效益的影响依方案设计的不同而产生不同的影响趋势，如以滑动指标确定的矿区使用费率等。同一合同条款在不同的项目执行阶段的影响也是多向的，例如，关于成本合并篱笆圈的规定，如果规定勘探开发的成本可以在一个国家范围内合并，一个油田的勘探成本可以从另一个开始生产的油田汇总回收，这可能加快成本回收，降低前期所缴的所得税，而当两个区块都进入生产阶段后，两者产量合并，将会影响利润油分配比例，降低国际石油公司的最终所得。另外，各条款之间互相影响，例如折旧和矿区使用费，快速折旧能减少项目前期的现金流出，提高净现值，而如果矿区使用费也按 R 系数滑动，则较高的折旧额会使矿区使用费率进入较高的台阶，从而增加现金流出，使净现值下降。资源国对于石油工业的政策都体现在这些条款的不同组合上，各条款之间互相牵制，影响项目的最终收益。

四、国际石油合同的委托代理问题

在国际石油合作中，资源国政府和石油公司之间存在博弈关系，并由此产生委托—代理问题。资源国政府作为“委托人”，通过石油合作的方式委托石油公司对某个油气区块进行勘探开发等活动，石油公司作为“代理人”，得到资源国政府授权后，对该油气区块开展生产经营活动。石油公司对投资和生产方案的选择直接决定了项目的收益，也就决定了政府能获得的收益，但是由于地质信息在投资前是不能完全确定的，公司的行动方案和双方可获得收益并不能在事前完全约定。

由于石油合同的约定，石油公司的投资收益有一部分归资源国政府所有，石油公司通常会在此框架下选择最有利于自身收益的行动，而并非政府收益最大的行动，这就产生了道德风险问题，也就是契约理论中委托—代理问题的一个重要研究领域。委托—代理问题中的道德风险是在合约签订后由于委托人无法完全监控代理人的行为而产生的，即代理人总是在合同允许的框架下执行自身效用最大化的行动，而不会考虑是否损害了委托人的利益。基于一般框架，在时间轴上对委托人和代理人的几个重要行动进行分解：在时刻 0，签订合同；在时刻 1，代理人选择行动；在时刻 2，代理人的行动产生结果，同时依据结果和合同对代理人分配报酬（见图 5-7）。这一过程精确地刻画了国际石油合作中的几个关键问题，即合作框架的设计、勘探方案的选择、利润的分配。

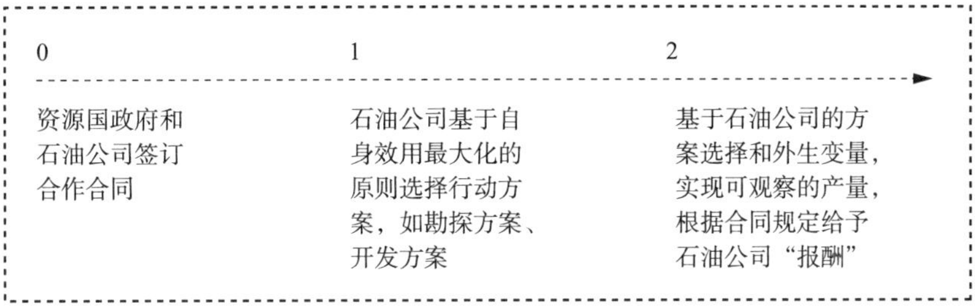

图 5-7　石油合作的委托—代理特征

委托—代理问题需要通过机制设计方法解决，机制设计的思想是通过合理的收入分配规则，激励石油公司选择能够实现自身收益最大化的行动方案，并保证该方案下资源国政府也同时实现其收益最大。基于委托—代理问题的研究方法分析国际石油合作，很显然报酬分配发生在时刻 2，不仅受到时刻 0 石油合作合同的限制，更受到时刻 1 石油公司所选择的行动方案的影响。在进行国际石油合作财税体系设计时，不仅应关注最终利润的分配规则，更应关注石油合同对石油公司投资方案的影响，将机制设计理论应用于合作框架的设计中。

第四节　国际石油合作发展趋势与中国公司国际化经营

一、国际石油合作合同模式及财税条款变化趋势

在全球能源转型推进、新冠疫情叠加乌克兰危机等地缘政治事件影响下，全球油气行业竞争格局发生深刻变化，凸显国际油气合作在保障能源安全方面的重要作用。资源国政府希望广泛吸引投资、最大化油气收入，并限制投资者收益，而国际石油公司则在资本纪律约束下优选低盈亏平衡油价、低碳排放的优势资产进行投资，驱动国际油气合作合同模式更加灵活，财税条款趋于多样。

（一）基于传统石油合作合同模式的机制创新

国际石油合作的丰富实践引领传统合同模式下的机制创新，特别是产品分成合同模式，在成本回收限制、分成比例、税率等方面不断完善，更加匹配资源国政府和国际石油公司的合作需求。作为产品分成合同的创始国，印度尼西亚于 2018 年开始对新延期的产品分成合同适用总收入分成模式，即取消成本回收条款，使得政府和国际石油公司直接基于总收入进行分配。分成比例由三部分构成，即基础分成比例、条件分成比例和滑动分成比例，其中国际石油公司就原油产量的分成比例为 43%，条件分成比例依据生产阶段、油气田位置、油气藏埋深和类型、产量规模、基础设施等因素确定，滑动分成比例则依据油气价格和累计产量情况确定。总收入分成模式旨在改善印度尼西亚油气投资环境，通过对复杂油气田开发的激励机制广泛吸引投资，并通过油气价格和累产限制国际石油公司的过高收益。创新的分成模式避免了复杂且争议较多的成本回收机制，简化管理流程，但对合同签订前关于条件分成比例和滑动分成比例的确定提出更高要求。

为了控制国家资源，伊朗曾在 1997 年底进行 42 个区块公开招标时采用回购合同，之后伊拉克政府在油田对外合作项目中也曾采用过该模式。2003 年 4 月伊朗对回购合同重新进行了修改，并在 2004 年 1 月进行的 16 个区块对外招标中正式推出。在回购合同模式下，国际石油公司作为合同者，提供资金、技术、装备以开发油气田，其油气

成本包括资本投资、操作费、银行利息等，以及报酬费，都通过油气田开发带来的销售收入回收。回购合同模式下政府拥有油气的绝对所有权，而合同方可以选择获得现金作为报酬或购回一定量的油气实物。受国际制裁长期影响，伊朗积极争取优化油气合作政策，将其回购合同调整为伊朗石油合同（Iran Petroleum Contract），通过调整成本回收限制、报酬费计算等，提高国际石油公司整体收益水平。

（二）针对资源类型设计合同模式及财税条款

在 20 世纪末期，全球兼有石油和天然气勘探开发项目的对外合同中，数量上仅有约 12.6%的合同针对天然气项目设置专门的财税条款，而绝大部分石油合同在条款中并未针对石油和天然气作出区分。随着天然气在全球能源转型中的重要地位不断凸显，越来越多的资源国更加重视对天然气项目财税条款的改善，以把握机遇加快本国天然气资源利用，例如基于天然气市场价格情况设置相比于油更低的矿区使用费费率、分成比例，以及针对液化天然气一体化项目设计合作机制等，在各类型合同模式中广泛采用的基于收益率或 R 值的滑动比例等机制对天然气项目都是有利的。巴西在深水盐下油气资源获得发现后，也在传统的矿税制合同模式之外，专门针对盐下油气资源开发适用产品分成合同模式，以通过竞争性区块出让吸引全球投资。

以页岩气、致密油气、煤层气为代表的非常规油气的国际合作日益活跃，但非常规油气在资源特性、开发生产模式、投资安排等诸多方面与常规油气的差异性，使得常规油气合同的相关条款不能很好地适应非常规油气的合作需求。非常规油气勘探开发的主要特点包括：连续性矿藏，没有明显的边界；勘探风险低，没有常规意义上的干井，而开发和经济性的风险较高；需要通过先导性试验测试其商业性；地下情况不确定性大，需要在开发的同时持续评价，不断降低技术风险和寻找甜点；单井产量衰减迅速，需要连续打井保持稳定的产量；通常井更深，技术要求更高，需要水平井压裂技术及复杂井设计和增产措施；开发成本高，钻井成本占整个项目支出的绝大部分并持续整个项目周期，经济效益较低。

随着非常规油气异军突起、产能迅猛增加，其环境影响与常规油气开采显著不同。随着油气产能的提升，固废大量产生、油气采出水回注、生态扰动等成为制约行业发展的突出问题，许多资源国对其重点关注，并提出针对非常规油气的特殊条款，在篱笆圈的设立、勘探期延长、总体开发方案、油气产品分配方案、生产期限、环境保护、土地使用和权益保护、安全标准和操作规范等多个方面对油气投资方进行约束。

（三）新兴国家兼顾吸引投资与增加财政收入

合同类型的变化会对油气勘探开发的国际合作产生重要影响，目前产品分成合同和矿税制仍为最主要的合同模式，但资源条件好的国家合同条款日趋收紧，国际石油公司的收益比例下降，资源国政府所得比例上升，同时不同资源国政府所得之间的差距扩大。近年来，新兴油气资源国得到越来越多的关注，特别是受石油收入驱动连续两年成为全球增长最快经济体的圭亚那，以及获得重大油气发现的纳米比亚和苏里南等国。

在圭亚那，现行生效的斯塔布鲁克（Stabroek）区块石油合同签订于 2016 年 6 月 27 日，合同双方分别为代表圭亚那合作共和国的政府部门以及包括埃克森美孚、赫斯和中国海油在内的外方合同者，合同条款反映了该国吸引外国投资的迫切需求。整体而言，该石油合同为产品分成合同模式，成本回收上限比例为 75%，政府和合同者的利润分成比例为 50∶50；合同者应承担投资、操作费、弃置费，并缴纳矿区使用费，费率为 2%，缴纳年度租金和培训费，政府代替合同者缴纳企业所得税。因较高的成本回收上限比例、较低的矿区使用费费率以及所得税由政府支付，该区块石油合同的优惠条款受到各方质疑，特别是陆续获得重大发现并成功快速投产后引发更多争议。此后，圭亚那政府致力于更新相关法律法规，并在油气区块出让时提供更新后的合同模板，以减少对合同者的优惠，提高政府所得。2022 年 12 月 9 日，圭亚那启动该国首次海上油气勘探开发区块出让活动，相比于斯塔布鲁克区块石油合同，新合同主要作出三方面调整：一是矿区使用费费率由 2%提高至 10%；二是成本回收上限比例由 75%下调至 65%；三是合同者需缴纳税率为 10%的所得税。

随着国际油气勘探开发项目合作的不断深入，未来一定会出现内容更复杂、形式更多样的合同，决定投资者收益的产量、投资和操作费等因素将和若干未知因素相结合，趋向于模型化，对作为投资方的油气公司的收入控制将更严格，资源国对资源获利性和合同控制程度更高。未来油气投资方将承担更大的价格、投资、产量、成本甚至地缘政治等风险，合同综合风险将更多地由油气资源国政府向油气公司转移。投资者必须具备必要的技术或先进的装备，否则更可能会遭受较大的经济损失而不是获得投资收益。

在日益复杂的国际油气投资环境中，长期对国际石油合同的研究跟踪是油气投资公司在国际化经营中必须深入开展的工作，根据油气合作合同针对性制定重点投资项目的可行方案，通过努力更早回收前期投资和积累资金，促成海外合作项目的滚动增值，同时进一步带动公司在技术、装备和商务领域的全面提升，真正实现高于国内的综合行业效益和项目投资收益。

二、中国石油企业国际化经营

石油资源分布的地域不均衡性决定了国际化经营是中国石油企业高质量发展的必要选择和重要组成部分。历经 30 多年发展，中国石油企业已成长为国际石油合作的重要参与者，在全球建立了五大油气合作区域，包括非洲、中东、中亚-俄罗斯、美洲和亚太地区，截至 2024 年上半年，在 74 个国家和地区运营着 166 个油气勘探开发项目，油气净产量约 3.5 百万桶油当量/天。油气行业国际化经营的主体仍是以“三桶油”为主的国有企业，其中中石油海外油气资产规模最大，以陆上常规资源为主，与“一带一路”国家广泛开展业务合作；中国海油资产规模次之且以海域为主，海外权益区块分布广泛；中国石化初步形成油气并举、海陆兼顾、常规非常规多样化的战略布局。

作为中国最大的海上油气生产商，中国海油在海外拥有多样化的优质资产，遍及世界 20 多个国家和地区，包括印度尼西亚、澳大利亚、尼日利亚、伊拉克、乌干达、阿根廷、美国、加拿大、英国、巴西、圭亚那和阿联酋等，截至 2024 年上半年海外油气资产占公司油气总资产约 43.5%。

表 5-5 为中国海油海外主要项目合同模式。

表 5-5 中国海油海外主要项目合同模式

合同模式	国家/地区	项目
矿税制	加拿大	长湖、辛克鲁德、悬石油砂项目
	俄罗斯	北极 LNG 2 项目
	英国	Buzzard、GoldenEagles、STaR 项目
	澳大利亚	西北大陆架（NWS）
	阿联酋	下扎库姆、乌姆沙依夫—纳斯尔油田合同区
产品分成	圭亚那	斯塔布鲁克（Stabroek）区块
	巴西	Libra（Mero）、Buzios 区块
	乌干达	EA 1、EA 2 和 EA 3A 区块
	印度尼西亚	马杜拉海峡和东固油气开发生产区块
	尼日利亚	PML2/3/4 和 PPL 261 区块等
	特立尼达和多巴哥	2C 区块
技术服务	伊拉克	米桑油田群

2024 年 5 月，中国海油下属全资子公司与莫桑比克能矿部、莫桑比克国家石油公司（ENH）签订了 5 份石油勘探与生产合同（Petroleum Exploration and Production Concession Contract，EPCC），覆盖莫桑比克海上 S6-A、S6-B、A6-D、A6-E 和 A6-G 区块，合计面积约 2.9 万平方千米，平均水深 500 米。本次国际合作的达成源自中国海油积极参与莫桑比克政府自 2021 年启动的第 6 次区块出让活动。

当前，中国的油气对外合作仍处于重要战略机遇期，要进一步强化油气企业国际化运营，不断加大对海外油气市场的开发，高质量共建“一带一路”，在更大范围、更宽领域、更深层次实现油气价值的国际化创造，构建多元化的国际能源供应结构。

参考文献

[1]王震，仇鑫华，刘明明．基于契约理论的油气资源开发机制研究[M]．北京：石油工业出版社，2022.

[2]Upstream fiscal systems in brief. AUGUST 2023. Wood Mackenzie.

[3]尚永庆，王震，薛庆，等．石油合同对国际油气合作博弈影响分析[J]．技术经济与管理研究，2012(2)：13-16.

[4]郝洪，王珮，王震．伊拉克石油合作合同模式及财税条款分析[J]．会计之友，2011(22)：106-108.

[5]仇鑫华，王震．基于委托—代理理论的国际石油合作财税体系比较[J]．中国石油大学学报(自然科学版)，2015，39(2)：171-179.

[6]王震．中国国际油气合作新思维[J]．能源，2013(11)：94-95.

[7]王震，陈冬月．产油国主权财富基金的投资行为和发展趋势分析[J]．中国软科学，2011(4)：68-74.

[8]王震，汪如朗，肖飞，等．跨国石油公司应对油价波动策略分析[J]．石油化工技术与经济，2009，25(4)：14-17，38.

[9]葛艾继，郭鹏，许红．国际油气合作理论与实务[M]．北京：石油工业出版社，2004.

第六讲

战略、战略思维与战略研究

第一节　战略

一、概念与描述

（一）战略的相关概念

“略”在中国的本意是将田地分给他人。“田”是中国古代最重要的生产资料；而“各”，异辞也，即说不同话的人，引申为他人。《左传·昭公七年》云：“天子经略”，即治理国家的天子最重要的事有两件：一是规定义理、法制，确保社会有序；二是分配生产资料，促进社会发展。为“略”，必先制定好田地分配方案，进而引申为战略、策略、谋略。《辞海》中对“战略”一词的定义是：“‘军事战略’的简称；泛指对社会政治、经济、文化、科技和外交等领域全局、高层次、长远重大问题的筹划与指导。”《中国大百科全书·军事卷》将“战略”一词诠释为：“指导战争全局的方略，即战争指导者为达成战争的政治目的，依据战略规律所制定和采取的准备和实施战争的方针、政策和方法。”

在西方，“strategy”一词源于古希腊语“στρατηγία（stratēgía）”，即指挥，将军的权力。拜占庭皇帝莫里斯一世著有 *Strategikon* 一书，直译为《将军之道》。而后直到18世纪，法国人梅齐乐将莫里斯一世的著作译为法语，并在自己的《战争理论》（1777年）一书中首次使用战略（strategie）一词，成为现代西方语境中 strategy 的起源。《简明大不列颠百科全书》将“战略”一词诠释为：“在战争中运用军事手段达到战争目的的科学和艺术。”约米尼和克劳塞维茨是西方的两位有关战争战略的军事理论大师，克劳塞维茨的《战争论》广受赞誉，克劳塞维茨将战略诠释为“为了达到战略目的而对战斗的运用，战略必须为整个军事行动制定一个适应战争目的的目标”。

可以看出，在西方“战略”最早是纯军事性的，而中国的“战略”则从生产资料的分配而来。但无论起源如何，不同领域的战略含义相似，都指的是为实现特定目标而制定的全局性计划和策略。在政治领域，战略可以涉及国家的外交政策、安全政策和国内政策等方面；在商业领域，战略可以涉及公司的定位、市场竞争、产品开发和营销等方面。

（二）企业战略的相关概念

将“战略”推广应用到企业管理领域主要是基于两种需要：一是企业之间的竞争越来越激烈，与军事对抗越来越相似，需要通过企业战略将谋略和博弈引入企业决策；二是企业管理者面临的经营环境越来越复杂多变，需要企业管理者将企业作为战略的主体对那些影响企业发展的长期、整体和重大的决策予以高度重视。本讲主要聚焦企业战略。

在管理学界和企业界，国内外学者针对企业战略开展了大量研究，不同学者对企业战略赋予了不同的定义。对企业战略最早的系统定义是美国著名管理学家艾尔弗雷德·D·钱德勒提出的：“战略是确定一个企业的长期目标，设计行动方案，并据此分配资源的决策。”美国哈佛商学院教授安德鲁斯认为：“战略是通过一种模式把企业的目的、方针、政策和经营活动有机地结合起来的做法。”美国哈佛商学院教授迈克尔·波特对战略的定义是：“战略是以定位为核心，对运营活动进行取舍，建立独特的匹配。”日本著名管理学家山梨广一对战略提出了一个极具实操性的定义：“战略就是为了实现企业目标而明确方针，并依据方针而采取的一系列措施的过程。”加拿大管理学家亨利·明茨伯格在总结20世纪企业战略管理思想演变的基础上，用5P模型来定义和解读战略，即计划（Plan）、计策（Ploy）、模式（Pattern）、定位（Position）、观念（Perspective），认为战略有多重含义，应该准确理解每种含义，同时也要将多个含义联系起来以形成整体的战略观念。

二、战略的特征

战略的本质是位置、方向、取舍。不同领域和背景下的战略可能会有所侧重，但普遍具有以下特征：

（1）全局性

战略是一种全局性的谋划和指导，关注整体而非局部，考虑到国家或组织的整体目标和利益。

（2）长远性

战略是为了实现长期目标而制定的，超越了眼前的短期利益，注重长远的发展和影响力。

（3）引领性

战略为国家或组织提供了明确的指导方针和行动方向，帮助其在复杂的环境中作出决策和采取行动。

（4）适应性

战略需要具备一定的灵活性和适应性，能够根据外部环境和内部条件的变化进行调整和修正。

（5）风险性

战略涉及对未来的预测和决策，因此存在一定的风险和不确定性，制定战略需要在风险和机会之间进行权衡。

（6）竞争性

战略往往涉及与竞争对手的竞争，旨在通过差异化、优势利用等方式取得竞争优势。

（7）综合性

战略需要综合考虑各种因素，包括内部资源、市场环境、技术发展、政治因素等，以制定全面的策略。

三、企业战略的基本内容

在企业管理领域，战略是为在未来的市场竞争中取得良好经营业绩而作出的一系列的选择和行动，包括企业的目标、目标的实现路径和策略等。企业战略的基本内容包括以下几个方面：

（1）使命和愿景

明确企业存在的原因、目标和长期愿景，为战略的制定提供指导。

（2）外部环境分析

对企业所处的市场、竞争对手、消费者、政策法规等外部环境进行分析，了解机遇和挑战。

（3）内部环境分析

评估企业的资源、能力、优势和劣势，包括财务状况、人力资源、技术水平等。

（4）战略目标

根据企业的使命和愿景，确定具体的战略目标，包括市场份额、盈利能力、创新能力等方面。

（5）战略选择

根据内外部环境分析和战略目标，选择适合企业的战略方向，如增长战略、差异化战略、成本领先战略等。

（6）实施计划

制定具体的行动计划和时间表，明确各部门和团队的职责和任务，确保战略的有效实施。

（7）资源配置

根据战略实施计划，合理配置企业的资源，包括人力、物力、财力等，以支持战略的实施。

（8）风险管理

识别和评估实施战略过程中可能遇到的风险，并制定相应的风险管理策略。

（9）绩效评估

建立指标体系，定期评估战略实施的效果，根据评估结果进行调整和优化。

（10）战略更新

根据内外部环境的变化，及时更新和调整战略，保持企业的竞争优势和适应性。

第二节　战略思维

一、概念与描述

《礼记·大学》云："苟日新，日日新，又日新"；《周易·乾卦·象传》云："天行健，君子以自强不息"，均体现了在中华文明源远流长的发展进程中形成的独具特色的战略思维，是中华民族政治智慧的鲜明标识。战略思维，是关于实践活动的全局性思维，是指从全局和长远的角度来思考和处理问题的思维方式，其根本特征是正确处理实践活动中各方面、各阶段之间的关系，以达到全局的最佳效果，即战略思维是关于空间上的全局思维，时间上的长远思维。"全局"是由一个个"局部"组合起来的，如何从这些"局部"，最终演化出"全局"来，需要一种内在的、契合人性的、符合自然规律和社会规则的关系建构，这就是所谓的"逻辑建构"，即是在"局部"走向"全局"之间，形成明确的逻辑关系。同样，"中长期"是涉及未来和未知的，决策者需具备产业终极判断能力，如何从历史和当下的数据、信息中，预测或展示未来，用某种相对确切的认知代替未知，也需要建立起历史和未来之间人们认同的"逻辑"。在这一角度，战略思维其实是一种逻辑思维——通过逻辑的运用，局部"合理地"组成全局，眼下"合辙地"走向未来。

二、战略思维的内涵

一是站得高。站在不同的山顶，看到的风景自然不一样。在北京，需要到香山才能看到更多的风景。而到了其他城市，又有不同的高山，带来完全不一样的风景。正如王安石所云"不畏浮云遮望眼，自缘身在最高层"，站得高能对事物的认识具有全局性。《魏略》云："（石韬、徐庶、孟建）三人务於精熟，而亮独观其大略。"所以站位更高的诸葛亮能够提出三分天下，帮助刘备在三国纷争中站稳脚跟。

二是看得远。战略思维中最核心的是远见，远见是对未来的思考，需具有前瞻性。站得高自然就获得了更宽广的视野，可以看到更远处的目标，以及通往目标的路径是什么样的。但是，在没有参照物的时候，盲目地向远处看只会是茫茫一片。这时就需要我们回头看，历史上规律性的经验将有助于我们作出影响当下的决策。看得远从来不是简单望向一个方向，而是从空间维度、时间维度都看向更远处。

三是想得深。东汉儒学家郑玄注《尚书》曰“虑深通敏谓之思”，想得深了才是真正的思考。“站得高”“看得远”都是在给方向正确的“想得深”打好基础。当我们有了对事物全局性的认识、对路径前瞻性的把握，此时再深入思考，将要素与要素、系统与环境、阶段与阶段串联到一起，发展出系统性的观点，战略思维也就形成了。

三、战略思维对公司的意义

“全局的”和“中长期的”思维之说，仅仅给予了空间和时间的范围划定，停留在这样的划定层面不能够最终解决公司发展的战略问题。如何才能够保证在全局范围内和中长期视角里公司发展的稳健、高质量和可持续，需要对战略思维有更深层次的认知。

著名企业战略专家、动态竞争理论创始人陈明哲教授曾言：“一家‘有战略’的公司，或者是‘有好战略’的公司，远不及‘具有战略思维’的公司”，生动诠释了战略思维对一家公司的意义。所谓“苟日新，日日新，又日新”“天行健，君子以自强不息”就是这个道理。在公司治理中，战略思维可以帮助企业更好地应对复杂的问题和变化，作出更加明智的决策，并实现长期的目标。主要体现在以下几个方面：

（1）明确方向

战略思维帮助公司明确其长期的愿景和使命，回答公司存在的原因和要实现的目标，为公司的发展提供了总体方向，使公司能够有针对性地制定计划和决策，避免盲目性和随意性。

（2）指导决策

在复杂多变的商业环境中，通过战略思维，公司能够对市场趋势、竞争对手、政策法规等外部环境进行全面分析，明确机遇与挑战，对自身的资源、能力和核心竞争力进行全面评估，明确优势和劣势，进而帮助公司在面临各种选择时作出明智的决策。

（3）优化资源配置

通过战略思维，公司可以合理分配和利用资源，将有限的资源集中投入最具潜力和战略意义的领域，提高资源利用效率。

（4）适应变化

战略思维强调灵活性和适应性，在外部环境和内部情况发生变化时，战略思维使公司能够灵活应对变化，及时调整发展目标，在变化中保持竞争优势。

（5）促进创新

战略思维鼓励公司不断创新，寻找新的商业机会和增长点，推动公司持续发展。

（6）凝聚团队

战略思维可以帮助公司内部各部门和团队成员理解公司的目标和战略，增强团队凝聚力和协同工作能力。

（7）提升绩效

战略思维有助于公司设定明确的绩效目标，并通过有效的执行和监控，推动公司不断提升绩效水平。

四、VUCA 时代的公司战略思维

随着未来全球进入以易变性（Volatility）、不确定性（Uncertainty）、复杂性（Complexity）、模糊性（Ambiguity）为特征的 VUCA 时代，战略思维的重要性愈加凸显。在 VUCA 时代，企业面临的变化越来越大，环境的变化导致传统的标准化的战略举措几乎完全失效。面对 VUCA 时代，计划赶不上变化，但思维要跟上行动。计划如果没有用，是否意味着我们不需要战略了？甚至不需要思考了？VUCA 时代，一切都是流动的，因此竞争的关键不仅仅是空间的“位置”之战，更在于在对的时间站在对的位置上，时间和速度的作用凸显。成功更大程度上取决于对市场和消费者需求的快速反应。正如中化集团原董事长宁高宁所言：“战略制定过程中很多假设和结果在执行过程中外部环境已发生了很大变化，没有系统的检讨和反思，企业的美好战略反而使自己陷入困难。我还没有听说哪家企业在一次战略制定后就一成不变去实施并取得成功的，要是那样，企业的事就太简单了，太容易了。”

彼得·德鲁克在《动荡时代的管理》中写道：“管理者不能想当然地以为明天就是今天的延伸。正相反，他们必须直面变化进行管理；变化既是机会也是威胁。”战略是决定今天做什么才有明天，而不是明天做什么。然而，企业发展到一定程度，很多管理者往往会形成惯性思维、路径依赖，认为过去的成功路径可以帮助企业实现持续成功，当面临环境变化时，惯性思维很可能让企业遭遇失败。在这样的环境下，企业需要具备战略思维，赢时思变，不断颠覆自己以适应不断变化的环境，从而获得长远的发展。

在高度动态的环境中，竞争成为一种“移动”之战，战略也必须动态起来。定位学派所强调的定位背后的战略逻辑依然重要，只是一个正确的定位已经不能保证企业高枕无忧五年、十年，企业需要根据形势的变化“移动定位”。可以说，一个好的战略往往结合了“自上而下”和“自下而上”的元素。自上而下，故有高致：站得高，望得远，能谋全局、谋长远，另辟蹊径。自下而上，故接地气：在实践的沙场中碰撞，发现问题，解决问题，调整策略，以一种不断滚动的方式去寻找通往彼岸的真实路径。正如明茨伯格所言：“有效的战略要把行动和思考联系在一起，行动和思考又将战略执行和战略设计联系起来。我们为了行动而思考，我们也为了思考而行动。我们尽力把它们逐渐汇聚起来，这正是战略学习的真正内涵。”

正因为有太多的变化和不确定，领导者最大的责任不应是简单追随变化，而应该具有战略思维能力，思考公司到底在哪些领域竞争、用什么方法进入这个竞争领域、相对于竞争者有什么不同、盈利模式、实现的步骤等。首先需要站在现在看未来，确立一个长远的目标，这种谋全局、谋长远的视野格局和心智模式是必不可少的。其次，在变动的环境中，定义组织的关键挑战或机会。然后，集中优势兵力，考虑资源配置、人员安排、组织架构、人才激励等来应对挑战，发挥战略的杠杆作用。最后，世界上不存在十全十美的战略，有舍才有得，战略要求我们有所为有所不为。在有限的时空，有聚焦才有战略。

总之，在 VUCA 时代，战略的制定规划不是一年一度的，而是随着环境的变化每时每刻都可能进行；从前的“运筹帷幄之中，决胜千里之外”也不再适用，或许不该太遥远地规划，千变万化的现场才是战略制定的场所；同时，战略的决策者、执行者与担当者的角色也合而为一，其目的不仅仅在于创造客户，还在于根本意义上的产品创新与商业逻辑创新。在这一意义上，北京大学国家发展研究院吕晓慧教授提出一种重新理解 VUCA 时代的视角：

Vision——愿景。不可预测的时代，更需要我们用使命和愿景催生的力量去塑造环境。不能预见未来就不能创造未来。赶不上变化就去塑造变化。

Understanding——认知。《庄子》中说：“井蛙不可以语于海者，拘于虚也；夏虫不可以语于冰者，笃于时也。”为了跟上时代，需要突破经验的束缚，升级自己的认知模式和心智模式。

Courage——勇气。选择需要勇气。战略意味着选择。不要让“摸着石头过河”成为不思考、不担当、不选择的借口。

Adaptability——适应。物竞天择，适者生存。从个体的角度而言，需从被动的适应（reactive）到主动的塑造（proactive）。

VUCA 时代的适者，是能够跨越整合相关资源，协同一切力量，去塑造一种态势，让自身能力与时俱进，让自身优势能淋漓尽致地发挥出来。

五、战略思维对个人的意义

人生的成长就是一个不断选择的过程，是一个面向人生的目标、持续平衡“舍与得”“得与失”的过程，这与战略思维在本质上是一致的。人生由无数的关键节点组成，迈向每一个节点的过程就是战略，即所谓的人生规划、职业规划。学习的目标相对容易发现，因此也更容易设定战略；结束学习阶段，进入社会后，人生的战略将更加困难。笔者 1999 年收到博士录取通知书的时候，梦想成真的兴奋之余，面临着在职还是脱产学习的选择。当时笔者在教学与科研工作中已小有成就，兼顾学习和工作是普遍做法。但笔者再三斟酌，觉得不“舍”就不会有“得”，不专心致志、不全力以赴，就很难沉下心来学习，很难有根本性的提升。

作为社会性生物，人终究是要在劳动、工作中生存，而这种生存方式也将转化为人生的目标。笔者对工作中产生的人生目标有三层理解：第一层是职业，即从事一份工作、领取相应的报酬、满足生活的需要；第二层是事业，即寻找更好的平台，打造自身竞争力，成就一份声誉；第三层是志业，即为社会、为组织、为身边的人作出贡献。不论是哪一层目标，都是在“创业”，那么在这一角度，企业的战略思维和人生的战略思维内涵是一致的。

实现目标需要做功，W=Fs(力×距离)。人生的距离就是时间，而人生的力，笔者认为有五种：体力就是要保持一个健康的体魄，是革命的本钱。活力是对生活有热情、工作有激情，体现的是积极性、主动性和创造性。精力是体力和活力在工作环境中的映射，是在体力基础上融合了兴趣、责任心和使命感的投入和专注。能力展示了适应环境和岗位的素质素养。毅力体现了对事业对生活的坚持和不懈追求。

第三节　战略研究

一、概念与描述

在第二次世界大战之前，早已有战略、战略家、战略思想的存在，但直到第二次世界大战结束，足以传世的战略理论著作凤毛麟角，严格来说，并无真正意义上的战略研究。

第二次世界大战把人类送入核时代，对战略思想也产生了前所未有的巨大冲击，战略研究开始异军突起，形成独立的学域。为何核时代会有战略研究新学域出现，其理由和过程可以解释如下：

一是核时代的来临在战略领域中带来许多新问题，使其范围变得比过去宽广，性质变得比过去复杂，超出了传统战略所能应对的限度。欲解决这些新问题，仅凭过去的传统观念，显然是不够的，必须另觅途径，然后才有求得解决的可能。

二是要解决新问题，必须有新人才。过去战略是军人的专利品，非军人而从事战略思考或著作者，即所谓文人战略家算是例外。而现代战略领域中虽然也有职业军人，但文人却有后来者居上之势。现代战略研究之所以能发展成新的学域，文人战略家功不可没，反而言之，战略研究的发展又足以鼓励更多的学者投入这一学域，并积极培育新人才。

三是新人才之所以能够作出重大贡献并深受重视，其主因是他们不仅能够把新的理念引入战略领域，而且能够使用新的方法和工具进行研究、解决问题。由于拥有新方法，并且还使用新工具（主要代表是电脑），文人战略家在战略研究领域中所扮演的角色日益重要，同时带来一种新的发展。职业军人也不甘落后，开始到高级学府继续深造，此种文武整合趋势将给战略研究带来新的活力。

四是战略研究必然走向集体化的方向，必须有新的组织。目前至少已有三种不同类型的战略研究机构存在：①政府本身所主办的研究机构；②替政府或企业承包研发业务的民间研究组织；③大学中的研究院所。组织上的分工合作使研究范围扩大，层次提高。

1958 年，国际战略研究学会（The International Institute for Strategic Studies）在伦敦成立，是这一名词的首次正式使用。该学会首任会长巴肯（Alastair Buchan）将这个名词解释为"对于在冲突情况中如何使用武力的分析"。可以看出，最初使用这一名词时还是仅以军事为范围。不过，以后范围又逐渐扩大，不再仅以军事和武力为界，而把许多有关国际事务的问题都包括在内。国际战略研究学会成立 10 年之后，其创始人之一布尔（Hedley Bull）对于战略研究的性质曾综述为"战略研究不再仅注意对战争的有效指导，不再只是军人的专利，它具有抽象的推测的性质，并显示出高度的技术化倾向"。

作为一种独立的学域，战略研究已经不再仅以战争和军事为其范围，也不再是职业军人垄断的领域。诚如李德·哈特在 1960 年所说："战略的旧观念和旧定义由于核武器的发展，变得不仅已经陈旧，而且也已毫无意义。若再以赢得战争、获得胜利为目的，实则无异于疯狂。"

战略研究是一个真正现代化的观念，是一门范围相当广大、层次相当众多的学域。战略研究的目的是追求知识、改进政策、创造全力、引导历史。诚如博弗尔的名言，战略就是思想方法，研究的意义即为深谋远虑。其目的有如李德·哈特早已预言的，不是想要赢得战争，而是想要获得较好的和平。这又正符合孙子永恒的教训：不战而屈人之兵，善之善者也。

二、战略研究的四种境界

战略研究是一门范围广大、层次众多的学域，从事这一门学问的研究者很容易感觉到好像是走进了一个"八卦阵"之中，走进去或许容易，但想走出来却相当的难，结果可能愈深入愈模糊。因此，从事战略研究的学者不可以不讲究研究方法，必须有一套完整的研究程序，然后始能循序渐进，步入坦途。战略研究泰斗钮先钟根据许多学者的著作及个人的治学经验，归纳了一套可称为战略研究的四种"境界"的理论体系，为学者必须通过此四种境界，然后始能登堂入室，成为一名真正合格的战略思想家。此四种境界分别为：历史境界、科学境界、艺术境界、哲学境界。

（一）历史境界

就思想的传统而言，战略与历史几乎是密不可分的。古典战略家无一不是历史学家，从古至今，许多战略思想家都认为研究战略应从历史入门。在自然科学领域，常可用试验方式来进行研究，既能控制情况，也能使同一现象重现。但在社会科学领域，使用此种方法的机会非常有限，通常只能对已有的现象加以观察，而这些现象既不受控制，也不能改变，尤其是过去已成为过去，任何人都无法使其重演，因此，也更增加历史研究的重要性。

历史的主体为过去，但战略家研究历史，其目的又非仅限于想要了解过去。欲知未来，先知过去。霍华德说："假使不首先了解我们是怎样走到这里来，则对于今后应该向哪里走的问题，也就会根本无从考虑。"所以，任何从事远程思考的学者必须有充分的历史知识，然后始能掌握历史的未来脉搏。

博弗尔说："对于过去的变化作精密的研究，能够使我们学会如何操纵把我们包括在内的现在，以及支配我们前途的现象。"这也正是战略学家与纯正历史学家之间的主要差异。史学家为历史而研究历史，战略家为战略而研究历史。博弗尔对于战略的功能和战略家的责任有一种非常伟大庄严的想象，他认为战略家的理想是控制历史的潮流，改变历史的趋势。这当然是一种非常艰巨的任务，但并非不可能。

历史研究是以利用前人经验为起点，虽起于经验但又不囿于经验，换言之，历史研究并非仅以过去的记载、解释和分析为满足，而是有如汤因比所强调，历史的任务是贯通过去、现在与未来，并赋予此一有机连续体以意义。这也是汉代太史公司马迁所说的"通古今之变"，也就达到了战略研究的第一种境界——历史境界。

（二）科学境界

战略研究不仅仅以历史境界为限，否则将只有历史而无战略，所以，必须进入第二种境界，即科学境界。事实上，这两种境界之间不仅具有连续的关系，甚至有时也几乎不可分。科学追求的目标是知识，而知识又是以经验为起源。反而言之，经验的积累，经过长期的精练，也就会升华为知识。历史的流程是由经常在变的事件所组成，但事件虽经常在变，事理却往往不变。如何从多变的事件中发现不变的事理，必须使用科学方法，所以战略研究的科学境界是以"识事理之常"为其理想。

任何学术的研究都必须以理论为基础，都必须建立其本身的理论体系。古典战略家中，克劳塞维茨曾指出："任何理论的主要目的都是澄清观念和理想，否则它们就会变得混乱和纠缠不清""对于任何想从书本上研究战略的人，理论是一种指导。它能照亮其前途，加速其进步，磨炼其判断，并帮助其避免陷阱"。不过，理论并非准则，也非公式，理论的功用不是教人怎么做，而是教人怎么想。理论知识提供概括的假设，而并不提供固定的结论。博弗尔曾明确指出："战略不可能是简单界定的准则，它是一种思想方法，其目的是为整理事象，排列优先，然后选择最有效的行动路线。不同的情况应有不同的战略，此乃基本真理。"

（三）艺术境界

战略本身为艺术，艺术有艺术的本质，战略家本身必须是一位艺术家，必须有艺术家的心态和气质。因此，仅凭历史与科学两种途径还不够，战略研究的第三种境界即艺术境界，也是一种比较微妙的境界。艺术境界中没有任何一定的法则可供遵循，这也正是其与科学境界之间的最大差异。博弗尔曾经指出没有一位艺术家是根据一套完整的理论规律来作画，假使他那样做，则他的作品就会充满匠气而缺乏灵性。博弗尔也特别重视未来，而这又更增强了战略研究的艺术性。博弗尔认为战略家必须考虑未来，战略研究不再可能仅以客观的演绎为基础，而必须根据假定来做真正具有创新性的思考。

科学与艺术虽然是两个不同的境界，但它们都只是一种相对性的观念，而且其相互之间也无绝对的分界线。艺术中固然含有科学的成分，而科学中也同样含有艺术的精神。

不仅是西方的战略大师重视战略的艺术境界，我国古代著名的军事家和政治家孙子在两千余年之前也有同样的观念，甚至于还可以说他的思想似乎更高明和更微妙。孙子在其书中曾经一再强调“无形”的观念，他说：“形兵之极，至于无形。”又说：“微乎其微，至于无形。”他又以水为喻，指出“兵形象水”和“水无常形”。“无形”这两个字有其高度的艺术含义，有形的因素可以用科学方法和工具来处理，但无形的因素则必须凭借高超的智慧始能探索。在艺术境界中，以运用智慧、发挥创造能力为主题，其理想目的为“探无形之秘”。

（四）哲学境界

古今中外所有的思想家，不管其研究的是何种学问，其最后和最高的阶段必然是走入哲学的境界。孙子的书虽然简短，但其中却含有极深奥的哲学思想，这也正是其深受后世人景仰的重要原因。冯友兰先生对《孙子兵法》曾作简评：“它是古代一部优秀的兵书，也是一部出色的哲学著作。”在现代西方战略思想家之中，博弗尔是真正了解战略与哲学的关系，以及哲学对战略的重要性的第一人。博弗尔曾指出：“战略只是一种用来达到目的的手段。决定目的者为政策，而政策又受到基本哲学的控制。人类命运的决定一方面要看所选择的是何种哲学，另一方面又要看他选择何种战略以使其哲学理想得以实现。”在其主要著作《战略绪论》的结尾处，博弗尔又指出：“我深信战略也像所有一切的人事一样，其中的支配和导引力量必须是理想，而那也就把我们带入哲学的境界。”

战略研究的最后目的就是要达到超凡入圣、学究天人的境界，那是哲学的境界，也是灵感的境界。战略虽为整体，但在治学程序上还是应分为四大阶段：由历史（经验）到科学（知识），再到艺术（智慧），而最后才到哲学（灵感）。

战略是一门博大精深的学问，想从事战略研究的学者不应以浅尝为满足。不过，上述四种境界若欲融会贯通，谈何容易。即便历史和科学两种境界尚可凭功力达到，但艺术和哲学两种境界则必须有赖于天才。

三、战略研究发展历程

真正意义上的战略理论自 20 世纪 60 年代创立，是一个相对年轻的企业管理学科，但是无论在企业管理理论还是管理实践中，战略理论皆占据着十分重要的地位。自创立以来，学者们从不同的视角对战略理论进行了不同的诠释，涌现出古典战略观、产业基础观、资源基础观、能力基础观、复合基础观、需求基础观等经典战略理论，并形成了由设计学派、计划学派、定位学派构成的理性主义学派，以及企业家学派、认知学派、学习学派、权力学派、文化学派、环境学派构成的非理性主义学派，明茨伯格在对以上两大学派观点进行阐释的过程中提出了结构学派。任何一种新的战略管理理论均是原有战略管理理论与特定历史条件相结合的产物，因而，研究企业战略理论的发展历程是十分必要的。

（一）古典战略观（1930—1970 年）

古典战略观是一种基于静态外生论的竞争理论，认为竞争优势源于企业外部环境。代表人物有巴纳德、德鲁克、钱德勒、安索夫、安德鲁斯、安东尼等。

1938 年，巴纳德在《经理人员的职能》一书中首次提到战略管理，由此战略管理的研究得以发端。1962 年，钱德勒出版了《战略与结构：工业企业史的考证》，在这本著作中他分析了环境、战略和组织之间的相互关系，提出“结构和战略相互影响”的论断。钱德勒被认为是战略管理领域的奠基者之一，战略与结构的互动也从此成为企业战略研究中的永恒主题，最终形成了两个学派——“设计学派”和“计划学派”，分别以哈佛大学的安德鲁斯和安索夫为代表。

设计学派认为战略形成是一个构思过程，在制定战略的过程中要分析企业的优势与劣势、环境所带来的机会与造成的威胁；高层经理人应是战略制定的设计师，并且必须督导战略的实施；战略制定过程是一个受到控制的有意识的思想过程，既不是一个程序化的分析过程，也不是凭借直觉发展起来的，优良的战略应该具有创造性和灵活性。计划学派认为战略形成是一个程序化过程，主张战略构造应是一个有控制、有意识的正式计划过程；企业的高层管理者负责计划的全过程，而具体制定和实施计划的人员必须对高层负责；通过目标、项目和预算的分解来实施所制定的战略计划等。

尽管设计学派和计划学派的研究方法和具体主张不尽相同，但其核心思想是一致的：企业战略实质是一个组织对其环境的适应过程以及由此带来的组织内部结构变化的过程，主要特征体现为：采用 SWOT 分析法，在进行外部环境分析时，主要是着眼于机会的分析，对威胁则予以回避；在进行内部状况的总结时，则着眼于自身优势的分析，扬长避短，进而制定出最能体现自身竞争力的战略，或者能超越竞争对手的战略，最终目标是将竞争对手打败或打垮，以提高自身的市场占有率和改善自身的生存与发展状况，而与竞争对手合作、互惠共存等方面则几乎没有涉及。可以说，古典战略观主要建立在对抗竞争基础之上，侧重于讨论企业竞争和竞争优势。

（二）产业基础观（1970—1980 年）

20 世纪 70 年代开始，管理咨询公司逐渐成为战略管理历史舞台的主角之一，原来

“只给出大方向”的战略变成“可使用的工具”，提出了很多后来广泛使用的管理工具，如“BCG 矩阵”“经验曲线”“战略调色板”“三层面理论”等。

70 年末到 80 年代初，哈佛大学商学院教授迈克尔·波特提出的三大战略工具（五力模型、三种通用战略、价值链模型）影响巨大，以其为代表的竞争战略理论占据当时主流地位。波特认为，企业战略的核心是获取竞争优势，而影响竞争优势的因素有两个：一是企业所处产业的盈利能力，即产业的吸引力；二是企业在产业中的相对竞争地位，即企业进行“自我定位”。这就是“定位学派”一词的来源。

定位学派更加看重产业环境，认为正式分析行业环境并仔细筛选后，战略可以简化为通用的定位，因此，规划人员变成了分析人员，这让咨询师和学术界人士受益匪浅，他们可以专注研究精确的数据，并向期刊和企业推广他们的“科学真理”。该学派提出的理论虽然涵盖广泛，但都具有注重数据分析的共同特点。

基于此，竞争战略的选择应基于以下两点考虑：①选择有吸引力的、高潜在利润的产业。不同产业所具有的吸引力以及带来的持续盈利机会是不同的，企业选择一个朝阳产业要比选择夕阳产业更有利于提高自己的获利能力。②在已选择的产业中确定自己的优势竞争地位。在一个产业中，不管它的吸引力以及提供的盈利机会如何，处于竞争优势地位的企业要比劣势企业具有较大的盈利可能性。而要正确选择有吸引力的产业和给自己的竞争优势定位，必须对将要进入的一个或几个产业结构状况和竞争环境进行分析。

概括起来，波特的竞争战略理论的基本逻辑是：①产业结构是决定企业盈利能力的关键因素；②企业可以通过选择和执行一种基本战略影响产业中的五种作用力量（即产业结构）以改善和加强企业的相对竞争地位，获取市场竞争优势（低成本或差异化）；③价值链活动是竞争优势的来源，企业可以通过价值链活动和价值链关系（包括一条价值链内的活动之间及两条或多条价值链之间的关系）的调整来实施其基本战略。

从波特“竞争理论”得出的重要推论是：产业命运决定企业命运。波特所提出的行业竞争结构分析理论在过去 20 年里受到企业战略管理学界的普遍认同，并成为进行外部环境分析和激发战略选择最为重要和广泛使用的模型。

（三）资源基础观（1980—1990 年）

20 世纪 80 年代开始，学者逐渐转换视角，开始系统地从资源（内部）的角度来研究企业竞争优势的来源，里普曼和鲁梅尔特《不确定模仿力：竞争条件下企业运行效率的差异分析》、维尔纳·费尔特《企业的资源基础理论》、巴尼《战略要素市场：期望、运气和商业策略》、迪瑞克斯和库尔《资产集合和持续竞争优势》四篇经典文章共同勾勒了资源基础理论的基本轮廓，资源基础理论渐渐成形。

里普曼和鲁梅尔特在《不确定模仿力：竞争条件下企业运行效率的差异分析》中提出“如果企业无法有效模仿或复制出优势企业产生特殊能力的源泉，企业之间具有的效率差异状态将会永远持续下去”。维尔纳·费尔特在《企业的资源基础理论》中明确提出了“资源基础观”一词，将企业视为一个有形与无形资源的独特组合而非产品市场的活动。迪瑞克斯和库尔在《资产集合和持续竞争优势》中提出“不是所有资源都是可以交易的，真正带来竞争优势的资源是企业内部积累的结果而不是市场交易的结果，这些优势资源是存量而不是流量，是企业在一段时期内坚持一系列持续策略的累积性结果”。

1991年，巴尼发表的《企业资源与持续竞争优势》提出战略资源的概念，标志着基于资源的战略学派正式形成，战略也从注重市场分析和外部环境分析转向注重公司内部能力和资源的分析。巴尼在其著作《资源基础理论：创建并保持竞争优势》中系统阐述了“资源基础观”，对于经营资源是否能成为持续性竞争优势，巴尼在书中提出了以下四个判断标准：

一是价值性：资源和能力是否可以增加价值？

二是稀缺性：有价值的资源和能力是否稀缺？

三是难以模仿性：有价值并且稀缺的资源和能力是否容易被别人模仿？

四是不可替代性（后改为组织性）：企业是否组织起来利用有价值、稀缺、模仿昂贵的资源？

可以看出，好的战略应该具备“看得见学不来”的特点，竞争优势之所以能够持久的一个最主要的原因，是保持该优势的企业经营战略无法被对手轻易复制和模仿。独特的企业资源与能力是战略制定和实施的基础，是持久竞争优势的源泉以及长期卓越经营绩效的保证。

战略资源学派认为，企业战略的主要内容是如何培育企业独特的战略资源，企业竞争战略的选择必须最大限度地有利于培植和发展企业的战略资源，而战略管理的主要工作就是培植和发展企业对自身拥有的战略资源的独特运用能力。

（四）能力基础观（1990—2000年）

由于波特所提出的价值链模型几乎涉及企业内部所有方面，存在对主要方面（如特定技术和生产方面）重视不足的局限性。注重对自身独特的资源和知识（技术）的积累的“核心能力学派”便应运而生。1990年，普拉哈拉德和哈默尔在《哈佛商业评论》上发表了著名的《企业核心能力》，标志着企业战略管理的研究进入核心能力研究的新阶段。在文章中，作者认为企业的核心能力是企业可持续竞争优势的源泉，应成为企业战略的焦点。核心能力具有如下特征：一是竞争对手难以模仿；二是能创造被客户认可的价值；三是可以使企业进入各种相关市场参与竞争。核心能力学派认为，现代市场竞争与其说是基于产品的竞争，不如说是基于核心能力的竞争。企业的经营能否成功，已经不再取决于企业的产品、市场的结构，而取决于其行为反应能力，即对市场趋势的预测和对变化中的顾客需求的快速反应，因此，企业战略的目标就在于识别和开发竞争对手难以模仿的核心能力。另外，企业要获得和保持持续的竞争优势，就必须在核心能力、核心产品和最终产品三个层面上参与竞争。

针对核心竞争力理论“核心刚性”的固有缺陷，大卫·提斯等在《战略管理》上发表了影响深远的《动态能力与战略管理》一文，提出了“动态能力”（1997 年）的概念，他将动态能力定义为“企业整合、构建和重新配置内外部基础能力以迅速应对不断变化的环境的能力”。动态能力的精髓在于“只能构建而不能购买”，动态能力的“动态”，并非环境的动态，而是指企业能够不断连续改变和更新基础资源的“动态”；“能力”也不是一般意义的能力，而是“企业保持或改变其作为竞争优势基础能力的能力”。

进入 21 世纪之后环境的变化导致传统的标准化的战略举措几乎完全失效，在动态变化的环境中，企业原有核心能力很有可能成为阻碍企业发展的包袱，动态能力理论告诫企业需要“赢时思变”，新的环境下要培育新的能力，尽早启动战略转型，放弃已获得过确证的成功方法，避免“战略漂移”。在动态环境下企业获取持续竞争优势的基本模式，已经从传统地获取持续的竞争优势转向持续地获取一系列暂时竞争优势。

（五）复合基础观（21 世纪前后）

即将进入 21 世纪之际，产业基础观代表人物波特针对人们过于关注内部环境，发表了《什么是战略》（1996 年），迫使人们重新思考战略。波特认为：所谓战略，就是在企业各项运营活动之间建立一种配称（运营效益不等于战略）。“竞争战略”是创造差异性，有目的地创造一整套独特、有利的定位，涉及各种不同运营活动的价值组合。此外，波特在文中提出的“战略一致性”（后演变为多重一致性）一直是战略重点关注内容。

罗伯特·卡普兰和大卫·诺顿认为现有的依靠财务指标的业绩管理方法是依赖于过去情报的方法，已经不适用于环境急剧变化的 21 世纪，提出平衡计分卡理论（1996 年），被《哈佛商业评论》评为 75 年来最具影响力的战略管理工具之一。平衡计分卡是一种组合“财务视点”（过去）、“客户视点”（外部）、“内部业务流程视点”（内部）和“创新与学习视点”（将来）的企业经营评价体系，依然是目前战略分解（战略解码）最基础的方法论。

21 世纪初，W. 钱·金和勒妮·莫博涅在《蓝海战略：超越产业竞争开创全新市场》（2005 年）中反对现有竞争思路，认为企业可以追求“差异化”和“低成本”。“蓝海战略”主张摒弃群雄纷争、血染疆场的“红海战略”，而推行基于新价值与成本、无竞争的“蓝海战略”；同时它也否定了波特一直提倡的“权衡附加值或成本”。

（六）需求基础观（2000 年至今）

战略学研究在很长时间之内，将顾客这个上帝严重忽略，其原因可能是企业战略中的主流学派是产业组织理论和资源基础理论。近年来，随着消费者王朝的真正来临，需求基础观的理论体系逐渐建立起来。在战略管理学科步入 21 世纪之后，需求基础观的研究得到了长足的发展，这一方面得益于众多战略学者的努力，另一方面则是随着技术的进步，新兴商业模式的兴起，企业战略设计与实施越来越考虑顾客的需求。普里姆等结合以往研究成果，明确了需求基础观的定义：从焦点企业向下游展望，关注产品市场和买者以解释和预测在一个价值体系中增加价值创造的管理决策。

（七）小结

通过对产业基础观、资源基础观、需求基础观三种战略观进行比较，可以从基本假设、审视角度、战略建议等方面总结出其异同点，如表6-1所示。

表6-1　不同战略观的比较

	产业基础观	资源基础观	需求基础观
基本假设	多维的产品市场 单一的要素市场	单一的产品市场 多维的要素市场	多维的产品市场 多维的要素市场
审视角度	由外而内	由内而外	由外而内
企业本质	公司是产品的组合	公司是能力的组合	公司是解决方案的组合
战略建议	规模经济，市场垄断	寻求并保护稀缺资源， 并提升自身效率	通过创新开拓蓝海为 顾客提供价值
价值产生	外生于企业	内生于企业	外生于企业
扩张逻辑	降低风险，提高门槛	更好利用无形资产	满足客户多元需求

通过对古典理论、定位学派、能力学派等战略理论的分析与反思，可总结出战略理论发展演化的趋势，主要体现在以下四个维度：一是战略所涉及的主体逐渐由独立自治的个体扩展为群体；二是行为的性质由对抗与排斥转向合作与共生；三是活动的边界由固定活动边界转为自设边界；四是优势的来源由关注内部环境转为关注外部。

事实上在战略管理学界，由于对战略有不同的理解，因而产生了不同的流派，最有代表性的人物是迈克尔·波特和亨利·明茨伯格。波特教授主张战略就是定位，重在分析和规划；而明茨伯格则主张战略是一个过程，重在学习和应对。波特提出的五力模型、三种通用战略（差异化、成本领先和聚焦）、价值链模型等理论工具经过咨询公司和商学院几十年的传播，早已成为一般管理者的标配，旨在帮助企业建立和守卫竞争优势。明茨伯格则不认同战略可以是格式化、理性化的分析，他从对管理者近距离的观察研究发现，管理者的大部分决策往往是在应对突发事件中作出的，而非遵循事先计划然后执行的程序。真正的战略是在面对日常一个接一个突发事件时进行决策这一过程中积累而成的，并由此形成了后发涌现的战略模式。

通过与大量的高级管理者访谈，绝大多数企业家和管理者更加认同明茨伯格的观点，认为战略思维更符合当今战略形成的现实。战略更多的是在摸着石头过河，在上下求索、在应对环境变化的过程中形成的一种思维模式。这样的例子不胜枚举，阿里巴巴怎么成了互联网金融的领军者？亚马逊怎么成了云计算的老大？腾讯怎么构建了无处不在的微信帝国？我们看到了开头，却猜不到结局。

明茨伯格自己最喜欢的一个案例是本田摩托车进入美国市场的战略。1959 年本田宗一郎决定进军美国市场，为了入乡随俗，本田做足功课，推出了美国市场偏好的 250cc 和 305cc 的大型摩托车，造型独特，马力充足。然而，市场并不领情。1959 年本田在美国市场仅仅卖出了 167 辆摩托车。有心栽花花不开，无心插柳柳成荫。意想不到的是，本田的工作人员自己骑的 50cc 的小型摩托车反倒吸引了消费者不少兴趣。在接到许多商家对这种小型摩托车的求购电话后，本田作出了决定：启动 50cc 小型摩托车的销售计划，市场立即给予了回响：1965 年，本田摩托车的销量达到 27 万辆，市场份额占有率 45.6%。本田的成功，并非来源于运筹帷幄之中的战略部署，而是在千里之外的现场，从试验、失败、应对、改变的过程中逐渐演化而成的。这个案例也呼应了《战争论》的作者克劳塞维茨的名言“成功的战略不可能有公式可套；没有什么计划在遭遇敌人后还有用”。

四、如何做好公司战略研究

（一）能够专业专注求真务实

战略家本身并不一定要精通某一门学问，却必须对于多种不同的学问都有相当的了解。古今中外的战略家，无论其所专精的是思想、计划，还是行动，抑或三者兼而有之，其入门的途径都是相同的，那就是求知。因为无论是思想、计划，还是行动，都必须以必要的知识为基础。国人尊孙子为“兵圣”，《孙子兵法》十三篇言简意赅，全书不过六千余字，但“知”字在《孙子兵法》全书中出现的次数非常频繁，共 79 次，似可显示“知”在孙子的思想方法中居于极其重要的地位。知乃思与行的基础，无知不能行，无知甚至于也不能思，尤其是无知更不能计。

知是名词也是动词，作为名词，知的意义为知识，作为动词，知的意义为获取知识的动作或步骤。如何求知？其实就是孔子所说的好学，即对于知识具有一种追求不舍的热爱，好学即为求知的必要途径。研究必须有苦苦追求的精神，必须专业专注求真务实，才能从事彻底认真的研究。现代战略研究已经成为一种正式学域，其所包括的知识更是种类繁多，要想做好公司战略研究，必须学习以下几方面的知识：

一是学习基本的经济学和管理学理论，开拓视野，提高认识问题、分析问题和解决问题的能力。

二是充分利用好各种调研机会，关注真问题、实问题，了解一线生产经营活动。

三是学习能源及油气行业专业知识，做到听得懂、问得对、能交流。

四是结合公司发展，选择业务链的某一环节或领域，长期跟踪，勤于思考，深耕细挖，日积月累，成为专业人士甚至专家。

（二）对政策有敏锐意识思维

战略研究应该预知正在发展中的演变趋势，然后因势而利导之，使这种趋势变得有利无害，或至少是利多害少。在《1940 年法国的沦陷》中，博弗尔有如下警语："1940 年的最大教训就是疾病在初起还可以治疗。只有最初阶段，还可能采取有效行动。在此之后就会太迟，那些不幸的人，不管他们有何种能力或弱点，假使到这一点才尝试采取行动，则终将为命运所压倒。当历史的风吹起时，虽能压倒人类的意志，但预知风暴的来临，设法加以驾驭，并使其终能为人类服务，则还是在人力范围之内，战略研究的意义即在于此。"

万科和恒大就是两个鲜明的例子。2018 年 3 月两会重申"房住不炒"政策主基调，作为中国房地产行业的巨头，万科、恒大面临前所未有的压力和挑战。万科敏锐意识到政策变化，早在 2018 年就作出了前瞻性决策，将"活下去"的经营理念确定为其最高战略方针，不再盲目地追求销售额，而是将更多精力投入战略检讨、业务梳理、组织重建、人事匹配上。相比之下，恒大仍然走追求规模的老路，采取高负债、高杠杆、高周转、低成本的战略方针。两者对政策调控的不同战略应对反映到股价上，2018 年 8 月 31 日至 2021 年 8 月 31 日的三年时间，恒大的股价从 24. 39 港元/股暴跌 82%至 4. 36 港元/股，而万科股价仅下跌 5%。曾经高歌猛进、声势浩大的恒大，如今却面临着倒塌的命运，而一度被认为衰落的万科却迎来了转机。2023 年 11 月 6 日，万科集结了超过 150 家境内外主要金融机构和资金方召开了庞大且隆重的线上会议。令人惊讶的是，不仅深圳地铁的董事长出席了会议，连深圳市国资委领导也亲自参与其中。会议现场，深圳市国资委明确表示，万科具备足够的安全性，没有财务风险和管理风险，是深圳国资体系的重要组成部分。此外，深圳市国资委还提出了四个强有力的支持措施，以有序支持万科，进一步巩固了市场对万科的信心。

因此，战略研究必须对政策有敏锐意识，并具有前瞻性思维。战略研究的目的是想要改变历史的趋势，未来固然不能预测，但在某种限度之内，又还是能选择未来。

（三）运用科学理论框架工具

就其本质而言，战略本身是艺术而非科学，战略研究是广义的科学，毫无疑问战略研究可以使用科学方法。最初在战略研究领域中受到重视的科学方法即所谓系统分析，由麦克纳马拉引入美国国防部而大行其道，其结果是 PPBS（Planning，Programming，Budgeting，System）预算制度的推行。当时很多知名人士表示反对，认为此种方法并不恰当，甚至有害无益。任何方法都并非毫无缺点，但又不应因此完全否定其价值。美国战略思想家伯纳德 · 布罗迪的意见似乎是持平之论："系统化的现代方法通常都能产生比较可以信赖的结果，而且在许多种类的问题上也不可缺少。诚然，数学化推理的结论应能用非数学方式表达或解释，但还是必须首先进行数量化的分析。"

孙子在两千多年以前已有与布罗迪类似的看法，孙子在《孙子兵法·计篇》中提出“校之以计，而索其情”的观念，“计”就是量度，也就是数量化的分析，“索其情”就是判断，也就是非数学方式的解释，用来处理不能量化的因素。孙子坚持先做量化的比较，然后再做非量化的判断，以显示其重视科学方法的精神。

现代战略研究在方法、工具上都已高度科学化，要想做好公司战略研究，需掌握和运用基本的经济理论、基本的管理理论、战略管理理论、投资组合理论、战略性投资（实物期权和博弈论）、并购理论与估值、最终投资决策（FID）、情景规划、平衡计分卡等科学理论框架工具。此外，在新的战略环境中，战略研究人员必须不断地改进研究方法，引进新的工具。

有人批评现代战略研究过分重视逻辑和系统，于是也就会有忽视战略问题的非理性方面的问题。诚然，战略研究者不应忽视非理性因素，但又不应因此就不用科学方法，或认为其分析不合理。事实上，非理性或不确定因素在现代战略研究中所受到的重视程度远超过一般人的想象，因为在方法学中已经吸收了许多新观念，如决策理论的引进，使政治因素和心理因素都受到新的重视，MSG（Models，Simulations and Games）技术的采用，也使研究工作更接近现实。

（四）建立持续便捷的资料库

正确把握事物的现状和变化发展趋势是战略研究的前提，如果思维主体获取的信息失真或者信息量不足，就不能准确地判断对象的现状，更不可能准确地预测对象未来的发展趋势，就可能作出错误的战略决策。实践表明，成功战略决策的产生必须以大量的调查研究、情报部门和统计部门的工作为基础。曾在美国国防部中任职的安德鲁斯指出：“信息已经成为一种战略资产。”因此，要持续搜集和保存战略研究所需要的信息，包括宏观数据、行业数据、市场数据、公司数据、政策信息、文献信息等，并对已有的资讯做有效的整合处理，建立持续便捷、完整适当的资料库，以作为战略研究工作的基础。资料库越充实，对过去和现在所做的解释则越精确，对未来发展的推测也越可信赖。

建立持续便捷的资料库主要包括两种不同的活动：信息的获取和信息的分析。搜集为分析的源头，假使没有适当的信息输入，则分析者也是巧妇难为无米之炊。信息的获取或搜集就传统而言主要凭借人力，但最近30年来，由于技术的进步，开始出现很多新的信息搜集工具。这些工具固然有重大的价值，但也可能由于过分依赖技术，使大家相对地忽视人的重要性。新的信息处理技术是非常重要的，但又不可过分依赖它，在高度复杂微妙的领域中，个人的经验、智慧、直觉仍然能发挥重大的作用。同时，自动化的搜集方式足以产生信息泛滥的现象，现代搜集体系虽然能获得大量的信息，但却不能辨别何者有价值，何者不重要。在这种情况下，信息的分析尤为重要。原始的信息必须经过严密的分析处理，对其性质加以分类，对其观念加以澄清，才能转变为有用的情报。

最终投资决策需要大量的时间去做准备工作和研究工作，单个领导的时间、精力和专业知识不能满足这种需要。资讯科学的发展、电脑的进步，使战略研究有了投资决策咨询机构和硬件的支持。国外公司都有组建投资决策咨询机构，使其成为决策组织体系的一个有机组成部分，以对大量信息进行归纳、推理、评估，运用科学的方法进行预测，从多方案中进行可行性、合理性比选，筛选最优方案。从国际石油公司的调查结果来看，大型国际石油公司都有完善的投资数据库和分析工具，给企业提供一个强大、快捷的信息交流平台，有助于企业紧密跟踪一些先进经验和成果，提升决策能力。

（五）树立共享和开放的理念

诚如前面所言，战略研究是一门范围相当广大、层次相当众多的学域，在研究过程中树立开放和共享的理念非常重要。共享资源和信息能够促进合作与创新，提高效率和效益。开放的心态则能让我们更好地接纳新事物、与他人交流合作，共同推动进步。在战略研究过程中，可以从以下几个方面着手：

一是推动知识共享，用好数据管理系统，实现领导讲话稿、调研报告、软科学课题研究成果摘要等部门内部共享。

二是根据工作需要，在时间许可的情况下，参加内外部研讨会，及时了解政策动向，就相关重大问题开展交流。

三是积极参加软科学课题研究，提升自己的业务研究能力。

四是要有开放的理念，参加相关学术研讨，为发挥部门内外、公司内外的重要桥梁作用作出积极贡献。

五是建立合作网络，与外部机构、专家建立广泛的合作关系，促进知识和资源的共享。

（六）善于总结归纳、提炼升华

对于已经存在的现象，战略研究者应能提供合理而有意义的解释，也就是要善于总结归纳、提炼升华。可通过以下步骤实现：

一是分类整理，将各种相关信息进行分类整理，厘清逻辑关系。

二是深入分析，对收集到的资料进行深入剖析，找出关键问题和趋势。

三是提炼核心观点，从众多信息中提炼出核心的观点和结论。

四是升华主题，结合研究目标和背景，进一步提升和深化主题，使其具有更广泛的意义和价值。

五是反复验证，对总结归纳、提炼升华的结果进行反复验证和修正，确保其准确性和可靠性。

五、碳中和愿景下的国际油气企业战略选择

近年来，石油行业受到新冠疫情、乌克兰危机、气候变化等强相关因素的冲击与影响。2020 年新冠疫情爆发，油气企业受气候变化与市场衰退的双重制约，经营业绩普遍下滑。七大国际石油公司的平均净资产收益率约为-14.6%，显著低于清洁能源5%~10%平均收益率；2021 年以来，全球油气市场逐渐从新冠疫情中恢复，2023 年七大国际石油公司平均资产收益率约为 16.2%。油气企业以“碳中和”为愿景，从传统油气向新能源领域转型，大型国际石油公司相继发布中长期减排目标与实施路径，针对油气上下游产业实施战略调整，以快速适应外部环境变化，保障未来可持续发展。

2020 年以来，国际油气企业相继提出气候目标，加快战略调整步伐，在巩固油气主业的同时，稳步推进低碳转型，保障未来可持续发展。油气企业整体战略可以总结为以下五个方面：

一是审慎投资态度成为常态。削减支出通常是应对油价下行最直接、最有效的方式。受疫情及市场低迷影响，2020 年国际石油公司纷纷下调了投资规模。据统计，七大国际油气公司（埃克森美孚、雪佛龙、bp、壳牌、道达尔能源、埃尼及 Equinor）2020 年资本支出总额约为 877 亿美元，较 2019 年缩减 30%，尽管 2021—2023 年业绩能力大幅增长，投资规模有所提升，但 2023 年资本支出总额较 2019 年仍减少 5%。国际油气企业进一步重视财务弹性，在油气勘探开发业务上持更加审慎的态度，大量高成本项目被迫推迟或停止。

二是进行了大规模资产减值。2020 年，受石油需求萎缩、油价暴跌以及可再生能源与电动汽车等替代品的冲击，七大国际油气企业累计资产减值超过 700 亿美元，减值规模是 2019 年的 7 倍。其中，第三季度减值超过 500 亿美元。在第四季度，埃克森美孚、壳牌分别计提减值 200 亿美元、45 亿美元。受此影响，各公司 2020 年盈利同比下滑显著，但由于资产减值有利于降低未来桶油折旧、折耗及摊销，因此成为国际油气企业在行业低迷期的常规举措。

三是国际油气企业继续实行非核心资产剥离计划，进一步优化投资组合，以提高未来现金流、成本效率及竞争力。在油气核心业务布局方面，国际油气企业结合国际化布局各有侧重，西非、拉美成为热点，深水与非常规油气投资受到广泛关注。受 2022 年乌克兰危机影响，埃克森美孚、壳牌、bp、道达尔能源等国际石油公司均宣布退出俄罗斯，对各自生产经营产生负面影响。例如，bp 退出俄罗斯石油公司（Rosneft）19.75%的股权，道达尔能源也不再持有诺瓦泰克公司的股权，两家公司当年相关损失分别超 255 亿和 148 亿美元。2024 年，埃克森美孚以超 600 亿美元成功收购先锋自然资源公司，扩大美国本土油气规模。在下游方面，国际油气企业通过对炼油化工业务进行结构性剥离、拆分或改造升级，确保下游业务朝着高效、低碳、清洁的方向发展，与终端用能联系更加紧密。例如，bp 以 50 亿美元将其全球石化业务出售

给英力士公司；壳牌陆续剥离美国、欧洲、日本、新加坡等国家和地区的传统炼油与化工业务，以能源化工园区为抓手推进业务持续转型；雪佛龙以 2.92 亿美元收购彪马能源在澳大利亚的全部业务，进一步扩大终端零售网络规模。

四是低碳转型路径更加多元化。结合现阶段以油气为主的产业特点，油气企业大力发展天然气产业，将其作为低碳过渡能源。壳牌、bp、道达尔、埃尼等公司继续推进一体化天然气业务，埃尼计划在 2050 年天然气产量占比达到 85%以上，2021 年又宣布将天然气产量占比提升至 90%以上。同时，采取其他方式开展能源转型，大致可以分为以下三种：①发展替代能源，包括生物燃料、氢能、可再生能源发电等；②基于用户侧建立多元化的能源供应体系，包括提供居民终端用能服务（油气氢电综合站、电动汽车充电网络）以及企业能源解决方案等；③发展环境产品，如广泛参与碳排放权交易，开展碳捕集、利用与封存技术研发与应用、发展碳汇等。

五是在组织架构上，国际油气企业不断探索适应新形势的组织架构，如 bp 抛弃了原有的“上下游和其他业务板块”结构，以平行业务板块取而代之，并侧重生产与运营、客户与产品、天然气与低碳能源业务，取代之前以油气生产、炼化、营销及贸易为主导的传统结构。Equinor 成立了“可再生能源”业务板块，利用新的“技术数字化和创新”板块加速发展可再生能源、CCUS、氢能等业务。埃尼将可再生及电力销售业务从天然气及发电板块中剥离，引入第三方投资，并增加了碳排放权交易业务。

参考文献

[1]蓝海林，等．企业战略管理(第四版)[M]．北京：科学出版社，2022.

[2]汪涛，万健坚．西方战略管理理论的发展历程、演进规律及未来趋势[J]．外国经济与管理，2002(3)：7-12.

[3] Lippmon S A, Rumelt R P. Uncertain imitability: An analysis of interfirm differences in efficiency under competition[J]. The Bell Journal of Economics, 1982, 13(2): 418-438.

[4]Wernerfelt B. A resource-based view of the firm[J]. Strategic Management Journal, 1984, 5(2): 171-180.

[5]Barney J B. Strategic factor markets: Expectations, luck, and business strategy[J]. Management Science, 1986, 32(10): 1231-1241.

[6]Dierickx I, Cool K. Asset stock accumulation and sustainability of competitive advantage[J]. Management Science, 1989, 35(12): 1504-1511.

[7][美]杰伊·B. 巴尼，[新西兰]德文·N. 克拉克．资源基础理论：创建并保持竞争优势[M]．张书军，苏晓华，译．上海：格致出版社，上海三联书店，上海人民出版社，2011.

[8]冯雪．企业战略管理理论的发展历程和新趋势[J]．科技情报开发与经济，2008(10)：169-171.

[9]陈彩虹．什么是战略思维[J]．中国发展观察，2019(5)：42-43.

[10][美]R. 杜安・爱尔兰，罗伯特・E. 霍斯基森，迈克尔・A. 希特．战略管理：竞争与全球化(概念)(原书第10版)[M]．赵宏霞，张利强，等，译．北京：机械工业出版社，2013.

[11]蓝海林．企业战略管理理论与技术[M]．广州：华南理工大学出版社，1993.

[12][美]梅森・卡彭特，杰瑞德・桑德斯．战略管理：动态观点[M]．王迎军，韩炜，肖为群，等，译．北京：机械工业出版社，2009.

[13][美]格里・约翰逊，凯万・斯科尔普．战略管理(第6版)[M]．王军，等，译．北京：人民邮电出版社，2004.

[14][美]弗雷特・R. 戴维．战略管理(第8版)[M]．李克宁，译．北京：经济科学出版社，2001.

[15][美]约翰・甘布尔，小亚瑟・汤普森．跟大师学战略管理[M]．刘学元，编译．北京：人民邮电出版社，2012.

[16]Tuunanen M，Hoy F. Franchising：Multifaced form of entrepreneurship[J]. International Journal of Entrepreneurship and Small Business，2007，4(1)：52-67.

[17][美]迈克尔・波特．竞争优势[M]．陈小悦，译．北京：华夏出版社，1997.

[18]肖智润主编．企业战略管理：方法、案例与实践(第2版)[M]．北京：机械工业出版社，2018.

[19]钮先钟．战略研究入门[M]．上海：文汇出版社，2018.

第七讲

对标世界一流企业管理

第一节　世界一流企业的内涵

一、世界一流企业衡量标准

不同机构和学者对世界一流企业的衡量标准开展了广泛的研究。1994 年，科林斯和波拉斯在《基业长青》一书中探讨了高瞻远瞩的公司（Visionary Company）所具备的特点，包括：①处于所在行业第一流的水准；②广受企业人士尊崇；③对世界有着不可磨灭的影响；④已经历很多代的 CEO；⑤已经历很多次产品寿命周期；⑥1950 年创立。经过研究发现，满足上述特点的公司能够获得杰出的长期绩效，具有较强的价值创造能力，能够以独一无二的方式通过产品和服务融入社会结构，改变人们的生活。

2012 年，麦肯锡在《完善系统对标　推动管理转型　打造世界一流企业》报告中，提出了世界一流企业的衡量标准：要“大”，即具有足够的体量，对行业乃至全球经济具有显著影响力；要“强”，即不断创造不俗的业绩并保持所在行业的领袖地位；要“基业长青”，即具有发展的长期持续性，经历市场变幻、风吹雨打仍然屹立不倒，积累了长盛不衰的国际名声。

2019 年，全食超市创始人约翰·麦基联合美国本特利大学营销学教授拉金德拉·西索迪亚在《伟大企业的四个关键原则》一书中揭示了建立伟大企业的四大关键原则：设定崇高的目标、为每一位利益相关者创造价值、聘用愿意为企业和利益相关者服务的领导者、保持企业文化与管理方式的一致性。该书作者认为企业本质上是一种伟大的价值创造者，能为全世界带来巨大的财富和繁荣，同时倡导企业家用有良知的方式运作企业，为所有的利益相关者创造价值。当企业进化为良心企业时，将会获得卓越的财务业绩。

德勤华永会计师事务所（简称德勤）提出了世界一流企业的十大关键要素：①公司治理；②战略管理；③管控与运营；④领导力建设；⑤数字化；⑥国际化；⑦人才管理；⑧创新管理；⑨品牌管理；⑩并购管理。其中，①~④为基础要素。

二、国务院国资委明确世界一流示范企业核心内涵

当今世界进入百年未有之大变局，并在新一轮科技革命驱动下以前所未有的速度和力度"重构"，产业升级和全球价值链和供应链的再分配，全球宏观经济形势、地缘政治更加复杂，大宗商品价格波动更加剧烈，跨行业技术创新层出不穷。近年来，建设世界一流企业已经成为一项重要的国家战略并被持续深化。

2010 年 12 月，国务院国资委明确将"做强做优中央企业、培育具有国际竞争力的世界一流企业"作为"十二五"时期中央企业改革发展的核心目标，将其确立为一项长期性、战略性的目标任务。此后，培育建设世界一流企业更是成为重要的国家战略。2012 年 11 月，党的十八大指出，"必须实行更加积极主动的开放战略"，"加快走出去步伐，增强企业国际化经营能力，培育一批世界水平的跨国公司"。2013 年，国务院国资委印发《中央企业做强做优、培育具有国际竞争力的世界一流企业要素指引》，提出通过打造五个一流体系，即一流能力体系、一流要素体系、一流支撑体系、一流工作体系和一流理念体系，将对标作为做强做优、培育世界一流的重要工作抓手，通过对标找准短板和差距，稳步推进世界一流企业建设。2017 年 10 月，党的十九大进一步提出，"加快完善社会主义市场经济体制"，"深化国有企业改革，发展混合所有制经济，培育具有全球竞争力的世界一流企业"。2020 年 10 月，党的十九届五中全会审议通过《中共中央关于制定国民经济和社会发展第十四个五年规划和二〇三五年远景目标的建议》，提出要"激发各类市场主体活力"，"弘扬企业家精神，加快建设世界一流企业"。

2022 年 2 月 28 日，习近平总书记主持第二十四次中央全面深化改革委员会会议，审议通过了《关于加快建设世界一流企业的指导意见》，提出了建设世界一流企业的"十六字标准"，即产品卓越、品牌卓著、创新领先、治理现代。同年 10 月，习近平总书记在党的二十大报告中明确指出，"深化国资国企改革，加快国有经济布局优化和结构调整，推动国有资本和国有企业做强做优做大，提升企业核心竞争力。完善中国特色现代企业制度，弘扬企业家精神，加快建设世界一流企业"。

2023 年 2 月，习近平总书记在《求是》杂志上发表《当前经济工作的几个重大问题》，指出："国企改革三年行动已见成效，要根据形势变化，以提高核心竞争力和增强核心功能为重点，谋划新一轮深化国有企业改革行动方案。"7 月，全国国有企业改革深化提升行动动员部署电视电话会议召开，聚焦解决国有企业"核心功能不足、资产收益率不高、创新能力不足"等问题，围绕牢牢把握"三个总"（总目标——做强做优做大国有资本和国有企业；总原则——坚持和加强党对国有企业的全面领导；总要求——积极服务国家重大战略），切实用好提高企业核心竞争力和增强核心功能"两个途径"，充分发挥"科技创新、产业引领、支撑保障"三大作用的改革部署主线，重点是抓好功能使命性任务和体制机制性改革任务。2023 年 12 月 11—12 日召开的中央经济工作会议再次强调，深入实施国有企业改革深化提升行动，增强核心功能、提高

核心竞争力。

三、具有全球竞争力世界一流企业的核心特点

结合前文所言，具有全球竞争力的世界一流企业具备三种能力，即价值创造能力、创新驱动能力和国际化能力。

1. 价值创造能力

价值创造能力体现为：从“大”到“伟大”，体现“基业长青”；从股东价值最大化到利益相关者价值最大化，追求股东利益并不意味着损害其他利益相关者的利益。从价值管理与评估的角度看，一家公司的相对市场价值（以资本市值比来衡量）是由公司的增长率和投入资本回报率（ROIC）减去加权平均资本成本（WACC）后的差额决定的。在增长率不变的情况下，高回报意味着高的市场价值。同时，当投入资本回报率高于资本成本时，增长意味着更高的市场价值；而当投入资本回报率低于资本成本时，更高的增长将导致更低的估值。因此，一家公司价值的首要驱动因素是公司的投入资本回报率高于公司的加权平均资本成本，第二驱动因素则是公司的成长能力。高回报和高增长产生高的现金流，高的现金流反过来驱动了价值的增长。

2. 创新驱动能力

创新驱动能力主要体现为开放理念、包容文化、学习型组织、激励制度以及市场导向。开放理念是前提。无论是创造知识的科学研究还是将知识转化为经济效益的创新都是在开放理念下实现的，从创新来看更加需要开放的环境。包容文化是法宝。企业能否持续推动创新，包容文化非常重要。有创新就有失败，企业是否有这种接受失败的文化对于持续创新十分关键，思想的火花是碰撞出来的，包容的文化就是要有民主的氛围，要鼓励研发人员敢于表达不同意见。学习型组织是基础。我们正在经历变革时代，知识更新换代速度比以往任何时候都快，第四次工业革命浪潮和能源转型步伐明显加快，全球经济治理面临新的挑战，对于技术密集型、资本密集型的能源企业而言，形成持续学习的能力比以往任何时候都显得更加紧迫，从这个意义上来说，学习能力就是最大的竞争力。激励制度是保障。我们既要倡导科学家的奉献精神，又要设计科学合理的激励制度来确保研发动力的强劲和创新活力的持续，国内外的实践充分证明了这点。市场导向是根本。有科技创新活力的企业还有一个特征，那就是客户导向文化和市场的意识。企业的研发人员是分层的，少部分是聚焦于基础研究的科学家队伍，大多数围绕技术创新或产品开发的研发队伍具有强烈的将知识转换成产品进而创造经济效益的能力，要对市场有前瞻性认识，塑造以客户为中心的理念，从而不断推动企业的科技创新。

3. 国际化能力

国际化能力主要体现为理念国际化、管理国际化、资本国际化、技术国际化以及

人才国际化。理念国际化的原动力是企业的全球视野，即对未来国际化重要性的认识程度及自身在国际化市场中的定位。拥有较强全球视野的企业将会对国际化投入更多的人力物力，进而明显提高国际化程度。理念国际化的支撑力量是企业管理层经验，即高级管理者对企业国际化战略的设计及对企业国际化走向、时机的把握。拥有丰富经验的管理层可使用有限的资源更高效率地完成企业国际化目标。理念国际化程度可通过管理层国际化教育与工作经验、企业品牌国际化程度、参与国际事务规则的能力和态度、对西方掌控的国际化话语权与东道国当地化的平衡与协调能力等来体现。

管理国际化是指企业顺应全球化时代发展和国际惯例，利用国际资源达成企业目标的过程。西方国际大公司大多发端于国际贸易或海外投资，这些公司一开始就是国际化的。而中国企业长期的工作中心和人才队伍都立足于国内。从这个意义上来说，在管理适应性、制度建设、组织架构、供应链管理体系建设方面均立足于国内的国有企业快速推进管理国际化建设迫在眉睫。

从公司层面来看，资本国际化主要是指企业能否充分利用国际金融市场来实现投融资、营运资本和风险管理的全球配置，包括融资国际化、营运资本管理国际化、利用金融市场管理风险敞口的能力等。企业通过参与国际资本市场，充分利用全球金融中心降低企业资金成本，加快资金周转速度，降低风险，有助于自身在全球范围内进行资源筹集和配置，调整生产组织形式、经营活动，开拓市场，以及应对众多国家、多种货币、汇率、税收和投资政策等因素的影响。

技术国际化改变了企业单一的从内部获取所需要的技术知识的状况，使企业内部以及企业外部组织之间形成了一个知识交流网络，可以更广泛地借助外部组织的知识和信息构建自己的技术和知识结构。为实现技术国际化，企业可直接投资和并购更多的研发分支机构，并通过组织整合、资源整合、政策整合将海外的研发分支机构整合成一个更高效率的网络。

人才国际化是企业国际化最为核心的要素，包括人才选拔、使用、评价、培养、待遇等多方面都要立足于全球化的视角。企业人才国际化的前提是领导力国际化与管理制度国际化。长期根植于国内业务的国有企业，受制于历史遗留下来的冗员与传统国有企业的僵化监管体制，提升人才国际化程度是创建世界一流示范企业的关键。

第二节　为什么要对标世界一流企业

一、公司制度与大国崛起

公司是一个伟大的发明，是人类历史上的一次重大制度创新，推动了技术创新和工业革命。美国经济学家德隆的研究表明，从旧石器时代到新石器时代，也就是到

15000 年前，人类花了 99.4%的时间，世界人均 GDP 达到了 90 国际元，然后到公元 1750 年，花了 0.59%的时间，达到 180 国际元，从 1750 年到 2000 年，即在 0.01%的时间里，达到6600 国际元，增加了 36 倍。换句话说，人类97%的财富是在过去250 年（1750—2000 年），也就是 0.01%的时间里创造的。带来这 250 年财富迅速增长的机制就是市场经济，而公司组织正是市场经济中不可缺少的细胞。

公司的发明改写了人与人相处的秩序，国与国竞争的规则，是否拥有一批强大的公司，成为关乎一国经济实力的关键。近代以来，任何忽视市场力量，不能发挥公司组织优势的国家或社会都逐渐没落，只有借助公司推动市场经济的生产力、解放个人的创造力，国家才能登上世界舞台的中心。

荷兰人最早发明“有限责任公司”。17 世纪初，荷兰东印度公司面向所有市民公开发行股票，成立了世界上第一家上市公司。股票交易所和银行应运而生，给荷兰人带来了爆炸式的财富增长，荷兰成为世界上最早的资本主义国家。随后，英国东印度公司也开始公开发行股票，丹麦、法国、瑞典、俄罗斯纷纷加入效仿者的行列。“股份有限责任公司”大大降低了投资风险，使陌生人之间的合作成为可能。这一时期公司不仅承担着为股东创造利润的任务，更承载着为国家开疆拓土的使命。

17 世纪开始，欧洲各国竞相以公司之名义，踏浪蹈海；公司则凭借政府之特权，逐利全球。为了扶植公司的海外扩张，英国与荷兰率先将交战、媾和、司法、行政等诸多国家权力赋予公司。鼎盛时的英国东印度公司拥有超过 30 万人的武装力量，这个数字是当时英国军队的两倍。凭借国家权力，公司在各个殖民地发动了残酷的战争，争抢和占有当地的资源，公司和特权的结合达到了一个辉煌的顶点。

银行家约翰·劳认为特权有可能创造更大的利润。1717 年，在法国政府的支持下，约翰·劳建立了密西西比公司，通过大量发行股票（红利 4%，高于法国国债，人们既可以用银行发行的货币购买股票，也可以用持有的法国国债购买股票）进行融资，随后组建了国家银行发行超额纸币保障市场对密西西比公司股票的坚挺需求，使法国经济连续 3 年快速增长。英国于 1711 年成立了南海公司，持有皇家特许证，基本垄断了对中美和南美的贸易，发行的股票价格短短几个月从 125 英镑飙升到 1000 英镑，越来越多的股份有限公司出现，加速了股市泡沫的形成。1720 年 6 月英国议会颁布的《泡沫法案》则成为股市泡沫破灭的导火线。该法案宣布，在没有议会法案或国王特许状给予的法律权利的场合，禁止以公司名义行使发行可转让股票或转让任何种类的股份，其原本的目的是为南海公司吸引更多的投资者，但却过度打击了投资者的信心，随之而来的是泡沫的破灭和投资者信心的消失。

特许公司在一定程度上具备政府职能，运行期间不仅带来了大量的泡沫，也滋生了大量的腐败。后来，小工厂主、小企业主成为推动工业革命的中坚力量，逐渐成为社会进步的前沿。18 世纪 70 年代，水力纺纱机的发明者阿克莱特在曼彻斯特建立起世界上第一家现代意义上的工厂。此时，英国几乎有 40%年龄超过 20 岁的男劳动力在从事商业与制造业。正是他们启动了日后影响世界的工业革命。1776 年 3 月 8 日，英国瓦特公司推出了改良的蒸汽机，它的出现改变了几千年来生产完全依赖于人力和自然力的历史，将缓慢的工业化进程加速为一场真正的革命。随后，《国富论》出版，亚当·斯密批判了用国家力量追逐货币财富的重商主义，倡导通过平等契约来发展经济的自由贸易。他认为在市场经济中个体间的自然贸易将会创造出高效的资源分配模式，并有利于提高市场经济中的收入水平。斯密认为，每一个人为改善自身状况而自然地作出的努力，不需要借助其他，就能给社会带来财富和繁荣。正是在看不见的手的指引下，成千上万的英国小公司推动了第一次工业革命。这场革命并无政府强制力作为主导，在纺织、机械、冶金等各个行业中，几乎看不到必须由政府特许才能成立的股份有限公司。19 世纪初，它们为欧洲和北美生产了 63% 的布匹、54% 的煤炭、58% 的钢铁。当英国制造的工业生产能力足以甩开世界后，新型的工商业者们最迫切需要的就是打破特许公司对海外贸易的垄断，建立新的经济秩序。这一时期，国家的强盛不再仅仅依赖于军事力量，更重要的是经济力量的优势和经济制度的先进。

英国存在发生工业革命的充分和必要条件。充分条件主要包括：制度变革、科学革命、技术创新和经济理论；必要条件主要包括燃料、铁矿业与机器制造、高昂的人工成本和市场。英国、美国和日本工业化之前的经济呈现的特点有相同之处，三个国家都是商业经济而非自然经济，且农业正朝着市场化和商业化的方向发展，城市化与贸易成为推动工业革命的重要力量。

随着信息经济学、合同理论和公司金融的发展，公司理论得到了极大的丰富。1937 年，诺贝尔经济学奖获得者罗纳德·科斯提出交易成本理论，认为公司的存在是为了节约市场交易费用。公司的力量源于市场的力量，公司作为市场主体，在“看不见的手”指引下，将资本、土地、知识等资源进行整合并使其价值最大化。可以说公司理论的发展和制度的逐步完善推动了一大批公司的茁壮成长和持续迭代，进而造就了西方大国的相继崛起。

二、世界一流企业和大国竞争力变迁

1. 世界一流企业引领行业和国家竞争力

如前文所述，价值创造能力是衡量世界一流企业的重要标志。大量文献研究表明，市值是价值创造能力的核心度量。头部企业市值变化往往反映了全球投资者的关注重心，也反映了世界大国经济和产业的变迁。从 1990 年到 2022 年，全球经济发展的重心产业在持续发生变化。1990 年，全球市值前十的公司主要集中在金融投资领域，十家公司中共有六家银行上榜，例如东京三菱银行、三井住友银行、日本富士银行等；2000 年，全球市值前十的公司主要集中在通信及硬件领域，十家公司中共有七家相关公司上榜，包括通用电气、思科、英特尔、德国电信等；2010 年，全球市值前十的公司主要集中在银行和石油领域，例如工商银行、建设银行、汇丰银行、埃克森美孚、巴西国家石油公司、中国石油等；2019 年，全球市值前十的公司主要集中在互联网领域，代表性企业包括微软、苹果、亚马逊、谷歌、脸书、阿里巴巴、腾讯等，这一趋势在近年来并未发生明显变化（见图 7-1）。

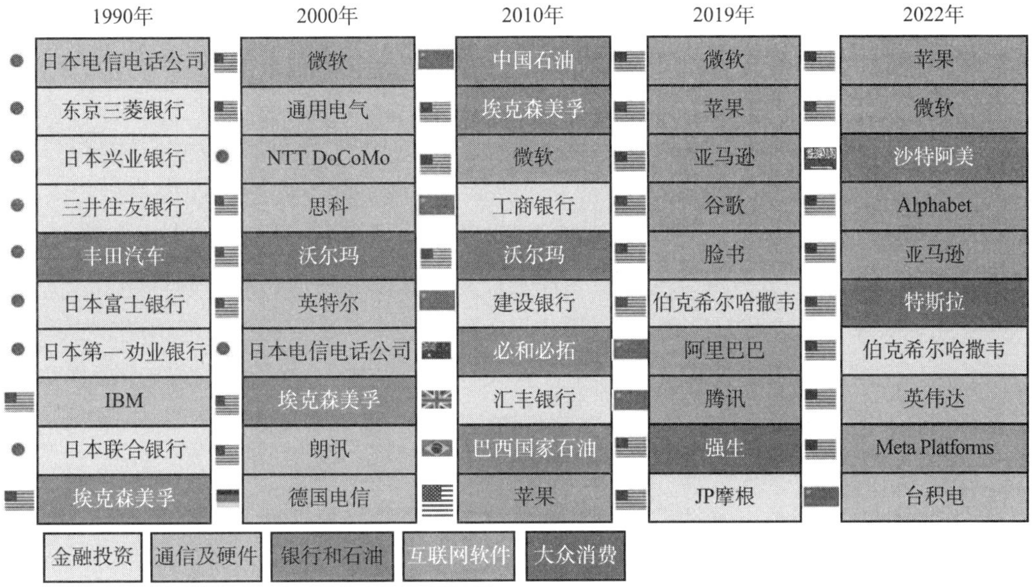

图 7-1 全球市值前十公司变迁

注：1. 2006 年 3 月，原东京三菱银行与原日联银行合并成为三菱东京日联银行，现更名为三菱 UFJ 银行；2. NTT DoCoMo 是 1991 年 8 月由日本电信电话公司（NTT）所分出来的，专营电信业务。

2. 中国世界 500 强上榜企业“大而不强”

1996 年以来，中国大陆上榜《财富》世界 500 强榜单的企业数量从 0 增加至 130 多家（含香港）。2020 年，中国大陆上榜企业数量达到 124 家，历史上第一次超过美国的 121 家；2021 年，中国大陆上榜企业数量达到 135 家，再次超过美国的 122 家；2022 年，中国大陆有 136 家企业入围，超过美国的 124 家。但 2023 年上榜企业数量共有 135 家，较 2022 年有所下降。具体而言，2023 年《财富》世界 500 强企业榜单中，中、美、日、德、法、韩、英排名前七，上榜企业数量分别为 135 家、136 家、41 家、30 家、24 家、18 家、15 家，其营业收入合计占全榜单营收总和的 83.42%，利润总和占 74.25%，头部基本格局没有变化，中美战略竞争在大企业层面日趋激烈，主要表现在以下几个方面：

中美两国企业入榜数量齐头并进、你追我赶，美企占位头部优势明显。中国大陆共 135 家公司上榜，总量减少 1 家；美国共计 136 家公司上榜，比上年增加 12 家，重新超过中国大陆的上榜企业数量。中美企业总共达 278 家，占据榜单 54%，共同领先全球其他国家。美国头部企业数量优势显著，排名前 10 位中，中美分别占 3 和 5 席，前50位中美分别占28%、42%，前100位中美分别占30%、36%。中国上榜企业数量在各段中分布相对均匀，在400~500名中所占比例较高，达到23.3%，而美国上榜企业数量主要分布在前400名。上榜美企营收总额超13万亿美元，较上年上涨15.9%，利润总和10882.7亿美元，较上年下降12.7%，利润下滑主要原因是通胀压力和上年基数过高。上榜美企营收总和、利润总和分别是中国企业的1.11倍和1.94倍。

美企行业分布更加多元、高技术领域处于领先地位，我国企业在新能源领域取得可喜突破。中国大陆上榜企业共覆盖32个行业，43%的企业集中在金属产品（18家）、工程建筑（13家）、采矿与原油生产（9家）、车辆与零部件（9家）、商业银行（9家）五大行业。美企行业布局相对分散，共覆盖47个行业，23.5%的企业集中在商业银行（7家）、炼油（7家）、股份制财产与意外保险（7家）、专业零售（6家）、制药（5家）等五大行业。在半导体与电子元件、计算机软件等技术密集型高端领域，美企共7家上榜，中国仅台积公司上榜。我国企业在新能源产业领域初显弯道超车，表现极其抢眼。通威集团成为全球光伏行业首家入榜企业，排第476位。受新能源汽车产销强势增长影响，9家（上年8家）中国车企入围500强（美国3家），比亚迪排名从上年的第436位大幅跃升至第224位，宁德时代首次入榜，排第292位。

中美企业利润差距进一步扩大，美国高科技、消费与零售行业创效能力突出。盈利能力方面，中美上榜企业的平均利润分别为39.1亿美元、80亿美元，平均利润率分别为3.91%、8.77%，利润差距由上年的1.5倍扩大至2倍以上。在全球企业利润榜前50中，美企占据19席，分布于计算机互联网通信、油气及炼油、银行、制药、消费品、零售等几大行业；排名前5位中有3家是美科技企业；中企10家入围，包括5家商业银行、2家油气企业（中国石油、中国海油）、1家通信企业（中国移动）、1家半导体（台积电）及1家互联网企业（腾讯）。美企在采矿与原油生产、制药、网络与通信设备行业的利润率显著高于中企，利润率差异分别达26.57%、20.87%、17.38%。中国商业银行利润率较美高1.8%。

在电子、IT相关前沿技术领域，美企整体实力优于我国企业，人工智能成为新增长关键因素。美企共21家电子、IT相关企业进入500强，4家位列榜单前50；中企14家，未进入榜单前50，与美企存在一定差距。从竞争力来看，美国电子、IT相关前沿技术企业规模大、效益好，核心竞争力总体上优于我国企业。美ICT（信息与通信技术）企业利润、销售利润率平均值分别为153亿美元、13.38%；中企上述指标分别为32.56亿美元、4.16%。美“互联网服务和零售”企业利润、销售利润率平均值分别为178.27亿美元、2.97%；中企上述指标分别为97.90亿美元、10.07%，主因是腾讯盈利能力领先，但增长主要由互联网金融贡献。从细分领域看，美企主要从事计算机软硬件、互联网服务、半导体、信息技术等业务；中企主要从事互联网服务、电子设备业务，我国企业亟待加强半导体、计算机软件等基础前沿信息技术能力建设。需注意的是，微软、Alphabet等高科技头部企业目前在人工智能领域全力展开“追逐赛”，

2023 年谷歌云业务首次实现盈利，美国超 70%的 AI 独角兽均为谷歌云的客户，AI 对于美国 IT 产业整体发展的潜在巨大推动效应值得高度关注。

3. 国有企业在大国竞争中发挥重要作用

国有企业是中国特色社会主义的重要物质基础和政治基础，关系我国公有制主体地位的巩固，关系我们党的执政地位和执政能力，关系我国社会主义制度。国有企业特别是中央企业，在关系国家安全和国民经济命脉的重要行业和关键领域占据支配地位，为我国经济社会发展、科技进步、国防建设、民生改善作出了历史性贡献。世界银行经济学家张春霖用两种不同算法研究表明中国国有企业对 GDP 的贡献在 23%~28%之间（2017 年）。近几年《财富》中国 500 强榜单中，国有企业上榜数量持续超过民营企业。2020—2023 年，上榜的国有企业数量分别为 265 家、251 家、258 家、256 家，而民营企业上榜数量分别为 235 家、249 家、242 家、244 家。

国有企业的经济战略支撑作用明显。2023 年上榜《财富》世界 500 强的 135 家大陆企业中，各类国有企业总计 97 家，占比 72%，营收总额和利润总额占比分别为 79. 2%和 79. 5%，显示出国有企业强大的控制力、影响力和价值创造能力。中央企业及子企业共 46 家入围，比上年减少 1 家；地方国有企业共 39 家入围，与上年持平，其中有 3 家为新上榜企业。在全球企业利润榜前 50 中，国资委监管的央企及子公司占 4 席，与上年基本持平。

国有企业发展规模优势显著高于民营企业，但经营效率仍有提升空间。从企业规模来看，上榜国企资产平均为 4389. 3 亿美元，约是民企平均值的 3 倍。从经营效益来看，中国大陆企业中，97 家国有企业销售收益率、总资产收益率平均值分别为 3. 78%、1. 36%，38 家民营企业上述指标均值分别为 4. 25%、2. 88%。从细分行业总资产收益率来看，国有企业和民营企业在能源（国企 0. 45%、民企 7. 06%）、工程与建筑（国企 0. 56%、民企 6. 76%）、电子与电气设备（国企-0. 82%、民企 5. 21%）行业的差异最大，经营效率差高达 6%以上，反映出民营企业在上述行业具有更强竞争力。

三、竞争中性与国企改革

1. 竞争中性原则提出背景

竞争中性原则通常是指由政府所有或主导的企业不因其政府背景、控制或国家所有的性质而获得相较于私企或外企在竞争上的净优势。竞争中性最早的实践缘起于澳大利亚，1993 年《希尔默报告》将竞争中性的内涵限定为“维护国企与私企之间的公平竞争”，并且在 20 世纪 90 年代逐步建立了竞争中性外部监督机制以落实竞争中性原则，这一提法后来被美国采纳，用于指责中国企业在政府支持下形成的不正当竞争优势对市场和企业构成了威胁。为保持美国对全球经济格局的控制力并维持其话语权，美国政府着力在国际上推广竞争中性原则，具体表现为美国在《跨太平洋伙伴关系协定》《美墨加协议》等贸易协定中设置“竞争中性条款”，其中对竞争中性适用主体的范围还包括享受政府特别优惠的企业。欧盟历来是市场扭曲的坚定反对者，欧盟竞争法与竞争政策普遍适用于所有参加市场经济活动的主体，并且对政府补贴施加严格的审查机制，设置少量豁免情形。欧盟颁布了严格的透明度指令，要求政府与国企以及国企内部的财务透明化，以防企业的商业与公共服务活动之间发生交叉补贴，引发市场竞争的扭曲。欧盟委员会于 2020 年 6 月发布的《关于在外国补贴方面创造公平竞争环境的白皮书》对于非欧盟国家政府或公共机构提供的补贴或资助的控制呈现收紧趋势。经济合作与发展组织（以下简称“经合组织”）则自 2009 年起对竞争中性开展了较为细致的实证研究，推出了以《竞争中立：维持国企和私企之间的公平竞争环境》为代表的一系列研究报告，致力于将竞争中性政策类型化为指导性建议以达到推广效果。

我国自加入世界贸易组织以来，加快了市场经济体制改革步伐，显著提高了经济活力并着力融入世界市场，但是与“自由竞争市场”仍然差距较大，竞争中性偏离非常明显。在国际层面，部分发达国家坚称中国国企存在非自由竞争条件下的竞争优势，拒绝承认中国市场经济地位，并担忧中国国企从政府处获得优势将会通过投资或者贸易渠道外溢至其他市场，破坏国际市场公平竞争秩序。在保护主义与保守主义叠加影响下，原本归属竞争法范畴的竞争中性原则明显扩张，发达经济体希望通过双边及多边规则影响贸易谈判，进而影响贸易或投资对象国的市场竞争制度规则和环境，这一趋势首先对中国国企参与全球竞争形成直接冲击，对“走出去”战略和“一带一路”倡议等国家主导下的外向型经贸政策形成制度阻碍。在国内层面，国企改革面临更严峻挑战，国企在监管、税收和政府采购等方面的显性或隐性的所谓“不当优势”对社会资本产生了挤出效应，严格的竞争中性要求与国企改革之间也形成较大张力。

自 20 世纪 90 年代起，中国就启动了国企的公司化和市场化改革，虽然改革没有明确提出“竞争中性”概念，但已蕴含诸如政企分开、混合所有制改革等竞争中性元素。2018 年起，政府官员发表的“竞争中性”提法引发关注。2019 年中共中央办公厅、国务院办公厅印发的《关于促进中小企业健康发展的指导意见》首次以中央文件的形式明确要“按照竞争中性原则，打造公平便捷营商环境”。同年的《政府工作报告》将其确定为优化民营经济发展环境的重点举措并阐释了竞争中性原则包含的要素。2020 年《中共中央、国务院关于新时代加快完善社会主义市场经济体制的意见》提出，要最大限度减少政府对市场资源的直接配置和对微观经济活动的直接干预，充分发挥市场在资源配置中的决定性作用。上述政策性文件的出台直接反映国家对于竞争中性原则高度关注，市场化改革、国企改革形势更为紧迫。

2. 竞争中性对创建世界一流企业的影响

回顾中国 40 多年改革开放历程，就是逐步破除行业管制、引入竞争、不断剥离国有企业承担的企业办社会职能、不断还原企业属性的过程。党的十八大以来全面深化改革更加强调市场在资源配置中起决定性作用和更好发挥政府作用，党的十九大进一步强调废除妨碍统一市场以及公平竞争的各种规定和做法，党的二十大强调完善产权保护、市场准入、公平竞争、社会信用等市场经济基础制度，优化营商环境，构建全国统一大市场，深化要素市场化改革，建设高标准市场体系。这些都充分表明市场化取向的改革与竞争中性原则总体上是契合的。我们要创建的世界一流企业是要在全球范围与同行同台竞争，西方发达国家和一些国际组织、多边或双边协定中的国有企业条款或竞争中性原则必然会对创建一流示范企业带来直接挑战。

竞争中性原则将增加国有企业全球投资经营的管理及合规成本。国际法领域的竞争中性原则一旦确立，国有企业在境内所享受到的补贴、利率优惠、税收优惠等都有可能被域外国家和国际经济组织定义为"非竞争中性"状态，遭到竞争中性政策的"拷问"。在2012年中美第四轮战略与经济对话中，美国财政部长盖特纳就曾明确指出，中国国有企业享有巨额政府补贴及各项"不公平"的政策倾斜。在当前的中美经贸摩擦中，美方也曾给中国扣上"经济侵略"的帽子，其依据包括以下几个方面：通过高关税、非关税壁垒和其他管制措施，帮助中国企业在本土抵御外国公司竞争；通过政府管治和补贴，帮助中国企业在国内和国际市场上击败国际竞争对手，扩大中国企业在全球市场的份额；使用掠夺性的"债务陷阱"方式，为发展中国家提供大量资金，以换取其自然资源，消除进入对方国内市场的障碍，从而控制全球核心自然资源；为中国企业提供低于市场利率的优惠贷款，利用环境保护及缺乏健康安全规范的标准，主导传统制造业。美国在贸易战中的发难与其推行的竞争中性原则一样，都是以维护公平竞争环境为名，对中国国有企业的市场准入施加多重限制，事实上有违竞争中性原则，这必将增加中国国有企业跨国经营的管理成本及合规成本，削弱中国国有企业在国际市场的竞争力。

竞争中性原则会让国有企业面临更严峻的市场竞争。国有企业是中国特色社会主义的重要物质基础和政治基础。长期以来，我国积累形成了庞大的经营性国有资产，国有经济占比较高，并大量分布于竞争性领域。若在国内法律体系中确立竞争中性原则，将淡化商业类国有企业的所有制色彩，消除国有企业的所谓"不正当竞争优势"，这意味着国有企业将失去政府直接补贴、信贷优惠与担保、执行与披露豁免、垄断与先占优势、破产例外和信息优势等多项优惠待遇。国有企业也不能再因其"国有"身份而享受变相补贴、资源倾斜或政策优惠，从而与民营企业和外资企业在行业准入、银行贷款、上市融资、产业政策支持、创新政策支持、政府监管等方面享受平等待遇。但与此同时，如果改革不能及时跟进，特别是国有企业承担的大量历史包袱尚未完全剥离、不相匹配的社会责任不能完全转移，在私有产权固有的激励机制下，民营企业、外资企业会大量进入市场，大量挤占国有企业原有的市场份额，必然会大幅削弱国有企业的国内市场基础。

竞争中性原则倒逼改革，有利于国有企业治理能力的提升。竞争中性原则要求政府杜绝对国有企业不当的行政干预，保证国有企业的经营自主权。政府需要秉持中性态度，保证政策中性，确保各类企业之间的公平竞争，这与我国深化国有企业改革、积极发展混合所有制经济的改革思路不谋而合——国企改革要求“遵循市场经济规律和企业发展规律，坚持政企分开、政资分开、所有权与经营权分离，坚持权利、义务、责任相统一，坚持激励机制和约束机制相结合，促使国有企业真正成为依法自主经营、自负盈亏、自担风险、自我约束、自我发展的独立市场主体”。可见，合理地引入竞争中性原则，厘清政府与国有企业的关系，有助于消除国有企业与生俱来的或被政府强加的竞争劣势，如广泛的企业社会责任、协助政府提供公共产品的义务、以公共利益为导向的功能、相对低效的公司治理等。根据竞争中性原则，政府应当充分、透明地补偿国有企业所承担的社会责任，或将国有企业所承担的公共职能进行剥离，区分公益类国有企业和商业类国有企业，基于竞争中性原则规范国有企业的商业行为，从而有效减轻国有企业的负担，使之轻装上阵，与各类企业展开公平竞争。

3. 借鉴竞争中性原则提升国有企业竞争力

借助竞争中性原则对加快推进和有效深化国企改革，实现国有企业改革目标具有重要的现实意义。具体表现在以下四个方面：

第一，竞争中性原则的基本取向与国有企业的总体改革方向相一致。竞争中性原则主张维护处于社会主义市场经济中的国有企业和民营企业之间的公平竞争，强调不同市场主体间的平等市场地位。国有企业改革的思路和目标是“促使国有企业真正成为依法自主经营、自负盈亏、自担风险、自我约束、自我发展的独立市场主体”。改革之后真正作为独立市场主体的国有企业当然也需要公平竞争的市场环境，需要不同类型的独立市场主体都得到平等对待，需要使市场在资源配置中起决定性作用的市场环境。因此，竞争中性原则的基本取向与国有企业的总体改革方向相一致。

第二，竞争中性原则的引入将有助于深化国有企业改革。以竞争中性原则对待国有企业，就不仅需要在商业活动中逐渐从国有企业中剥离由于国有性质所形成的额外竞争优势，也需要剥离由于国有性质所造成的额外竞争劣势。例如特定行业的准入门槛、政策性行业垄断、投融资的倾斜、债务的减免优惠、补贴优惠等额外竞争优势；以及国有资产难以流转、承担政策性社会负担、行政干预、治理机制待完善等额外竞争劣势。因此，以竞争中性原则对待国有企业将有助于深化国有企业的改革。推行竞争中性原则有利于推动国有企业同市场经济深入融合，激发国有企业的市场活力。

第三，竞争中性原则有助于国有企业与民营企业相互促进、共同发展。竞争中性原则要求各类所有制的市场主体依法平等使用和处置生产要素、公平参与市场竞争、同等受到法律保护。因此，竞争中性原则既有利于激发国有企业活力，也有利于激发民营企业活力，进而有利于国有企业和民营企业相互促进、共同发展。

第四，竞争中性原则有助于国有企业平等参与国际市场竞争。当前，美国等一些发达国家正在推动将竞争中性原则引入多边国际经贸规则，甚至推动弱化“竞争中性原则”制定某些“歧视”国有企业的规则。因此，在国内市场落实以竞争中性原则对待国有企业，构建国有企业、民营企业、外资企业依法公平参与市场竞争的国内市场环境，将有利于在国际经贸谈判中利用竞争中性原则来主张构建公平开放的国际经贸秩序，反对“所有制歧视”。同时，先行在国内借助竞争中性原则促进国有企业改革，提前做好万全准备以应对未来可能到来的挑战，也有利于国有企业积极参与国际市场竞争，提升全球竞争力。

4. 借助竞争中性原则加快推进国企改革的新思路

近些年，中央和各级政府高度重视国有企业改革，以提高国有资本运行效率和增强国有企业活力为中心，相应出台了许多政策和措施来推动国有企业改革，也取得很大的成效。但是，由于近些年国有企业的经营状况比较好，发展比较快，也让一些相关部门和地方对国有企业改革的紧迫感不强烈。在当前背景下，借助竞争中性原则，从平等竞争的视角出发推动国有企业改革无疑会加快推进和有效深化国有企业改革进程，有利于中国特色社会主义市场经济体系的建设。借助竞争中性原则可以从以下四个方面加快推进和有效深化国有企业改革：

第一，引入竞争中性效果评价体系，从平等竞争角度来评价国有企业混合所有制改革的效果。混合所有制改革是深化国有企业改革的突破口。判断混合所有制改革成效的核心标准就是能否切实转换企业经营机制，改善企业治理机制，增强企业内部约束和激励，推动资本要素市场化以及提高国有资本配置效率。通过混合所有制改革可以使国有资本与民营资本有机混合，依据相关法规、市场规律以及出资人意愿确定股权结构，形成混合所有制企业。具有混合所有制特征的企业自然就会淡化所有制色彩，理所当然应该与其他类型企业一道在平等竞争的市场环境下开展自主经营活动。因此，可以考虑基于竞争中性效果评价标准（如消费者利益、市场竞争性、可持续发展、社会福利与公平、行业关系、就业的健康程度和安全性、行业进入门槛与公平性、经济增长与地区发展以及资源有效配置），结合中国的现实情况，建立具有中国特色的竞争中性效果评价标准作为辅助标准，从平等竞争角度来评价国有企业混合所有制改革的效果。

第二，通过推动国有企业经营活动的透明化来加快和深化国有企业改革。如何认定是否存在额外的竞争优势或竞争劣势，不仅需要清晰明了和系统规范的评价体系，更需要全面准确及时的相关信息来进行识别和认定，避免由于信息不对称导致的判断偏差。因此，竞争中性原则要求国有企业的经营活动透明化，并且把国有企业经营活动的透明化作为深化国有企业改革以及评价国有企业改革成效的一个重要指标。具体来说，国有企业经营活动的透明化要求制定相关法规和制度，来保证没有上市的国有企业应该像上市公司那样披露相关信息。为了保证信息披露的客观性，从外部来看，应该由政府相关部门或者政府委托的第三方机构来从事信息披露的认定工作，而不应该由企业自身或者直接的出资人来认定。从内部来看，应该按相关法律和现代企业制度完善公司治理结构和建立信息披露机制。

第三，通过引入竞争中性原则加快推进国有企业核心竞争力的形成。竞争中性原则既要求削弱来自所有制额外产生的竞争优势，如行业进入门槛导致的垄断、贷款信用的倾斜、政府关系等，也要求削弱来自所有制带来的竞争劣势，如外部干预、要素市场刚性、过度的公共负担等。消除额外的竞争优势让国有企业在市场上开展公平竞争，这就需要国有企业形成自己的核心竞争力；同样，消除额外的竞争劣势让国有企业卸掉包袱轻装上阵，在市场上开展公平竞争，也需要国有企业形成自己的核心竞争力。因此，借助竞争中性原则可以加快推进国有企业核心竞争力的形成。

第四，在商业类国有企业划分中引入竞争中性状况的认定标准。《关于深化国有企业改革的指导意见》中规定将国有企业分为商业类和公益类，明确商业类国有企业改革的主要目标是按照市场化要求实行商业化运作。商业类国有企业需要作为独立市场主体开展经营活动。竞争中性原则的引入要求商业类国有企业以及所在行业，在市场准入、税收金融、债务和补贴、法规和监管等方面平等对待各类市场经营主体。因此，有必要建立具有中国特色的竞争中性状况的认定标准（如税收中性、监管中性、债务中性、补贴中性、准入中性等），来衡量商业类国有企业的竞争中性状况（认定可以划分为三个水平，如弱、中、强）。这样，就可以针对不同竞争中性状况对相应国有企业制定符合竞争中性原则的定制化解决方案。

借助竞争中性原则推进和深化国有企业改革，仍然需要贯彻“坚持积极稳妥统筹推进”的科学方法。需要依据我国社会经济发展的现状和特点，在系统分析评估竞争中性原则应用可能带来的正面效果和负面效应的基础上，积极推进国有企业改革，确保国有企业的改革能“促使国有企业真正成为依法自主经营、自负盈亏、自担风险、自我约束、自我发展的独立市场主体”，培育出具有全球竞争力的世界一流企业。

政府层面，进一步理顺政府与企业的关系，贯彻实施好《关于深化国有企业改革的指导意见》，构建现代企业制度。一是实现政企分开、政资分开、所有权与经营权分离，依法理顺政府与国有企业的出资关系。依法确立企业的市场主体地位，确保国有企业依法自主经营，激发企业活力、创新力和内生动力。二是推进国有资产监管机构职能由管企业为主向管资本为主转变，注重通过公司法人治理机制依法行使国有股东权利，实现以资本为纽带，以产权为基础，重点管好国有资本布局、规范资本运作、提高资本回报、维护资本安全。三是按照权责明确、监管高效、规范透明的要求，推进国有资产监管机构职能和监管方式转变，切实增强企业活力，提高资本运营效率。

企业层面，以加强党的建设和董事会建设为重点优化公司治理机制和管控模式。理顺党组织把关与董事会决策的关系，将党组织融入法人治理体系，建立健全董事会的协调运行机制，规范企业重大事项决策程序和方式，确保董事会在实现股东利益最大化的前提下，实现资本活动的经济责任、政治责任和社会责任相统一。同时以股权关系为纽带优化管控模式，集团层面以所出资金为限，依照公司法和公司章程，通过股东会、董事会、监事会来行使与股权份额相匹配的股东权利（资产收益、股权转让、重大决策和董事选聘等），并承担相应的风险。集团公司层面下放控股公司下属出资企业的监管权，将延伸到三级平台的事项管理权归位于控股公司。对于参股企业，则通过董事会间接施加影响。建议示范企业从所处行业特点、公司治理水平、人才队伍建设、企业竞争力等多个维度，对二级平台进行量化评估，根据评估结果确定充分授权、部分授权和优化管理三种管控类型，明确各类别的具体管控力度，对不同授权类别下的权责边界进行梳理，重点下放人事、资产管理权，并在设置限额的前提下进行投融资授权。在授权推进过程中动态更新授权体系，定期评估二级平台的发展情况，并根据实际情况调整二级平台的授权，针对下属企业的不同发展阶段，设计不断演化的分类授权机制。控股公司在条件成熟时，出台明确、完善、可执行的改革方案，在授权框架允许的范围内争取操作层面的创新突破，将经营决策权、薪酬制度实施权、人事任免权平稳移交给控股公司董事会。

秉承竞争中性原则，推动混合所有制改革对于含有充分竞争属性的业务，如果不具备市场竞争力，要么通过深化改革提升竞争力，要么通过市场化手段尽快退出；如果仍具备一定的市场竞争力，企业可以逐渐降低持股比重，鼓励其他所有制经济企业进入，实现股权资本化。在混合所有制改革的过程中，要把握好以下三点：一是遵循市场规律，减少行政干预，不能搞“拉郎配”。发展混合所有制经济应通过市场手段，权衡交易成本和协同效应，坚持自愿原则，由参与方作为市场主体自主决定，而不能简单地由政府用行政命令的方式进行。二是加强产权保护，防止“一混就浑”。产权保护和产权明晰是市场机制发挥作用的先决条件。在国有经济与民营经济混合的过程中，应引入产权中介机构，加强产权登记和评估，公正、平等对待各方资本，做到产权明晰。政府需加强对交易双方的产权保护，在严防国有资产流失的同时，也需防范民营资产被侵吞。三是完善治理结构，避免陷入“一混就灵”误区。要把着力点放在完善企业法人治理结构、建立现代企业制度上，董事会按市场原则选聘职业经理人及管理团队，构建市场化的经营管理机制，通过发展混合所有制经济，引入资本，引进新的管理思想和先进技术，提高经营管理水平和效率。

深化三项制度改革，推进职业经理人制度。推进职业经理人制度，有效消除行政化管理，优化人力资源配置，建立竞争激励机制，这都是适应竞争中性原则的必然要求。在集团企业内部，应坚持将党管干部原则和完善公司法人治理结构的目标相结合，将组织选拔与市场化选聘相结合，将依法管理和充分放权相结合，把职业经理人制度作为集团公司和各级子公司管理层成员任用的主要标准，并稳步推进用人机制改革，相应建立市场化的薪酬分配制度，为未来应对日益激烈的市场竞争打下良好的人力资源基础。

四、对标世界一流企业是国有企业高质量发展的必然要求

1. 国有企业高质量发展内涵及特征

长期以来，作为经济体制改革的中心环节和重要方面，国有企业改革在宏观上推进了社会主义市场经济体制的建立和完善，保证了经济发展的稳定运行，增强了整体经济的国际竞争力，为经济高质量发展提供了必要的条件和强有力的支撑，培育了一批具有较强活力、影响力和抗风险能力的新型国有企业，为推动企业的高质量发展奠定了基础。国有企业改革在经历了放权让利、制度创新、国资监管和分类改革等四个具有历史意义的阶段之后，步入了深水区和攻坚期，目标是要通过体制机制改革、发展方式转变，推动国有企业迈向高质量发展。从目标取向看，推动国有资本做强做优做大、培育具有全球竞争力的世界一流企业和增强国有经济活力、控制力、影响力、抗风险能力，实质都是国有企业高质量发展的表征性反映或内质性要求。从重大举措看，调整优化国有经济布局、完善公司治理等现代企业制度，推进以混合所有制为重点的产权制度改革、分类改革以及完善国有资产管理体系，本质都是推动国有企业高质量发展的制度变革与制度优化。

2018年《政府工作报告》明确提出“国有企业要通过改革创新，走在高质量发展前列”，党的十九大报告正式提出“高质量发展”概念，高质量发展成为深化国有企业改革的内在要求，是新时代国有企业改革和发展的目标范式。即企业以实现高水平、高层次、卓越的企业发展质量为目标，超越以往只重视企业规模扩张、仅依靠增加要素投入的粗放式发展方式，提供高品质产品和服务、强调经济价值和社会价值创造效率与水平、重视塑造企业持续成长的素质能力，是企业集约型发展范式、内涵式发展范式和可持续发展范式的集成。

国有企业的高质量发展不仅拥有一般企业高质量发展的特点，而且具有其固有的特殊性和差异化表现，体现为多层次性、多样性和多重约束性。其中，多层次性主要体现为国有经济高质量发展、国有资本高质量发展、国有企业整体高质量发展和国有企业个体高质量发展四个层次；多样性主要体现为国有企业个体在使命和功能定位方面存在异质性，公益类国有企业、商业一类国有企业、商业二类国有企业的高质量发展呈现不同特征。公益类国有企业承载的是最大化公共利益和最优保障社会民生的使命要求和功能定位，商业一类国有企业承载的是以国有资产保值增值为核心要求的使命要求和功能定位，商业二类国有企业属于非完全竞争领域的特定功能企业，承载的是保障国家安全、主导国民经济命脉、完成特殊任务、支撑经济赶超的使命要求和功能定位，是政府参与和干预经济的重要手段。多重约束性主要体现为国有企业相对一般企业存在更强的路径依赖、制度依赖和社会依赖。

2. 持续对标是加快建设世界一流企业的重要抓手

国务院国资委的考核是国有企业高质量发展的指挥棒和风向标。为引导中央企

业高质量发展，加快建设具有全球竞争力的世界一流企业，国资委于2019年开始实行第四版《中央企业负责人经营业绩考核办法》，突出了五个方面要求：一是突出质量第一、效益优先；二是突出对高质量发展的年度与任期考核；三是突出分类考核和差异化考核；四是突出世界一流对标考核；五是突出正向激励考核，激励探索创新。2020年初，国资委明确了“两利三率”的主体考核指标框架，即净利润、利润总额、资产负债率、营收利润率、研发经费投入率，突出了对投资回报和创新力的要求；2021年增加了“全员劳动生产率”指标，形成了“两利四率”的主体考核指标框架，进一步突出以提升效率促进企业高质量发展的导向；2023年1月，国资委在中央企业负责人会议上明确提出了“一利五率”指标框架，即利润总额、资产负债率、营业现金比率、净资产收益率、研发经费投入强度、全员劳动生产率，提出“一增一稳四提升”的目标，更加注重质的有效提升和量的合理增长，全面统筹发展和安全，着力提升中央企业核心竞争力，坚定不移推动高质量发展。2023年12月，国资委在中央企业负责人会议上提出2024年“一利稳定增长，五率持续优化”的具体目标。

国有企业的高质量发展是全方位的，包括形成高质量发展范式的动力转换、战略转型、效率变革、能力再造、管理创新和形象重塑。2020年，中央深改委第十四次会议审议通过《国企改革三年行动方案（2020—2022年）》，明确提出要在国有重要企业开展对标提升行动，大力推进管理体系管理能力现代化。对标世界一流管理提升行动作为国有企业改革三年行动的部署之一，其目标围绕中央企业的竞争力、创新力、控制力、影响力和抗风险能力，对行动进行统筹部署。从对标管理本身而言，国资委将战略管理、组织管理、运营管理、财务管理、科技管理、风险管理、人力资源管理和信息化管理等八个要素作为对标管理提升的关键要素。按照国资委《关于开展对标世界一流管理提升行动的通知》（国资发改革〔2020〕39号）要求，中央企业认真部署开展对标管理提升，结合企业实际研究制定了实施方案和工作清单，形成了较为完整的对标提升工作体系，但在实施方案和工作清单的形式、内容、方法、深度等方面均有较大差别，容易造成衡量标准不统一、结果考核难落地等情况。随后开展的价值创造、品牌引领等专项行动，则进一步使对标范围更加聚焦，2023年开展的行业世界一流企业指标体系建设将增强企业对标的规范性和准确性，逐步推动对标工作有序有效开展。

第三节 对标管理助力创建世界一流

一、对标管理基础

1. 起源与目的

对标管理是一种通过不断将组织流程与公认对标企业比较，利用对标公司最佳实践改善自己公司绩效的方法。该方法由美国施乐公司（Xerox Corporation）于1979年首创，施乐公司将对标管理定义为“一个将产品、服务和实践与最强大的竞争对手或是行业领导者相比较的持续流程”。对标管理通过施乐公司的案例得到推广，之后在国际大型企业中推广应用。世界企业500强中已有近90%的企业开展了对标管理，如通用电气、IBM、摩托罗拉等公司。

在西方管理学界，与企业再造、战略联盟一起，对标管理被称为20世纪90年代三大管理方法之一。对标管理为企业提供了一个清楚地认识自身的工具，便于发现解决问题的途径，缩小自己与领先者的差距，为企业调整经营战略提供指导。其较强的实践性，严密、受控的管理方法是企业持续改进、质量控制、流程再造和变革推动的首要步骤。

2. 对标管理内涵与特征

对标管理是从外部分析入手，以内部改进为目的的一种管理模式，是一个动态连续过程，本质是模仿和创新，可以通过学习解决创新问题，通过比较解决效率问题，具有竞争性学习、模仿性创新、追踪性目标、速度性优势、战略性战术的价值。

对标管理的核心是使企业组织全方位地降本增效，帮助企业在行业内建立竞争优势：一是追求卓越。对标管理能够帮助企业建立起追求卓越的思维模式，对标工作本身就是一个追求卓越的过程。实施对标管理说明企业在寻找自己和一流企业之间的差距。二是精益求精。对标管理能够引导企业在经营管理中精益求精，即在管理过程中把有价值的事情做精细，不在没有价值的事情上耽误精力、耗费资源。关键指标分解是对标管理中的核心部分。这些被分解的指标环节正是企业的“价值提升”所在。每一个被关注的指标、环节都是一个个被分解的点。三是持续改善。对标管理能够帮助企业持续改善自身的不足。管理提升不是一朝一夕、一蹴而就的运动。企业尤其需要在高速发展时期，不断地对标，持续发现问题、解决问题。四是打造核心竞争力。对标管理能够帮助企业在激烈的竞争中打造核心竞争力。通过跨行业对标，企业能够发现和总结行业以外的一流企业的经营管理实践，提升综合实力，并有所创新和突破，强化其独特的竞争能力。五是建立学习型企业。对标管理能够帮助企业建立学习型组织，学习型组织实质上是一个能熟练地获取、传播及利用知识的组织，同时善于利用知识快速提升管理水平。实施对标管理后，有助于企业发现自身在产品、服务、生产流程以及管理模式方面存在的不足，并学习“对标企业”的成功之处，再结合实际，将其充分运用到自己的企业当中。

3. 对标管理原则

对标管理中要坚持国际性、全局性、前瞻性、灵活性与实效性等五项原则，为企业管理提供全面而有效的指引。其中，国际性要求对标管理要反映国际通行卓越企业发展趋势；全局性要求在提炼企业管理的关键要素的基础上，发掘各要素之间的内在联系并形成体系；前瞻性是指将过去的经验运用于对未来的指导，使其成为行动指南；灵活性意味着要推陈出新，锐意创新，使之适合复杂多变的经济形势；实效性是指同时注重对标硬指标和软指标，重视可操作性，使企业在管理事件中易于落实。

4. 对标管理的价值

对标管理具有竞争性学习、模仿性创新、追踪性目标、速度性优势、战略性战术的价值。

竞争性学习：在激烈的市场竞争和困难的生存环境中取得领先地位的厂商，自必有其独特的成功之道，对标管理可以借鉴他人的优点来弥补自身的不足。

模仿性创新：对标管理通过向业内或业外最优企业学习，进行重新思考和改进经营实践，从而创造出自己的最佳经营实践。

追踪性目标：对标管理为企业提供了一种可行可信的奋斗目标以及追求不断改进的思路，是发现新目标以及寻求如何实现这一目标的合理性和可操作性手段。

速度性优势：创新速度已成为竞争关键成功因素，对标管理涉及为获取竞争优势而搜寻、发现和实施创新思维的全过程，确保自身的创新速度超过竞争对手。

战略性战术：对标管理站在全行业甚至更广阔的全球视野上寻找基准，突破企业的职能界限和行业边界，重视实际经营和具体的操作接口、流程。

二、对标管理方法与工具

1. 对标管理分类

对标管理可根据对标对象、对标性质、对标层次、对标内容的不同进行分类。以下介绍两种常用的分类。

（1）根据对标对象不同的分类

根据对标对象的不同，对标管理可分为内部对标和外部对标，其中外部对标按照对标的性质又可以分为竞争性对标、行业内对标和一般性对标三种类型。

内部对标主要指在企业内部采取和开展的对标管理工作，是企业内各项生产经营指标的超越，也可以是将本企业高绩效部门的做法作为其他部门对标学习的方式。实施内部对标一般需要 1~4 个月的时间，对标对象为企业内部各部门或子公司，对标对象合作程度高，对标相关性高。

竞争性对标是指企业通过对竞争对手的服务、产品、流程等进行详尽的对比分析，寻找本企业产品或服务的竞争优势，进而可以实现企业自身产品或服务改进的一种对标方式。竞争性对标有利于认清公司在行业中的实际地位，从而在商业模式等方面构建可持续发展的运营体系。实施竞争性对标一般需要 6~12 个月的时间，对标对象为企业的主要竞争对手，对标对象合作程度低，对标相关性高。

行业内对标是指将对标管理的项目与全国乃至全世界范围内按照通用的行业标准所划分的最好企业，进行相应的项目对标。当企业认为与同行业中相关但非直接的竞争对手进行对标可以获取某些信息的时候，通常会采用这种对标方法。实施行业内对标一般需要 10~14 个月的时间，对标对象为同行业企业，对标对象合作程度中等，对标相关性中等。

一般性对标是指与本企业不相关的外部行业企业进行对标，更加关注优秀的工作流程和管理方法，而不论其处于哪一类行业。实施一般性对标一般需要 12~24 个月的时间，对标合作方可以是国际范围内所有行业中的优秀企业，对标对象合作程度中等，对标相关性低。

内部对标与外部对标特点总结如表 7-1 所示。

表 7-1　内部对标与外部对标特点总结

对标类型	实施时间	对标对象	对标对象合作程度	对标相关性	对标目标
内部对标	1~4 个月	企业内部	高	高	实现重大改进
竞争性对标	6~12 个月	主要竞争企业	低	高	超越竞争对手
行业内对标	10~14 个月	同行业企业	中	中	实现重大改进
一般性对标	12~24 个月	行业外优秀企业	中	低	改变行业规则

（2）根据对标层次不同的分类

根据对标层次的不同，对标管理可分为战略对标、管理对标和运营对标。运营对标从内容上又可分为职能对标管理和流程对标管理。

战略对标的目的是寻找最佳战略，进行战略转变。战略对标的目的是明确发展目标而非技术手段，通过研究目标对象的战略目标而确定自己的发展和改进方向，提高企业战略决策水平。对标主要方法为收集各竞争者的财报、市场布局、经营活动状况进行相关分析并比较，寻求绩优公司成功的战略优胜竞争模式。战略对标对实施企业的信息获取能力、自身分析能力和执行能力有着较高的要求。

管理对标涉及分析企业的支撑功能，具体指人力资源管理、营销规划、管理信息系统等（MIS）。其特点是较难用定量指标来衡量。

运营对标注重具体运作，找出达到同行最佳运作方法。主要方法为通过对环节、成本和差异性三个方面进行比较，寻找最佳运作方法。运营对标又分为职能对标和流程对标。职能对标为以优秀职能操作为基准进行对标管理。对标对象为职能或业务实践，对标过程中需通过合作的方式提供和分享技术市场信息。流程对标为以最佳工作流程为基准进行对标管理。对标对象为工作流程，对标过程中需企业对整个工作流程和操作系统有详细的了解。

战略对标、管理对标、职能对标与流程对标特点总结如表 7-2 所示。

表 7-2 战略对标、管理对标、职能对标与流程对标特点总结

对标类型	定义	对标目标	对标方法
战略对标	企业战略层面的对标	寻找最佳战略，进行战略转变	对各个竞争者的财报、市场布局、经营活动进行比较，确定最优战略
管理对标	企业支撑功能层面的对标	学习优秀管理理念与方法	对对标方管理理念与方法进行比较，确定管理提升方案
职能对标	企业职能或业务实践层面的对标	学习优秀职能操作	对对标技术市场信息进行比较分析
流程对标	工作流程层面的对标	优化工作流程	对对标方工作流程与操作系统进行比较分析

2. 对标管理中的定性评价工具

在对标管理中，往往采用定量与定性相结合的方式。为便于比较，定性指标需要利用常用的统计管理工具进行定量化的处理，如专家评价法、李克特量表以及成熟度模型等。

专家评价法：围绕一个指标，利用不同工具、表单或模型，征询汇集多个专家的评价和意见，然后汇总成统一的结论。

李克特量表：针对某一指标要素设置大量与该要素相关的陈述语句，每一陈述语句有“非常同意”“同意”“不一定”“不同意”“非常不同意”五种回答，每一种回答设置不同分数，最后进行评分的加总，即可定量评价分析企业自身与标杆企业参与程度差异。

成熟度模型：对于一些标杆企业的具体做法无从得知的定性指标，可以用成熟度模型进行评价，一些大众普遍认可的成熟度模型，如人力资源成熟度模型（PCMM）、能力成熟度模型（CMMIC）等，大多分为五个等级，在确定了企业某项“软能力”所处的阶段后，结合企业所处的客观环境和自身发展现状等因素，明确改进目标。

3. 对标管理中的综合能力分析工具

综合能力分析工具是将对标的结果进行展示的工具，常见的有综合指数法、雷达图、折线图或柱状图等。

综合指数法是将一组精心选择、科学合理的指标，运用统计学方法对其指标值进行标准化，然后加权平均或利用其他算法得到一个综合指数。

雷达图是用科学量化分析方法将各个能力的水平现状、与标杆企业或最佳实践的差距展示在一张图表中，有助于直观分析各要素领域优劣势（见图 7-2）。

折线图或柱状图的优势在于为数据分析增加时间和空间维度。

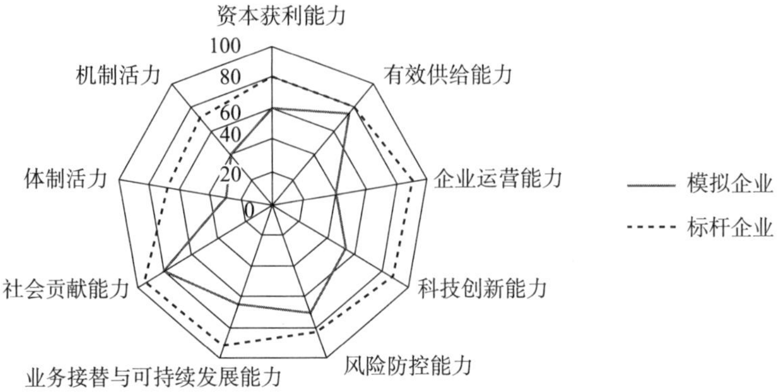

图 7-2　雷达图示意

4. 对标管理实施流程

在实施对标管理中，不同公司探索出了适应性较强的对标流程，其中施乐公司的“五阶段、十步骤”对标方法与德勤对标框架受到较多关注。

（1）施乐公司“五阶段、十步骤”对标方法

施乐公司在长期的对标实践中探索出了很多经验，它的“五阶段、十步骤”对标方法被其他公司认可和使用。

A. 规划阶段

确定对标主题。施乐实施的第一个对标内容是关于复印机制造的。施乐惊讶地发现其日本的竞争对手竟然以成本价格出售高质量的复印机，因此针对这个问题开展了对标研究，并取得了很好的成果。

确定对标对象。施乐首先研究它的一个日本子公司——富士施乐（Fuji Xerox），然后是佳能（Canon）等公司，以确定它的日本竞争对手的相关成本是否和它们的价格一样低。

搜集对标数据。研究证实，美国的价格确实比日本的价格要高。日本的成本控制水平成了施乐的目标，公司主要的管理人员纷纷前往施乐的日本子公司考察，搜集各种信息。

B. 分析阶段

确定目前绩效差距。之所以竞争对手能够以施乐公司的成本价销售，它们之间在执行上必然存在着差距。施乐将搜集到的信息进行分析，用来发现差距。

确定将来绩效水平。根据差距分析，计划未来的目标水平，并确定这些目标应该如何获得并保持。

C. 综合阶段

交流对标成果。组织员工讨论变革实施的必要性、优先性、难点与克服方法十分重要。在这个过程中，可以组织跨部门的变革项目小组，讨论与决定对标后变革的落

地方案，包括分工与配合。

确立要实现的目标。施乐公司发现，购得的原料占其制造成本的70%，细微的下降都可以带来大量的利润。公司将供应商基数从20世纪80年代初的5000多个削减到420个。不合格零件的比率从1980年的10‰下降到0.225‰，80%的质量检查人员重新安排了工作，95%的供应零件根本不需要检查，购买零件的成本下降了45%。这些目标并不是同时确立的，都是随着对标过程循序渐进地实现的。

D. 行动阶段

形成行动计划。施乐公司制订了一系列的变革计划，提高了复印机的质量，降低了成本。

实施和监控行动计划。对标必须是一个动态调整的过程，必须制订特定的行动计划并进行结果监控，以保证达到预定绩效目标。很多企业在对标的初期阶段很有热情，但由于缺乏细致的实施和监控行动计划，导致变革有头无尾，看不清变革后的亮点，容易导致参与人员信心不足。

重新对标。如果对标没有取得理想的效果，就应该重新检查以上步骤，找出具体的原因，再重新进行对标工作。

E. 见效阶段

在对日本行业进行了对标之后，施乐并没有停滞不前，开始对其他国家的竞争对手、其他行业一流企业进行对标。

（2）德勤对标框架

德勤对标框架由找准项目目标、建立指标体系与评价体系、厘清对标流程与核心模块，以及通过布局系统与工具实现价值沉淀四大部分构成，帮助一批大中型企业构建了成熟、完善、闭环的对标管理体系。

A. 找准项目目标

企业开展对标管理若想做到有落脚、有系统、有创新、有影响、有实效，首先要有效地明确对标项目的速赢目标。一般而言，企业一两年内通过对标管理实现10个目标并不现实，应该追求的是长期持续、螺旋式上升，突出短期目标、集中发力。在对标项目开展初期应根据业务发展要求，以经营业绩、发展策略、内在管理机制与要素为核心，明确标杆企业、对标模块、核心指标，以便后续有针对性地开展工作。

B. 建立指标体系与评价体系

在明确对标目标后，对标项目组需要总体规划、分步实施，以全面竞争力指标与提升效果体系为核心，搭建对标项目管理闭环，有序推进项目开展。在全面竞争力指标的构建上，很多企业会混淆“对标指标”与“绩效指标”的界限。通常，传统组织绩效指标选择与值域设置更多关注如何监督与促进短期战略执行和财务业绩；长期核心竞争力的打造更多需要自上而下的战略布局，与监督“软能力”提升的“过程性指标”。与此同时，在指标体系的值域设置上，为了使在一些相对落后领域的企业与国际一流有更强的可比性，还需要考虑到如何在指标设置上反映其进程中的提升而不是净值。

在指标选取上，项目组需要聚焦中长期战略性能力发展，用“价值地图”将所有相关的过程性指标与结果性指标进行清洗拆分（尤其在内部对标中，过程性指标尤为关键），再从中遴选对标核心，强调通过学习过程提升相应的能力，协同化落实变革与优化。最后，企业还需要一个第三方团队或部门对对标落地的效果进行评价，推动实现切实的提升效果。

C. 厘清对标流程与核心模块

在具体对标“软能力”上，企业需要基于对全球市场的长期追踪，利用成熟度模型进行对标。更需要基于事实，善于挖掘硬指标背后的驱动要素，充分研究对标企业领先的深层次原因与共性经验，为企业开展管理升级提供更有价值的参考。

标准化——易实施，有科学分析依据。

系统化——关注各标准之间的关联性。

数据化——关注各关键环节变革标准与效果可衡量。

模板化——各关键环节的执行有明显的参照标准。

D. 通过布局系统与工具实现价值沉淀

对标过程中各子集团的工作成果、案例和数据，非常需要一个系统平台分享沉淀最佳实践，做到提炼精华，加速分享与复制，企业可以考虑以下五个方面的数据与工具，高效集中，及时分享。

现状诊断。调查问卷、对标成熟度模型的评价、过程指标分析等材料是理解细节差距，支持分析与整个对标项目推进排布的重要基础材料，值得系统化收集、保存、比较、分析。一站式信息管理系统。对标项目中大量信息、指标、案例、绩效提升进程需要信息管理系统助力，积累经验，透明化提升效果。移动应用支持。通过移动端提供更便捷更迅速的使用方式，使得信息更快速地流转并传递给用户。管理层将能够更方便地获取信息，并迅速作出应对。高可配置性及易用性。系统可以通过灵活配置适应不同用户的需要，具体体现在数据接口、工作流、界面等的可配置性上，并通过报表工具、在线帮助、灵活展现等提升用户满意度。轻量化。系统采用轻量化的底层架构，可针对需求进行单一模块的敏捷开发和部署，对不同针对性服务提供专项系统解决方案。

德勤对标流程如图 7-3 所示。

5. 对标管理的优缺点

研究成果表明，对标管理特别适合分、子公司众多的大型企业，如多用于世界 500 强和我国大型国有企业。通过对标分析找出差距和不足，可以促使个体学习和企业持续不断地改进，有效激发企业潜力，建立学习型组织，对于企业的管理提升具有极大意义。

然而，国内对标管理推行至今主要是由各相关业务部门通过常规办公的模式进行

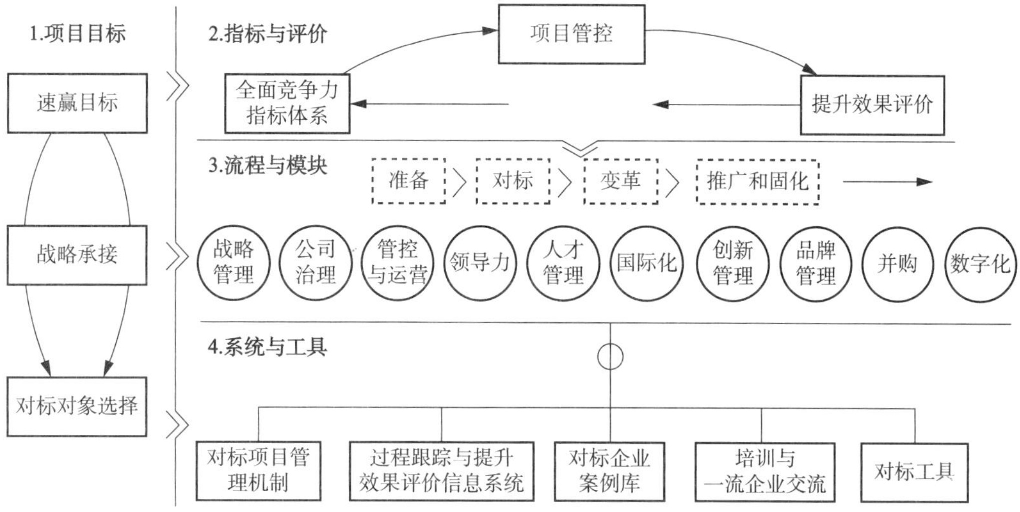

图 7-3 德勤对标流程图

业务活动，对标指标的可视化程度低，不能全面、实时地提示当前的指标弱项和管理短板，收集、整理、汇总、分析、传递对标指标工作量大，及时性弱，企业管理者不能及时监控企业的经营情况和指标改善情况。另外，对标管理是基于已有数据开展分析，缺乏市场预测能力，大量的基础工作可能会耗费企业已有资源，错失未来发展机会，对企业既有定位可能产生不利影响。

6. 对标管理中应避免的误区

在成为具有全球竞争力的一流企业的道路上，企业在对标管理的工作上经常不能回答好三个关键问题——“对标多广、对标多细、对标多深”。同时企业不能战略性、协同性地在对标后进行落地变革，缺乏前瞻性发展的关键能力。项目领导组（战略部、改革部）、业务部门（生产制造部门、研发部门）、职能部门（财务部门、人力部门）分别在对标管理的过程中面临挑战，具体来看，企业在对标管理中常见的误区包括以下几种：

一是管中窥豹。对标“精细度”不够，往往停留在较高层面的指标上，看到差距便急于照搬“最佳实践”以消除不满意的结果，没能进一步分解对标并寻找造成差距的深层次原因。不能找准自身真正的短板所在，不能“对症下药”，从而造成接下来的针对性提升工作方向不准甚至误入歧途。

二是逐末忘本。只关注结果性的、硬性的业绩指标，而忽略了过程性的、软性的指标。对标管理未能转化成具体行动，不能实现速赢。与此同时，成功的对标管理不仅要聚焦解决眼前问题，更需要通过多维度、标准化与持续性的对标，全方位提升企业管理能力与长期业务竞争力。

针对以上常见误区，可以通过多维度对标管理进行规避。目前更多的企业主要考虑与同行业竞争对手进行对标，而多维度的对标管理概念应用还不太广泛。除了与同行业竞争对手进行对标，企业还可以考虑与监管要求对标、与客户需求对标及跨行业对标。与监管要求对标在国际化道路上十分重要。通晓当地市场监管要求，对标后快速实现合规化是本地化的前提。通过与综合的跨地区监管要求对标，中央企业可以从全局了解各国市场趋势的异同之处，总结全球趋势。与客户需求对标，在当今世界一流企业中仍旧盛行。一流企业以客户需求为企业立足之本，创新性地、突破性地在对标后找到未来产品、服务的独门绝技。同行业对标虽然能够帮助企业解决很多问题，但是它仍然具有很大的局限性。即使能够找到行业内最好的企业作为标杆，并且模仿其经营管理模式，不断改善自身的不足，但仍有可能无法在短时间内找到行业内有突破性发展的核心能力。跨行业对标则能够较好地突破对标中的这一“瓶颈”。跨行业对标即选择行业以外的国内外一流企业的某些先进管理模式或最佳实践作为标准，结合自身实际，找出差距，并创造性地引入本行业的管理实践中。

三、对标世界一流能源公司的重点领域及实践

1. 关键管理要素

实现经营业绩领先固然是国际一流企业“硬实力”的核心体现，而企业打造硬实力也离不开卓越的管理体系作为支撑。研究发现，具备“硬实力”的国际一流企业往往在以下十个战略性管理议题上也都有着出众的表现。其中，第一至第四个方面是企业管理的基础要素，也是斯蒂芬·P. 罗宾斯在传统管理学领域强调的四个方面，它们是战略管理、公司治理、管控与运营、领导力建设。

此外，第五至第十个方面是当今具有全球竞争力的世界一流企业角逐的重点，也是进一步提升核心竞争力的重点，它们是国际化、人才管理、创新管理、品牌管理、并购管理、数字化。这十要素简洁、透彻地概括了一流企业打造“硬实力”、创造“超凡脱俗的表现、真正的与众不同和特殊价值”的背后动因。

我国企业在战略管理、公司治理、领导力建设、管控与运营四大基础支柱上有着较大的进步，但整体上与一流企业的成熟管理体系相比仍有明显的差距，尤其在全球布点竞争的情况下。同时，国际一流企业正在国际化、人才管理、创新管理、品牌管理、并购管理以及数字化这六个管理要素上展开激烈角逐，是未来竞争的真正重点与核心，也是中国企业在未来十年、二十年推动业绩提升的突破口。

坚守主业重心与多元化协同发展，强调战略眼光前瞻性、差异化定位与可持续发展。充分发挥战略统领作用，坚守核心价值和目标，同时具有高度战略灵活性和适应性。主业精干突出，能够带动相关业务协同发展，促进布局结构优化调整。占据全球产业链中高端位置，能够推动行业发展，同时还能够引领战略性新兴产业发展方向，并强调可持续发展。

建立现代企业制度，董事会职能强大。股东大会、董事会、监事会、经理层各司其职，各尽其责，规范运作，形成科学决策、有效制衡的公司治理机制。董事会职能强大，董事结构优化，董事会运作水平高，员工参与民主管理程度高。

强大的领导力，促进和激励组织进行变革。企业领袖立志于超越现状的伟大目标，能鼓励团队建立共同视野，强调信任和坚强有力的合作关系，激励所有人的内心梦想，强调创新，催化积极变革。企业要有与战略制定紧密结合的未来领导培养机制。

组织敏捷，利用数字化手段提升管理效率。风险管控智能化，合规管理深入业务，财务管理全局化。可适应技术变革，组织运营模式“客户导向、敏捷、透明、协作”。充分利用数字化手段实现管控一体化，提高科学决策的水平和效率。风险智能助力战略与绩效达成，合规管理深入业务。财务管理从“资金管控型”向“价值创造型”转变。

全球视野，在快速发展的新兴市场占有先机。以全球视野及双赢的开放合作心态，立足全球配置资本、人才、技术和市场等各类资源。国际影响力强，准确定位适合自身发展的国际化模式，在快速发展的新兴市场占有先机。海外战略一体化管控措施强，包括组织、研发、人才管理、风险控制和企业文化管理等。

人才队伍综合素质高，拥有跨界工作经验与机会。关键人才队伍规划聚焦企业战略性增长点及产业链核心价值创造环节，占据制高点。人才开发注重与外部专业机构密切合作，科学测评、加速成长、高效赋能。人才管理注重量才使用、人才沟通协作及提供更多跨界工作经验与机会。以富使命感的文化和事业平台吸引、激励人才，实现人企一体、人企共进，相互成就。

创新能力强，高效的科技创新成果商业化转换能力可显著增加企业价值，实现多维度创新。掌握具有自主知识产权的关键核心技术，突破制约行业发展的技术“瓶颈”，引领行业技术进步。高效的科技创新成果商业化转换能力可显著增加企业价值。有完善的内部创新管理流程与机制，且能实现多维度创新，增强企业竞争壁垒。

品牌竞争力高，永远以客户为中心整合价值。品牌在全球范围内成为品质和价值的保证，品牌美誉度和客户忠诚度高，品牌价值位居国际同行业前列。在产品与服务生命周期各个阶段与客户持续互动，永远以客户为中心整合价值；同时具备完善的品牌保护能力，能有效应对多维度冲击。

并购的多主体间实现业务、市场、产品的紧密融合，实现长期运营协同价值。通过推行“百日计划”与中长期投后管理机制，保障并购活动的方向正确、推行整合有序，在战略互补、融资渠道、财务收益与运营协同多方面实现价值，促进并购多方业务协同增长、能力充分融合、管理持续改善。

积极探索数字化转型，将运营与数字化合二为一构建企业核心竞争力。合理部署恰当的数字化能力，将运营与数字化合二为一，同时实现洞察导向和敏捷反应。能够改变自身的运作模式，变得对技术本身有更高的敏感度与更快的接受速度，更加迅速地把新技术转化为企业自身的生产力。

2. 智能时代的竞争优势

技术创新、数字化、区块链的发展将带来产业链的巨大变革，国际石油公司认为未来数字化技术将解锁油气产业遇到的难题，并致力于将人工智能、数字化技术应用于全产业链各环节，大幅提高油气生产效率、降低成本。据《bp技术展望》，快速高效的新一代计算机、汽车电池、3D打印、燃料电池、太阳能转换、无人驾驶、大数据分析、氢能技术等新技术的发展，将为改变能源生产、供应和利用方式提供巨大潜力，对促进新一轮能源转型具有重要作用。以数字化为代表的创新领域，正在通过以数字化油田、智能化管道、智慧电厂、“互联网+”为代表的销售等方面推动这种变化。

区块链与人工智能、物联网、大数据一并被认为是改变未来的信息技术，在分布式账本、非对称加密、共识算法、智能合约方面都具有技术先进性，将区块链技术应用到油气贸易业务中，跨境油气贸易各环节的参与方均可接入区块链平台，通过智能合约的应用实现数字化资产或智能资产的转型，实现贸易方式和贸易效率的极大提升。挪威石油公司在营销和贸易领域消除纸质交易，使商品交易成本降低、安全性提高，同时改变整个贸易的生命周期。

图7-4为智能时代的企业战略竞争。

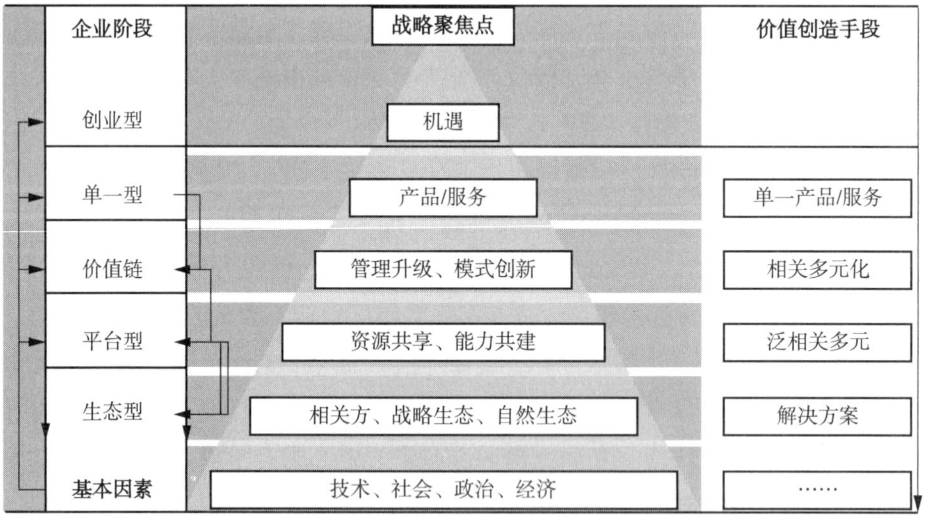

图7-4 智能时代的企业战略竞争

3. 对标国际石油公司能源转型实践

能源是人类生存和文明发展的重要物质基础。能源转型是能源体系结构发生根本性的改变，这不仅仅是能源行业自身的历程，也涉及人类生活环境和社会系统问题。人类社会自20世纪50年代进入油气时代，其间涌现了一批全球领先的国际石油公司，以埃克森美孚、壳牌、bp、雪佛龙、道达尔能源、Equinor、埃尼为典型代表的一体化国际石油公司被称为业内的“Major”，在全球石油行业具有很强的代表性。能源低碳化、分散化、智能化的转型趋势将深刻影响油气行业发展，重构能源生态格局。石油公司需要从更广阔的视角充分考虑、研究未来发展战略。

（1）石油公司转型目标制定存在差异

石油公司转型目标的设定与其未来战略愿景密切相关（见图 7-5）。通过分析石油公司的转型战略，转型目标的制定总体可以按照以下四类进行划分：

第一类：不设置或仅设置阶段性的直接减排目标（仅涉及表 1-2 中的范围 1），总体战略保持不变。这一类别的公司主要包括中东及苏联地区的资源型国家石油公司（阿塞拜疆国有石油公司、委内瑞拉国家石油公司、伊朗国家石油公司、阿曼石油公司、俄罗斯天然气公司）、北美地区的中小型独立石油公司（阿帕奇、大陆资源公司）。前者主要基于国家安全考虑，所在国对石油具有很强的财政依赖性，后者可能主要基于资本市场进行高杠杆运作，仅关注短期内生产运营过程产生的直接排放，与本土政策走向具有很大关系。

第二类：设置生产运营减排目标（表 1-2 中的范围 1+范围 2），主要关注过程降碳。这一类别的公司主要是北美国际石油公司（埃克森美孚、雪佛龙、康菲）及一些具有国际化业务的国家石油公司（巴西国油、马来西亚国油、中国石油、中国石化、中国海油、沙特阿美）。这类公司普遍认为油气仍将在能源体系中扮演重要角色，采用不同措施推进自身转型进程。

第三类：设置生产运营及产品全生命周期净零排放目标（表 1-2 中的范围 1+范围 2+范围 3），将综合型能源公司作为长远发展的战略目标，更加关注多元化的低碳业务。这一类别的公司主要是欧洲的一体化石油公司，例如壳牌、bp、道达尔能源、Equinor、埃尼、雷普索尔等。这类公司受当地政策导向、股东及利益相关者的影响相对前两类公司更加深远，设定的战略目标需要以更加广泛的低碳资产来实现。

第四类：从单一的石油公司完全转型成为新能源公司。这类公司中的一个典型代表是沃旭能源（Orsted，原丹麦石油公司——DONG）。该公司最初是一家负责管理开发北海丹麦地区的天然气和石油资源的国有石油公司。2008 年该公司开始重新审视发展战略，决定向低碳能源转型。2017 年，该公司剥离了油气业务，增加了海上风电的投资，成为全球海上风电的领导者，将自己的燃煤电厂改造为生物质燃料发电厂。该公司提出到 2025 年实现碳中和，2040 年实现净零排放。

（2）国际石油公司持续优化组织架构

随着国际石油公司低碳转型进程有所加快，传统业务与新业务的组织模式也呈现出不同状态。第一种是将天然气与新能源开发业务放在同一业务板块下运营，代表企业为道达尔能源，壳牌原先的模式与道达尔能源一致。第二种是将新能源业务加以区分，并融入新的战略单元，代表企业为 bp。其中，具有韧性的油气业务包含生物燃料，便利零售与移动出行业务则包含电动汽车充电，低碳业务包含氢能及可再生能源与电

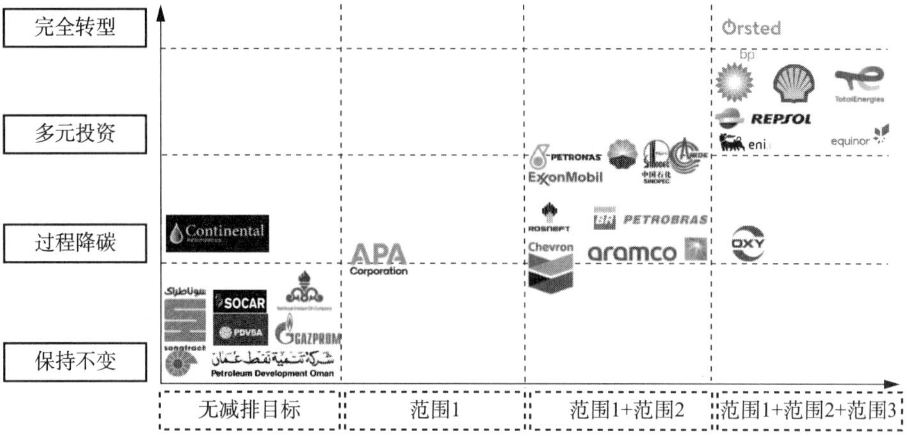

图 7-5　目标导向下石油公司的战略选择

力，上述新业务均属于 bp 的转型增长引擎。第三种是设置专门的新能源业务并独立运营，例如壳牌将其新能源业务从原先的一体化天然气及电力业务中分离出来成立可再生及能源解决方案业务（Renewables and Energy Solutions）；Equinor 设置可再生能源业务板块（Renewable），雪佛龙也有这种倾向；埃尼设置 Plenitude & Power 业务发展以可再生能源为主的转型业务并计划单独上市。从当前情况看，传统业务与转型业务的协同发展仍是主要选择，但在协同运营的方式设置上存在差异。第一种模式是和天然气业务协同；第二种模式则更注重不同新业务与产业链上下游的价值拓展，现阶段的组织流程整体处于初步调整阶段，后期随着转型战略的实质化推进，预计组织架构将会持续调整。

（3）不同石油公司转型战略有所侧重

国际石油公司、国家石油公司、区域石油公司、独立石油公司、国内石油公司转型实践存在差异和共性，主要从以下维度分析：

能源转型战略：上述几类公司均认可能源转型的重要性。国际石油公司中，欧美一体化石油公司两极分化明显，欧洲石油公司相对激进，美国石油公司则主要关注生产运营减碳；国家石油公司整体对能源转型持观望态度，资源国公司主要关注碳技术；区域型的石油公司大部分持观望态度，欧洲的雷普索尔相对激进；独立石油公司主要目的是满足资本市场要求，聚焦生产过程降碳；国内石油公司已经投入相关研究，在新能源领域已经开始布局。

产业链结构战略：上述几类公司均注重上游产业链脱碳，中下游产业更加注重治理结构优化。国际石油公司油气产业的发展战略可以归结为以下几个方面：注重发挥全产业链优势，剥离非核心炼油能力，注重炼厂低碳化、化工业务高端特色化发展；国家石油公司强调本国重要基础设施的长期发展前景；区域石油公司则更加强调现有区域的产业布局强化升级；国内石油公司注重一体化协同发展，贯彻落实国家油气管网运营机制市场化改革决策部署，更好地服务国家战略。

资源结构战略：上述几类公司整体关注深海、天然气等优势资源，但在上游定位方面存在分化。国际石油公司持续强化在深水、超水深和一体化天然气领域的领先优势，塑造更具竞争力的油气业务；国家石油公司及区域石油公司更注重本土油气资源的高效整合，多数独立石油公司也有类似特点；国内的石油公司持续强化天然气业务全球布局、优化投资结构和区域布局，助力打造稳定的海外油气供应链。

全球区域布局战略：国际化的石油公司在关注被动陆缘盆地新海域。具体而言，国际石油公司加大了非洲、中东、中亚地区的投资，而同步减少了欧洲和北美地区的投资力度。例如，2022 年，乌克兰危机爆发导致国际石油公司陆续退出俄罗斯油气业务，对其生产经营产生一定影响，但大部分被油气价格上涨所抵消。其中，bp 退出俄罗斯石油公司（Rosneft）19. 75%的股权，造成损失共计 255. 3 亿美元，与其调整后利润相当，油气产量下降 75 万桶/天。道达尔能源因退出俄罗斯油气业务导致其油气产量有所减少，资产损失规模高达 148 亿美元。资源型的国家石油公司、区域型的石油公司及北美的独立石油公司仍旧关注本土油气业务；我国国内石油公司践行“国内国际双循环”战略，注重本土资源挖潜的同时有序扩张海外业务。

组织机构战略：石油公司能源转型战略背后的组织优化调整在持续推进，通过多种手段持续降低用工成本，提高管理效率。国际石油公司在优化管理架构方面的进程相对靠前，同时采用企业标识变更、非核心业务剥离、人员调整等多种手段持续优化组织架构；资源型国家石油公司、区域型石油公司、独立石油公司更加关注本土油气资源，组织架构并未有过多的调整，业务及人员变化相对较小。国内三家石油公司（中国石油、中国石化、中国海油）均开展了较大的组织架构优化调整，设置了新能源新业务的相关组织单元，原有的职能部门设置也做了适应性的调整。

技术研发战略：传统油气技术更加注重降本增效，低碳减排和新能源技术越发受到国际石油公司关注，数字化技术在未来的热度也将继续提升。欧洲一体化的国际石油公司对新能源及减排技术的关注程度相对较高，埃尼、挪威国油、道达尔能源与壳牌将研发作为实现公司战略目标的重要手段。埃尼计划 2023—2026 年研发费用的 70%用于低碳领域，主要包括可再生能源发电、生物质燃料等；挪威国油 2022 年用于可再生能源、能效提升等领域的研发支出约 1. 12 亿美元，约占当年研发支出的 36%，显著高于 2017 年的 18%。2022 年，道达尔能源在全球运营 18 个研发中心，研发人员超过 3500 名，研发支出约 7. 62 亿美元，低碳领域的支出占比约 65%，显著高于 2017 年 28%的占比。壳牌在低碳领域的研发支出约为 4. 4 亿美元，占其研发支出的比重约为 41%。两家公司主要聚焦 CCUS、生物质燃料、氢能、可再生能源发电等低碳技术，道达尔能源在电池领域开展了深入研究。

（4）适应工业革命和能源转型的战略思维

国际石油在转型路径的选择上存在差异，但总体可以概括为以下四个方面。

优化石油业务链（稳油）。通过全球优化、区域优化、结构优化、产品优化等，确保能源转型过程中具有稳定发展的现金流。石油不仅是很重要的燃料，也是非常重要的有机化工原料。根据能源公司、具有政府背景的研究机构，或者非政府机构发布的转型报告，各方总体上的共识是：在转型过程中石油扮演着非常重要的角色，到2050年，以石油天然气为代表的化石能源仍然占到一次能源消费的一半以上。从石油公司自身来看，在稳油的过程中需要做一系列的优化措施以确保在未来能源转型中有稳定现金流。

提升天然气价值链（增气）。打造天然气价值链，成为石油公司转型发展最具成长性、增值性业务。虽然不同石油公司对于如何发展新能源的态度之间存在一定差异，但在面对能源转型的时候都一致把天然气放在非常重要的地位。这是因为天然气是可以替代所有一次能源的品种，也能被其他一次能源替代。作为一个优质、高效、清洁的低碳能源，天然气不仅资源丰富，且其受制于运输方式的分割市场正在改变，像原油一样的全球化市场正在形成，其在能源转型中将扮演不可替代的重要角色。

融合新能源业务（融合）。多能互补，介入储能、拓展氢能、发展生物质能、地热能等战略性业务。长期以来，世界能源消费过度依赖化石能源，导致资源紧张、环境污染、气候变化等问题日益突出，许多国家认识到依赖一两种主要能源非常危险，业内外开始主张多种能源并重、相互补充。中国从1978年改革开放以来的能源政策，就要求逐步改变单一以煤为主的能源格局，尽可能开发利用其他能源资源，包括煤、石油、天然气和核能的合理利用，特别是要不断提高新能源和可再生能源的比重，如水电、太阳能、风能、海洋能、生物质能、地热能和氢能等的开发利用。

推进数字化战略（创新）。数字化技术正在重塑油气行业，数字油田、智慧管网、智能炼厂、区块链交易、能源互联网正在成为能源行业转型发展的引擎。技术进步是推动能源转型的关键因素。据加拿大学者瓦茨拉夫·斯米尔的能源转型理论，判断能源转型的最重要标准是极大改善能源转换效率的“原动机”的出现。如第一次能源转型，蒸汽机的发明和应用为煤炭的大规模利用创造了条件；第二次能源转型与内燃机的发明和应用密切相关。

延伸阅读

国有企业治理现代化：整合框架和实现路径

党的二十大报告指出，要完善中国特色现代企业制度，弘扬企业家精神，加快建设世界一流企业。国有企业是我们党执政兴国的重要物质基础和政治基础，是党领导的国家治理体系的重要组成部分，国有企业的治理能力也是国家治理能力的重要组成部分；加强和完善国有企业公司治理，对于国家治理体系和治理能力现代化有着积极的意义。2016年10月10日，习近平总书记在全国国有企业党的建设工作会议上提出“两个一以贯之”，即“坚持党对国有企业的领导是重大政治原则，必须一以贯之；建立现代企业制度是国有企业改革的方向，也必须一以贯之。要把加强党的领导和完善公司治理统一起来，建设中国特色现代国有企业制度”。这为建设中国特色现代企业制度指明了方向，提供了根本遵循，实现了坚持和加强党的领导与完善公司治理的有机统一。国有企业完善和发展中国特色国有企业治理制度，是推动国家治理体系和治理能力现代化的内在要求，是适应市场化、法治化、国际化新形势新要求的有效途径。

1 新时代推进国有企业治理现代化的紧迫性与必要性

1.1 推进国家治理体系和治理能力现代化的内在要求

2013年党的十八届三中全会首次提出“国家治理”理念，强调“全面深化改革的总目标是完善和发展中国特色社会主义制度，推进国家治理体系和治理能力现代化”。2019年党的十九届四中全会进一步明确了“坚持和完善中国特色社会主义制度、推进国家治理体系和治理能力现代化，是全党的一项重大战略任务”。企业治理是国家治理的重要组成部分，国有企业治理是我国国家治理的重要支柱，其在公司治理方向的改革目标应与全面深化改革总目标高度统一，应深入贯彻国家治理现代化这一顶层设计的理念，完善和发展中国特色国有企业治理制度，推进国有企业治理体系和治理能力现代化。

1.2 提升国际竞争力和建设世界一流企业的基本保障

习近平总书记在党的十九大报告中首次提出培育具有全球竞争力的世界一流企业，在党的十九届五中全会上进一步强调加快建设世界一流企业。2022年2月28日，中央全面深化改革委员会第二十四次会议审议通过了《关于加快建设世界一流企业的指导意见》。习近平总书记在主持会议时强调，要加快建设一批“产品卓越、品牌卓著、创新领先、治理现代”的世界一流企业，在全面建设社会主义现代化国家、实现第二个百年奋斗目标进程中实现更大发展、发挥更大作用。大国竞争很大程度上是一流企业之间的竞争，一流的企业必须有一流的治理，建设世界一流企业必须依靠先进的治理体系和治理能力作为保障。通过健全完善现代公司治理，力争实现治理体系和治理能力现代化，切实提升企业稳健合规经营、持续健康发展、有效防范化解处理风险的能力和水平。

1.3 适应市场化法治化发展要求和应对国际经贸规则的必然选择

经过多年的改革发展，国有企业的规模不断壮大，但一些国有企业尤其是集团总部，仍不同程度地存在机关化、行政化问题，限制了企业市场竞争力的提升。为保持国有企业独立市场主体地位，需要鼓励支持企业按照市场经济规律和企业发展规律运行，按照法人治理机制，依法依规自主决策、合规经营，有效防范化解风险，适应激烈的市场竞争。从外部环境来看，国际环境复杂严峻，国际经贸规则日趋严苛。面对百年未有之大变局和世纪大疫情，全球经济治理机制面临挑战，贸易保护主义、单边主义抬头，世界经济进入动荡变革期。与此同时，部分欧美国家极力主张通过国际规则对国有企业进行特殊约束，如发达国家提出“竞争中性”原则、CPTPP 国有企业专章等。适应新的国际经贸规则，必须坚持推进国有企业治理现代化，以便在更高水平开放的环境下，维护国有企业合理合法的竞争优势。

1.4 破解国有企业治理理论和实践难题的必然要求

国有企业在我国国民经济发展中占据着重要地位，随着市场经济发展进入新阶段新时期，国有企业必须持续深化改革。就目前情况来看，改革不平衡、不充分的问题普遍存在，治理水平还有待进一步提升。一是理论层面，中国国有企业所有者缺位和目标多元化带来不同于西方经典公司治理理论的代理问题，由此产生国家大股东与中小股东之间的代理问题、国有企业经理人与国家大股东之间的代理问题以及国有企业经理人与中小股东之间的代理问题。在这样的情景下，需要建立具有中国特色的国有企业治理体系，这样的治理体系要既能体现公司治理理论的普遍性，也要体现中国国家治理体系的特殊性。股东大会制度、董事会制度、管理层激励制度体现了公司治理制度的普遍性，而强化党组织治理，完善上市公司监事会制度，则体现了中国国有企业治理体系的特殊性。二是实践层面，国有企业通过持续深化改革特别是深入实施国企改革三年行动，治理能力明显提升，但机制不完善、“大企业病”等问题尚未彻底消除，主要表现在以下几个方面：国有企业仍处于行政化治理状态，公司治理责任主体缺位；高管团队“官本位”意识浓厚，缺乏企业家创新精神；国企激励刚性化，缺乏环境适应性；国企法人治理结构“形似神不至”，治理机制未有效构建；有的国有企业党委（党组）会、董事会与总经理办公会职责不清。

2 基于国家治理视域下多理论集成的国有企业治理框架

2.1 理论溯源

2.1.1 国家治理现代化视域下的公司治理

从马克思主义基本原理来看，占主体地位的所有制形式决定社会的基本性质和发展方向，决定社会基本利益的分配。所以从坚持和完善中国特色社会主义制度的角度来看，党的领导和国有企业治理机制可以融合，也必须融合。

党的十八大以来，习近平总书记站在党和国家事业战略全局的高度，从国有企业对于巩固中国共产党的执政地位、推进国家治理体系和治理能力现代化的重要性角度，创造性地提出“国有企业是中国特色社会主义的重要物质基础和政治基础”的重要论断，首次把国有企业的“经济基础”定位提升到“两个基础”（物质基础和政治基础）的崭新高度。

国有企业大多分布于承担公共职能、提供公共产品及准公共产品的行业，是推进国家治理体系和治理能力现代化的微观行动主体。国有企业的公司治理体系和治理能力要迈向现代化，就要求将包括党的领导在内的国企治理体系制度化、科学化、规范化、程序化，使国企治理者善于运用法治思维和规章制度治理企业，从而把中国特色现代企业制度各方面的制度优势转化为治理公司的效能。

2.1.2 利益相关者理论下的治理主体权力制衡

1963 年斯坦福研究所提出“利益相关者”的概念。公司治理结构被定义为股东、债权人、职工等利益相关者之间有关公司经营与权利的配置机制。利益相关者主义理论主张公司的经营目标不应仅仅是追求股东利益至上，而是要追求经济目标、社会目标、公共目标和个人目标之间的平衡，管理层要努力将公司利益相关者的利益内部化，公司的所有决策都要充分考虑利益相关者的利益均衡。

利益相关者理论是对股东至上主义带来的短期化股价等弊端的回应，有其合理性但局限也很明显，管理者在多元目标的情况下产生的代理成本更大。当各方利益发生冲突的时候，管理者怎样运用权力、怎样制约权力是这一理论走向实践的难点。利益相关者理论建议员工拥有公司治理的参与权，这在一定程度上可以缓解管理者的代理行为，但是在操作层面，员工仅能在极少数重大问题上参与决策，且难以兼顾决策的公平与高效。

加强国有企业党的领导提供了平衡各利益相关者、履行企业社会责任的解决方案。国有企业本就是一种政府参与和干预经济的工具与手段，是政府针对已出现或可能出现的市场失效问题而代表公众利益所采取的诸多政策举措中的一种。

2.1.3 契约理论视角下的国有企业治理机制

契约理论将公司视为一系列契约的联结，参与这个契约的主体主要包括股东、董事、雇员、供应商和顾客。契约关系中的各个治理主体具有不同的职责定位和作用，虽然这些组织机构的总体目标是一致的，但各自依据不同的组织规则运行，存在着具体工作目标的差异性，而这些差异性的存在恰是公司治理建立的本质要求。经过几百年的发展，现代企业制度形成了“董事会决策、经理层执行、监事会监督、职工民主管理”的治理体系，社会也达成了利用激励机制设计降低企业代理成本的共识。

2.1.4 集团化管控理论

中央企业基本上都是集团公司，集团企业一般采用多元化经营，集团公司内部的代理关系具有较多的层次性。

从产权和治理的边界来看，母公司更多地开展集团层面的战略规划、企业并购、解聘经理、发行新股等重大决策，进而对整个集团进行指导和监督，母公司董事会不能也不应该深入下属公司的日常经营活动中。

集团公司治理除了“三会一层”四者之间的权力制衡，还需考虑集团总部对下属企业的管控关系、集权分权程度，要处理好母公司与子公司之间、子公司与子公司之间的关系，将法律上独立的各个公司的利益协调一致，最大限度地减少相互之间的摩擦和冲突，使集团公司保持较高的整体运作效率。

集团公司法人治理的构建离不开管控模式，构建治理型管控模式是治理能力现代化的重要手段。目前集团管控主要分为三种模式：战略管控、“战略+资本运营管控”和“战略+运营管控”。以能源行业为例，国外能源集团公司主要是以战略管控为主；国内能源集团主要是以“战略+运营管控”为主。

2.2 整合框架

虽然西方国家的公司治理理论研究和实践中，缺乏党组织和中国特色的工会组织参与治理的理论支撑和安排，但是中国国有企业的党组织和董事会、监事会、经理层等，为了企业发展的共同目标而将长期共存于一个组织体系之中，正在走出一条中国特色的公司治理之路。从国有企业产权和委托代理链条来看，中国共产党作为执政党对国有企业享有政治领导权，政府国有资产管理部门拥有对国有资产这种公共产权的代理权、剩余索取权和控制权。这种特殊的委托代理关系决定了国有企业参与市场活动除了要按照现代企业制度的要求建立由股东大会、董事会、监事会及经理层组成的治理体系，还要在重大决策流程上体现企业党组织“把关定向”的领导权。

经济合作与发展组织（OECD）认为：“好的或有效的公司治理制度是有其国家特性的，它必须与本国的市场特征、制度环境以及社会传统相协调。”党组织在中国国有企业的治理理论上体现特殊性，利益相关者理论、契约理论和集团化管控理论具有普遍性（见图1）。国家治理现代化视域下的公司治理，从理论上证明了党的领导和现代企业治理体系可以融合。利益相关者理论侧重强调平衡好各利益相关者的关系、履行好社会责任，在国有企业治理机制中嵌入党的领导，可以有效缓解多目标下的决策低效和代理问题。契约理论奠定了国有企业不同层级权力制衡的基本架构，也提供了加强国有企业激励机制设计的理论基础。集团化管控理论提供了央企集团治理与子公司治理的边界尺度。

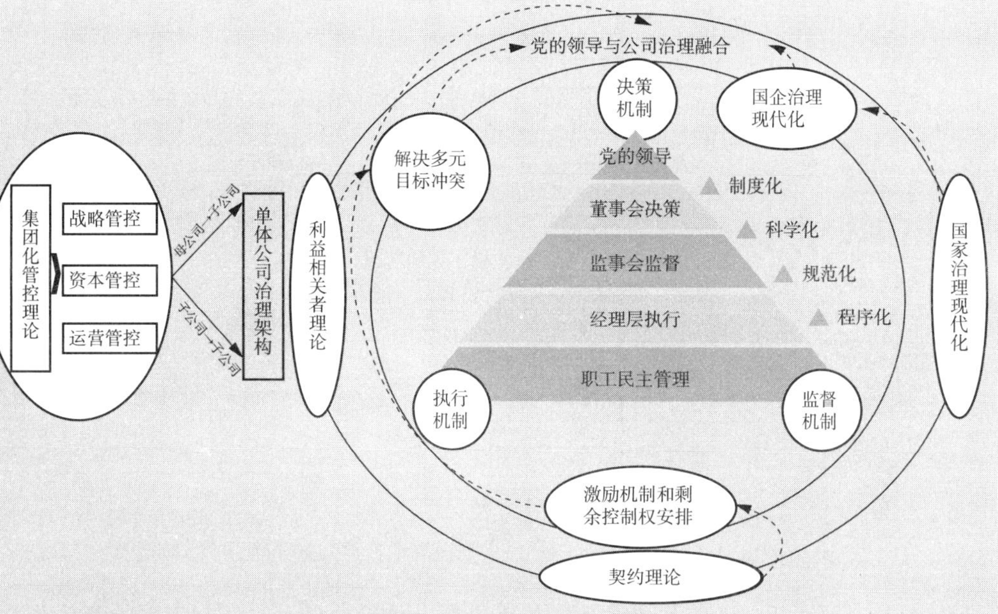

图 1 国有企业治理理论的整合框架

在深化中国特色社会主义国有企业制度改革的过程中，国有企业党组织与现代公司治理结构融合得越好，中国特色社会主义国有企业制度的优越性就发挥得越充分，就会形成比西方现代企业制度更强的核心竞争力。

3 国有企业治理体系与治理能力现代化的理论内涵

国有企业作为我国国民经济的重要组成部分，在社会稳定、国家经济发展中起着重要作用。新时代国有企业要承担起社会责任，坚持党的领导，完善中国特色现代企业制度，提高治理效能，推动治理体系和治理能力朝着现代化方向发展。国有企业治理体系和治理能力现代化应当是一个完整体系，即通过构建有利于国有企业发展的治理结构和治理机制，搭建起高效运行、科学决策的企业组织，最终提升国有企业竞争力。本文基于前文多理论集成的治理整合框架，结合企业实践认识，提出一套国有企业治理体系和治理能力现代化框架（见图 2）。

3.1 国有企业治理体系现代化

治理体系现代化本质上是建设和完善国有企业结构体系、组织体系及制度体系。其中，结构体系是治理体系的主体，主要解决“治理主体是谁”“治理主体之间是什么关系”的问题。组织体系是治理体系的功能权责，解决的是“组织在治理体系中主要发挥什么作用”的问题。制度体系是治理体系的依据，主要针对“如何保障治理体系有效运作”的问题。以上体系现代化表现为权责清晰的结构体系、高效精干的组织体系、科学规范的制度体系。

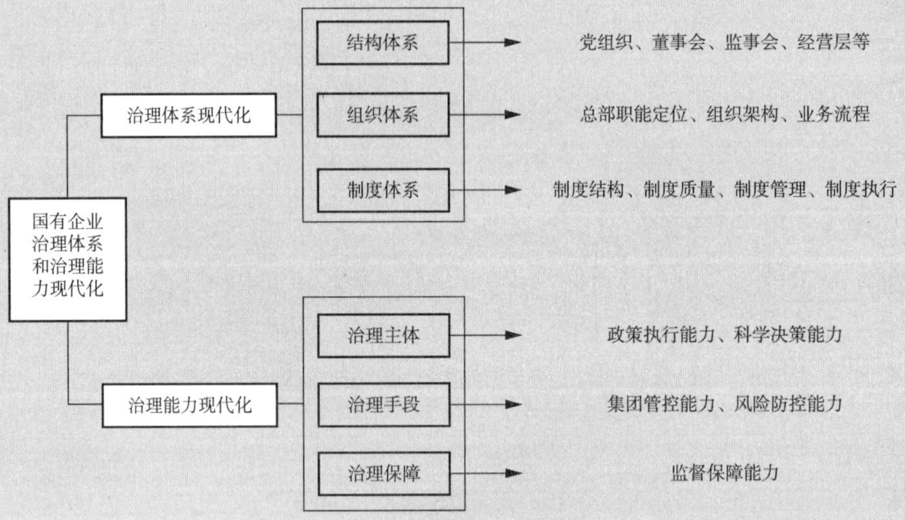

图2　国有企业治理体系和治理能力现代化框架

结构体系方面，构建权责法定、权责透明、协调运转、有效制衡的治理结构是现代企业治理的重要方向。构建中国特色国有企业治理结构，一是要加强党的领导与公司治理有机融合，确保党组织在公司治理中的法定地位，落实党组织研究讨论前置程序，发挥党组织“把方向、管大局、促落实”的作用。二是要厘清各治理主体在决策、执行、监督各环节的权责，形成权责对等、运转协调、有效制衡的治理结构，从而实现治理体系的程序化。三是要发挥董事会的决策作用，做实子企业董事会，有效发挥外部董事作用，增强董事会的独立性和权威性，发挥董事会“定战略、做决策、防风险”的作用。四是发挥监事会全过程监督作用，健全监事会职权，加强监事会报告制度，强化监督成果运用。五是保障经营层依法行权履职。构建董事会向经营层的授权管理机制，明确授权范围、管理机制、权限条件等内容，发挥经理层“谋经营、抓落实、强管理”的作用。

组织体系方面，在国有企业治理结构框架下，搭建高效运行的组织管理架构，能推动企业开展有效的经营管理与决策。建设高效精干的组织体系，一是要明确集团总部功能定位，打造价值型总部，做好战略管理、风险防范、资源协同以及服务支持，建立集团总部与各级主体间的有效管控与服务架构。二是要优化总部职能配置，清晰界定部门横向职责与纵向职责划分，优化总部组织架构，提升各部门协同力。三是要优化业务流程和职能体系。既确保业务管理的全覆盖和时效性，提高流程设计与业务发展的适应性，又精简优化业务流程，提高组织运作效率。

制度体系方面，制度体系建设是公司治理现代化的必然要求，以制度体系建设助推公司治理体系完善，将制度优势转化为治理效能，是完善中国特色现代企业制度的重要内容。强化制度体系建设。增强制度约束效能，一是要构建横向分类、纵向分级的制度结构，提升制度结构的系统性和完整性；二是要保证制度体系的规范性和可操作性，提高制度质量；三是完善制度的制定程序和评估改进，完善制度管理体系，强化制度闭环管理；四是加强制度宣贯、监督考核力度，推动制度有效执行。

3.2 国有企业治理能力现代化

治理过程涵盖了治理主体、治理手段、治理保障三个主要方面，因此治理能力现代化的构成也重点从这三个方面考虑。主要包括治理主体方面的政策执行能力、科学决策能力，治理手段方面的集团管控能力、风险防控能力，治理保障方面的监督保障能力。

治理主体方面，在西方公司“三会一层”治理结构基础上，国有企业加强党的领导并融入公司治理，建设中国特色公司治理机制，健全法人治理结构，提升治理主体政策执行能力、科学决策能力。一方面，通过把企业党组织内嵌到公司治理结构之中，保证党和国家方针政策、重大部署在国有企业贯彻执行。另一方面，厘清各治理主体权责边界，健全科学决策机制。

治理手段方面，现代化治理手段是提高治理效能的重要途径，国有企业通过优化治理手段，形成治理合力、促进协同耦合，提升集团管控、风险防控等能力，最终提升治理效能。一方面，强化战略管控，明确各子公司的发展定位，形成完整的集团发展战略及规划，实现母公司与子公司的战略协同和各板块的良性互动。另一方面，推动企业加强合规内控体系建设，统筹建立统一的风险管理系统，提升风险防范能力。

治理保障方面，提升监督保障能力，约束规范治理行为。建立从执行过程、结果反馈到改进提升的全生命周期监督体系，推动责任落实，加快重点治理工作落地。

4 推进国有企业治理现代化的战略路径

推进国企治理现代化关键是要把握好以下三方面关系：首先，把握好党的领导与公司治理的关系。建立中国特色现代企业制度，是要在现代公司制的治理框架下，将国有企业党组织与其有机结合，构建权责明晰、运转顺畅的决策体系。其次，把握好政府、国有资本出资人与国有企业的关系。推进国企治理现代化要进一步加快政企分开，进一步促进企业以市场需求为中心配置经营资源，明晰政府、国有资本监管与国有企业之间的权责边界，明确各方责任，正确处理授权经营和加强监督之间的关系。国有企业要继续坚持市场化改革，不断增强活力、控制力、影响力和抗风险能力，做强做优国有资本。最后，把握好国企治理与市场机制的关系。国有企业具有多重属性，要正确处理好政府和市场的关系。一方面，要建立与市场相适应的体制机制，使市场在资源配置中起决定性作用；另一方面，国有企业作为国民经济的主导力量，是促进国家治理执行能力提升的有效工具，要承担好推进国家治理体系和治理能力现代化的使命。

为实现国有企业治理体系和治理能力现代化，首先需以先进的治理理念为指引。一是战略导向，从全局和长远的角度对企业总体发展方向、思路、路径进行设计。二是价值导向，即以追求经济价值为中心，兼顾政治价值和社会价值，追求经济价值、政治价值和社会价值的综合平衡。三是法治导向，即强化法治理念，培养法治思维，推进依法治企。

国有企业治理现代化实现路径可以概况为图3所示的内容，即树立“战略导向、价值导向、法治导向”三种治理理念，构建“结构体系、组织体系、制度体系”三大治理体系，提升“政策执行、科学决策、集团管控、风险防控、监督保障”五项治理能力。最终，以加强党的领导、优化治理体系、持续深化改革、强化督导考核、健全风控机制为抓手，推动实现国有企业治理现代化。具体来看，国有企业治理现代化的实现路径应当从以下五个方面着手。

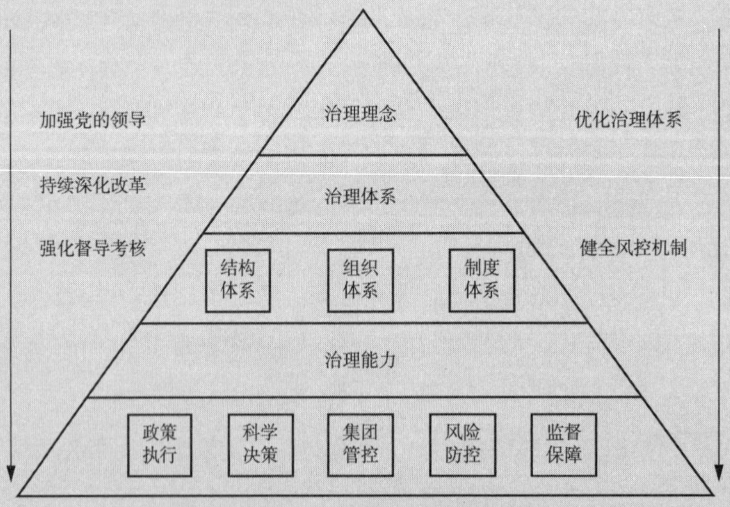

图3　国有企业治理现代化实现路径

一是加强党的领导。国有企业在发展中要坚持党的领导，把加强党的领导与完善公司治理统一起来，将党建工作总体要求纳入公司章程，创新完善发挥企业党组织作用的途径，进一步规范党组织在企业决策、执行、监督各环节的权责和工作方式，明确和落实党组织在公司法人治理结构中的法定地位。党组织的机构设置、责任分工、工作任务有效纳入企业管理体制、管理制度、工作规范之中，党的组织体系更加严密，组织制度不断完善，基层组织充满活力，实现党组织发挥作用组织化、制度化、具体化。

二是优化治理体系。国有企业通过建立中国特色现代企业制度全面提升治理能力，要推动国有企业治理现代化，就要以完善的规章制度作为重要保障。在推动治理现代化发展的过程中，要勇于开展内部改革，对业务流程、管理制度等进行优化。特别是要明确各治理主体职责、工作内容，确保能够高效运转，加强董事、监事等部门的人员结构建设，做好组织管理和评价监督，并根据情况作出优化调整。

三是持续深化改革。在新发展阶段，要把国有企业改革重要举措落实落细。首先，要抓好健全市场化经营机制，持续深化劳动、人事、分配三项制度改革；其次，强化国有企业的市场主体地位，大力推行经理层成员任期制和契约化管理，全面推进市场化用工，完善市场化薪酬分配机制，灵活开展多种方式的中长期激励，加快实施更加多样、符合市场规律和企业实际的激励措施；最后，深化混合所有制改革，分层分类深化混合所有制改革，加强对混合所有制改革全过程的监督，防止国有资产流失。

四是强化督导考核。要进一步提升治理现代化，将具体举措层层落实，必须建立健全监督考核体系。建立治理体系和治理能力现代化督促督办系统，组织开展专项督查或抽查，加强过程跟踪和进度督查，对重点任务推进情况以及巡视整改情况进行定期监督，对各项督导结果及时总结。建立推进治理体系和治理能力现代化的考核评估机制，将推进落实情况作为年度重点工作，作为各级单位考核的重要内容，强化考核结果的运用。

五是健全风控机制。推动企业加强合规内控体系建设，构建风险分级分类管控机制，完善风险防控制度体系，加强内控体系和合规管理体系建设。完善风险识别、评估、预警、防范、处置动态管理机制，落实重大经营风险事件报告工作机制，健全重大突发事件应急处究和舆论引导机制。

5 推进国有企业治理现代化的配套政策

国有企业治理是我国国家治理的重要支柱，当前，国有企业治理体系和治理能力现代化依然存在一定程度的政策制约问题。良好的企业治理离不开国家政策的引导支持，建议从清晰国资监管边界、转变政府机构职能、提升竞争力等方面持续提升政策支持力度。

一是进一步明确国资监管边界。为推进国有企业治理现代化，国有资产监管制度必须更加成熟，紧紧围绕“管资本”主线加快国有资产监管职能转变，进一步提高监管的科学性、针对性、有效性，全面强化专业化、体系化、法治化监管，推动授权与监管相结合、放活与管好相统一。

二是进一步转变政府机构职能。适应市场化、法治化、国际化新形势新要求，让市场在资源配置中起决定性作用，进一步推进政府机构的改革，进一步转变政府职能。党的十九届四中全会强调，要深入推进简政放权、放管结合、优化服务，深化行政审批制度改革，改善营商环境，激发各类市场主体活力。为此，应进一步完善国家宏观调控体系，减少政府直接行政干预市场和企业经营的行为，激发市场主体活力。

三是进一步打造提升世界一流企业竞争力的营商环境。竞争中性原则由经济合作与发展组织（OECD）提出，旨在针对国有企业同时承担商业职能和政府给予的非商业职能时可能获得的一些特殊政策。建议加快分类国有企业的商业性和公益性业务，竞争性业务严格按照市场化原则运营，公益性业务要有严格的监管制度，持续营造符合竞争中性的营商环境。

资料来源：王震，薛庆，杨雪琴．国有企业治理现代化：整合框架和实现路径［C］．蓝海经济（第1辑）．北京：中国石化出版社，2023：90-101.

参 考 文 献

[1][美]吉姆·柯林斯，杰里·波勒斯. 基业长青：企业永续经营的准则[M]. 真如，译. 北京：中信出版社，2019.

[2]麦肯锡．完善系统对标　推动管理转型　打造世界一流企业[R/OL]. https：//s3-ap-northeast-1.amazonaws.com/mckinseychinavideos/PDF/CN/Whitepaper-Conduct-benchmarking-to-build-world-champions.pdf.

[3]约翰·麦基，拉金德拉·西索迪亚．伟大企业的四个关键原则[M]. 史建明，译. 杭州：浙江人民出版社，2019.

[4]德勤华永会计师事务所．对标具有全球竞争力的世界一流企业[M]. 北京：中国经济出版社，2019

[5][美]蒂姆·科勒，马克·戈德哈特，戴维·威塞尔斯．价值评估：公司价值的衡量与管理[M]. 高建，魏平，朱晓龙，等，译. 北京：电子工业出版社，2007.

[6]任学安．公司的力量(精华本)[M]. 太原：山西教育出版社，2011.

[7]王震．基于竞争中性原则对创建世界一流示范企业的思考[J]. 北京石油管理干部学院学报，2019，26(4)：3-10.

[8]沈伟，黄桥立，张龙昊．竞争中性原则例外规则及其对国企改革的适用[J]. 武汉科技大学学报(社会科学版)，2021，23(2)：194-204.

[9]黄速建，肖红军，王欣．论国有企业高质量发展[J]. 中国工业经济，2018

(10)：19-41.

[10]田成坤，王守全，陈明卓，等．新形势下国有油气企业高质量发展评价指标体系构建[J]．国际石油经济，2022，30(2)：91-97.

[11]德勤华永会计师事务所．对标世界一流企业：做优做强，管理提升之路[M]．北京：经济管理出版社，2013.

[12]王震，张卫忠，林晓红，等．绿色理念和数字化技术引领油气行业转型——2019 国际石油周会议综述[J]．世界石油工业，2019，26(4)：5-9.

[13]王震，陈永健．能源转型背景下石油公司的战略选择[J]．北京石油管理干部学院学报，2019，26(2)：8-13.

[14]王震，和旭，崔忻．"碳中和"愿景下油气企业的战略选择[J]．油气储运，2021，40(6)：601-608.

第八讲

企业价值创造与管理

经过多年的改革开放，中国经济逐步发展，展现出强大的韧性与活力。在这个过程中，资本市场在改革中前进，在开放中成长，从无到有、从小到大、从弱到强，实现了中国现代金融体系的历史性突破和跨越式发展，也孕育了一批高质量、大市值的企业。从 1991 年至 2023 年，A 股上市公司的数量由 13 家增加至 5346 家，总市值由 0.1 亿元增加至 77 万亿元（见图 8-1）。如果再加上非上市公司的价值，这个数字将成倍增长。

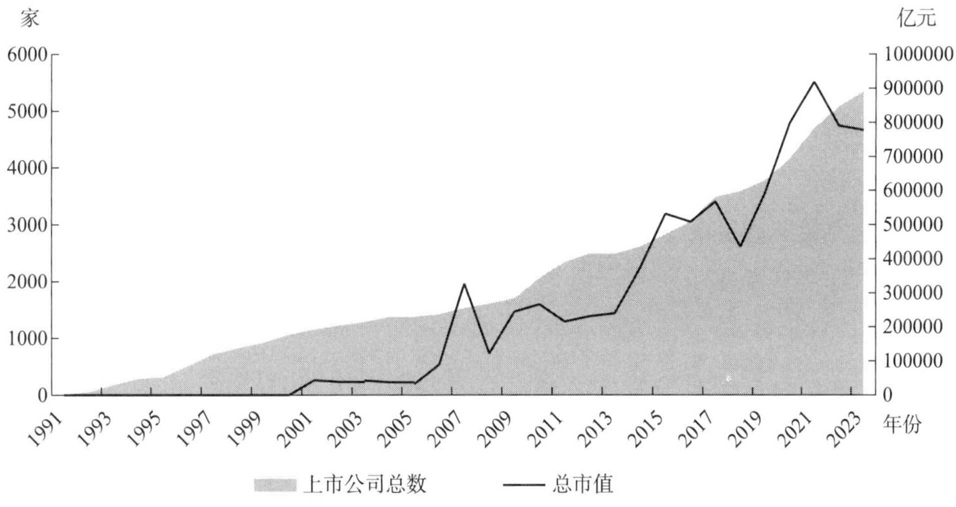

图 8-1　我国上市公司市值及数量情况

资料来源：Wind 金融数据库。

准确了解企业价值及其驱动因素，以及今后如何通过有关各方的行动来创造价值，是投资者、所有者、管理者、监管者的必修课。例如，企业通过并购进行资源配置优化，对并购前后企业价值的准确评估是判断实施并购与否以及评价并购效果的重要内容。基于此，本章将分三个章节，分别介绍为什么追求价值、如何衡量价值、如何管理价值，以期为需要了解如何衡量和评估企业价值的读者提供参考。

第一节 为什么追求价值

一、企业创造价值的重要性

价值是最富争议的经济学概念之一。在现代企业理论中，通常将企业看作一系列契约的联结，股东和债权人为投资关系，雇员、供应商、消费者等可能同时具备交易关系和投资关系。关于企业价值概念的界定，可以从契约的角度来看待。企业的价值，一方面从企业关系人依契约对企业投入资源的价值来测算，另一方面从契约关系人预期从契约履行中所获得的现金收益的现值来测算。对交易关系人而言，他们对企业进行投入的同时就获得一项等价的资源，因此交易不能直接增加企业价值。只有投资才能增加企业价值，企业的价值是其所有投资契约的价值之和，即公司价值等于股东权益价值与债务价值之和。

伴随着企业实践与理论发展，企业价值的重要性逐步凸显。20 世纪 90 年代的美国，基金等一系列金融投资工具陆续产生，旨在获得长期高额回报的机构投资者逐渐成为股票市场的投资主体，它们要求企业能够持续增加自身的价值，从而增加机构投资者（股东）的财富。这种压力使得管理者从重视短期利润转为重视企业价值，价值管理逐步成为美国企业的经营核心。1990 年，Tim Koller 在其合著的 *Valuation：Measuring and Managing the Value of Companies* 一书中明确提出，股东价值的管理是高层管理者的核心职责。随着我国改革开放的深入和产权市场的兴起，公司价值理论也逐渐引入我国，并在公司经营管理、产权交易、风险投资、资本市场投融资等方面广泛应用。企业为了生存和发展，必须提升原有价值，不断创造和培育新价值。

关于企业为什么要坚持创造价值，简单来说，即股东创办公司的目的是增加自身财富；如果公司不能为股东创造价值，股东就不会为公司提供资本；如果没有权益资本，公司也就不复存在。同时，需要强调的是，价值创造并不意味着忽视甚至侵害其他利益集团的利益。牺牲其他利益集团的正常利益是无法实现股东财富最大化的，可以想象，如果企业产品质量不高，企业的产品将失去市场；如果企业压低工人工资，企业将得不到优秀工人；如果企业违反法律法规，企业将失去存在的基本资格。股东是需要考虑全部收益和对其他利益方各项支出才能作出关于自身权利的决定，因此股东是为妥善作出关系其自身的决定而唯一需要掌握全部信息的权利要求人。

二、企业创造价值的测算标准

企业管理的最终目标是创造价值，这就意味着管理者在作出一项经营决策时需要明确，这项决策能增加公司的价值吗？如果借助于已知的信息和正确的分析，可以明确“能增加公司的价值”的话，就可以继续进行。从基本财务原理而言，一项经营决策，如新的投资、兼并另一家公司或一个重组计划，只有在其预期现金收益的现值高于实施这项决策所需的初始现金支出的情况下，才能创造价值。换言之，只有经营计划的净现值（未来净现金收益的现值——初始现金支出）为正时，它才会创造价值。本节将以虚拟公司——HL 公司为例进行说明，案例中的关键数据来自《高级经理财务管理：创造价值的过程》（加布里埃尔·哈瓦维尼、克劳德·维埃里，机械工业出版社）。

假定 HL 公司的初始现金支出为 10 亿美元，其中资本的一半（5 亿美元）来自贷款，另一半由股东的资金组成，即 HL 公司的负债与权益比率为 1。关于 HL 公司的经营发展和价值创造的关系，可参照图 8-2。HL 公司通过权益资本和借入资本筹措到所需资金，进而获得资产；获得设备、机器等生产资产后，HL 公司制造产品，进行销售，获得收入，并产生利润；HL 公司形成利润后，一方面以股利的形式报偿股东，另一方面保留部分利润，增加权益资本，同时为了保持负债与权益比例，促使债权人增加贷款金额，进而筹集新的借入资本。上述一系列的活动被称为公司的经营周期。

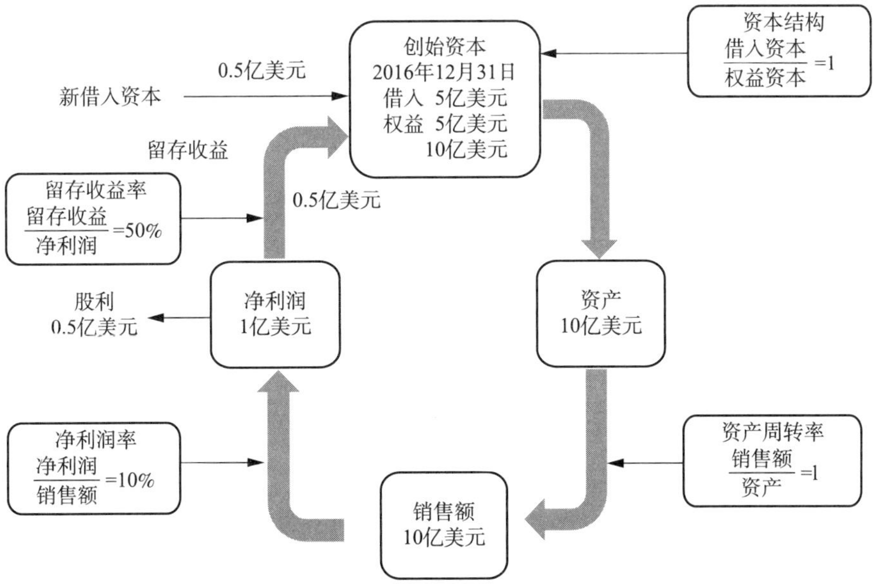

图 8-2 HL 公司的经营周期

具体来看，假定 HL 公司的资产周转率为 1，即 10 亿美元的资产产生 10 亿美元的销售额；假定销售净利润率为 10%，那么 10 亿美元的销售额就会产生 1 亿美元的净利润；假设留存收益率为 50%，0.5 亿美元会作为留存收益再次投资到公司的经营之中，

0.5 亿美元会作为股利分给各股东。凭借 0.5 亿美元的追加权益资本，公司可以贷到 0.5 亿美元（负债与权益比率为 1）。上述交易会使公司的全部资本增至 11 亿美元，其中：5.5 亿美元为权益资本（5 亿美元的创始权益资本加上 0.5 亿美元的留存收益）；5.5 亿美元为借入资本（5 亿美元的创始借入资本加上 0.5 亿美元的追加贷款）。公司将以 11 亿美元资本开始一个新的经营周期，这 11 亿美元资本将投资为 11 亿美元的资产，这些资产再去生产 11 亿美元的销售额（假定资产周转率为 1）。如果销售净利润率仍为 10%的话，11 亿美元的销售额就可以获得 1.1 亿美元的利润。如果留存收益率保持在 50%，公司的权益资本又可以增加 0.55 亿美元，另外 0.55 亿美元将作为股利分给股东，如此循环往复。

但是，公司最终的成功不能仅用公司增加销售额的能力、产生利润的能力或是从经营中产生现金的能力来衡量。至关重要的是，公司的活动是否在为其所有者创造价值。那么，如何评估一家公司是否在创造价值呢？正如通过计算一个项目的净现值来判断其是否创造价值，测算公司的价值创造，需要计算整个公司的净现值。如果公司全部投资的净现值为正，它就在创造价值。整个公司的净现值等于公司资本的市场价值扣除公司投资的资本总额（公司权益资本和借入资本的市场价值）。

即：净现值（整个公司）= 公司资本的市场价值-占用资本总额。

我们以 HL 公司为例，假设 HL 公司的资产负债情况如表 8-1 所示。

表 8-1　HL 公司的资产负债表　　单元：百万美元

HL 公司的标准资产负债表					
资产			负债和所有者权益		
	1996 年 12 月 31 日	1997 年 12 月 31 日		1996 年 12 月 31 日	1997 年 12 月 31 日
现金	100	110	短期借款	200	220
应收账款	150	165	应付账款	100	110
存货	250	275	长期负债	300	330
固定资产净值	600	660	所有者权益	500	550
总计	1 100	1 210	总计	1 100	1 210
HL 公司管理资产负债表					
投入资本或资产净值			吸收或占用资本		
	1996 年 12 月 31 日	1997 年 12 月 31 日		1996 年 12 月 31 日	1997 年 12 月 31 日
现金	100	110	短期借款	200	220
营运资本需求（WCR）①	300	330	长期负债	300	330
固定资产净值	600	660	所有者权益	500	550
总计	1 000	1 100	总计	1 000	1 100

①营运资本需求（WCR）= 应收账款+存货-应付账款。

HL公司1996年末记录的资产包括1亿美元的现金，1.5亿美元的应收账款，2.5亿美元的存货和6亿美元的固定资产净值（扣除折旧）。上述资产是由短期借款、长期负债以及所有者权益筹措而来。这与图8-2相比，多了1亿美元的资产额，分析原因，由于顾客购货后不是立即付款，销售额不能马上得到，同时货物需要在销售前制造出来并被妥善储存，所以HL公司必须既有应收账款又有存货，否则公司就无法生产和销售货物。由于公司不必立即付款给供应商，所以部分资金可来自应付账款。结果，HL公司为维持其生产和销售活动所需的资金净值，等于公司的应收账款加存货减去应付账款。这个营运中的净资金，即运用固定资产产生销售额与利润所需的净投资，又称营运资本需求。1996年12月31日HL公司的营运资本需求为3亿美元（1.5亿美元的应收账款加上2.5亿美元的存货减去1亿美元的应付账款）。假定HL公司每年以10%的比率增长，并为了简化，假定资产负债表中所有的项目都增长了10%。

假定HL公司的利润表如表8-2所示。

表8-2 HL公司的利润表 单位：百万美元

销售额		1 000
减去经营费用（包括60%的折旧费）	(760)	
息税前收益		240
减去利息（500×8%）	(40)	
税前利润		200
减去税金（200×50%）	(100)	
税后利润		100
留存收益=50		
股利=50		

HL公司的销售收入为10亿美元，总支出费用（包括税金）为0.9亿美元，产生的净利润或税后利润为1亿美元，属于股东，其中0.5亿美元作为留存收益再次投资到经营中，其余的0.5亿美元作为股利分给股东。

基于上述假设，我们估算一下HL公司1997年12月31日的市场价值增量，即净现值。当天公司的运用资本总额为11亿美元。1997年12月31日公司的资本市场价值是当天权益资本的市场价值（公司资本的市场总值）和借入资本的市场价值的总和。要想估算这些价值，我们需要HL公司当天的权益资本和借入资本的市场资料。假定HL公司有1000万股发行在外的股份，当天每股价格为90美元。这样，HL公司当天的权益资本的市场价值就是9亿美元（90美元×1000万股）。再假定HL公司当天借入资本的市场价值总值为5.5亿美元（和表8-1中记录的账面价值相等）。所以，1997年12月31日HL公司投入资本的市场价值总值为14.5亿美元（9亿美元权益资本加上5.5亿美元借入资本）。

净现值（整个公司）= 资本的市场价值-占用资本

= 14.5亿美元-11亿美元

= 3.5亿美元

也就是说，在1997年12月31日那天，HL公司创造了价值。它为公司股东创造3.5亿美元的财富。

进一步分析，是什么推动价值创造和市场价值增量？答案是，如果市场期望公司产生正的经济价值，公司的市场价值增量就为正。公司的经济价值增量等于公司资产净值产生的税后营业利润减去投资这些资产的运用资本的成本。

仍以HL公司为例。1997年，如表8-2中记录，HL公司的资产净值产生的税前营业利润是2.4亿美元，公司税率为50%，税后营业利润为1.2亿美元。为了在1997年产生这些利润，公司运用了10亿美元资本，资本的一半是权益资本，我们假定其成本为16%，另一半是借入资本，税后成本为4%（税前负债成本是8%，税率是50%）。HL公司的加权平均资本成本是：

加权平均资本成本=(4%×50%)+(16%×50%)=2%+8%=10%

因此，10亿美元运用资本的成本是1000万美元（10亿美元的10%），1997年HL公司的经济价值增量为：

经济价值增量=税后营业利润-占用资本的成本

=税后营运利润-(占用资本×加权平均资本成本)

=1.2亿美元-(10亿美元×10%)

=1.2亿美元-1亿美元

=0.2亿美元

在此过程中，HL公司产生了1.2亿美元税后营业利润，但却消耗了1亿美元资本。所以，1997年HL公司产生了0.2亿美元的正附加经济价值。只要HL公司保持正的经济价值增量，它就会创造价值。

如果把“占用资本的成本”分解开，可以改写计算经济价值增量的公式：

经济价值增量=税后营业利润-(占用资本×加权平均资本成本)

=(税后营业利润/占用资本-加权平均资本成本)×占用资本

=(税后资本回报率-加权平均资本成本)×投入资本

上述这种计算经济价值增量的方法，说明如果公司投入资本的回报率高于（或低于）其资本成本，公司的经济价值增量就为正（或负），便能创造价值（或损失价值）。

第二节　如何衡量价值

一、企业价值的评估需求

社会经济的发展对企业价值评估提出了广泛需求，股票投资决策、企业并购决策、股票公开发行、企业绩效评价、纳税税基的确定、法律诉讼等均会频繁涉及企业价值评估，企业价值评估已经成为经济生活中不可或缺的专业性经济活动。

价值评估主要用途表现在以下几个方面：

一是用于以价值为基础的管理。企业价值创造最大化是现代财务管理的根本目标，每一项财务决策的好坏均应以是否有利于增加企业价值而定。通过价值评估，可以描述财务决策、企业战略和企业价值之间的定量关系，由于企业价值不断变动，企业需要随时掌握和评价企业价值，判断企业价值创造最大化所需要的条件，通过调整企业的财务战略，实现价值创造最大化。

二是用于证券投资分析，提供决策依据。价值评估是证券投资基础分析的核心内容。根据价值规律原理，在股票市场上，企业价值决定股票价格，股票价格在本质上是投资者基于对企业未来收益、现金流量、投资风险所作出的预期判断，它围绕企业价值上下波动，经常偏离股票的内在价值。这种价格与价值的市场偏离经过一段时间的调整会向企业价值回归。因此，通过对企业价值的评估，投资者可寻找并购进被市场低估的证券，以期获得高于市场平均报酬率的收益，为投资决策提供依据。

三是用于并购分析，推动战略重组。价值评估在企业并购中起关键作用。实践表明，并购失败的一个主要原因是目标企业的估价过高，增大了并购成本和风险。因此，对目标企业价值进行合理评估，确定适当的并购价格，可以正确判断并购能否增加股东财富，以及依靠什么来增加股东财富，推动企业战略重组。

四是用于股票首次公开发行定价（IPO）。股票首次公开发行的准备工作之一就是确定股票的发行价格，制定发行价格的依据就是对公司整体的估价结果。由于交易双方信息不对称，当公司的股票通过证券市场向投资者发售时，投资者对公司的情况并不十分了解，很可能对公司股票发行产生不利影响。因此，对于 IPO 公司而言，由一家具有良好声誉的投资银行为公司估价的公允性提供担保是至关重要的。这样做不仅可以提高投资者对公司股票的投资兴趣，还可以坚定投资者的投资信心。

总结而言，公司的各个发展阶段，都离不开公司价值的评估。必须指出的是，价值评估确定的是企业特定时点上的公平价值，因而其相关信息具有很强的时效性。任何价值评估模型得出的企业价值都会受到特定条件下企业内部信息和市场信息的影响。由于新信息不断涌现，价值评估结论很快就会不准确，需要对企业价值重新评价，随时调整。另外，需要强调的是，价值评估虽然依赖定量分析，但其中的各种数据并不能保证是完全客观的。并且，评估需要对企业未来发展趋势作出各种预计和假设，而未来总是不确定的，再加上现金流和折现率的估计误差，所以价值评估难以达到绝对精确。因此，价值评估是提供相关信息的过程。它不仅提供企业价值的一个数值，而且提供大量的中间信息。如果过分关注于评估结论，可能会忽略价值评估过程中一些非常有价值的相关信息。价值评估过程可以帮助理解企业价值的驱动因素是什么，比如增长率对企业价值的影响有多大等。总而言之，价值评估过程的相关信息与价值评估结论性信息一样，都是非常重要的。

二、企业价值评估方法

企业价值评估的具体方法有很多，这些方法分别从不同的角度、运用不同的模型对企业价值进行评估。根据评估方法所依据理论基础和技术路径的不同，企业价值评估方法大体可以分收益法（现金流量折现法）、市场法（市场比较法）、期权法（期权估价法），其中，收益法和市场法是证券投资领域、企业并购决策中常用的评估方法。

（一）收益法

企业价值评估中的收益法，是通过将被评估企业预期收益资本化或加以折现来确定评估对象价值的评估思路。收益法的理论基础是经济学的预期效用理论，即对于投资者来讲，企业的价值在于预期企业未来所能够产生的收益（如现金流）；投资者在取得收益的同时，还必须承担风险。基于对企业价值的这种理解，运用收益法对企业价值进行评估时，将预期的企业未来收益通过反映企业风险程度的资本化率（折现率）加以资本化（折现），来确定评估对象的价值，公式如下：

$$V = \sum_{i=1}^{n} \frac{CF_i}{(1+r)^i}$$

式中：V——评估基准日企业价值的评估值；

CF——第 i 期的现金流量；

r——反映现金流量风险的折现率。

现金流量的形式随着评估资产的不同而不同，可以是股票股利、债券面值与利息，也可以是实体项目的税后现金流量。不管现金流量的内容是什么，折现率总是反映评估资产现金流风险的高低，项目的风险高，则折现率大；项目风险低，则折现率小。由于大多数企业的生命周期是不确定的或者无限的，所以预测未来现金流量的工作十分艰巨。根据企业“收益分阶段增长”假设，可以把整个企业生命周期分为两个阶段，第一阶段是企业的超常增长阶段（本阶段也可按现金流量波动情况再进行细分），可以年为基础逐年作出详细的现金流量预测；第二阶段假定在将来的某一时点上，企业会达到某种均衡状态，在均衡状态下，现金流量将具有充分的稳定性和可预测性，根据简单的原则就可以预测后续的现金流量。于是上述基本公式转变为：

企业价值=明确的预测期内现金流量现值+明确的预测期后现金流量现值

采用收益法评估企业价值时涉及三个重要参数：预期收益、折现率/资本化率、预期收益期限。要确定这三个参数，必须充分、全面、系统地考虑与企业价值有关的各方面关键因素。这些关键性因素可分为三个层次：一是宏观经济环境（GDP 增长率、利率、税率等），包括未来宏观经济的走势和被评估企业对经济周期不同阶段的敏感性。二是行业状况，包括预期的行业发展水平、技术发展水平和行业中与被评估企业竞争的其他企业的情况。当被评估企业跨行业经营时，还应当对不同的行业进行分析，并了解不同行业之间的相互影响。三是企业自身的状况，如企业的经营管理状况、企业历史的经营业绩及财务状况、企业未来的发展规划和盈利能力等。

【例】某上市交易股票，经分析预计未来 5 年每股派发股息分别为 0.60 元、0.64 元、0.69 元、0.73 元、0.78 元，从第 6 年开始预计股息比上年增长 5%，折现率为 10%，试评估该股票的市场价值以进行投资决策。

解：根据题意，$R_1 \sim R_5$ 已知，$n=5$；$g=5\%$；$r=10\%$。

$R_6=R_5$（1+5%）=0.78（1+5%）=0.82（元）

$$V = \sum_{i=1}^{n} \frac{R_i}{(1+r)^i} + \frac{R_{n+1}}{(r-g)(1+r)^n}$$

$$=\frac{0.60}{(1+10\%)}+\frac{0.64}{(1+10\%)^2}+\frac{0.69}{(1+10\%)^3}+\frac{0.73}{(1+10\%)^4}+\frac{0.78}{(1+10\%)^5}+$$

$$\frac{0.82}{(10\%-5\%)(1+0.1)^5}$$

=12.76（元）

（二）市场法

企业价值评估中的市场法，是指根据市场上可比企业的价值，通过比较评估对象和可比企业在某一关键指标（销售收入、现金流、账面价值、税后利润、PE 等）方面的差异，以确定评估对象价值的评估思路，用公式表示为：

$$\frac{V_1}{X_1}=\frac{V_2}{X_2} \rightarrow V_1=\frac{V_2}{X_2} \times X_1$$

式中：V_1——被评估企业价值；

V_2——可比企业价值；

X_1——被评估企业与企业价值密切相关的指标；

X_2——可比企业与企业价值密切相关的指标，与 X_1 属于同一种指标。

市场法暗含了一个假设前提：可比企业的交易价格与其价值基本保持一致。如果可比企业的交易价格大幅偏离其价值，则根据相关价值乘数所得的评估结果必然会出现偏差。因此，选择和使用市场法时应当关注是否具备以下四个前提条件：一是有一个充分发展、活跃的资本市场。二是在上述资本市场中存在着足够数量的、与评估对象相同或相似的可比企业。三是能够收集并获得可比企业的市场信息、财务信息及其他相关资料。四是可以确信依据的信息资料具有代表性和合理性，且在评估基准日是有效的。

上述前提条件是能否运用市场法进行企业价值评估的关键。然而，即使存在着活跃的市场，且有足够数量的可比企业，可比企业与评估对象完全一致的情况也是比较少见的。在许多情况下，需要根据评估对象与可比企业之间存在的差异进行必要的分析和合理的调整，才能形成合理的评估结论。

（三）期权法

期权法（期权估价法）是将金融期权定价理论和模型应用于企业价值评估中。金融期权是一种选择权，是指其持有者支付期权购买费获得期权后，能在规定的期限内按交易双方约定的价格购买或出售一定数量的某种基础资产（如股票、债券、黄金等）的权利，但不承担必须履约的义务。实物期权与金融期权类似，是指因标的资产的未来价格不确定而具有一定的价值。例如，一个企业拥有对某个项目的投资机会（购买期权），该期权赋予企业在6个月的时间内有权利按执行价格（投资成本）购买标的资产。同金融期权一样，该标的资产的市场价值（项目的净现值）是随市场的变化而波动的。在6个月的时间内，如果市场价格（项目的净现值）大于执行价格，意味着有利可图，企业便执行该期权（投资选择）；但如果市场价格（项目的净现值）小于执行价格，意味着无利可图，企业便放弃执行该期权（放弃投资），这时只是损失了已支付的期权费而已。

一些学者认为，传统的收益折现方法常常低估企业灵活性投资的价值，人们可以参照金融期权定价的方法，对企业战略的灵活性进行定价；企业价值应该是由经营性资产价值和投资机会价值两部分构成，前者用主流评估技术评估，后者用期权定价模型评估，即：

企业价值=企业现有业务的价值+未来潜在业务的价值

=未来现金流折现值+企业实物期权价值

期权估价法在某些行业的企业价值评估中有其用武之地。例如，在资本密集型行业，由于需要在高度不确定的经济环境中开展投资活动，实物期权估价法已成为此类行业的一个强有力的估价工具。在决定是否进行大规模投资或放弃投资之前，先进行一次小规模的投资，这种做法与股票期权非常类似，因为在股票期权中，需要先支付一定数额的期权费购得股票期权，之后再依据实际情况决定是否执行股票期权。适用期权估价法的行业具体包括：能源行业（尤其是石油和天然气行业）、所有的研发密集型行业（如生物技术、药品、高科技）和需要高额营销投资的行业。

三、并购估值的方法体系

并购是一项复杂而系统的经济活动，但是不论并购活动的背景、方式如何，目标企业的价格始终是并购决策的核心问题，唯有确定一个买卖双方都能接受的价格，并购活动方能完成。从一定意义上讲，对目标企业的定价问题直接决定并购行为的成功与否，而能否准确地估计目标企业的价值又是定价问题的核心。作为目标选择和评估的首要环节，目标企业价值评估通过科学合理的方法，从第三方的公平角度对目标企业的股权和资产作出价值判断，克服了交易双方不对称和主观认识的局限性，有助于并购双方不断发现价值驱动因素，为并购交易是否可行提供了客观基础和重要参考，同时促使并购方及时调整并购方式或支付手段，完善并购计划，提高成功率。总之，如果能够较为准确地估计目标企业价值，就能在博弈中处于主动地位，因此根据实际情况，正确选用企业并购中的价值评估方法与模型，准确地对目标企业进行估价对于并购双方都具有十分重要的意义。

本节以埃克森美孚并购事件为例，对并购价值评估进行说明。

2023 年 10 月，埃克森美孚宣布，以 645 亿美元的全股交易收购美国页岩油气巨头先锋自然资源公司（Pioneer Natural Resources）。这是自 1999 年埃克森以 810 亿美元收购美孚以来，埃克森美孚最大的收购案。根据 2023 年 10 月 5 日的收盘价，股权交易价格相当于每股 253 美元，较 30 天平均价格溢价 9%。交易已于 2024 年上半年完成。根据收购公告，先锋自然资源公司在 Midland Basin 的 85 万多英亩油田，与埃克森美孚在 Delaware basin 和 Midland basin 的 57 万英亩油田合并后，埃克森美孚在二叠纪盆地的油田开采面积将实现翻倍，拥有约 160 亿桶油当量的资源量，成为世界上最大的致密油生产商。埃克森美孚收购先锋自然资源公司，表明该公司看好长期石油需求和价格，在未来几十年内仍将倚重传统的石油天然气业务。

埃克森美孚公司是于 1999 年由埃克森公司和美孚公司合并成立的。这是两家公司应对波动的世界经济环境和竞争日趋激烈的石油工业、提升其在全球市场竞争力的一个重大举措。新合并的埃克森美孚公司不但在规模上成为当时世界最大的一体化石油公司，而且合并产生的业务、市场和技术上的协同效益也使公司拥有更强的竞争实力。

先锋自然资源公司于 1997 年由 Parker & Parsley 石油公司和 MESA 公司合并而成，是二叠纪盆地仅次于雪佛龙和康菲石油的第三大页岩油气生产商，其页岩油产业主要集中在得克萨斯州西部的二叠纪盆地。先锋自然资源公司过去三年的平均净产量约为每天 65.7 万桶油当量，大部分生产来自页岩油和致密油区块。液体产量占主导地位，约占累计产量的 79%，其余为气体产量。2021 年至 2023 年，先锋自然资源公司已承诺向上游开发投入约 73 亿美元，主要用于开发其页岩油资源。

根据 Rystad Energy 的预测和分析，预计先锋自然资源公司的自由现金流量情况如表 8-3 所示。

表 8-3 先锋自然资源公司的自由现金流量预测 单位：百万美元

年份	自由现金流量	政府征收	资本支出	勘探资本支出	运营支出	收入
2014	-1556	202	1394	1443	740	2222
2015	-767	-62	733	999	643	1547
2016	-1037	158	919	1417	686	2144
2017	-939	616	791	1955	1132	3558
2018	-830	1230	925	2766	1330	5421
2019	277	1450	687	2218	1585	6216
2020	770	946	387	1172	1328	4602

续表

年份	自由现金流量	政府征收	资本支出	勘探资本支出	运营支出	收入
2021	4280	3960	654	2682	2638	14214
2022	6791	6090	780	3167	3735	20563
2023	3782	4535	703	3813	3522	16355
2024E	4715	5017	3974	398	3833	17936
2025E	5433	5156	3568	329	3877	18363
2026E	4603	4565	3450	281	3828	16728
2027E	4797	4810	3645	259	3997	17508
2028E	5093	5139	3871	240	4221	18565
2029E	5422	5428	4024	211	4439	19523
2030E	5740	5688	4155	178	4631	20393
2031E	5805	5959	4578	164	4824	21331
2032E	6070	6200	4766	126	4996	22158
2033E	6757	6345	4330	106	5089	22628
2034E	7014	6362	4095	89	5080	22640

加权平均资本成本参照第三节案例的计算方法，股市指数选取标普 500（纽约），计算先锋自然资源公司的加权平均资本成本为 10.4%，设永续增长率 g = 1%，计算 2022 年末的每股价值，如表 8-4 所示。

表 8-4 先锋自然资源公司估值示意

FCFF 估值	现金流折现值（百万美元）
第一阶段（12 年）	34536.89
第二阶段（终值）	22989.55
企业价值	57526.43
净债务	12167
总股本价值	45359.43
股本（万股）	23367.52
每股价值（美元）	194.11

估值结果为 194.11 美元，与埃克森美孚的收购价 253 美元相比，溢价 30.34%。

第三节 如何管理价值

实现价值创造，需要借助于科学的价值管理模式。价值管理，又称为基于价值的企业管理（Value-Based Management，VBM），是指以价值评估为基础，以价值增长为目的的一种综合管理模式。20 世纪初期费雪的资本价值理论是价值管理的雏形，后来的 MM 理论对价值管理产生重大影响，唤起人们对企业价值的高度关注。价值管理正式提出源于20 世纪80 年代末期的美国。哈佛大学商学院教授约翰·科特在对大量知名企业的实践进行仔细研究的基础上，得出如下结论："经营业绩优异的企业领导者总是给予属下的经营管理人员切实可行的经营思想或价值观念——这种价值观念注重企业各个构成要素的需求，注重领导才能和领导艺术的发挥，注重核心价值观念的继承和发扬光大。"1994 年，*The Value Imperative* 这一重要研究成果，提出了价值管理（managing for value）的观念，构建了股东价值管理的全新架构。随后，Thomas E. Copeland 等明确提出价值管理的概念和应用模型，认为价值管理是指以价值评估为基础、以价值增长为目的的一种综合管理模式，它是以股东价值最大化为目标，通过建立全面的价值评估机制，进行价值管理战略规划和管理决策，通过梳理价值驱动因素和资源整合，进行管理和业务重新规划的新型管理框架。

我国资本市场对价值管理的认知，经历了以下四个重要阶段（见图 8-3），并基于政策指引与实践探索，使价值管理观念逐步完善，成为推动企业高质量成长的重要环节。

具体来说，1990—2003 年，深交所、上交所开业，我国证券市场交易逐步制度化、规范化。在这一阶段，上市公司股权分为流通股和非流通股，长期处于割裂的二元结构，股票市值只是基于流通股计算的市场价格，并不能真实反映上市公司的价值。

2004—2012 年，国务院发布《关于推进资本市场改革开放和稳定发展的若干意见》，明确提出"积极稳妥解决股权分置问题"，随后证监会启动股权分置改革的试点工作，我国资本市场进入全流通时代，股价变化成为上市公司的重要研究课题。2005 年，有专家学者提出，上市公司要研究和顺应国家财政政策、货币政策、产业政策和宏观调控政策，综合运用企业管理、公司金融、公司治理和资本运作等方法，达到公司价值最大化，并能够真实地反映在公司市场价值的变化上。同年，证监会提出，研究制定将股票市场价值纳入国有企业经营绩效考核的相关规定，"综合管理企业内在价值和市场价值"的理念初步确立。但是，在这一阶段，受到 A 股牛市、资本市场有效性较差、投资者结构散户化、上市公司股权结构集中等多空因素影响，相关理论研究与实务操作仍然欠缺。

2013—2021 年，沪港通、深港通陆续开通，科创板设立，标志着我国资本市场深化改革取得重要成果。在这个过程中，我国资本市场不断创新，诸如整体上市、资产注入、吸收合并、借壳上市、定向增发、融资融券等配套金融手段逐渐应用，价值管理的内涵、工具、路径也在不断扩容。2013 年，国务院发布《关于进一步加强资本市场中小投资者合法权益保护工作的意见》指出，要引导上市公司承诺当公司股价低于每股净资产、市盈率低于同行业平均水平时回购公司股份，价值管理首次被写入资本市场顶层文件中。2018 年 10 月，全国人大修订《中华人民共和国公司法》，增加“上市公司为维护公司价值及股东权益所必需”为允许股份回购的情形，意味着上市公司能够以价值最大化为目标，进行科学合理的管理，从而实现经营价值和投资价值的提升。

同时，为防止上市公司以价值管理牟利，证监会强调依法合规的价值管理与操纵市场等违法违规行为之间有明确的界限和本质的区别，要坚持“三条红线”（严禁操控上市公司信息、严禁进行内幕交易或操纵股价、严禁损害上市公司利益及中小投资者合法权益）和“三项原则”（主体适格、账户实名、披露充分），正确把握上市公司价值管理的合法性边界。在监管层的倡导和引领下，推动市场价值实现、加强价值管理已逐步成为关乎上市公司长期存续价值的重要环节。

2022 年，新一轮聚焦于中央企业的改革开启。在 A 股定价由内资主导、投资者结构散户化、中央企业估值劣势明显的情况下，中央企业价值重估成为建设中国特色估值体系的重要落脚点。对此，国资委发布《提高央企控股上市公司质量工作方案》，提出要“鼓励中央企业探索将价值实现因素纳入上市公司绩效评价体系，建立长效化、差异化考核机制，引导上市公司依法合规、科学合理推动市场价值实现”。2024 年 1 月，国资委宣布，将量化评价中央企业控股上市公司市场表现，引导中央企业负责人更加重视所控股上市公司的市场表现，及时通过应用市场化增持、回购等手段传递信心、稳定预期，加大现金分红力度，更好地回报投资者。

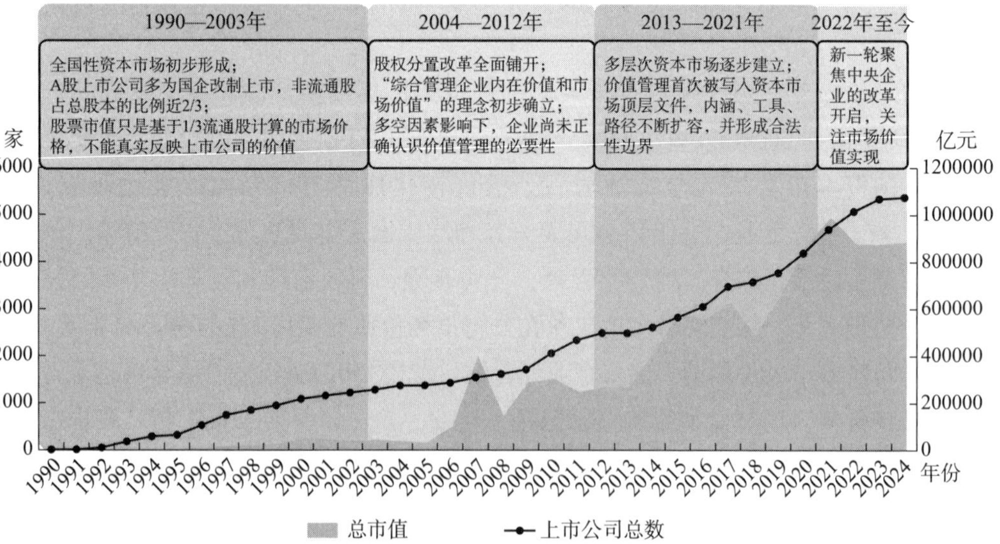

图 8-3　我国价值管理发展示意图

注：2024 年为 5 月底数据，其他年份为年底的数据。

资料来源：Wind 金融数据库。

基于上述内容，并结合新形势，本研究对价值管理定义如下：

价值管理是一种企业管理概念，最终目标是实现企业价值最大化，其手段是通过整合企业的资源实现资源最优配置，总的来说，价值管理是为实现企业价值最大化和股东财富最大化为目的的管理，重视企业可持续发展能力。价值管理可分为价值创造、价值实现和价值经营（见图 8-4）。同时，需注意的是，价值创造、价值实现和价值经营只是从三个维度诠释价值管理，并不是将价值管理生硬地拆成三个先后阶段。许多工具和方法在这三个阶段中是有交叉的。总体来说，价值管理是一种集长效管理、规范管理和综合管理等特性于一体的企业价值运作机制，是基于公司内在价值的管理，是管理学的概念。

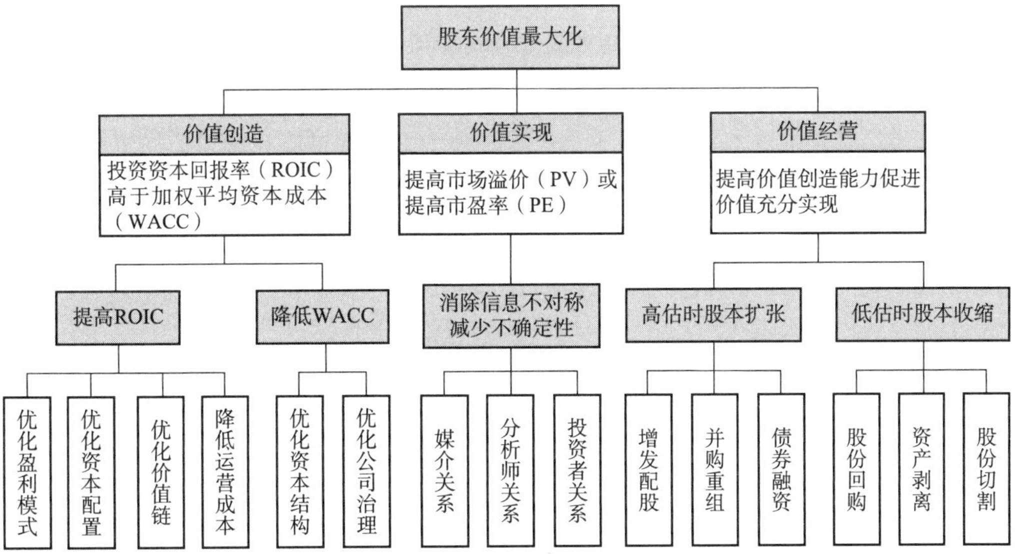

图 8-4 价值管理理论框架

一、价值创造分析

（一）定义

价值创造指的是在账面价值的基础上，最大化内在价值。Tim Koller 在其合著的 *Valuation：Measuring and Managing the Value of Companies* 中提到，能为股东带来“增值”应成为衡量公司价值创造的重要指标，而非片面考虑公司的盈利能力或是财务指标。如果公司投入资本的回报率高于其资本成本，公司的经济价值增量就为正，便能创造价值。正如前文中 HL 公司的案例所示，HL 公司产生了 1.2 亿美元税后营业利润，消耗了 1 亿美元资本，产生了 0.2 亿美元的正附加经济价值，实现了价值创造。并且，公司在高回报率投资项目上投入的资本越多，公司创造的价值越大。只要资本回报超过资本成本，增长越快，创造的价值越大。

根据这个观点，具体到公司层面，可以首先通过 ROIC（投资资本回报率）指标来衡量公司的获利能力，通过 WACC（加权平均资本成本）指标来衡量公司的资本成本；其次，通过比较公司资本投入与回报来衡量公司的经营是否能为股东创造价值。

具体说来，ROIC 是从企业的角度来看，企业在生产经营活动中投入的净投资资本（净经营资产=净负债+净资产）所能够给企业带来的税后经营净利润。计算方面，ROIC=NOPLAT/IC，其中，NOPLAT 指扣除与核心经营活动有关的所得税后公司核心经营活动产生的利润；IC（投入资本）指公司经营需要全部投资者投入的累计资本量，而不区分这些资本的融资方式，等于经营资产减经营债务。ROIC 与 ROE（净资产收益率）类似，直接反映公司的投入产出的效果。但是，ROE 衡量会计利润与净资产的比值关系，容易受异常财务杠杆的影响，而 ROIC 衡量的是经营利润率，并且剔除了资本结构变动的影响。ROE 的高低并不能直接证明价值创造的能力，而高 ROIC 明显是价值的正面因素，差的公司是“高投入、低（高）产出”，而好的公司则是“低投入、高产出”。

WACC 代表公司整体平均资金成本，反映一个公司通过股权和债务融资的平均成本，融资的收益率必须高于这个加权平均资本成本才具有投资价值。计算 WACC 时，先算出构成公司资本结构的各个项目如普通股、优先股、公司债及其他长期负债各自的资金成本或要求回报率，然后将这些回报率按各项目在资本结构中的权重加权，即可算出加权平均资本成本。

基于 ROIC 以及 WACC，当 ROIC-WACC>0 时，表示创造价值。即只有投资回报率大于投资的成本，回报才有意义。因此可以得出一个简单的结论，即只有当投资资本回报率高于资本成本时，快速增长才是一件好事情。这一结论对企业实践具有指导意义。企业的价值在增长率和投资资本回报率的双重作用下，两者间变化产生的各种组合会使企业得出不一样的估值水平和市盈率。那么，企业何时应偏重于发展，何时该偏重于投资资本回报率，才能创造价值，是企业应思考的核心问题。

（二）案例分析

本节以英国石油、壳牌等石油公司为例，计算其 WACC 及 ROIC，并比较这些石油公司的价值创造能力。需要说明的是下文只是按照理论方法、运用公开数据做的案例分析，这类基于一定前提假设理论分析与市场判断并非致。

首先，计算各石油公司的债务成本，无风险收益率参考文献 *Survey: Market Risk Premium and Risk-Free Rate used for* 80 *countries in* 2023，各个公司的债务成本采用无风险利率加债券价差的方式确定，债券价差取决于公司的信用评级，信用评级数据则来源于彭博数据库（见表 8-5）。

表 8-5　石油公司债务成本计算

公司	上市地点	信用评级	债券价差	无风险利率	债务成本
英国石油	伦敦	A1	1.23%	3.90%	5.13%
壳牌	纽约	Aa2/A+	0.85%~1.23%	3.80%	4.84%

续表

公司	上市地点	信用评级	债券价差	无风险利率	债务成本
埃克森美孚	纽约	Aa2	0.85%	3.80%	4.65%
雪佛龙	纽约	Aa2	0.85%	3.80%	4.65%
巴西石油	纽约	Ba1/BB	2.42%~3.13%	3.80%	6.58%
康菲石油	纽约	A2/A-	1.42%~1.62%	3.80%	5.32%
埃尼石油	纽约	A-	1.62%	3.80%	5.42%
道达尔	巴黎	A1/A+	1.23%	3.00%	4.23%
俄罗斯石油	莫斯科	WR/WD	4.50%	9.40%	13.90%
中国海油	上海	A1/A+	1.23%	4.20%	5.43%
中国石化	上海	A1/A+	1.23%	4.20%	5.43%
中国石油	上海	A+	1.23%	4.20%	5.43%

其次，计算各石油公司的权益成本。无风险收益率和市场风险溢价数据参考文献 *Survey*：*Market Risk Premium and Risk-Free Rate used for* 80 *countries in* 2023，β 系数为个股股票回报率对股市指数回报率变化的敏感性。具体计算时，回报率为月度数据，从 2020 年 1 月起算，为月末收盘价较上月末收盘价的增长率。对应各交易所，股市指数分别选取上证指数（上海）、英国富时 100（伦敦）、标普 500（纽约）、法国 CAC40（巴黎）、俄罗斯 MOEX（莫斯科）。以个股回报率为 Y 轴，股票指数回报率为 X 轴，计算的斜率即为 β 系数，股票交易数据均来源于 Wind 金融数据库（见表 8-6）。

表 8-6 石油公司权益成本计算

公司	β 系数	无风险利率	市场溢价	权益成本
英国石油	1.36	3.90%	6.00%	12.06%
壳牌	0.47	3.80%	5.70%	6.48%
埃克森美孚	0.92	3.80%	5.70%	9.04%
雪佛龙	1.12	3.80%	5.70%	10.18%
巴西石油	1.49	3.80%	5.70%	12.29%
康菲石油	1.26	3.80%	5.70%	10.98%
埃尼石油	1.00	3.80%	5.70%	9.50%
道达尔	0.94	3.00%	6.00%	8.64%
俄罗斯石油	1.24	9.40%	18.20%	31.97%
中国海油	0.80	4.20%	8.60%	11.08%
中国石化	0.45	4.20%	8.60%	8.07%
中国石油	0.70	4.20%	8.60%	10.22%

基于上述债务成本及权益成本，计算各石油公司的加权平均资本成本（WACC）。可以看出，俄罗斯石油的资本成本较大，如果可以拓展融资方式，实现较低的资本成

本，其价值创造能力将大幅度上升。

表 8-7　石油公司 WACC 计算

公司	债务成本	负债比例	税率	权益成本	权益比率	WACC
英国石油	5.13%	35.4%	35.1%	12.06%	64.6%	9.0%
壳牌	4.84%	19.7%	31.7%	6.48%	80.3%	5.9%
埃克森美孚	4.65%	12.3%	22.4%	9.04%	87.7%	8.4%
雪佛龙	4.65%	11.5%	22.6%	10.18%	88.5%	9.4%
巴西石油	6.58%	50.7%	23.6%	12.29%	49.3%	8.6%
康菲石油	5.32%	17.8%	21.1%	10.98%	82.2%	9.8%
埃尼石油	5.42%	36.9%	27.5%	9.50%	63.1%	7.4%
道达尔	4.23%	29.2%	27.8%	8.64%	70.8%	7.0%
俄罗斯石油	13.90%	44.5%	24.8%	31.97%	55.5%	22.4%
中国海油	5.43%	22.1%	16.4%	11.08%	77.9%	9.6%
中国石化	5.43%	38.3%	22.5%	8.07%	61.7%	6.6%
中国石油	5.43%	34.0%	30.7%	10.22%	66.0%	8.0%

进一步地，比较各石油公司的 ROIC 及 WACC 可知，埃尼石油、俄罗斯石油以及中国石化的投资回报率小于投资的成本，说明上述公司所有和经营的资产创造的回报率不能达到投资者的期望，可探索从不同渠道降低资本成本，以提升价值创造能力（见图 8-5）。

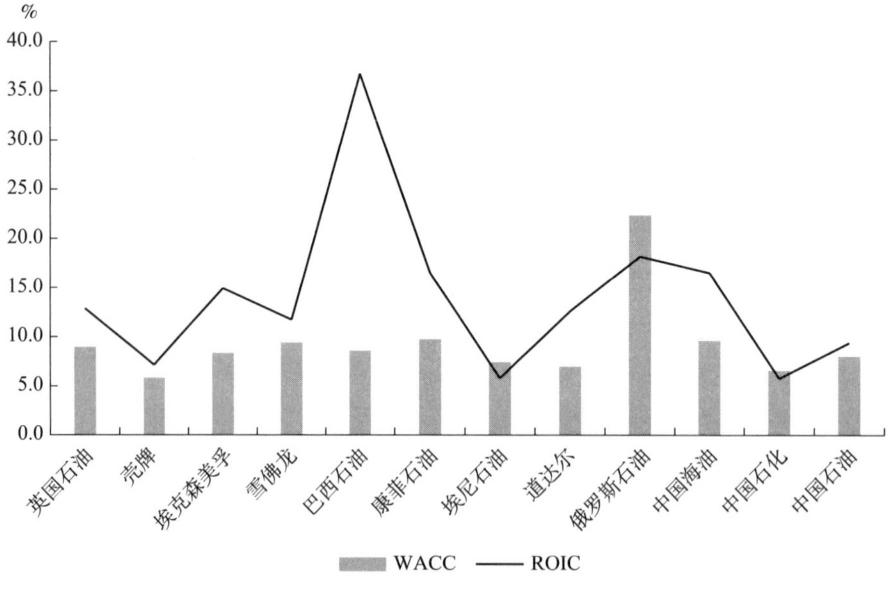

图 8-5　石油公司价值创造能力示意图

注：ROIC 数据来源于 Wind 金融数据库，计算公式＝归属于母公司股东的净利润×2÷（期初全部投入资本+期末全部投入资本），报告期为 2023 年。

二、价值实现分析

（一）定义

价值实现指的是在资本市场未达到半强式有效性的情况下，公司市值不能充分反映其内在价值，需要通过信息披露、投资者关系管理、资本市场品牌策略等手段，使得资本市场了解并反映公司的内在价值。这要求企业进一步强化公众公司意识，具体方法包括：一方面，以投资者需求为导向，健全信息披露制度，优化披露内容，提高披露效率，帮助投资者了解上市公司运营情况和投资逻辑；同时，督促企业建立多层次良性互动机制，通过常态化召开业绩说明会、加强与分析师定期互动等途径强化投资者关系管理。另一方面，充分发挥券商、会计师、律师等中介机构的积极作用，加大检查和整改力度，督促其通过勤勉、审慎、专业的核查工作，助力资本市场的信用生态建设。

（二）案例分析

在这一方面，部分央企积极探索，取得了一定的进展与成效。例如，华润集团有限公司（简称“华润集团”）注重价值传递，通过完善4R管理提升市场估值。华润集团价值实现工作由集团总部统筹，上市公司具体实施。在投资者和分析师关系管理方面，集团总部负责加强组织保障、建立评价体系、优化工作流程。例如，集团总部组织召开集团投资者关系会议，职能部门和上市公司投资者关系负责人参会，围绕投资者关系、存在的问题、优化建议以及ESG管理等议题进行讨论；上市公司负责投资者和分析师关系维护、信披合规、业绩发布和路演等工作。在媒体关系管理方面，集团总部专设品牌传讯处统筹集团及下属上市公司的媒体公关工作，上市公司开展具体的境内外媒体沟通。在监管机构关系方面，集团总部重点做好重大资本运作项目的沟通协调，上市公司严格遵守各项法律法规和监管要求，明确“四个敬畏”、坚守“四条底线”，确保项目依法合规推进。

中国石油天然气集团有限公司（简称“中国石油”）高度重视旗下上市公司的资本市场表现，自2019年起探索将市值奖励指标纳入企业领导人员年度业绩合同，2023年修订市值奖励指标考核体系和细则，从股价变化（个股对比、综合指数对比）和市场形象（资本运作表现、资本市场奖项、监管机构纪律处分）等多维度考核上市公司；主动加大与资本市场沟通互动，通过资本市场充分反映公司内在价值。

中国宝武钢铁集团有限公司（简称“中国宝武”）引入了六项价值营销工作评价，促使上市公司主动加大与头部机构投资者、明星分析师的沟通互动，提升机构投资者投资比例，加强舆情管理能力，集团内上市公司获得卖方机构的关注度持续增加。中钢国际工程技术股份有限公司（简称“中钢国际”）高度重视各类投资者调研和来访，针对低碳冶金、绿色发展等当下投资者最为关切的问题，公司高管主动以项目为案例进行深入解读。中国建筑集团有限公司（简称“中国建筑”）加强自愿性信息披露力度，以投资者需求为导向，增加定期报告和临时公告披露数量，提升自愿披露范围和颗粒度，为投资者价值判断和投资决策提供更多信息。中国建筑的典型做法还包括：加强投资者关系管理，常态化组织召开视频直播业绩说明会，主动加强境内外投资者、券商分析师日常沟通交流，上线运营投资者关系公众号。关于 ESG，中国建筑围绕全球不同地区、不同文化背景的利益相关方信息需求，开展了国内外权威社会责任标准研究、跨文化融合研究，对标国际知名投资建设企业社会责任信息披露现状，构建“四位一体”的社会责任信息披露体系，集团领导专门与 MSCI、富时罗素、社会价值投资联盟等主流指数机构进行深入沟通。

三、价值经营分析

（一）定义

价值经营，是指当公司价值被低估或高估时，顺应资本市场的周期性波动规律，运用上市公司市值的偏差和投资者的投资偏好，通过金融策略、整合公司资源、确立公司价值理念、吸引目标投资者等手段，充分分享资本市场的溢价功能，不断提升公司的价值。具体来说，当市场低估公司价值时，需要积极向资本市场传递信心，提振股价，维护公司控制权的稳定，可进行股权激励、现金并购、整体上市、向大股东定向增发、股权增持或回购等；当市场高估公司价值时，需要择时兑现投资收益，平抑股价波动，避免股价从高位下跌造成惯性冲击，可以进行融资、换股并购、股票减持等（见图 8-6）。

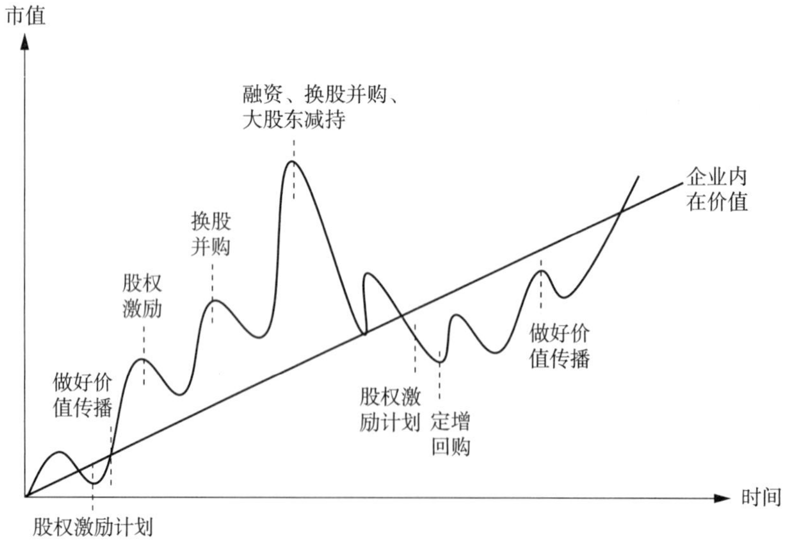

图 8-6　市值波动下的价值经营

（二）案例分析

结合资本市场外部环境及央企发展阶段需求，目前价值经营管理方面的特色金融手段包括收购兼并、回购分红等。其中，收购兼并是石油公司实施战略调整、优化资产结构的重要方式，是提升核心竞争力、壮大业务发展的重要抓手。2023 年，埃克森美孚收购先锋自然资源公司、雪佛龙收购赫斯公司等案例均表明，在缺乏颠覆性技术的背景下，国际石油公司可通过收购兼并进行油气市场的资源整合，进而获取规模效应和协同效应，有效增强企业核心功能。

具体来说，2023 年 10 月 11 日，埃克森美孚宣布并购先锋自然资源公司，10 月 23 日雪佛龙宣布并购赫斯公司，两笔交易充分体现了大型跨国石油公司聚焦油气勘探开发业务实现持续盈利增长的战略思维，以及立足既有业务并优选目标的并购策略。战略上，交易买方明晰油气生产商定位，专注提高战略资产配置核心能力，高度重视技术创新核心价值，增加保障能源安全核心功能；策略上，依托并购做实未来增产基础，灵活构建优势资产组合。两笔并购交易均采用“全股票”对价支付方式，可有效降低运营成本和融资负担，交易双方主要机构投资者也呈现较高一致性。若顺利交割，埃克森美孚进一步夯实美国二叠盆地致密油资产，成为致密油领导者，利用短周期产量增强供应灵活性；雪佛龙则新增圭亚那世界级项目，在优化全球资产布局的同时，占据深水资源领先地位。

回购分红方面，部分央企已通过探索和实践取得了积极成效。例如，中国石油高度重视股东回报。2023 年中期每股派息 0. 21 元、总额 384. 3 亿元，派息率 45. 1%，每股派息、派息总额均创历史同期最好水平。另外，中国石油于 2023 年 6 月授权董事会开展股份回购，并将股份回购视作常规市值管理手段，以期维护公司价值及股东权益。中国宝武的核心企业——宝山钢铁股份有限公司（简称“宝钢股份”）自上市以来累计分红 26 次，累计分红金额为 1150. 73 亿元，2023 年派现额占净利润比例为 53. 61%，主动展现社会责任感和对股东权益的尊重。良好的市值管理形象，也引发了公司在行业最高信用评级上的正向反应。2023 年 2 月，惠誉上调公司信用评级至 A+，目前世界三大评级机构标普、穆迪、惠誉分别给予宝钢股份 A-稳定、A2 稳定、A+稳定的信用评级。华润集团结合上市公司情况采用不同的资本运作方式推动价值释放，对于市值大幅高于内涵价值、股价增长空间不大、集团持股比例较高的上市公司，运用配售、减持等资本运作手段，以较低成本从资本市场获取财务资源，增强上市公司竞争力，推动业务持续增长；对于股价长期低迷、市值未充分反映企业内涵价值的上市公司，综合运用回购、管理层或股东增持等手段释放积极信号，提振投资者信心，同时借助分拆高估值业务或剥离非核心资产，使资本市场更好地认识到高增长业务或核心业务价值，引导公司市值向内涵价值回归。

参考文献

[1]高琳，鲁杰钢．上市公司并购重组企业价值评估收益法应用研究[J]．中国资产评估，2011(6)：17-21.

[2]纪益成．收益法及其在企业价值评估中的相关问题研究[J]．经济管理，2008(14)：91-96.

[3]潘学模．企业价值评估与企业整体资产评估的区别[J]．财会月刊，2006(15)：79.

[4]孙艳霞．基于不同视角的企业价值创造研究综述[J]．南开经济研究，2012(1)：145-153.

[5]唐莹．CAPM 模型构建中无风险报酬率的选择与修正——基于企业价值评估收益法[J]．财会月刊，2017(9)：63-65.

[6]汪海粟．企业价值评估[M]．上海：复旦大学出版社，2005.

[7]文豪．企业价值评估结论的综合调整[J]．财会月刊，2009(9)：44-45.

[8]熊萍．煤炭企业价值管理研究[J]．煤炭经济研究，2010，30(8)：45-47，60.

[9]张先治，顾水彬．企业价值评估理论发展与应用领域[J]．财务与会计(理财版)，2010(12)：15-17.

[10]Copeland T E，Weston J F. Financial Theory and Corporate Policy[M]. Addison-Wesley1988.

[11]Fernandez P，García de la Garza D，Fernández Acín J. Survey：Market Risk Premium and Risk-Free Rate used for 80 countries in 2023[J]. SSRN Electronic Journal.

[12]Grullon G. Real options，volatility，and stock returns[J]. The Journal of Finance，2012(4)：1499-1537.

[13]Koller T，Goedhart M，Wessels D. Valuation：Measuring and Managing the Value of Companies[M]. 1990.

[14]Mctaggart J M，Kontes P W，Mankins M C. The value imperative ：Managing for superior shareholder returns[J]. Free Press，1994.

[15]Modigliani F，Miller M H. The cost of capital corporation finance and the theory of investment[J]. American Economic Review，1959，48(4)：443-453.

第九讲

金融思维与决策

第一节　金融的概念

金融作为一个耳熟能详的词汇，有着相对复杂的发展脉络，对国家、企业以及个人具有不可替代的作用。金融思维的底层逻辑能够追溯至古巴比伦时期，金融作为服务行业的历史则是欧洲工业革命前后的重要推手，而金融学科却直到20世纪中期逐渐发展并成熟起来。金融是国民经济的血脉，是国家核心竞争力的重要组成部分；金融是企业发展创新的催化剂，是助力企业资金循环、风险管控的必要服务行业；金融是个人财富管理的工具，是帮助个人财富保值、规避风险的重要思维方法。

一、金融的定义

国内外对“金融”一词的理解和定义不同，黄达（2001）对金融英文原词Finance的不同解释进行了分类，包括窄口径金融、中间口径金融、宽口径金融。窄口径金融的定义为“研究金融资产定价、公司金融、金融市场与金融机构的学科”；中间口径金融的定义为“研究与资金融通、管理、运用有关的理论和实务的学科”；宽口径金融的定义在中间口径金融的基础上，还包括国家财政、企业财务和个人理财。美国学术界和业界对金融（Finance）一词多聚焦窄口径金融，一般与资本市场密切相关，这是美国金融市场结构所决定的，而与利率和汇率决定相关的理论都放在宏观经济学的范畴之中。日本央行使用日语“金融”一词时主要包括“货币、银行、证券”三大内容。中国学术界和业界则都习惯于宽口径金融范畴，但不包括宏观财政。

以上不同口径对金融的定义虽然能够展现金融这一概念所涵盖的大致范围，但对于帮助非金融专业人士建立金融思维以服务日常决策却无法提供直接的帮助。因此，本部分将从相对微观的视角从三个方面就“金融是什么”作出解释与梳理。

（一）未来与不确定性

按照诺贝尔经济学奖获得者罗伯特·默顿（Robert C. Merton）的定义，金融作为经济学的一个分支学科，是一门研究稀缺资源跨期配置的应用科学，其最大特征是未来及与其伴生的不确定性。

同样是关注稀缺资源配置的一门学问，相比于经济学的其他分支，金融的关注重点则是时间，或者说是未来。货币具有时间价值是基础但却很重要的概念，即未来的资金对于当下究竟价值几何。人们生活中对于金融跨期配置资源的最基本认识或许就来自借贷款活动，借方选择使用未来的资金换取贷方现在的资金。例如当国家或企业发行债券时，一般会承诺按一定利率支付利息并按约定的未来时间偿还本金，也就是使用自己未来的资金换购债方现在的资金。

值得注意的是，金融配置的稀缺资源不限于资金。假设生活中有位月光族，当他向朋友借钱并说“等还你的时候请你吃饭”时，便是用自己以后的收入换取其朋友当下的现金，而“一顿饭”便是当下现金相比未来要还的资金多出的那份“时间价值”。同样地，在融资租赁合同中，出租人将自己从供应商手中购买的设备通过租赁合同出租给承租方使用时，被出租设备本身便是被配置资源，设备现在的价值与在未来归还时的价值之差也是金融需要关注的问题。

另外，由于未来存在不确定性，与不确定性相伴而生的风险同样成为金融关注的重点。陆磊（2018）提出，“金融的原始功能是配置资源，附带功能是风险管理”，“风险是金融的永恒命题”。例如债券发行时，债券发行方未来能否有能力偿还存在不确定性，因此偿还能力被质疑的发行方一般会被各种评级机构赋予更低的信用评级，需要向购债方出让更多的利益来换取购债方当下的资金，其发行的债券也不得不增加向购债方支付的利息金额。保险更是风险管理运用的典型，通过对未来的小概率事件定价，并用未来的小概率支付大量保险金换取现在大量投保人购买保险的现金。例如乘坐飞机时，针对可能导致人员伤亡的飞行事故小概率事件有航空意外险产品、针对航班因不可抗力取消的不确定性有航班取消险产品、针对飞机运输货物丢失的小概率事件也有相应的行李保险等。

然而，风险从未因金融而消失，金融对风险的管理核心在于风险的识别、量化与分担，以出让利益交换承担风险的责任。人类对于风险的厌恶或偏好正是金融得以蓬勃发展的原动力之一，厌恶风险的人会购买保险，而喜好风险的人会通过融资投向更高价值的资产，风险的期望成本与心理价位之间的价差，是金融业源源不断的利润来源。

（二）为经济社会提供可靠的服务

从应用与功能角度考虑，金融是一种面向经济社会需求的服务。黄奇帆认为金融就是“为有钱人理财，为缺钱人融资；信用、杠杆、风险；为实体经济服务”。

首先，金融作为中介服务面向的是需求，无论何金融机构或者何种金融产品，必须从面向客户需求的原点出发。银行作为最基础的资金桥梁，一方面从手头有闲钱的客户手中揽储，另一方面向缺少资金的客户放贷，通过分散化平摊风险并以此为基础赚取利差。保险则是通过分散化平摊小概率风险，客户用其在安全时的持续现金流换取意外事件发生时的保险金保障，从而构筑了一种财务平衡，反过来保险公司也可运用募集的资金为企业提供融资。证券市场作为融资平台，为上市公司筹集资金，也给投资者提供了博取收益的机会，通过将风险与超额收益的机会同时提供给投资方，为风险资金供需双方搭建了通道。

其次，金融作为调控风险的服务，其产生价值的前提是信用，有信用基础便能建立杠杆，但杠杆本身又放大了风险。债务就是发债主体（国家、企业）信用的体现，发债者的信用极大决定了其发行债券的价格。有信用就可以预支以换取更多的可支配资金，从而形成杠杆。银行存款准备金比例、期货期权交易、股票市场融资融券等，都是金融杠杆的表现形式。金融杠杆让信用得以创造更多价值，但透支信用放大杠杆的虚假繁荣，会最终引发像次贷危机一样的金融危机。管控金融风险就必须“去杠杆”，不仅仅是降低杠杆比从而降低风险的影响，也是去除那些错估低估风险的“杠杆”。

最后，为实体经济服务是所有金融工作的起点与终点。经济学是金融学学科的“母体”，实体经济也是金融产业的“母体”。金融交易的价值，最初都来源于实体经济，而经过层层包装的金融产品，最终还是需要实体经济中的个人或组织来买单。如果不为实体经济服务，金融或许可以围绕金融市场在内部“空转”，但缺乏实体经济为根基的金融终将成为空中楼阁，空有漂亮的数字却无法真正改善社会生活。

以上都是基于金融服务提供者的视角，从金融服务需求方的角度来阐述的，可靠的服务则是部分基于合理的委托代理激励制度。委托代理的激励问题在金融服务业普遍存在，在美国和许多其他国家，人们通过养老基金和共同基金等金融机构进行投资。这些机构是投资者的代理人，但代理人的目标并不总是与投资者的利益相匹配，常见的不匹配包括利用负责公共基金所掌握的大量信息来买卖个别股票从而帮助自身盈利、向投资者隐瞒投资品相关风险并从中获取风险利润差额或者转移风险成本等。一般委托代理的激励模式会从奖与惩两个角度来考虑，以促进金融行业等相关服务业向可靠的方向发展。比较常见的激励机制包括股权激励、加强代理人收入与资产增值间的相关性，而常见的惩罚机制包括破产清算以赔付投资者、基于法律约束对违规行为进行惩处。不过以上也仅仅是常见的委托代理激励制度，当金融行业创新速度超过相应制度建设，现有委托代理激励制度可能出现漏洞。而当金融行业缺乏有效的代理人激励制度，那么能够保护投资者的将仅剩代理人的良知。历史经验尤其是多次金融危机证明，这样的良知一般是不值得期待的。

（三）定价与资本化

定价，即确定各种标的价格，是金融得以实现其服务功能的前提条件。毕竟对资源进行有效配置前，只有认可了需配置资源的价值，才能让拥有资源的相关各方愿意交换。而金融作为关注跨时间资源配置的学科，明确未来资产的当前价值、未来不确定性的当前成本，正是提供相关金融服务的必要条件。回到金融最基础的货币的时间价值这一部分，探讨的正是未来的资金在当下的定价问题，并基于此将跨时期资金流放在同一水平进行比较。

但金融的跨期配置在漫长的历史中却往往并非以正面的形象被人称道，反而与“邪恶”等词密切相关，这其中恰恰包含了对于定价行为的质疑。西方民间传说中往往将恶魔形容为利用同人类的契约将人类引入深渊这一类形象，例如歌德的代表作《浮士德》中，恶魔靡非斯特同浮士德签订的契约正是用浮士德死后的灵魂交换恶魔在其生前“满足所有要求”的服务。这正是最明显的“跨期配置”资源，而天平的两端分别是当下的愿望与未来的灵魂。显而易见，社会所不认可的正是天平两端永恒的未来与短暂的当下是否具有等价性，即不认可跨期定价行为的公平性。以宗教为首的传统文化一般认为个体需要放弃当下短期的刺激换取未来永恒的救赎或解脱，就像基督教徒最终渴求的正是世界末日审判能将自己送往天堂。

这样的怀疑确实是合理的，毕竟错误的定价正是现代金融危机爆发并对经济社会产生破坏的核心原因之一。但另一方面，反对者会表示错误的定价正是对定价问题研究不足的必然结果，而支持金融发展就包括加强对于定价问题的深入探索，而且现今经济的高速发展离不开金融在定价基础上的另一个核心服务功能，即资本化。

资本化（Capitalization）是金融建立在定价基础上所实现的功能，通过将被定价的事物变成可以“一笔交易”转移的相关权力，金融成功地大幅加速了资金的融通，但同时也打开了“万物皆可资本化”的潘多拉魔盒。从国家的角度，资本化可以是土地所有权使用权资本化，通过将土地所有权使用权进行出售作为政府收入的一部分；从企业的角度，资本化可以是将企业所有权以股权的形式出售换取资金。资本化帮助非流动性资产所有者得以换取更多的可支配现金流，从而有助于使用这些现金流扩大生产、增加未来收入或者偿还债务以规避破产风险。然而，过度的资本化将显著放大错误定价带来的负面影响，例如被高估的房地产市场中房产被资本化为对银行的负债，银行又将这些贷款资本化为低信用评级投资组合，这些低信用评级投资组合被基金公司购买再与国债重组伪装成高信用评级投资产品，最后再让投资者买单。一旦房地产市场泡沫破裂，这个链条中的每一个参与者都将面临资不抵债的风险，将对房产价格的错误定价通过资本化这一杠杆放大为所有参与者资产的错误定价，其后果正是金融危机。

二、金融体系

金融体系随着经济社会的发展而不断演进，即使是同一时间对金融体系的理解也会因视角不同而异。本部分将分别从学术视野和监管视野两个角度简单探索金融学科体系与金融监管体系架构，从而为理解金融体系打开思路。

（一）金融学科体系

金融学科体系是了解金融体系的一个重要角度，并随着金融学本身与学科教育的发展而不断变化演进。鉴于本篇对于学科体系的介绍以感受与理解金融思维为主，因此不对金融学科体系随时间的演进历程展开讨论。

图 9-1 是对金融学科体系的一种解读方式，其中按照黄达（2001）与陈学彬（2012）对金融学科体系的定位，金融学主要分为宏观金融与微观金融两部分。宏观金融以货币金融为主，主要围绕货币金融、货币与财政政策、金融监管以及国际金融等相关内容展开研究。相对于微观金融，宏观金融与宏观经济的联系更加紧密，有学者认为宏观金融是宏观经济学中的一部分。微观金融则以分析金融中介以及金融决策为主，其中金融中介主要研究包括商业银行、投资银行和保险业等金融中介机构，而金融决策主要围绕公司财务、金融市场及与之相关的衍生工具、资产定价、证券投资、风险管理等领域展开研究。除金融中介与金融决策外，微观金融还可包括充分结合数学工具的金融工程以及考虑心理学社会学相关问题的行为金融。

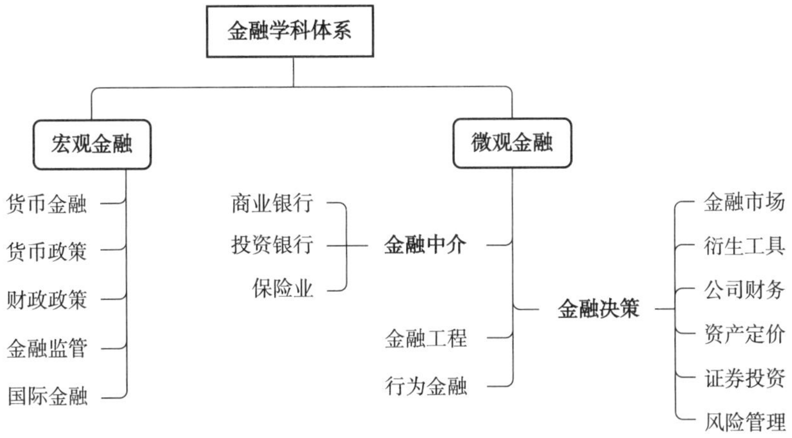

图 9-1　金融学科体系

（二）金融监管体系

金融监管是保障金融行业整体得以平稳发展的基石，合理的金融监管体系是控制金融相关风险的必要条件。以中国为例，金融监管体系随着新中国成立以来国内外经济金融环境的不断变化而调整，通过对金融监管体系的梳理可以一定程度了解金融体系的大致发展。

1949 年中华人民共和国成立后，逐步接管重构了国民政府时期银行体系，其中包括中国人民银行体系、国有专业银行体系、公私合营地方银行体系以及农村信用社体系。新中国同时重建了以中国人民保险公司为核心的保险体系，并推动了保险业转向公私合营。随着我国明确了“一边倒”的亲苏外交政治方针，以美西方为主的外资金融机构逐步撤离我国市场，我国金融体系也逐步转向高度集中的“大一统”体系。

改革开放以来至1992年，中国人民银行是唯一的金融监管机构，基本延续了类似苏联中早期由央行统一管理的“大一统”金融监管模式。苏联早期基于建国时期对其银行统一进行的国有化改造，形成了由银行作为唯一金融中介、由中央银行作为唯一统一监管机构的金融体系。我国在从计划经济向市场经济转型的初期，依然维持了这一结构，以银行金融中介机构为主要的金融主体，中国人民银行是唯一的金融监管机构，兼具制定货币政策与监管金融机构双重职能。

1992年后，我国逐渐转向分业监管体系。1992年，中国人民银行移交证券期货市场监管权，成立国务院证券委员会和证券监督管理委员会；1993年底，国务院发布《国务院关于金融体制改革的决定》，提出保险业、证券业、信托业和银行业需实行分业经营；1994年，国家外汇管理局取消外汇留成制度，逐步从外汇集中管理部门转型为外汇市场监管部门；1998年，国务院证券委员会和证券监督管理委员会合并为中国证券监督管理委员会，同年成立中国保险监督管理委员会；2003年，成立中国银行业监督管理委员会接管中国人民银行的银行监督职能。至此我国初步完成了从单一监管机构转向分业监管的金融监管体系，形成中国人民银行与银监会、证监会、保监会及国家外汇管理局共同组成的“一行三会一局”金融监管体系。此后我国逐步调整完善金融分业监管体系。2017年，国务院设立金融稳定和发展委员会，实现对于“一行三会”的总体管控；2018年，银监会和保监会合并组建中国银行保险监督管理委员会，银行保险业重要法律法规草案和审慎监管基本制度拟定职责划入中国人民银行，由“一行三会”变为“一行两会”。

2023年3月发布的《党和国家机构改革方案》，对我国金融监管体系进行了一次重大调整。其中包括组建中央金融委员会，设立中央金融委员会办公室作为中央金融委员会的办事机构列入党中央机构序列，重建中央派出机关中央金融工作委员会，并与中央金融委员会办公室合署办公，以替代原国务院金融稳定和发展委员会。同时在中国银行保险监督管理委员会基础上组建国家金融监督管理总局，作为国务院直属机构统一负责除证券业外的金融业监管以及金融消费者权益保护，中国证券监督管理委员会由事业单位调整为国务院直属机构。

经此改革，我国金融监管体系转变为“一行一总局一会”，其中“一行”为中国人民银行，“一总局”为国家金融监督管理总局、统一负责除证券业外的金融业监管，“一会”为中国证券监督管理委员会。

我国金融分业监管体系中“分业”的改革路径，是从“一行”的中央银行统一管理，将对微观金融领域的金融中介和金融市场监管权力从中央银行剥离，走向“一行三会”的银行业、保险业和证券业的分业监管改革以及2023年起“一行一总局一会”的金融中介和金融市场分业监管，形成了结构完善、责权明晰、顺应时代的金融监管体系。

第二节 金融理论与决策

一、收益与风险匹配

金融理论中最受关注的研究问题之一是收益问题，越高的收益一般对应更高的风险，但高风险未必能获得高收益。收益与风险匹配作为与分散投资类似的常用金融投资原则，其主要观点在于投资者应选择与自身风险偏好相对应的收益，即在可接受的风险范围内选择收益率最高的金融资产。

收益与风险关系的量化表现主要体现在利率上，一般在解构风险投资产品的收益率时，会将收益率分解为无风险收益与风险溢价，即前者等于后两者之和。风险对于投资者而言就是潜在成本，因此风险溢价是债务方即出售投资产品一方为弥补债权方即投资者购买风险投资产品将承担风险而提供的额外收益，是风险补偿的主要形式。

从风险分担的角度，风险补偿对于债务方是用固定的资金换取债权方共同承担风险的责任。另外，从资产定价的角度，风险补偿是降低了风险资产相对无风险资产在同等收益条件下的当前价格，从而吸引投资者购买这些高风险但是“更便宜”的资产。收益与风险匹配这一原则将风险管理与资产定价联系起来，通过确定收益与风险间的量化关系确定“风险的价格”。

研究收益与风险量化关系的典型成果，就包括在马科维茨于 1952 年提出的模型基础上，由夏普、林特尔、特里诺和莫辛等先后各自独立构建的资本资产定价模型（Capital Asset Pricing Model，CAPM）。

从投资品市场也就是供给角度，马科维茨量化了资本市场中波动率与收益间关系，其中也体现了高风险未必有高收益这一现实。经过研究资本市场尤其是股票市场各产品固定时间内收益与波动率间的关系，资本市场不同投资品整体大致呈现以下特点：所有股票的收益围绕市场平均收益分布，即股票收益大多几乎等于市场平均收益，且与市场平均收益差距越大对应的投资品种类越少；股票波动率越大投资品收益与市场平均收益之差的极限越大，但后者增速随前者增加而递减，即股票出现高收益与高亏损的概率随着风险增加而增加，但随风险上升能提供的额外收益递减。基于以上信息可以提出假设，即股票市场存在一个风险—收益上凸的上限边界曲线（见图 9-2），通过对上限边界上的有限只股票按比例组合可以构建位于边界上以及内部任意一点的证券组合。对于 CAPM 理论，马科维茨的理论构建了股票市场这一证券产品供给端能够提供的收益上限，后续诸多理论所讨论的也是基于这个收益上限边界而产生的。但在实际操作中，风险—收益上限边界与其下方的风险—收益分布同等重要，冒高风险是博取高收益的必要前提，但高风险对应的也可以是更少的收益甚至是大幅的亏损。

从投资者也就是需求角度，CAPM 量化了投资者可以为了高收益冒高风险这一假设，给出了需求方收益与风险的线性关系假设。CAPM 假设所有投资者的风险偏好是一致的，他们都在寻求最大的回报。由马科维茨的假设可以推断，除了市场风险，其他风险可以通过多元化投资来分散。因此，投资者只能获得与其承担的市场风险相匹配的回报。结合马科维茨提出的风险—收益上限边界曲线，对于投资者来说，可以推断至少存在一个风险—收益上限边界的投资组合使风险能够带来的收益最大化。

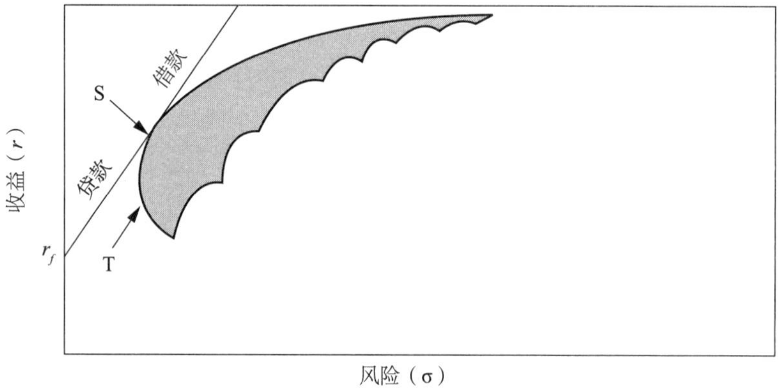

图 9-2　资本资产定价模型的风险—收益供需示意图

注：纵轴为收益，单位为回报率%；横轴为风险，单位为标准差。

如图 9-2 所示，r_f 是市场无风险收益率，对于股票市场一般用 10 年期等长期国债收益率作为无风险收益率。虽然存在诸多特殊情况，但一般假设从无风险投资作为起点发出的射线与市场风险收益上限曲线 T 有一个使风险收益最大化的切点，即证券组合 S。通过购买证券与债券组合，可以实现投资组合风险收益水平位于无风险收益到 S 切点间任意位置；如果投资于证券组合 S，并以无风险利率 r 借贷，你可以在 r 到 S 的射线上得到任何一点，并可实现在同等风险水平下获得高于市场现有证券的收益，即“战胜市场”。

因此 CAPM 可以应用于股票和债券等有价证券的定价方面。通过 CAPM，投资者可以评估其投资组合的风险和回报，并据此作出决策，甚至尝试“战胜市场”。后续对 CAPM 模型的拓展研究主要补充了对证券市场中不同类型股票回报率差异的刻画，其中典型的修正模型为 Fama-French 三因子模型。该模型在原 CAPM 模型市场风险收益率的基础上增加了“大公司相对小公司”（市值）和“高股价相对低股价”（市净率）两个新的影响因素，市净率一般用每股股价除以每股净资产，因此这里的“高股价”指的是相对其股票对应资产价格更高，即存在溢价。

然而，CAPM 并非完美无缺。例如，它未能考虑到非系统性风险和其他可能影响回报的因素。此外，CAPM 的参数估计也存在一定的难度和不确定性。尽管存在这些局限性，CAPM 仍然是现代金融理论的重要基石，对于投资者和研究者来说具有不可替代的价值。

二、风险管理

在明确了高收益伴随高风险这一事实后，金融理论下一步关注的焦点便是如何在博取高收益的同时尽可能避免风险成本。风险一般指未来不确定性带来的损益，是金融关注的核心问题之一。狭义上的金融风险管理是指让投资者或企业理解、控制并有效应对其金融行为中不确定性的工具或手段，以降低不确定性带来的潜在不良影响。

“风险是量化的不确定性”，金融风险管理最大的价值在于对风险不良影响的定价，成功将定性问题变成了定量问题，风险就有了价格，价格让风险可以分担，也可以交易，正因如此，风险管理被纳入了金融学科并成为其中极为重要的部分。

虽然降低风险是日常风险管控的内容，但风险管理的本质在于降低不良影响，避免风险只是其中一个选项。在风险不可避免的情况下，风险管理可提供的解决方法包括风险分担、风险转移以及结合前者的风险对冲。

金融风险管理作为金融的核心之一，其结构复杂、内容丰富，因此本部分将分别从保险、金融衍生品与信用风险三个方面简要介绍金融风险管理的主要研究对象，最后再着重介绍金融风险管理中收益与风险相匹配这一金融投资原则。

（一）保险

从微观视角来看，保险是多数人生活中最常接触的金融风险管理工具。从购买保险的用户角度来看，保险其实很容易理解，即花钱购买对抗风险的保障。用户即投保人买保险，就是向保险人支付保险费，换取保险人在保险合同约定的事故等情况发生时承担支付保险金的责任。正如前文所举的例子，仅仅对于乘坐飞机就有包括航空意外险、航班取消险、行李保险在内的多种类型的保险。之所以存在如此众多的保险，与风险管理定价这一核心前提息息相关，即风险界定。在保险形成的保险合同中，对于保险金能够覆盖的赔偿条件应当是严格界定的。只有对保险需承担的风险有了准确的界定，才能够继续探索该风险的发生概率进而计算出风险成本的期望水平。

从中观视角来分析，在确定了风险的期望成本后，就可从保险公司的角度来理解保险作为一个行业能够存在的基础，即从确定的成本与收益间的差价中获取利润。概率论的极限理论中的大数定律认为，对于 n 个相互独立的同分布随机变量，当 n 不断增大时，这 n 个随机变量的算数平均等于其符合的同一分布的数学期望。通俗讲就是大量同类型随机变量的均值会接近其期望发生概率这一确定的常数。保险公司在确定担保的风险事件发生的概率后，就可以根据其担保金额估计保险金预计支出。随着保险公司服务在投保人数量与时间两个维度的增长，其最终的保险金支出将与投保人数量和时长的乘积成正比，从而确定了保险公司的成本水平。因此，保险公司通过将保险费收益提升至可以覆盖其包括期望保险金赔付等成本的水平之后，就可以获取稳定的收益。

从宏观视角考虑，对于社会整体以及社会的主要管理者——政府来说，健康发展的保险业对于社会稳定、保障广大人民利益起到了积极作用，即经济学谈论的正外部性。一方面，保险业平摊了个体受小概率事件冲击的风险成本。根据原国务院扶贫办摸底调查，“因病致贫、因灾致贫”是我国2015年贫困人口的主要致贫原因，总计占比超过60%。因此医疗保险和灾害保险成为保障人民收入稳定进而生活稳定的重要手段，可以保护受风险影响的个体，更可以打消参保人对于风险的顾虑从而促进消费。另一方面，保险公司将风险的不良影响从大量个体转移至保险公司后，其作为资本相对集中、专业水平相对较强的整体，更有利于进行风险防范措施的开展与普及。例如由于保险公司需要考虑履行乘坐飞机投保人的航空意外险、行李保险等相关保险金义务，其就有动力主动监督飞机制造商完善其设计制造、监督机场与航空公司妥善报关行李，鉴于保险公司相对每个个体有更充足的动力、精力与综合专业水平，保险公司的参与可以有效促进相关风险防范措施的开展；又如定期体检是保护健康的重要保障，医保合同可迫使保险方为降低担保金成本而鼓励投保个人参与定期体检，推进健康风险防范措施的普及。

（二）金融衍生品

金融衍生品的设计目的主要是应对市场风险，即因价格和利率波动造成的资产价格变化所引发的风险。常见的市场风险包括外汇波动风险、利率波动风险、商品价格波动风险以及股价波动风险。

从数学的角度考虑，由于市场风险是围绕价格波动产生的风险，其考虑的概率问题不再是离散分布而是连续分布。当投资人或企业持有包括外汇、债券、商品或者股票资产A时，资产A价格下跌就会给持有者带来损失，其损失会随着价格下跌幅度的增大而增大。因此市场风险主要考虑到的就是此类价格波动带来的资产损失风险。

应对此类市场风险的风险管理工具正是金融衍生品，而使用金融衍生品来控制风险的交易平台自然形成了一个新的金融衍生品市场。金融衍生品是将其价值锚定于一种或多种基础资产的金融合约，常见的金融衍生品包括期货（Futures）、远期（Forwards）、期权（Options）和掉期（Swaps）。期货合约和远期合约都是指在未来特定时间点以特定价格购买或者出售特定资产的合约，约定购买的一方持有了多头头寸（Long Position），而约定出售的一方持有了空头头寸（Short Position）。期货特指在公开市场交易的合约，而远期特指场外交易（Over-the-Counter）的合约，前者交易信息更加公开透明，后者则更加私密。期权合约指期权购买方购买了可以在未来以特定价格购买看涨期权（Call Option）或者出售看跌期权（Short Option）特定资产的“权力”，不同于期货远期合约，期权合约可以不执行，但需要付出额外费用。按期权合约执行时间的不同可分为两类期权合约，一类是美式期权，可以在特定时间前这一时段内的任意时间选择执行合约；另一类是欧式期权，只能在约定时间点执行合约，美式期权

“权力”更大而欧式期权“权力”更小。掉期合约是双方将特定资产在特定时间段内进行交换并在合约结束时互相归还各自出借的资产，常见的掉期合约有交换不同货币计价债务资金的货币掉期合约、交换同货币计价不同类型债务资金的利率掉期合约以及交换商品或商品指数相关收益的商品掉期合约。

金融衍生品作为金融风险管理工具的主要作用是风险的转移，对于参与金融衍生品交易的个体，风险转移的结果可以是降低风险也可以是增加风险。

一方面，从降低风险目的出发，金融衍生品可以用于套期保值与对冲风险。例如原油开采企业会因为担心未来油价下跌风险，选择在金融衍生品市场中签订期货空单约定以确定未来出售原油的价格，提前确保未来原油出售的收益；而与其交易的对手方可以是需要购买其原油的下游炼化公司，出于担心未来油价上涨风险，与其签订期货多单约定以确定购买原油的价格，提前确定未来购买原油的成本；此外，一位发现自身持有资产但与原油价格存在反向关系的投资者，为了降低资产受价格波动的影响，也会考虑购买做多原油期货或者看涨原油期权，对冲原油价格上涨是原本持有资产面对的风险。

另一方面，从增加风险博取收益的角度，金融衍生品可用于追求风险收益。一位笃定未来油价一定会上涨的投机者，会进入金融衍生品市场选择在期货市场持有原油期货多头头寸；一位认为油价会下跌但信心不太足的投机者，则可能会购买原油看跌期权；而一位未必确定油价会下跌上涨但笃定油价会大幅度波动的投机者，或许会同时购买原油看涨期权和看跌期权，让自己无论在油价暴涨或暴跌的时候都能博取风险收益。

（三）信用风险

信用风险指因借款人、债券或者其他金融产品交易者违约而引发的风险。字面上信用风险覆盖了“信用”和“风险”这两个金融关注的核心焦点，是金融风险管理的重点。

从违约者也就是“谁信用违约了”视角出发，个人、企业和国家是三个比较常见的信用风险来源，但金融信用风险管理关注的违约行为基本还是以“欠钱不还”为主——个人可以是拖欠借款未及时还款、企业可以是债务违约或拖欠银行信贷、国家可以是外币计价国债违约。信用风险评估的常见表现是信用评级，企业和国家一般都有专业信用评级公司对信用进行评级，而信用评级机构自身评级的公平性一直被社会尤其是各国政府质疑。

对于未来行为的预测只能基于当下与历史，金融对于个体信用风险的预估也是根据其现状与相关历史确定的。从个体现状来看，其信用与其拥有资产以及资产属性息息相关，个人拥有越多的存款、企业拥有越高的可变现资产，其违约的概率越低。因此会出现缺钱的人借不到钱而有钱的人被求着借钱的“反常”现象，毕竟从金融机构角度出发最重要的是贷款能回收，而对方是否需要贷款则是次要问题。另外，基于历史经验，个人、企业、国家若存在信用违约记录，其未来违约的概率将大幅提升。同时市场也会认为同类型的个体会拥有相近的信用水平，比如市场对于发展中国家的信任程度常常低于发达国家。

“欠钱不还”的债务人信用违约行为必然会对债权人造成影响，但金融信用风险之所以值得关注，是因为这样的影响可能导致债权人损失过大从而导致债权人无法履行其相应义务，进而通过金融体系引发连带效应。其中比较典型的问题有集中度风险以及结算风险。

集中度风险指债权人拥有的资产整体受特定信用风险的影响过大，例如2008年次贷危机中，由于金融机构持有大量实际以房地产次级贷款为主的债券作为资产，面对房地产价格下跌带来的次级贷普遍违约，导致资不抵债被迫破产清算。针对集中度风险，理论上的解决方式分为两步，识别集中度风险和分散投资。

分散投资是金融投资的核心策略之一，即“不要把鸡蛋放在同一个篮子里”，具体操作中可以在很多层面考虑分散投资策略。例如对于同类型投资产品，如果所有投资产品价格未来走势分布互相独立且波动程度即分布方差相近，则可以使用概率论极限定理，通过分散投资尽可能多的投资产品，让不确定性的风险尽可能趋近确定的风险成本，将风险的冲击平摊为确定的成本。而对于不同类型投资产品，若能找到价格波动方向相关（同方向或反方向）的投资产品，则可以通过构建投资组合形成风险对冲，这也是对冲基金的投资主要原则。分散投资的思路其实并不难理解，但实际操作中有时该方案与“如何将大象放入冰箱”一样难以切实执行，其难点在于集中度风险的识别尤其是不同产品风险间关联性的识别。最为典型的未被识别的集中度风险就是2008年美国发生的次贷危机，无数次级贷款被包装为不同信用评级的投资组合后，市场并未完全识别这些投资组合会受房价下跌影响引发集中违约。

结算风险，或称清算风险，一般指个体资产端受对手方付款还款逾期等违约行为影响，在短期内无法筹措偿还负债端所需的流动性资金。结算风险的特点在于时间差，本质是流动性风险。流动性风险不同于直接的资不抵债，发生前资产负债端表面看似并未失衡，但一旦需要及时偿还负债时，相应资产必须折价才能变现，从而导致实质上的资不抵债。如果将低流动性资产视为一种潜在的风险，那么结算风险也可被视为一种“集中度风险”，即集中持有低流动性资产的风险。

对于信用违约这一信用风险的源头，主要应对措施为事后惩罚和事前风险预防。事后惩罚指对于违约行为进行惩罚以提高违约成本，从而降低债务方主动违约意愿并提高债务方主动预防风险意愿；事前风险预防则大多以资产抵押、留存保证金等直接资产保护手段和利用具有法律效力的金融契约等工具为主。但无论采用何种信用风险应对措施，终将同时降低信用风险和信用市场活跃程度，因此如何把握对信用风险的整体监管力度是政府监管机构持续面对的难题。

三、有效市场假说

1953 年，英国统计学家肯德尔向皇家统计学会提交了一篇关于股票和商品价格行为的论文。肯德尔曾期望找到规律的价格周期，但令他惊讶的是，它们似乎并不存在。每一个价格序列似乎都是“一个随机游走的系列，几乎就像每周偶然的恶魔随机抽取一个数字……并将其与当前价格相加，以确定下周的价格”。换句话说，股票和大宗商品的价格似乎是服从随机游走的。

市场价格符合随机游走正是有效市场假说的前提条件。如果过去的价格变化可以用来预测未来的价格变化，投资者就可以轻松获利。但在竞争激烈的市场中，轻松获得的利润理论上不会持久。如果一位投资者可以利用过去价格信息发现潜在的额外获利机会，那么其他投资者也渐渐会发现，通过交易让市场价格调整，直到研究过去价格变动带来的丰厚利润消失。因此，过去价格中的所有信息将反映在当下的股票价格中，而不是未来的股票价格中。不存在确定的价格走势，任何价格走势都不可能永远延续，即价格走势尤其是股价走势将遵循随机游走。

经济学家基于证券价格能够反映的市场信息程度，将市场效率定义为三个层次——弱有效市场、半强有效市场和强有效市场。

弱有效市场中，价格反映了过去价格记录中包含的信息。在弱有效市场中，不可能通过研究过去的信息来获得持续的超额利润，价格将遵循随机游走。

半强有效市场要求价格不仅反映过去的价格，而且反映所有其他公开信息，例如来自互联网或财经媒体的信息。在半强有效市场中，价格会立即根据公开信息作出调整，比如新股发行、上个季度企业收益公布或两家公司合并提议被媒体公开。

强有效市场中，价格反映了通过对公司和经济进行细致分析所能获得的所有信息，即不仅包括公开信息，还包括隐藏信息。在这样的市场中，虽然可能存在一段时间内高于平均或低于平均收益的投资者，但不会出现任何能够持续击败市场的优秀投资人。

综上，有效市场假说并非假设市场“完全有效”，而是给出了三种不同“有效程度”的市场情景假设。但是有效市场假说认为，对于完全竞争的市场，即使是弱有效市场也不可能存在持续超额利润。其中一种反对声音从资本定价模型（CAPM）的角度出发，认为二者存在矛盾。例如如果证券市场是有效市场，则不应该存在特定类型股票收益率显著高于另一类型，但 Fama-French 三因子模型发现市场中小公司总体股价回报高于大公司，而低市净率股票回报高于高市净率股票。

有效市场假说的支持者对于以上矛盾点给出了三种可能的解释：首先，资产定价模型可能未能捕捉到小公司和低市净率存在的风险，比如部分学者质疑模型未能充分考虑到历史上小公司和低市净率公司的破产风险；其次，资产定价模型的提出本身属于弱有效市场价格动态平衡的一部分，有学者指出在相关资产定价补充理论提出前，小公司和低市净率公司股票存在显著的额外回报，但在相关理论被公之于众后，额外回报就不再显著了；最后，包括小公司和低市净率公司股票的额外回报在内确实存在理论上能稳定获取额外收入的“漏洞”，但其在实际操作中由于存在交易成本、研究成本等实际因素而缺乏可行性。

总的来说有效市场假说在于证明“市场价格是可信的”，即公开交易形成的市场价格是对当下及历史信息的一个有效反馈。对于一般投资者来说，有效市场假说试图表达的观点是市场是相对理性的，更直白地说是“你一定不是第一个知道有价值信息的人”而且“不要坚信自己一定比市场中的所有人都聪明”。

四、均值回归与套利

与有效市场假说相辅相成的是均值回归现象，其主要观点是，从长期角度考虑，任何资产价格和市场回报最终理应回归均衡水平。这里由于均衡水平多数情况为历史均值，因此也被称为均值回归。

这一观点看似与有效市场假说的基础“价格符合随机游走”相矛盾，但二者其实是分别对“短期”价格走势与“长期”价格走势的经验结论。这里的“短期”是指价格受到市场外冲击时的走势，面对突发事件、政策发布、实时消息的影响，价格走势往往偏离现有趋势，而不断出现的不同冲击导致了价格表现为随机游走。这里的“长期”是指价格受基本面影响，虽然会存在因相应的冲击而发生波动，但一旦价格脱离了其均衡水平区间，将是被高估或者低估的，从而产生了套利空间，反过来套利行为会将价格拉回均衡水平。

能够充分展现均值回归现象尤其是均值回归与套利行为间关系的近期事件，包括俄乌冲突影响下的全球液化天然气市场尤其是欧洲市场的价格走势。2022 年 2 月俄乌冲突爆发后，欧洲停止从俄罗斯进口管道天然气却不得不持续从液化天然气市场采购入冬储备天然气，欧洲标志性天然气价格指数荷兰 TTF 天然气价格从 40 美元/百万英热的历史高水平（此前价格主要在 5~16 美元/百万英热），一路攀升至 2022 年 9 月并突破 100 美元/百万英热。在这个过程中，东亚市场中的天然气长期协议买方发现套利机会，选择将低价天然气尤其是液化天然气以市场价格转售给欧洲市场。这一套利行为在一定程度上弥补了欧洲市场突然产生的供给缺口，同时也拉高了亚洲天然气价格，使其在 2022 年 8 月突破 55 美元/百万英热。随后，各 LNG 供应方大幅扩大产能满足欧洲突发额外需求、全球北方冬季温度高于历史水平叠加欧洲耗能工业逐渐转移，欧洲市场冲击对全球天然气价格的影响逐渐减退，截至 2024 年 1 月，欧洲 TTF 天然气价格和东亚 JKM 天然气价格双双回落至 10 美元/百万英热以内的水平。

欧洲天然气价格的剧烈波动正是受事件冲击导致凭空出现巨量需求引发的，但受供给方扩大产出更换航线套利、其他需求方转售套利以及欧洲自身结构性降低需求三种力量共同作用，价格最终回归到了历史均值水平，基本符合均值回归理论以及套利行为的作用。

但是，基于均值回归理论的套利操作并非没有风险，尤其是使用期货合约进行套利时。典型的负面案例是广受关注的“原油宝”事件。中行“原油宝”是一份挂钩于美国芝加哥商品交易所（CME）的 WTI 最新期货合约价格的无杠杆产品，诞生于 2018 年。2020 年 4 月前，因国际市场受新冠疫情影响对未来能源需求期望达到历史低位，美国 WTI 期货价格在 10 美元区间波动。由于价格位于历史低位，绝大多数“原油宝”购买者选择购买了多单做多原油价格，以期在未来油价上涨时获利；投资银行则需要保证自身无仓位偏好，因此中国银行在美国 CME 市场购买了等额多单，以确保理论上不会因价格波动出现亏损或收益。中国银行计划于 4 月 21 日将锚定期货价格由马上截至的 5 月到期期货合约移换至 6 月到期期货合约，并在 20 日北京时间晚 22 点暂停国内账户交易并计划启动移仓。但这之后 5 月到期期货合约出现急速下跌，并于北京时间 21 日凌晨 2 点 8 分（美国时间 20 日下午）跌穿 0 美元，在 2 点 29 分触底-40.32 美元价位。此时中国银行在 CME 市场的 5 月 WTI 期货头寸未能在 0 美元以上平仓，因此虽然没有进行杠杆操作，但中国银行账面已经完全损失本金，必须向对手方支付资金才能平仓退出市场。理论上，中国银行可以缴纳保证金并坚持到期货结算再尝试将原油放在现货市场出售。但可能考虑到中国银行作为金融机构缺乏在美国进行原油储存、运输的相关能力以及相关合约已明确要求在 21 日前平仓，中国银行只能在负价格下平仓。北京时间 21 日凌晨 2 点 29 分后 5 月 WTI 合约上涨脱离了历史低位。根据相关方统计，仅“原油宝”投资者累计损失本金就已超过 42 亿元，“负油价”则额外带来了超 58 亿元的“欠款”。

“原油宝”事件证明，即使市场长期存在均值回归的套利空间，市场参与者并非一定能够稳妥地获得套利收益。尤其是当期货市场交易需要在特定时间节点前结算时，会出现“逼空式上涨”和“逼多式下跌”，导致本想套利的投资者由于合约结算时不得不以大幅亏损的结果平仓而“被套”。虽然没有明确证据证明中国银行在“原油宝”事件中被“逼多式下跌”，但该事件之后我国主要银行基本不再向银行客户提供商品期货投资产品，并退出了美国商品期货市场。一般来说，持之以恒的套利行为最终会获得收益，但对于一般投资者来说，必须牢记“你一定不是第一个知道有价值信息的人”且“不要坚信自己一定比市场中的所有人都聪明”。

五、行为金融理论

与诸多金融理论假设中的“市场是理性的”这一出发点相反，行为金融理论作为行为经济学的一部分，出发点正是市场的不理性。行为经济学作为心理学与经济学的结合学科，主要兴起于 20 世纪末 21 世纪初。2002 年心理学家卡尼曼和经济学家史密斯因在行为经济学领域的贡献共同获得诺贝尔经济科学奖则是行为经济学得到学界认可的标志。

行为经济学及行为金融理论主要借鉴了实验心理学的社会学实验模式，将传统经济金融假设前提放在心理学实验的环境中进行检验。行为经济学通过实验结果对“理性人”假设进行了合理质疑，并成功将经济主体的非理性因素纳入经济学考量范围。行为金融理论在此基础上对资本资产定价理论（CAPM）以及有效市场假说进行了质疑，其中至少包括非理性风险偏好、非理性概率预期以及“羊群效应”。

（一）非理性风险偏好

行为金融理论发现金融市场参与者对风险的态度并不“理性”，甚至不一致。行为金融研究发现，在作出冒险的决定时，投资者承担风险的意愿与其已实现投资回报有关。如果一位投资者已经在前半年的股票投资中盈利，后半年即使出现回落，投资者可能也不会选择止盈，因为投资者已经“赚到钱”了。反之如果投资者在风险投资市场失利则可能使其未来投资偏向于保守，以保证其在固定期限（例如一年）内实现正收益。因此投资者在考虑风险的时候未必是理性的，部分投资者会非常恐惧“损失”，但同样的投资者却有可能乐于使用小额资金博取低概率高回报，例如购买彩票。一种可能解释是投资者对于投资资金的定位存在不一致性，例如投资者可能将其投资资金分为“保本资金”和“超额回报”，对于“超额回报”，投资者可能愿意尝试，会冒完全损失“超额回报”的风险博取回报，但一旦投资威胁到其“保本资金”，投资者会趋于保守以确保“保本资金”不亏损。

（二）非理性概率预期

行为金融理论同样发现金融市场参与者对于概率的判断存在短视经验主义，最终失去对概率的理性判断。例如，一位已经连续三年“击败市场”的基金经理可能会得到市场的吹捧，或者一种三年内维持价格快速上涨的风险投资产品会被投资者当成低风险高收益的典范。市场中的投资者或许知道从三年的经验中所能了解到的信息存在不足，但投资者倾向于朝着“正确的方向”更新自己的信念，就像面对一个持续超额上涨近十年的股票市场时会说“该股票市场已突破了以往的均值回归基准并将继续维持涨势”。

（三）“羊群效应”

行为金融理论中的“羊群效应”是最典型的集体非理性行为之一，其核心在于盲目或“视而不见”的从众行为。在金融市场中，投资者可能会出于从众心理而放弃独立思考或者认为顺应市场趋势有利可图，选择跟随其他人进行“盲目”的单向投资。大规模“羊群效应”的体现包括恐慌性买入与恐慌性出售，引发缺乏基本面支撑的资产泡沫或市场崩溃。比较典型的“羊群效应”金融案例是2000年前后的互联网泡沫，市场在非理性的狂欢中大幅推高互联网公司股价，而后又出现恐慌性抛售引发泡沫破裂。值得注意的是，金融市场发生“羊群效应”时，其中的参与者大多并不知道资产价格已经被严重高估或者低估了，但一旦非理性交易行为的集体趋势形成后，顺应趋势可以为短期投机交易带来收益，这样的投机行为反而进一步强化非理性“羊群效应”。

六、金融周期理论

金融周期可以被认为是由金融体系放大或直接源于金融体系的经济波动。金融周期通常表现为信贷总量和资产价格的周期性波动，并可能对实体经济发展产生影响。虽然实体经济变量的周期性波动并不总是与金融周期相对应，但当经济周期与金融周期发生共振时，由此产生的商业周期可能更加明显，其中的低谷往往伴随着金融危机。

对于金融周期这一现象一般有两类解读思路：一类认为金融周期与经济周期一样，是自由市场必然存在的现象，其本质是价格恢复至实际价值的过程，而任何尝试控制金融周期的行为都会扰乱市场正常运作、加大波动幅度，并最终造成负面影响。另一类则认为金融周期的波动在一定程度上是可控的，而对金融周期波动幅度的限制将有效降低金融风险，进而降低金融危机影响乃至规避金融危机。一般在金融上行周期，前一类思想更容易得到市场认可，而在金融下行周期尤其是金融危机发生后，后一类思想的接受程度会回升。

这里对以上两类主流金融周期理论不进行深入评价，而是对金融周期理论研究中的两个重点进行介绍——金融危机和跨市场金融周期。

（一）金融危机

关于金融周期的研究具有悠久的历史，而金融危机正是学者们研究金融周期时关注的焦点，这是因为金融危机自身正是不同市场金融周期同步进入下行期将产生的最严重结果。

历史上金融危机对经济的负面影响极大，甚至直接冲击经济体原有的潜在增长能力。1991 年前，日本正处于经济蓬勃发展的时期，1985 年广场协议后日元和德国马克相对美元开始升值，而日本未能控制的房地产市场与股票市场投机活动加剧了金融过热，形成的资产泡沫于 1991 年破裂，自此日本经济整体陷入衰退并停滞长达近 30 年。这之后在 1997 年，泰国等诸多亚洲新兴市场国家在享受了金融繁荣后，遭受国际游资针对“被高估”汇率的集中攻击，引发了亚洲金融风暴，最终导致从东南亚到东亚乃至俄罗斯等国汇率出现或多或少的下跌乃至崩溃。

2003—2007 年，全球经济达到了过去 40 年来的最佳表现，许多国家都享受到了信贷和房地产的繁荣。欧美货币政策在近期尤其是 2000 年互联网泡沫过程中对衰退的抑制取得的成功让业界产生了极大的乐观情绪，甚至提出了新术语“大缓和”来描述这一温和的金融衰退周期，甚至有部分人认为全球已经进入了宏观经济政策的黄金时代，金融周期已经被驯服了。低波动性给全球金融市场以及金融监管机构带来了无比的自信，投资者风险偏好逐渐扭曲并开始过分追求高风险投资品，金融监管机构也为了经济数据放纵金融市场的膨胀。这一切金融繁荣景象最终在美国爆发次贷危机后，以信贷紧缩和资产价格崩溃形式的收场，并导致了自大萧条以来最严重的金融危机。2008—2009 年金融危机的直接影响包括美国多家银行及其他金融机构的破产，欧洲多国陷入了国家债务危机，全球大量企业破产重组、员工失业。可以说，2008 年的次贷危机是最典型的内生性金融危机，而其爆发的原因之一是房地产、信贷等金融资产的金融周期失控。

次贷危机前，购买房地产的资金通常来自银行的抵押贷款。在美国大部分地区，借款人拖欠抵押贷款的罚金相对较小，且跨州追责成本高。因此，若房价下跌，购房者放弃房产逃脱负债的违约惩罚较小；但若价格上涨，购房者可以获得大量投资收益。

房产次级抵押贷款的第一道关口是美国诸多地方地产银行，一方面，这些银行认为可以通过回收违约者作为抵押物的房产再出售以回笼资金；另一方面则可以通过把抵押贷款打包并转售为抵押贷款支持证券（Mortgage-Backed Securities，MBS）将违约风险转嫁。因此，银行并未在房价快速上涨的时期限制发放次级贷款。

房产次级抵押贷款的第二道关口是信用评级公司，许多 MBS 的购买者之所以愿意购买这些“安全的投资”，正是因为信用评级机构对此类产品给出了低风险的高评级。然而，MBS 的发行方（银行）一般是向信用评级机构付费购买其对 MBS 的评级服务，诸多信用评级机构需要竞争评级服务订单，因此银行最终会筛选出那些愿意给出高评级的信用评级机构，信用评级机构并不完全具有独立性和客观性。

房产次级抵押贷款的第三道关口是得到政府背书的金融机构，其中最受关注的就是 FNMA 和 FMAC（“房利美”和“房地美”）。这些金融机构在金融系统中处于重要地位，承接了大量投资者和企业的投资资金，其违约破产造成的影响或者说负外部性是美国政府难以承受的。因此这些仅得到政府隐性信用支持的私营企业在面对“疑似”存在风险的次级抵押贷款时，通过对投资组合“创新”的再加工向投资者隐瞒了其中的风险，并利用市场的信任，将这些风险资产重新打包为更低利率的“低风险”投资产品，输送到抵押贷款市场，将次级抵押贷款实质性转移给广大投资者。政府本可以在危机前通过控制房利美和房地美来减少风险敞口，但它显然没有这样做。

2008 年前，鉴于金融行业中的上述三层级相关实体并未履行其风险识别与控制的责任，美国房地产市场出现了严重过热，过热的房地产市场反过来进一步削弱了相关实体监督相关风险的主观能动性。面对金融上行周期没有人“踩刹车”，一旦金融上行周期结束，由房价上涨趋势支撑的次级贷款市场瞬间陷入危机。房价快速下跌后，贷款购房者在意识到未来预期还款已超过房价后，选择抛弃房产让地产公司与地方银行回收。地产公司与地方银行为回收资金不得不将回收房产再次尝试出售，于是成为房产抛售潮的“第一位助推者”，不但未能帮助市场合理控制价格波动风险，反而加速了房地产市场泡沫破裂。次贷危机发生后，政府也陷入了困境，因为在金融危机中持有次级抵押贷款支持证券的大银行若破产将造成金融系统彻底崩溃乃至社会危机，也就是大家广泛说的“大而不能倒”。

上述现象将系统性金融风险这一概念正式引入金融研究者的视野，一个金融市场如房地产市场的问题溢出，并扰乱其他市场，导致金融系统整体崩溃，可被称为系统性金融风险爆发的特征。其在 2008 年金融危机中体现为面对金融危机引发的资产价格下跌，几乎完全杠杆化（即尽可能借贷导致资产结构严重偏向债务）的金融机构与公司全部面临偿债压力，为了偿还债务不得不抛售相应资产又进一步加剧了资产价格的下跌，形成了恶性循环。

（二）跨市场金融周期

跨市场金融周期包括两个主要研究对象，即同一经济体内不同金融市场金融周期间关系，以及不同经济体间金融周期联系。国际货币基金组织基于 1960 年至 2008 年经济合作与发展组织（OECD）成员国金融周期相关数据对此问题进行了研究，发现金融周期中明确而稳定的上行周期一般很短，同时股票市场和房地产市场价格波动周期通常比信贷周期长。此外，各国金融市场金融周期在 2008 年金融危机时期发生了同步衰退，其中不同经济体的股票市场和信贷市场金融周期的趋同趋势更明显。历史经验证明，全球各经济体同步进入金融衰退周期时，陷入金融衰退周期的持续时间更长且衰退程度更深，而这一金融周期重叠带来的“共振”在同一经济体内也存在。

如果不同金融市场周期存在相对稳定的同向或反向关系，投资者可以通过对冲交易有效控制投资风险。传统观点认为经济体内各金融市场周期存在相关性，例如在国家整体流动性稳定的条件下，股票市场与债券市场波动间具有显著负相关性，即股票市场上行周期一般伴随债券市场下行周期，因此资产的多元化配置具有较强的风险控制效果。一旦经济体内不同金融市场金融产品周期同时处于下行区间，可能存在系统性金融风险的集中爆发，对社会稳定以及经济平稳运行构成威胁。

结合 2008 年金融危机由部分经济体扩散至全球金融市场乃至经济整体这一事实，一种可能性被摆在了政策制定者面前，即金融危机是否与过度金融化尤其是金融全球化有关？是否应当对金融加以限制尤其是对跨境金融进行限制以降低下一次金融危机带来的负面影响？由此联想到本部分内容起初对于金融周期的认知分歧，即金融周期是不是自然发生的？金融周期是不是可以调控的且应该调控的？以上问题正是面对云谲波诡的全球金融市场时，政策制定者必须思考的。本篇不会对各方观点进行展开讨论，但结合以上对金融的简单介绍，可以发现金融作为一门学科本身，提供的风险管理工具、价格确定机制等一切金融手段，都是通过金融交易者也就是人才能在社会中发挥其作用，无论是正面还是负面的。因此金融周期作为种种金融相关问题在宏观上的集中体现，其中出现的种种现象都是不能脱离人作为参与者而存在的，只有切身参与到金融中才能发挥金融正面抑或是负面的作用，引发金融周期的上行或下落、稳定或混乱，发挥作用的永远是人。

第三节　金融思维

一、金融与文明

金融这一概念作为一个整体是在哪个时代走向成熟的，很难确定。但正如诸多人类创造的概念一样，金融中诸多重要概念其实与人类相伴千余年，甚至自文明伊始可能就已伴随人类左右。部分学者在对美索不达米亚古文明的考古发掘中，发现了金融交易、“金融城”乃至“股权结构”的雏形，甚至还有公元前近 2000 年发生过“金融危机”的历史记载。

金融在文明中发挥的作用以及文明发展中金融的变迁绝非一个章节乃至一本书能够详细回顾的，因此本章节将仅从部分金融相关概念在文明发展历史中发挥的作用进行简单概述。

（一）货币与文明

货币作为金融的基础，是实现跨地区、跨时间价值交换的必要条件，也是文明得以形成、发展、繁荣的必需品。经济金融领域对货币职能的定位大致包括价值尺度、流通手段、价值储藏、支付工具以及世界货币。货币逐步实现全部货币职能的历史大致可以归纳为两个阶段：使用金银等实物货币的非债务货币时代以及使用主权国家信用货币的债务货币时代。

早期文明自然形成的货币主要以实现货币职能前两个职能（价值尺度、流通手段）为主要目标。有理论认为，早期文明从最初的以物易物自然形成采用过包括贝壳、粮食在内的实物作为“货币”的交易规则，即使用社会经济活动中最常用的物品作为价值衡量标准与流通手段。我国古代也有使用实物货币的明确记载，《晋书・食货志》中提到汉末董卓滥铸小钱，最终带来严重通货膨胀导致金属铸币体系崩溃。至魏文帝曹丕时，想重铸五铢钱替代小钱，但因长期战乱国家铸币能力不足，反过来出现了货币不足通货紧缩，最终魏文帝放弃了重铸货币的打算选择了“复古”的方法，“罢五铢钱，使百姓以谷帛为市”，其中谷帛分别为粮食和丝织品。粮食和丝织品作为衣食住行的前两项，是农业文明中生存的必需品，因此成为其他货币失能时货币职能的替代品。然而粮食是消耗品，基本无法实现价值储藏的职能，丝织品相较来说好一些但也有类似问题，而且二者价值衡量能力也因容易造假而打折扣。《晋书・食货志》记载了魏国临时使用谷帛作为货币职能的后果“至明帝世，钱废谷用既久，人间巧伪渐多，竞湿谷以要利，作薄绢以为市，虽处以严刑而不能禁也”。由于在谷物里加水增重、用薄布充当一般布料的造假现象严重，魏国重新铸造五铢钱建立了金属货币体系。

实物货币无法充分实现货币职能，逐渐被贵金属货币取代，并以普通金属为辅币。

马克思在《资本论》中表示，“货币天然不是金银，但金银天然就是货币”。近千年经济学总结认为，黄金的各种属性几乎完全契合货币职能的需求。具体来说，由于化学性质稳定、抗腐蚀性抗氧化能力强，黄金完全可胜任价值储藏职能；由于总量稀缺、开采量少且稳定，结合其化学稳定性，黄金可胜任价值尺度职能，同时由于质地柔软易分割使黄金可作为流通手段和支付工具，且密度高于所有基本常用材料，因此难以造假，以上对黄金大致特征的总结基本奠定了黄金作为近现代最典型贵金属货币乃至世界货币的基础。白银和铜与黄金在化学物理性质上相近，但化学性质不如黄金稳定且开采量依次递增。因此世界历史各文明主要使用的贵金属货币就是金银铜，其也是奥运会前三名发放的奖牌分别选用的材料，其中的铜以及包括铁在内的金属材料曾作为辅币存在。早期缺乏开采技术的人类文明依然可以较低的效率获得黄金与铜，使黄金与铜成为人类最早使用的一批金属。考古学者发现，距今 1 万年左右的新石器时代就已有人类使用黄金和铜，而银与铁则大致依序步入人类社会的视野中。不同文明使用的金属货币主要取决于人类文明的矿物开采能力以及矿产资源分布，例如我国铜矿资源丰富，自春秋战国以来形成的铸币体系基本以铜钱为主要货币，而西亚和欧洲则先后利用其金银矿资源铸造金币银币作为主要货币，并未广泛推进铜币铸造。自宋朝以来尤其是在明朝，我国逐步转向白银货币体系并以铜钱为辅币，这并非我国发现了银矿资源，而是通过对外出口积累获得足量白银所致，其中尤以日本白银和西班牙白银为主。梁方仲的《明代银矿考》中就提到：“中国向来是一个产银不多的国家，自近代与欧洲各国通商以来，银的供给，大部分依赖外国的来源，本国产量，殊不重要。”

货币体系对于历史文明的重要性也已经蕴含于货币职能之中，即市场中流通的货币若不能满足经济发展需求，则会制约文明的发展。历史中最常见也是最容易被提及的货币体系失能是货币大幅贬值也就是大家常说的恶性通货膨胀，简单来说，就是货币自身价值大幅缩水，以至于无法履行其价值尺度、价值储藏乃至支付工具的货币职能，其影响非常严重与深远，直观影响包括物价飞涨、财富缩水以及商业活动停滞。货币滥发是宣传最广泛从而也是大众最熟悉的恶性通货膨胀原因，熟知的货币滥发案例大多是近现代纸币超发。例如“二战”前，德国马克、21 世纪以来的津巴布韦币。纵观文明史，货币滥发并非纸币的“特权”，正如前文中《晋书·食货志》中提到的，董卓当政时期废除五铢钱滥铸小钱导致的东汉末年官铸铜币体系崩溃，前后也有王莽三改货币体制、北魏孝明帝滥铸铜钱和唐玄宗晚年铸造大钱等引发恶性通货膨胀的案例。我国历史出现的恶性通货膨胀往往是官方滥铸与民间私铸失控同时出现的，一般从官方通过改制降低铸币成本与监管能力下滑开始，为滥铸铜币打开了获利空间，也引发民间出现广泛私铸现象。无论是官方滥铸还是民间私铸泛滥最终导致的结果都是货币体系崩溃“物价益起”“商贾不行”，进而引发经济活动停滞、社会陷入动荡。毕竟我国文明存在“天下大势，分久必合，合久必分”的不同历史时期，同时由于金银矿产不足不得不依赖铜作为金属货币材料，其实对于构建稳定货币体系提出了更高的挑战。

不过我国在货币体系统一、多货币体系与货币体系崩溃的不同时段，其经济发展情况并非依次递减。我国经济发展相对世界最好的时期为北宋时期，有学者认为当时的国民财富收入水平甚至高于后来统一中国的元明清三朝。这或许能从侧面说明货币金融是文明得以健康发展的必要条件但并非充分条件，崩溃的货币体系会有灾难性影响，但相对稳定的货币体系只是时代科技进步得以转化为经济增长文明发展的其中一个必要前提。

欧洲也同样面临类似的问题，不同于我国基本仅使用铸铜货币，欧洲存在足量的金银矿产资源，形成了由金币、银币与铜币共同构成的货币体系，其中又由于铜币价格极度不稳定最终形成了金银复本位货币体系。黄金作为“天生的货币”在这一体系下基本确保了货币职能的底线难以打破，因此欧洲不容易出现类似我国乱世严重的货币体系完全崩溃问题。但在金银复本位货币体系下，欧洲中世纪虽然有黄金作为各方公认的“世界货币”，民间商业交流依然依赖于不同国家铸造的不同银币，可以说在罗马解体后近代以前的欧洲基本从未实现货币统一。同时欧洲广泛存在银币造假与滥发，金币与不同机构发行的银币共同参与市场交易与商品定价，导致的最终结果是欧洲货币体系长期处于不稳定状态。这里最典型的案例正是“劣币驱逐良币”现象，该现象最早由英国经济学家格雷欣发现，也称为格雷欣现象。彼时英国存在高纯度的“良币”与掺杂更多低价金属杂质的“劣币”，但英国官方对所有发行银币都采用统一法定汇率兑换，民间为了获取最大收益选择将“劣币”作为交易媒介而将“良币”作为储蓄资产甚至熔成白银出售，最终导致“劣币”能够“驱逐良币”成为市场中主要流通货币。值得说明的是，“劣币驱逐良币”的前提是“劣币”仍然能有效行使货币职能，当“劣币”价值不再稳定陷入快速贬值时，其势必将失去社会基础最终被抛弃。

（二）借贷与文明

借贷活动在人类文明中存在的时间不短于货币，考古学者对古巴比伦遗址的发掘是最好的证据之一，其中就包括历史最早的债务清单之一。公元前14世纪初的清单上记录了当时欠神庙粮食的个人姓名、身份以及粮食总额，例如“伊齐兹，铁匠，720升大麦”。同样是巴比伦遗址的记录中，存在以所谓“借贷”这一名义为自身军事活动“正名”的情况——古城拉格什统治者在夺回被古城乌玛占据两代人的边境领土后，要求对方以33.3%年利率支付两代人时间内“借出”1单位大麦的本息合计约864万单位大麦，最终目的并非要求对方真归还如此数量的粮食，而是政治手段的一部分。在欧洲的希腊与罗马帝国时期，环地中海贸易是国家得以稳定发展的基石，而海运存在时间上的不确定性，与海运活动相关的贷款也在这一时期非常常见。我国借贷活动的历史记载可以追溯至春秋战国时期的私人借贷活动，而后私人借贷与政府管制借贷活动一直在各个朝代出现。

从古巴比伦到古希腊、古罗马以及我国古代，从借贷活动或者伪装成借贷活动的其他活动可以看出，借贷确实自古以来就伴随人类文明而存在，而只要存在借贷活动就必然需要对借出与归还的货币或者实物量进行确认，其间的差异就是“利息”这一概念的诞生空间。

按照今天的标准来说，古代私人借贷活动的利息往往高得惊人。例如古希腊时期，私人间借贷的年利率通常在10%~20%，而希腊城邦间借贷，如雅典与盟邦之间的军事借贷，年利率可高达30%。在一些特殊时期，私人借贷的年利率会上升到20%以上，有时甚至高达40%~50%。我国春秋时期记载的借贷活动一般为贵族间救济性质活动，几乎没有利息，而战国时期记载的民间借贷基本是以获取高利息为目的，利率与古希腊情况类似，基本都在20%以上。随着时间的推移，世界各地文明在不同时期的借贷活动利率也会伴随形势的变化而变化，具体情况难以考证，但一般都是在战乱动荡时期利率急剧上涨，而在相对稳定时期得到一定控制。

虽然不曾听闻历史上存在反对借贷活动还能保持基本社会运转的政权，但设定利率上限乃至临时取消利息和禁止收取利息却在历史中真实存在。根据《史记·孟尝君列传》记载，孟尝君的宾客冯谖替其前往封地——薛邑收取借贷本息，设宴款待向孟尝君借钱的债务人，对于无力偿还利息的穷苦人，焚烧了其负债契据并重新拟订使其不必支付利息。面对孟尝君愤怒的质问，冯谖给出了其解释，不能偿还利息的人即使再逼迫也不可能拿得出来钱，最终可能迫使其逃离家乡沦为流民，对区域社会稳定构成负面影响，也让贷款本金都无法收回。这一观点其实可以作为历史上免除利息行为的主要解释，即面对无力偿还负债者，无论如何逼迫都很难使其全额偿还本息，过度的压迫反而可能将其“逼上梁山”。基于此，历史人类文明中为了社会稳定而设立利率上限、临时免除利息的案例比比皆是，包括古巴比伦《汉谟拉比法典》规定特定情况下债务人可获得利息减免、我国西汉初年立法设定利率上限、欧洲中世纪基督教会反对教徒以收取利息为目的发放贷款等。

值得注意的是，虽然基督教将收取利息与“邪恶”画上了等号，但教会仅对信徒间的借贷活动进行限制，却没有要求与其他宗教信徒间的资金往来不得收取利息，这反而帮助信仰犹太教的犹太人成为欧洲重要的资金流转中间商。在莎士比亚的《威尼斯商人》中，反派夏洛克是一位发放高利贷的犹太人，他尝试谋害威尼斯商人安东尼奥正是因为其借钱不要利息。这一角色或许能够从侧面反映犹太人在中世纪欧洲社会的重要性，毕竟当“直接投资”不能获利时，就只能通过异教徒进行“间接投资”获取利润了。

（三）小结

除货币与借贷活动外，早期人类文明同样已经形成了企业与股票市场的雏形。企业方面，唐朝有商人合伙建立“公司”购买骆驼参与丝绸之路；股票方面，罗马在帝国早期推行基础设施建设私有化过程中建立的招标公司，就已经向罗马公民发行了“股票”。可以发现，人类早期文明已经根据当时生活的需要，开发了金融工具与服务的雏形，金融与很多服务行业相同，都是应人类生产生活的需求而产生的，包括货币、储蓄乃至证券等现代金融业的主要要素已经在不同文明中出现，并为后期金融业的成熟发展奠定了基础。

二、金融与帝国兴起

金融活动自人类文明早期就已成为社会经济活动的一部分，只是尚未完全整合为“金融”这一概念或者说尚未形成现代金融体系。伴随近代欧美帝国兴起并逐步成为现今主导世界秩序的“西方世界”这一历史脉络，本部分将分析在先后兴起的欧美帝国兴衰中金融所扮演的角色，主要聚焦于货币金融、间接金融与直接金融体系。

（一）西班牙帝国与葡萄牙帝国

伊比利亚半岛上的西班牙与葡萄牙对世界影响最大的体现是其语言分别是南美使用最广泛的官方用语和南美最大国家巴西的官方用语。西班牙和葡萄牙早期的兴起基本可以作为欧洲兴起的起点，其兴起的核心在于通过开启大航海时代而建立了帝国，其中西班牙帝国的建立与金融中的风险投资和金本位制度有着密切关联。

葡萄牙在建立稳定政权后，由于陆地方面仅与西班牙接壤，不得不将发展方向转向大海。自1415年占领了东非休达后，葡萄牙开始对非洲西北部进行探索，先后发现了马德拉群岛、亚速尔群岛、佛得角群岛等非洲西侧岛屿并建立了殖民地，这些殖民地成为后期开启好望角航线以及南美殖民的前哨站。1453年，奥斯曼土耳其帝国攻陷君士坦丁堡灭亡东罗马帝国，导致通往东方的海陆商路的控制权转移，进一步促使欧洲国家寻求新的贸易路线，并加速了大航海时代的到来。1488年，巴瑟罗缪·迪亚士发现非洲好望角，标志着葡萄牙在探索非洲大陆方面取得重大进展。

西班牙则在葡萄牙之后，逐步建立稳定政权，但面临与葡萄牙类似的问题，只得将发展方向转向非洲与大海。虽然西班牙通过1479年与葡萄牙签署的《阿尔卡索瓦条约》得以巩固其在摩洛哥的控制，但也将摩洛哥以南整个非洲航线的利益让给葡萄牙，转机则在15世纪末随着哥伦布的出现而到来。

西班牙女王伊莎贝拉一世对哥伦布航海的支持是典型的高风险投资，按今天的说法，可以称为“天使投资”。生于意大利热那亚的哥伦布基于当时“新颖”的地圆说，认定了从欧洲向西穿过大洋可以到达中国与印度，并尝试说服欧洲主要国家资助其开辟新航线。不同于仍对地平说存有信心的多数欧洲国家皇室以及已经通过非洲航线获得巨额贸易收入的葡萄牙，一条向西的航线对于因《阿尔卡索瓦条约》而放弃非洲航线利益的西班牙是极为有利的，因此西班牙女王选择用俸禄暂时收留哥伦布，并成立皇家委员会对其西向航线的计划进行研究。从西班牙向西前往我国所需的距离约为向东的两倍，基于当时的航海水平，理论上是不行的。然而，对于西班牙而言，绕过《阿尔卡索瓦条约》、打破发展方向桎梏、获取未知的收益仍然存在巨大的吸引力。因此，在收留哥伦布 6 年后，西班牙女王成功说服与其共治西班牙的费迪南国王，辅以女王个人资金，让哥伦布实施向西探索的计划。西班牙在 1492 年 8 月的风险投入是三艘百吨帆船、近百位船员、相应航行用物资和西班牙女王的国书，其回报则是新大陆的发现、新时代的开启以及西班牙帝国路线的确立。

西班牙对哥伦布第一次探索的风险投资具有如下特点：潜在收益足够可观且成本可控，而在此之上就是果断的风险投资决策。当然风险投资决策是西班牙帝国得以建立的关键但绝非唯一条件，西班牙强大的国力、领导人坚定的决心与手腕和运气才是西班牙帝国得以建立的根源所在。首先，《阿尔卡索瓦条约》本身是葡萄牙联合西班牙内部贵族阻止西班牙统一进程尝试失败的产物，基于条约的伊比利亚半岛盟约本质是双方实力博弈的表征。在哥伦布第一次探索成功并返回后，葡萄牙国王依据《阿尔卡索瓦条约》向西班牙提出挑战，要求按照条约将新大陆的所有权给予葡萄牙而非西班牙。当时欧洲各国领土所有权皆由罗马天主教会赋予，15 世纪末时任教皇正是得到西班牙扶植的西班牙阿拉贡人，西班牙在同葡萄牙经过罗马教廷、军备准备以及直接谈判后，最终在 1494 年签署了成为瓜分美洲主要依据的《托尔德西利亚条约》，该条约也是巴西得以建国的起点。综上，对于投资者而言，即使通过风险投资发现了新赛道新市场，想要攫取垄断利益而非被后继者挤出市场，仍需要权力机构的支持、足够的实力以及谈判的艺术。

西班牙帝国通过新大陆的发现与确权，获得的最大收益就是黄金与白银的开采。自 1492 年哥伦布登陆美洲起的三个世纪，在逐步实现对美洲的控制后，直至 1800 年这一时段，西班牙和葡萄牙开始从美洲开采金银，并以金银币或金银条的形式出口到欧洲。虽然有大量学者对西班牙从美洲出口的金银总量进行估算，但目前仍未形成确定性结论，不过其数量之大已是公认的事实。例如弗林和希拉尔戴斯的研究认为，1500 年至 1800 年间约有 150 万吨白银来源于西班牙属美洲，占当时世界总产量约 80%。

然而，西班牙帝国的衰落也主要受金银开采间接影响。由于金银开采一本万利，西班牙帝国后期整体基本完全建立在殖民地贵金属开采上，形成了“造不如买”的路径依赖，在失去海上军事霸权与贵金属开采收益后再也未能跟上欧洲后继帝国的步伐，曾经的殖民地也被其他帝国先后瓜分，基本仅在语言上形成联系。当然，西班牙帝国海量的白银开采同样影响到了哥伦布梦寐以求的中国，使中国在明代与清代早期形成了瓷器、丝绸和茶叶出口换取白银的稳定贸易路线，间接使中国从铜本位过渡到银本位，而欧洲则从金银本位过渡到金本位。

（二）大英帝国

大英帝国是截至目前吉尼斯世界纪录认定的“历史上面积最大的帝国”，其巅峰时期统治面积约3400万平方公里，是海洋文明帝国的典型代表。本部分将探讨大英帝国的建立与兴盛过程中金融所扮演的角色。

1. 大英帝国的建立与资产阶级的兴起

大英帝国的建立有诸多因素推动，其中英国转向海权、形成民族国家以及资产阶级的兴起是大英帝国得以建立的主要原因，其中资产阶级也为后续经济金融的发展奠定了基础。

早期的英国以欧洲大陆尤其是争夺法国王位为主要发展方向。1066年，法国诺曼底公爵征服英格兰后，英格兰王国的领导人将自身视为法兰西帝国的一部分并将争夺整个法兰西作为目标。直到1453年英法百年战争，英格兰失去几乎全部法兰西领土后，英国才放弃“反攻大陆”的执念，并在统一不列颠后逐渐跟随葡萄牙和西班牙选择海洋战略。与法国持续的战争也让英格兰形成了“海对岸说法语的是敌人”这样的共识，帮助英国形成了初步的民族意识。另外，1517年以来愈演愈烈的新教改革被英国皇室成功利用，亨利八世在任期间为了能“自由离婚”并获得更多收入，成功利用新教改革派力量在英国境内实现“王权高于教权”并实现了王权专制统治，但也使英国在一定程度上被欧洲大陆所孤立。这一时期统一整个不列颠的军事行动，以及宗教改革对贵族与平民的思想启发，为英国之后建立统一国家、确立独立于欧洲的英国国教以及确定海洋战略奠定了基础。

16世纪到18世纪英国第一次工业革命期间，英国逐步形成了资产阶级，并扮演着越发重要的角色。英国确立其帝国霸权的过程则主要沿着建立相对独立的英国国教宗教体系、建立符合英国资产阶级需求的君主立宪制政治体系以及建立能够提供原材料的海上殖民地帝国这三个方向发展。民间资本早期被广泛引入海权争夺以及殖民地建设中：前者的标志是英国广泛支持甚至收买海盗以对抗早期西班牙的无敌舰队，在16世纪末挑战西班牙的过程中虽然无法对西班牙军事力量构成直接威胁，但极大影响了西班牙对其殖民地的保护能力；后者则是鼓励民间资本掠夺并占据包括此前按照《托尔德西利亚条约》划给西班牙的北美等一系列殖民地，并转变为通过发放“皇家特许状”授权民间自由探索开发特定区域的殖民地。国内圈地运动同样是英国资产阶级完成原始资本积累的主要途径，其一方面将农村资源集中到少数地主手中，另一方面促使大量原先有产农民进入城市，为资本主义工业化提供了足量的廉价劳动力。而后，则是资产阶级新型贵族通过光荣革命建立了英国的君主立宪制，限制了英国君主权力并形成了英国特有的上下两议会模式，使从民间资本中脱颖而出的资产阶级得以与旧贵族共同分享政治权利。英国资产阶级在获得了足量资产与政治权利后，成为英国不可忽视的力量，也成为推动英国工业革命以及走向帝国的核心动力之一。

2. 大英帝国的兴盛与间接融资

一般认为，第一次工业革命是大英帝国兴盛的最重要因素，英国第一次工业革命的关键是棉纺织技术以及动力技术的先后革新，前者的推动因素包括圈地运动带来的大量供给、欧洲市场中国丝绸等织品缺口形成的大量需求，后者则是受前者即纺织业对动力的需求推动。第一次工业革命中技术研发以及后续投产建厂产生了对于资金投入的需求，催生了英国间接金融体系。

英国间接金融体系包括三个主要参与方，遍布英国各地的乡村银行、伦敦金融中心的诸多大型私立银行以及以英格兰银行为基础形成的英国中央银行体系。

- 乡村银行

英国乡村银行是英国工业革命过程中最少提及的金融中介机构，其在工业革命期间的主要作用是将各乡村闲置资金进行汇聚并投入工业研发以及工业建设中。农村受圈地运动影响，形成了由少数富裕农户控制大量农场的财产分配格局，尤其是大地主在出售以羊绒羊毛棉花等纺织品原材料后获得了大量收入，这些本质是地租的额外收入，远远超出农村生活投资需求。与此同时，工业革命初期技术研发以及工厂建立需要大量初期资金投入也能提供可观的投资回报，乡村的闲置资金与工业区的资金缺口正是乡村银行兴起的原动力。

乡村银行诞生于乡村与工厂间的资金供需，但乡村银行得以实现资金调配能力有赖于英国政府早期建立的军事通信运输体系，即基于邮政系统的邮政体系。英国邮政系统可追溯至诺曼征服时期，早期的邮递驿站网络只服务于国王王室信件递送。1635 年，英王查理一世向公民开放邮政系统，并于 1660 年通过邮政法案正式将邮政确立为公共服务项目。伊丽莎白一世时期，英国政府以军事用途建立的邮政体系为英国邮政系统发展奠定了基础，其中的重要原因是邮政体系作为军事信息传递中枢必须建立同伦敦的高效交通，而这正是工业革命时期乡村银行所需要的。

在城乡资金借贷需求的推动下，英国乡村银行从 1750 年的不足几十家，随着工业革命早期发展成长到了 1810 年前后的 700 多家，之后虽因乡村银行间并购导致数量下降，但业务范围并未明显调整。乡村银行打通了工业城市与乡村的联系，汇集的乡村闲置资金成为早期英国工业革命技术研发与工业建设的第一桶金，资金与消息围绕邮政通过英国邮政体系在城市乡村间往返，来自乡村的劳动力获得了向家乡汇款的渠道同样间接提高了自由民进城务工的积极性。从时间顺序角度，英国乡村银行是英国工业革命的附属产物，但英国乡村银行的间接融资服务在英国工业革命过程中扮演了重要角色。近期相关量化研究显示，以 1817 年至 1881 年间 10528 个英国乡村教区相关数据为基础，英国乡村金融机构每 1 个标准差的就业增量可以增加当地 0.93%的工业就业以及 0.74%的年化经济增速。整体来看，工业革命前期教区内乡村金融服务是推动各教区工业就业增长的主要影响因素。

- 伦敦的私人银行

将目光从整个英国聚拢回伦敦，伦敦作为英格兰首府以及英国王室所在地，私人银行体系在乡村银行出现以及第一次工业革命发生前就已经扎根于此。早期成立的私人银行大多与金铺有关，例如 1690 年成立的巴克莱银行前身就是金铺，而 1754 年成立的格林斯银行（现已被苏格兰皇家银行收购）则由金铺学员创立。这与私人银行资产保管的属性息息相关，客户在同金铺的合作过程中建立了信任，因此会选择将黄金乃至其他贵重物品交由金铺保管，形成了早期的银行存款业务。金铺以及后来形成的私人银行在获得了稳定的存款后，自然而然开始涉足贷款业务，形成了间接金融体系。

伦敦的私人银行主要通过贴现票据和提供贷款为商业和工业提供流动资金，尤其是 18 世纪后期，随着国内各城市与乡村银行数量的增加，伦敦银行开始提供面向地方银行的代理服务，而伦敦私人银行的数量也从 1750 年的 30 家增长至 1800 年的 80 家。战争期间，私人银行是城内贵族以及乡村银行购置政府国债的重要渠道，大幅增加了政府战争经费也反过来获得了稳定的长期现金流。第一次工业革命时期，地方乡村银行结合伦敦私人商业银行的银行网络体系成功帮助大量闲置资金从乡村流向工业城市，使全英国资金流通速度加快、降低了地区间利差，提高了闲置资金的期望回报水平，也降低了工业区的融资成本。例如在 1771 年至 1820 年，以煤矿业为主要产业的达勒姆郡平均年利率为 18.2%，而以农业为主的多塞特郡则只有 3.8%，伦敦则为 4.7%，随着乡村银行与伦敦私人银行整体网络的发展，地区间利差水平逐渐下滑。

当然，英国的银行生态并非一帆风顺，随着银行业伴随工业而不断扩张，其金融风险随之累积。由于缺乏对货币总量的管控以及货币发行权被赋予过多的银行，1815 年至 1850 年英国至少发生了 4 次金融危机，其中较为典型的是 1825 年金融危机。当时受英国工业快速扩张与殖民地投资热潮影响，“全英国银行不检点的金融行为”使英国信贷过度扩张且小额度货币严重超发，最终导致价格下跌速度过快、迫使数家企业倒闭。企业倒闭使银行陷入信任危机引发投资者恐慌，6 家伦敦私人银行与 60 家左右的地方银行在挤兑与信贷违约中倒闭。上述危机最终促使了英国政府对银行制度进行改革，其中就包括逐步确立中央银行系统，由英格兰银行承担中央银行职责。

- 英国的中央银行——英格兰银行

英格兰银行成立于 1694 年，由苏格兰商人威廉·帕特森提出并创立，并得到了英国辉格党人支持。英格兰银行设立伊始便参考荷兰阿姆斯特丹银行模式，主要目的是为英王威廉三世的英法战争融资。当时光荣革命刚结束，英国王室大量收入来源被限制，英法战争则进一步恶化了王室财政状况，导致市场越发不信任王室的偿还能力。为了帮助英国王室筹借战争资金，英格兰银行作为中间方以自身信用帮助王室筹借战争款项，成功帮助英国王室渡过难关。

早期，社会普遍认为，英格兰银行是具有辉格党人背景的私人银行，其帮助政府筹借款项的行为是临时性措施。尤其是 1702 年威廉三世驾崩后，英格兰银行失去了与王室的私人关系，叠加辉格党人被支持王权的托利党人压制，使得英格兰银行的地位遭到挑战。安妮女王即位后，英国卷入了西班牙王位战争，为战争融资成为新女王与托利党人的难题。为此，担任英国安妮女王财政大臣的托利党人罗伯特·哈利在1711年以国债为股本成立了垄断英国海外贸易事务的英国南海公司，开始将国债发行业务转由托利党人的南海公司承办，从而帮助王室融资。在这一时期，英格兰银行通过交叉持股对南海公司业务提供支持，在1720年之前也有英格兰银行的董事同时在南海公司任董事。

然而，南海公司在1720年成功承包全部政府国债后，开始大规模发行股票以直接融资筹集资金。或许是王室支持者过于急功近利想从中获取暴利，前期大量唱多股价的流言蜚语让民间狂热分子炒高了南海公司的股价。在股价飞涨的刺激下，其他非特许合股公司大规模出现，开始同南海公司争夺资金。英国议会应南海公司要求禁止了非特许公司发行可转让股票从而引发了股票抛售潮，南海公司股票也开始被抛售，大量投资者因此破产，这一事件被称为“南海泡沫”，并导致支持南海公司的英国王室和托利党人受到一定程度的牵连，很多政府官员事后被发现参与了投机行为并接受了贿赂，最终南海公司股本被英格兰银行和英国东印度公司瓜分。随后英格兰银行逐渐垄断了政府国债发行，并效仿荷兰人发行了长期债券，最终成为扮演中央银行角色的永久性机构。

“南海泡沫”除了间接帮助英格兰银行确立了其政府重要中介的地位，更重要的是导致直接融资的股票市场失去了英国民间与政府的信任。整个18世纪因此变成了间接融资金融体系茁壮发展的时代，英国围绕银行的间接金融体系也成为支撑英国走向“日不落帝国”过程中的重要一环。

1825年，为应对当时的金融危机，英国围绕英格兰银行着手对英国金融制度进行了改革，确定了英格兰银行拥有唯一法币发行权并且需要维护金融体系稳定，至此英格兰银行基本完成了向中央银行的过渡。1826年，《银行法》授予英格兰银行设立分支机构管理纸币流通的权力，人称《皮尔条例》的《1844年银行特许法案》进一步明确只有英格兰银行才能发行银行券即法币，取消了英格兰地区其他银行发行货币的权力，也将商业银行业务与货币发行业务剥离。此外，英格兰银行也更多开始担负银行最后贷款人的职能，并于1870年正式公开承认其有维护金融体系稳定的公共义务。1826年《银行法》对私人银行则要求其要“以吸收存款而非发行银行券为业务”，但也允许其不再需要限制其股东人数从而鼓励商业银行由私人银行转向股份制银行，最终使股份制银行成为现代银行业的一种普遍现象。

（三）美利坚帝国

美国在“冷战”结束后成为直至今日的唯一超级霸权国，是大英帝国之后的下一个世界帝国。美国没有像英国一样通过海外殖民实现“日不落帝国”，甚至在“二战”结束后联手苏联共同加速了欧洲殖民地体系的瓦解，但美国在“二战”后正式确立帝国霸权，尤其是在苏联解体后的统治地位完全不亚于曾经的大英帝国。本部分将探讨美国独立、第二次工业革命与第三次工业革命三个时期金融在美国发展中扮演的角色。

1. 美国独立与直接融资金融

1776年，北美东岸13州共同发布《独立宣言》正式脱离英国掌控，并建立了联邦制国家，标志着美利坚合众国建国。13州独立的主要原因在于北美殖民地未能在英帝国政治体系中获得足以使其满意的政治地位，大英帝国也拒绝放开对于北美殖民地的控制。这一分歧的具体体现就包括13州对于当时“西部地区”（今天阿勒格尼山以西）的开发问题。北美殖民者自发组织成立了土地开发公司直接参与到西部地区投机开发活动中，然而大英帝国拒绝撤销此前为防止土地投机行为而设立的相关限制法案，如《泡沫法案》。大英帝国对于13州向西扩张的政策限制直接表现为土地开发公司难以通过英国间接金融体系获得融资，因此其不得不寻求北美殖民地内部各方的直接融资，最终使北美有产者团结在了财富周围：美国开国总统乔治·华盛顿拥有的包括“沃波尔基金、密西西比公司、冒险家军事公司和迪斯摩尔沼泽公司”等企业共有超过6.2万亩的土地；托马斯·杰斐逊的父亲则成立了弗吉尼亚忠诚公司；本杰明·富兰克林也以万达利亚公司股东身份参与到了现西弗吉尼亚州土地开发中。通过直接融资获得联系的北美有产者最终形成了对抗英国统治的联合阵线，也让北美资产阶级拥有了建立直接融资金融体系的文化基础。1783年独立战争结束后，美国联邦政府发行新债偿还独立战争的战争贷款，吸引了大量经纪人参与国债承销业务，并形成了美国债券市场的雏形。

另外，美国独立的主要依据是各州的“自治”，美国也因此形成了崇尚地方自治、反对中央集权的文化，其中较为典型的表现就是政治上联邦党人与反联邦党人之间的冲突。理论上联邦党是共和党的前身，而反联邦党则为民主党提供了基础，且林肯总统之于美国最大的价值其实是通过内战击败了分裂联邦的南方民主党。如今民主共和两党的差异已基本与反联邦问题无关，不过反联邦与支持州权的思想依然留存于当今的美国社会。在金融领域，美国这种崇尚地方自治、反对中央集权的文化的一大表现便是美国社会对于中央银行制度的抵触。在1913年根据《联邦储备法》成立美联储这一中央银行前，美国先后建立并废止了两个美国中央银行，即美国第一银行和美国第二银行。美国第一银行成立于美国独立战争初期，负责为联邦政府发放债券用于支持战事。在美国独立战争胜利后，由于各州有意限制联邦权力，同时由于第一银行70%股权属于欧洲人，美国第一银行未能从美国国会获得经营许可而被迫关闭。美国第二银行的成立同样是为支持英美战争，在1812年英美战争爆发4年后的1816年由美国国会通过成立。然而当时美国各州已成立了州银行，国会议员出于自身所在州利益提出了对第二银行更加强烈的反对，最终导致美国第二银行在运转20年后走向了与第一银行一样被迫关闭的命运。

当然，随着美国金融活动的逐步扩大与成熟，为了防止私人银行频繁挤兑破产扰乱国家整体金融秩序，美国最终在1913年成立了自己的中央银行——美国联邦储备系统。这一特殊的中央银行体系依然保留了美国重视地方权力的特色，除了华盛顿联邦储备委员会，美联储的组成成员还包括分布于全国主要城市的12家联邦储备银行作为地方权力的代表。

2. 第二次工业革命与美国资本市场

美国19世纪前的西部大开发获得的大批待开发土地，形成了大规模基础设施建设和融资需求，进而促进了美国资本市场的成熟。1811年，纽约证券交易所的建立标志着严格意义上的美国资本市场成形，美国直接融资传统自此逐步成为支撑美国经济快速扩张的现代资本市场。在19世纪的前50年，随着向美国西部的探索进入了新阶段，私营铁路公司大规模出现，其巨大的融资需求也让铁路公司证券成为华尔街的主要投资品之一。除铁路外，运河融资也是美国资本市场参与的主要基础建设项目。1825年，伊利运河通过直接融资成功修建，在带动了五大湖经济繁荣的同时也开启了市场对运河股票的投资热潮，引发了华尔街历史上第一次大牛市。1850年电力和电报技术的引入使纽约州以外的投资者可以在数秒时间内得到纽约的实时报价信息，进一步强化了纽约证券交易所的影响力，使其成为美国资本市场的重要交易场所。然而以上的经济金融发展主要覆盖北方工业州，以庄园经济为中心的美国南方州则与北方渐行渐远，直至双方矛盾激化爆发了著名的南北战争。

美国南北战争双方是以北方共和党为代表的美利坚联邦合众国与以南方民主党为代表的美利坚联盟国，虽然存在将南北战争定性为北方反对南方奴隶制的战争，但严格意义上南北战争是南方要求脱离联邦而发动的战争。奴隶制其实是南北经济矛盾的体现，奴隶制将人视为财产并可通过交易购买其所有权，这一制度适用于南方州的庄园经济却不符合北方工业州资本主义经济对于劳动力自由流动的需求。因此南方州最担心的是林肯政府宣布奴隶制非法，导致其前期从欧洲人手中购买黑奴的投资化为乌有。从结果来看，奴隶主的担心确实成为现实，林肯政府在1862年南北战争爆发一年后正式发布了《解放黑人奴隶宣言》，宣布废除南方各州奴隶制。然而对于黑人，南北战争并未从根本上改变其受压迫的地位，奴隶制被废除不代表社会歧视同样得到消除。早期有3K党在联邦政府的纵容下发展，其后则是普遍的种族隔离，1896年美国最高法院在普莱西诉弗格森案中更是将种族隔离合法化，而最典型的歧视事件是1921年俄克拉何马州塔尔萨针对格林伍德黑人社区的屠杀。

对于工业发展与金融扩张，南北战争则提供了不一样的机遇。南北战争对于军备的需求迫使政府资助大量军工厂建设，其间大规模生产促成了标准化生产流程的普及，而联邦政府筹集资金发放大量战争债券推动了证券市场加速发展。南北战争中北方的胜利为美国形成统一资本市场打下了基础，使得北方工业资本在政府政策的支持下得到了大量廉价劳动力与原材料。

美国西部大开发带来的基础设施投资、南北战争胜利带来的统一市场以及廉价劳动力与原材料，成为美国迎接第二次工业革命的重要基础。电气化、内燃机与石油化工等新兴工业技术在出现后，被迅速卷入美国战争结束后的快速发展建设中。这时第一次工业革命的成果成为制约英国迎接新技术的桎梏，对于蒸汽机等早期成熟技术的依赖，使英国未能引领第二次工业革命技术革新，为美国与德国利用这一契机进行赶超提供了巨大的历史机遇。

另外，美国资本市场继续为大规模工业发展提供资本支持，涌现出了一批兼营或专营投资银行业务的金融机构，如高盛、摩根等。这些金融机构不仅为大型企业提供了融资服务，还参与了大量的并购交易。1887 年至 1904 年美国一共发生了 2943 起并购交易，成功兼并 3000 多家中小企业。频繁的并购活动最终让工业行业在金融的辅助下形成了通用电气、通用汽车、杜邦等世界级巨型企业，其中托拉斯的典型就包括洛克菲勒的标准石油公司以及卡内基的美国钢铁公司，前者最高曾控制全美国 80%的石油资产，而后者企业估值曾达到当时全美国 1/6 的制造业总资本。美国资本市场的发展成功将第二次工业革命的技术创新转变为美国经济的高速扩张，中国社会科学院相关数据显示，1859—1899 年间美国投资总额增长近 9 倍、工业总产值增长 8 倍，工业产值占世界比重从 17%上升至 31%成为世界第一大工业国。

然而，工业企业的并购在部分行业形成了垄断，垄断引发的价格上行以及不公平竞争行为的曝光导致政府和选民对于垄断持强烈反对态度，并最终在石油和钢铁两大托拉斯巨头的成立后达到顶点。同时，由于缺乏监管，美国资本市场存在操纵股价、内幕交易等问题，股市恐慌频繁发生。例如，19 世纪中期，范德比尔特和德鲁集团围绕伊利铁路控制权展开激烈争夺，双方通过豢养的法官随意篡改股市规则来操纵股价，导致股价剧烈波动，而最知名的美国资本市场危机正是一定程度触发第二次世界大战的“大萧条”。

为了应对这些问题，美国在 20 世纪初开始逐步完善金融监管架构，其中包括出台反托拉斯法、出台证券业法规、成立证券市场监管和自律机构以及建立银行分业经营制度。1890 年，美国国会通过第一部反垄断法《谢尔曼反托拉斯法》，以取缔限制性贸易和垄断行为，并在随后的一个世纪内陆续优化该法案并启动反垄断案件审查。《1933 年证券法》《1934 年证券交易法》等多项证券业法律法规的陆续出台，规范了证券发行和交易行为。这些法律法规要求证券发行人披露信息，防止欺诈行为，并对证券交易行为进行了界定和规范。美国证券交易委员会（SEC）等证券市场监管和自律机构主要负责监督证券市场并保护投资者利益。1933 年通过的《格拉斯—斯蒂格尔法案》明确了商业银行和投资银行的职能范围，规定商业银行只能从事储蓄业务，而投资银行只能从事承销投资业务。银行分业经营制度催生了现代投资银行业，为美国资本市场的发展提供了制度保障。

3. 第三次工业革命与美国创业投资体系

第三次工业革命一般指 20 世纪四五十年代起，信息技术、新能源技术、新材料技术、生物技术、空间技术和海洋技术等领域取得重大进展。其中诸多技术革命在“二战”的环境中形成雏形，并在美苏“冷战”期间逐渐成熟。例如信息技术的源头之一正是“二战”期间盟军的密码破译工作，新材料技术初期研发受战争需求推动，而部分生物技术则与“二战”期间臭名昭著的诸多人体实验存在联系。这些技术产生于战争需求，并在战争结束后逐渐走向了民间市场，成为新一轮经济高速增长的原动力之一。

然而战争推动的工业生产在第二次世界大战后却面临了资金支持问题，工厂在政府大幅缩减军事开支后需要转向民用工业，新兴企业也急需寻求市场融资支持。因此与第三次工业革命相伴的是现代创业投资体系的应运而生，特别是风险投资的发展，为科技企业提供资金支持和综合金融服务，促进了科技成果向经济增长的转换。

20 世纪 40 年代中期，美国经济进入“二战”后的调整和恢复时期，政府开始收紧财政支出，以创业企业为核心的融资压力需依赖资本市场。联邦储备银行前波士顿分行行长拉尔夫·弗兰德斯与哈佛商学院教授乔治斯·德瑞斯在 1946 年成立了美国研究与发展公司这一私人机构，充当投资者与创业者间的资金支持媒介，标志着现代创业投资体系的诞生，私人风险投资公司可以帮助缺乏资金的美国政府解决中小初创企业融资困难的问题。此后美国创业投资行业高速发展，而美国政府在 1974 年至 1979 年出台的多项监管松绑政策，明确放开了养老基金参与风险投资基金的相关限制，进一步推动了风险投资行业的发展。1991 年“冷战”结束后美国政府采购再次出现大幅度下滑，并于 1994 年出台《联邦采购优化法》，将原先的政策化采购彻底转为商业化采购。政府采购订单的缩减给制造业带来了压力，但商业化采购以及制造业更多转向民用市场为风险投资行业创造了更大的机遇。

风险投资对初创企业主要是提供早期直接融资，以帮助这些企业克服资金短缺，并在一定程度上提供额外的管理指导。美国纳斯达克股票交易市场也在风险投资活动持续发展的过程中诞生，该市场由美国全国证券交易商协会（NASD）于 1971 年设立，是世界上第一家电子股票交易市场。纳斯达克自诞生伊始就成为初创企业上市、创投基金项目退出变现的重要渠道，其间苹果、微软、亚马逊等著名科技公司陆续上市加速了市场发展。根据 OECD 相关数据，1974—2014 年，美国约 1339 家上市公司中约有 556 家获得风险投资支持，这些公司的总市值与研发投入分别占全部上市公司的 63% 和 44%。

然而，风险投资的发展也存在一些问题，首先是缺乏监管导致频繁出现泡沫乃至造假行为。20 世纪 90 年代中期，美国出现了“非理性繁荣”和随后的互联网泡沫破裂，其中诸多初创企业仅仅是将企业名称更改为含“. com”就被市场认定为“互联网企业”并获得了融资。美国政府甚至在 1999 年颁布《金融服务现代化法案》重新允许商业银行投资银行业务混合经营，进一步助推了互联网泡沫的破裂。即使是 2008 年金融危机之后，仍然有诸多“滥竽充数”的初创企业仅依靠宣传与骗术获取融资，例如臭名昭著的“滴血测癌”骗局就曾通过人际关系与造假宣传使其公司 Theranos 估值一度达到 90 亿美元。

针对以上问题，美国在 2008 年全球金融危机后出台了《多德—弗兰克华尔街改革与消费者保护法案》，要求私募股权基金在美国证监会登记，披露交易信息，并接受定期检查。同时，该法案的“沃尔克规则”严格限制银行从事自营交易以及拥有对冲基金和私募股权基金的股份，防止金融机构过度冒险，威胁金融稳定。2011 年，美国证券交易委员会发布规则，对风险投资基金提出了若干要求，进一步收紧了对风险投资的监管。

（四）金融的作用与第四次工业革命

上述内容分析了伊比利亚半岛上的西班牙与葡萄牙、大英帝国和美利坚帝国在崛起的过程中金融扮演的不同角色。金融作为服务业，可以有效加快经济扩张与技术发展的速度，是国家把握时代机遇不可或缺的工具。然而金融只是服务业，航海大发现以及前三次工业革命的核心是相关实体产业与技术。金融可以在工业革命浪潮启动时加快新兴工业投产与新兴技术研发投入，但金融也可以催生资产泡沫导致金融危机、产生负面影响。历史上从工业革命获利的英国与美国都曾在工业革命快速进步期间一定程度放任了金融与工业资产的快速扩张，也都在发现金融催生出资产泡沫爆发危机后，选择“亡羊补牢”对金融活动进行监管。

目前对于第四次工业革命是否已经开始尚未形成定论，对于第四次工业革命主要涉及的领域同样也没有明确的范围，但当前快速发展的新能源技术和人工智能技术已经进入了公众的视野，其他在生物、材料、海洋以及太空方向的应用科学或许会在不久的将来跟上脚步。金融业作为服务业，应为实体经济做好服务工作，以将资金用在技术创新上为根本目标。

无论是直接金融还是间接金融都曾经是助推工业革命的动力之一，近 20 余年全球范围直接融资比例的上升与间接融资比例的下降是多数国家融资结构多元化的进程结果，但这不意味着银行间接融资系统将退出历史舞台。无论是风险投资体系还是政府直接拨款都可以为高风险科技研发与新产业建设注入第一笔资金，无论是间接债权融资还是直接股权融资都可以帮助企业融资以扩大规模，国家需要根据自身发展阶段与“国家禀赋”确定未来金融体系结构发展方向。“黑猫白猫，能抓住老鼠的就是好猫”，当前金融的重要任务是助力国家抓住下一次工业革命关键技术的“老鼠”，虽然找到“老鼠”并非金融的强项，但明确哪里“一定没有老鼠”、为抓到“老鼠”提供更多支持与鼓励或许难度相对更低。直接融资需要建立适应金融科技与金融创新的新型金融监管体系保护投资得到有效利用，避免金融无序发展、避免催生资产泡沫、避免问题企业“滥竽充数”；间接融资需要确保对于不同回报周期的技术创新提供不同的金融支持工具，并针对基础性研究、正外部性产业提供补贴支持。未来金融创新可以建立在现有金融体系基础上，也可以通过金融创新开辟全新的赛道，而我国其实在诸多金融创新领域并未落后，甚至处于领先位置。在数字货币领域，我国是最早探索央行数字货币的国家之一；在新兴支付体系领域，我国微信支付、支付宝等互联网支付工具不仅已领先世界，监管尝试同样走在世界前列。

三、金融与公司制度

货币金融、金融体系是宏观金融研究的重点，公司制度则是微观金融研究的核心之一。一般意义上的现代公司制度同样随着三次工业革命而产生与改革，本部分将按照不同时期公司制度变化梳理近现代公司制度整体发展趋势。

（一）东印度公司与早期股份公司制度

东印度公司一般指英国东印度公司与荷兰东印度公司，二者都是股份制公司的前身，并为后来股份制公司制度建立奠定了基础。具体比较，英国东印度公司可作为传统纯私人股份制公司制度的奠定者，而荷兰东印度公司则对具有国营性质以及股权结构较为复杂的股份制公司具有参考价值。

英国东印度公司成立于1600年，以远洋贸易为主要业务。英国在工业革命时期已经形成了较多类型的公司制度，包括特许公司、法定公司、合伙企业、独资企业、信托与互助公司等，其中特许公司是当时企业的主要形式。特许公司中的特许股份公司是现代股份公司的雏形，一般由英国王室授予特许证明并允许发行可流通股份。英国对后世有较大影响的特许公司是三家融资公司，即英格兰银行、南海公司与英国东印度公司。英国东印度公司在得到特许证明后，开始向社会公众发行流通股份以募集资金，参与者大多为新兴商人阶级。新兴商人阶级中存在通过殖民地活动、海路贸易乃至合法海盗活动获取第一桶金的人员，这些成员出于对远洋贸易中收益与风险的了解而参与英国东印度公司股份融资，帮助公司形成了相对熟悉远洋业务的股东群体。然而英国东印度公司规模庞大、经营业务复杂、股东人数众多，需要不同于此前无限公司或两合公司的全新管理机制，以帮助股东群体更好参与公司决策。基于以上需求，英国东印度公司形成了早期的股东大会机制，使股东可通过该机制参与公司管理者选举、审查公司文件与账目。英国东印度公司股东大会机制的创新明确了股东作为公司最终负责人的管理职能，为后续现代企业管理制度奠定了基础。值得注意的是，英国东印度公司一直有意同英国政府尤其是王室保持距离，例如在1624年与1628年就分别拒绝了詹姆士一世与查理一世两任英国国王的参股。从结果来看，英国东印度公司的选择有效避免了英国王室成为股东后破坏股东大会内部权力平衡，其反例正是引发英国历史性资产泡沫的南海公司。

成立于1602年的荷兰东印度公司并非直接面对荷兰新兴投资者设立，而是从早期政府所有的小公司整合改制而成。荷兰是率先通过资产阶级革命推翻西班牙王室统治的共和国，荷兰的东印度公司可以作为欧洲早期重商主义的写照，即远洋贸易公司的核心价值在于帮助国家创造价值。同时由于荷兰在独立前后以海运贸易立国并高度重视海运贸易以及海外殖民地建设，已经早于英国建立了多家政府运营远洋贸易公司并获得大量收益，荷兰东印度公司的成立其实近似一次并购行动。因此荷兰东印度公司虽然容许后期投资者参与股权融资并设有股东大会，但股东大会不具有决策权力，整体公司管理经营权力依然保留在“原始股”持有者手中，相对而言其余“股东”更近似于借贷方。

二者的差异除体现在股东权力分配上，同样体现在两个东印度公司经营结构上。英国东印度公司基于以英国本土股东利益为核心的原则，在公司日常经营上服从英国本土股东大会形成24人董事会，其股东根据投资金额确定决策权力，每500英镑股票等价一票投票权重。

相比之下荷兰东印度公司结构权力更加复杂，整个公司由十七人会议作为最高权力机构，下设荷兰本地分部与印度委员会。荷兰东印度公司保留了成立前各参与公司的部分权力，在荷兰设有的六个分部具有独立的监察、财务、财产管理相关权利义务。印度委员会设在荷兰殖民地（现印度尼西亚）并由当地总督与委员会成员全权负责当地事务，委员会与十七人会议总部间的沟通问题由海牙事务局负责。

作为股份制公司，荷兰东印度公司的“国营”成分高于英国东印度公司，公司制度设计更加复杂。在具体公司运作过程中，两个东印度公司各有利弊。

英国东印度公司虽然有力保障了投资者权力在资产尺度下的绝对公平，并赋予了股东大会更集中的权力，但英国东印度公司缺乏对于殖民地的认识与了解，甚至犯下巨大罪行，无法实现长期可持续盈利。例如英国东印度公司在1770年面对孟加拉严重饥荒问题，囤积粮食哄抬粮价，人为“成功”加剧了饥荒，最终导致孟加拉1/3人口近千万人饿死。当然这些行为并未脱离为股东牟利的初衷，1757年至1815年英国东印度公司平均每年可获取1000万两白银。英国东印度公司“取财无道”的行为使其失去了长期盈利的能力，进入19世纪后其在印度的过度扩张致使成本远高于利润并持续陷入亏损，最终因印度民族大起义于1858年被英国政府取缔。值得注意的是，英国东印度公司由于在印度业务过度扩张无法有效经营，于1784年根据《东印度公司法案（皮特法案）》将政治任务从商业活动中剥离交由英国政府处理，最终基本转变为纯粹的“国营”公司。

荷兰东印度公司则并未完全依照投资者出资情况“公平”分配权力，十七人会议是荷兰东印度公司绝对的掌控者且不受股东大会约束。同时荷兰议会政府作为“原始股”成员在荷兰东印度公司中具有极大话语权，荷兰东印度公司建立伊始就已在《特许状》中明确公司具有政治任务，包括以荷兰议会名义从事军事安排及同亚洲国家签订协议。此外，荷兰东印度公司在巴达维亚（原印尼首都雅加达）当地设立的印度委员会具有极大自主权，在出现电报系统前印度委员会已形成了主导当地具体事务的工作惯例，一方面有利于高效处理当地事务，但另一方面不利于确保公司活动绝对符合股东权益。然而即使荷兰东印度公司比英国东印度公司更“本土化”，也依然无法摆脱其为欧洲股东服务的殖民工具这一职能，剥削、压迫乃至武力手段仍然是最有效的获利方式。其中就包括挑唆扩大印尼当地人与华侨之间的矛盾，并利用矛盾于1740年推动了红溪惨案致近万华侨被杀。

英国与荷兰的两个东印度公司殖民工具的本质不容忽视，其罪行也罄竹难书，但作为早期欧洲股份制公司的实践确实为现代公司制度发展奠定了基础。英国东印度公司通过股东大会等机制有效保证了公司投资者对于公司经营管理活动的一定控制能力，至今仍是企业委托代理制度相关理论的基础之一。在投资人利益能够得到制度保障的前提下，投融资需求才得以产生与普及，并最终为宏观金融融资体系的形成建立微观基础。荷兰东印度公司为跨境业务设立独立委员会的制度更符合当时跨境经营需求，而为参与早期合并的相关企业保留相对独立的权力也为当今企业并购后公司制度调整设计提供了重要参考。

（二）产业革命与现代公司制度的形成

回到欧美整体产业革命的宏观框架内，现代公司制度在产业革命与资本主义生产方式的推动下逐渐形成。

以东印度公司为样板的股份制企业制度成为后期多数企业尤其是产业革命后工业企业制度参考的主流。首先跟进股份制公司步伐的是民间股份制公司，在注意到特许贸易公司成功大规模融资的成果后，民间无王室特许的商人同样开始模仿特许公司的方式建立股份制公司融资。英国议会1720年的“泡沫法案”虽然将非特许公司公开发行股票定为非法，但英国商人利用已有的合伙制度与信托制度相结合，让合伙股权以资产托管的形式自由转让，形成实质上的合股公司。

面对蓬勃发展的合股公司，欧洲各国的监管机构也逐渐建立并优化法律制度以合理管控企业经营。英国在1825年废止了“泡沫法案”，并在1834年授权君主可以通过发放特许证书允许合股公司进行代理诉讼的权力，放开民间合股公司创办限制并承认其法人地位。规定标准的公司注册程序的相关公司法律于1837年率先在美国康涅狄格州颁布，美国各州则迅速跟进，英国则于1844年颁布了类似法律。至此，英美的股份制公司正式被纳入法律框架内，并且按股份分摊利润与损失的相关制度也已经相对完善。

东印度公司等特许贸易公司以及后来的合股公司是大航海与殖民时代的产物，其公司盈利模式与后期工业企业有极大差异，但二者在积极寻求融资与扩大公司规模方面目标一致。因此，能够有效保障参与直接融资股东权益的早期股份制公司制度成为后来企业扩大规模的有力助手。正如恩格斯所描述的，在欧美资本主义国家中工业、商业、金融业甚至是农业和零售商都“逐渐变成了股份企业”，这一趋势的一个典型案例正是伴随石油产业革命大放异彩的美国石油巨头洛克菲勒。

19 世纪末，随着石油市场以惊人的速度扩张，石油工业得以迅速发展，石油企业也随之发展扩张。然而，19 世纪 60 年代美国出现了炼油工业产能过剩，导致炼油公司价差利润空间收窄。洛克菲勒敏锐地发现产能过剩这一问题以及其中的商机，果断从合伙企业转向股份制企业，于 1870 年成立标准石油公司。标准石油公司通过股东交叉控股的方式吸纳了横跨美国东北部多个州的石油公司，形成了名义上独立实际上围绕特定股东有效统一的石油托拉斯。标准石油公司基于股份制的优势广泛从社会获得融资，同时有效利用股权交易的方式大批量吸纳中小炼油企业快速扩张。基于洛克菲勒的个人努力与股份制公司的制度优势，标准石油公司到 1879 年已成功控制了美国 90%的炼油能力，建立起垄断地位。而后洛克菲勒继续涉足石油产业链上游与运输，利用股份制公司吸纳了油田与石油运输企业，并于 1890 年成为美国最大的原油生产商，垄断了美国约 95%的炼油能力、约 90%的石油运输能力以及约 25%的原油产量。标准石油公司以及其他行业的托拉斯最终在美国政府反托拉斯法的攻势下解体，并重新回归至州内股份制公司，但托拉斯得以快速扩张并展现股份制公司的巨大扩张潜力。

（三）进入 20 世纪的现代公司制度

进入 20 世纪，欧美大量股份制公司的股东群体特征从人数较少、熟悉业务、权力集中转变为人数较多、脱离业务、权力分散。根据美国法学家伯利以及米恩斯对美国 200 家公司的调查数据，以美国电报电话公司为例，其股东数量从 1901 年的 1 万人增加到了 1931 年的 64.2 万人，1984 年高达 324 万人。随着股权的分散化，截至 20 世纪末，以上提到的 200 家公司中约 44%数量比例以及 58%公司财产比例的企业已经由未控制公司股权的专业经理人控制。这些公司已经从“所有者控制”转向了现代企业典型的“经营者控制”，完成了所有权与经营权的分离。

推动股份制公司所有权与管理权分离一般受两方面因素影响：一是股份制企业为扩大资本规模广泛通过发行股票融资，叠加频繁的股权交易以及股权资产的继承，形成了规模远超单一来源资金可融资极限的大型股份制公司；二是随着产业升级与技术分工，公司业务越发依赖具有不同专业知识负责不同业务的专业人员，股东群体缺乏对业务的深入理解，必须通过委托专业团队统筹公司管理工作。也正因如此，委托代理问题逐渐成为现代公司制度需要关注的核心要务，即明确代理人的行为基于被代理股东的利益。除管理制度转向委托代理以外，复杂的业务逻辑也同样迫使股份制公司持续改进其管理制度，形成如一元结构或多分部结构的管理层级制。大型股份制公司内部的管理制度创新核心价值在于用管理制度这一“看得见的手”替代市场“看不见的手”，避免内部部门各自为政，从而使公司内部管理更符合公司整体利益而非具体部门利益。

现代公司制度在进入 20 世纪后尤其是第二次世界大战结束后，已经不再是欧美所独有，对欧美现代公司制度产生较大冲击的早期案例正是日本企业公司制度。

日本早期企业以财阀形式存在，大多脱胎于封建财阀家族。这些财阀是日本在两次世界大战过程得以快速工业化并迅速建立强大军国主义国家的主要支持力量之一，因此成为美国对日本进行“去军国主义化”和“民主化”时主要针对的目标。美国早期解散了日本财阀控制的股份制公司，并制定了《禁止垄断法》以阻止财阀家族恢复对日本产业的垄断，然而美国的上述尝试先后受到日本内外部共产主义运动的阻挠。第二次世界大战结束后日本战败的结果与共产主义宣传的成功，让日本内部掀起大规模左翼运动浪潮。美国为了维持占领力量避免日本倒向苏联，放弃了彻底清算日本军国主义余孽的早期目标，转而与日本天皇政府以及封建家族合作，一方面成功压制了左翼运动，但另一方面也实际恢复了日本财阀家族权力。真正帮助日本财阀以全新形态回归的最重要原因是抗美援朝战争的爆发，至此美国在日本的主要目标不再是压制日本，而是将日本建设为战争后方工业基地。在 1950 年我国志愿军进入朝鲜境内后，美国于 1953 年修改了《禁止垄断法》，并开始支持日本财阀重建工业集团。在美国的支持下日本形成了著名的六大财团，包括三井、三菱、住友三大旧财阀形成的财团，以及芙蓉、三和、第一劝业银行三大新兴财团。

日本六大财团企业集团在股权方面通过封建资产阶级内部相互持股，帮助企业法人大量持有公司股份确保公司权力集中，该现象被日本学者奥村宏总结为日本“法人资本主义”的典型特征。基于权力集中原则，日本财团对其下属各公司采用了互持股份以建立密切联系，最终形成了紧密联系的垂直型产业集团。日本财团的集中式持股在日本经济腾飞后对欧美企业与监管机构带来了极大冲击，引起美国民间与企业对反垄断法的指责，并间接导致欧美在反垄断方面放松监管。

日本财团在公司内部劳工制度方面同样对现代公司管理制度发展具有极大影响，其中包括日本式雇佣制度。欧美传统雇佣制度一般以短期合约为主，主要确保企业用工成本可控，并将用工风险转嫁给员工个人。短期合约源自欧美早期工业化时期，是面对就业市场供给过剩的理性选择。日本则采用了完全不同于欧美用工制度的“年功序列制”与“终身雇佣制”，将公司职员的“长期价值”纳入了公司制度的考量。“年功序列制”在日本的历史可追踪至第二次世界大战之前，该制度按照职工年龄、学历和企业工龄共同形成基础薪资并作为员工晋级的参考标准，在公司内部建立阶梯型工资制度从而建立持续竞争机制。“终身雇佣制”或者称“长期雇佣制”，是日本财团在与左翼运动妥协后形成的公司员工福利制度。该制度将正式员工收入分为当期发放的工资与退休养老金，一方面为员工提供了公司层面的长期收入保障，另一方面结合“年功序列制”进一步扩大了职级晋升的收益强化了内部竞争。

日本在公司制度方面的建设为欧美现代公司制度发展注入了新鲜血液，也是现代公司制度不再局限于“欧美的”公司制度的原因之一。然而在“冷战”后期尤其是广场协议引发日本资产泡沫破裂后，日本公司制度阶层制度固化、唯老是从的内部企业文化对日本公司跟进产业变革新潮流构成的阻碍逐渐体现，日本财团也将利润获取的重心从日本境内转向境外投资，日本最终进入“失去的三十年”甚至是“失去的四十年”。

参考文献

[1]黄达．由讨论金融与金融学引出的“方法论”思考[J]．经济评论，2001(3)：5.

[2]Bodie Z，Robert C. Merton and the science of finance[J]. Annual Review of Financial Economics，2020，12(1)：19-38.

[3]陆磊．在开放中变革、融合与创新的金融机构体系——40年中国金融改革开放的基本经验[J]．清华金融评论，2018(12)：22-23.

[4]陈学彬．金融学(第3版)[M]．北京：高等教育出版社，2012.

[5]中国人民大学财政金融学院．全日制本科生培养方案[EB/OL]．(2017-12-19)[2024-01-04]．http：//sf. ruc. edu. cn/bkswz/pytx1/pyfa/qrzbks1. htm.

[6]Markowitz H M. Portfolio selection[J]. The Journal of Finance，1952，7(1)：77.

[7]Sharpe W F. Capital asset prices：A theory of market equilibrium under conditions of risk[J]. Journal of Finance，1964，19(3)：425-442.

[8]Treynor J L. Toward a theory of the market value of risky assets[J]. John Wiley & Sons，Inc. 1961.

[9]Brealey R A，Myers S C，Allen F. Principles of corporate finance[J]. Legal Studies，2008，29(1)：159-162.

[10]Fama E F，French K R. Common risk factors in the returns on stocks and bonds[J]. Journal of Financial Economics，1993，33(1)：3-56.

[11]Kendall M G. The analysis of economic time-series—Part I：Prices[J]. Journal of the Royal Statistical Society：Series A (General)，1953，116：11-25.

[12]Claessens S，Kose M A，Terrones M E. Financial cycles：What？How？When？[J]. NBER Chapters，in：NBER International Seminar on Macroeconomics，2010：303-343.

[13]Goetzmann E B W N，Rouwenhorst K G. The Origins of Value[M]. Business & Management，2005.

[14]Fox R L. The early greek state and economy[M]. University of California Press，2011.

[15]Flynn D，Giraldez A. Latin American Silver and the Early Globalization of World Trade[M]. 2001.

[16]Heblich S，Trew A. Banking and industrialization[J]. Journal of the European Economic Association，2015，17(6)：1753-1796.

[17]Joslin D M. London private bankers 1720-1785[J]. The Economic History Review，

1954，7(2)：167-186.

[18]徐滨．一八二五年英国金融危机中的政府应对及制度变革[J]．历史研究，2017(5)：192，164-177.

[19][英]尼古拉·蒂姆斯戴尔，安东尼·霍特森．1825 年以来英国的金融危机[M]．沈国华，译．上海：上海财经大学出版社，2017.

[20]黄希韦．斯图亚特王朝复辟时期的“债务大停兑”和英格兰银行的建立[J]．金融博览，2023(6)：24-25.

[21]Barbara R. Absentee Landowning and Exploitation in West Virginia：1760 - 1920[M]．Lexington：University Press of Kentucky，1994.

[22]祁斌．资本市场发展的环境分析[J]．今日财富(金融发展与监管)，2010(3)：11-20.

[23]中国社会科学院经济研究所世界经济研究室．主要资本主义国家经济统计集(1848-1960)[M]．北京：世界知识出版社，1962.

[24]OECD. OECD Science，Technology and Industry Outlook 2014[M]．OECD - Organisation for Economic Co-operation and Development，2014.

[25]陈雨露．工业革命、金融革命与系统性风险治理[J]．金融研究，2021(1)：1-12.

[26]陈雨露．最优金融体系结构的路径选择[J]．金融博览，2015(4)：30-31.

[27]Shaw J. Charters Relating to the East India Company from 1600 to 1761：Reprinted from a Former Collection with Some Additions and a Preface for the Government of Madras[M]．2012.

[28]胡丁健，羽田正．东印度公司与亚洲的海洋[J]．海交史研究，2019(3)：120-122.

[29]叶祥松．现代企业制度形成的历史考察[J]．经济评论，1996(1)：64-67.

[30]Tarbell I B. The history of the standard oil company[J]．1904.

[31][美]伯利，米恩斯．现代公司与私有财产[M]．甘华鸣，罗锐韧，蔡如海，译．北京：商务印书馆，2005.

[32][日]奥村宏．21 世纪的企业形态[M]．王健，译．北京：中国计划出版社，2002.

[33]王东．美国日本企业的历史比较制度分析[J]．经济评论，2002(2)：108-113.

第十讲

宏观经济基本分析框架

第一节　宏观经济分析理论

一、经济增长理论

（一）经济增长及其理论

经济学家对经济增长的定义有不同的理解，保罗·萨缪尔森在其《经济学》一书中认为“经济增长是一个国家潜在的国民产量”；刘易斯在其《经济增长理论》一书中认为“经济增长是按人口平均的实际产出”。可以看出，经济增长的集中体现与结果，其实是商品供给总量的不断增加，即国民总产出的持续增加，这是经济增长的核心。如果考虑到人口的增加与价格的波动，经济增长就是人均实际产出的增加。实际上，一个国家或地区经济实际总产出的增长率与该国人均实际产出的增长率密切相关，即人均实际产出的增长率等于实际总产出增长率减去人口增长率。在一个国家或地区人口增长率保持不变的情况下，人均实际产出的增长率将随着实际总产出的增长率按照等比例、同趋势变化。若一个国家或地区实际总产出增长率保持不变，那么人均实际产出增长率将随着人口增长率按照等比例、反向变化。

在所有经济理论当中，增长理论是最触及经济学核心的内容。经济增长理论是研究国民收入的长期增长问题，它通过研究实现经济稳定增长的条件、影响因素来解释国民收入或产出的长期发展问题。经济学为解释经济而诞生，经济增长理论则为揭秘经济增长而产生。实际经济的增长是由劳动生产率的提高和总产量的增加共同带来的，人均实际享有的产品和劳务的增加是增长的实质。一般情况下增长理论并不考虑财富分配是否平等，其强调的是效率和资源的合理配置。持续的经济增长是生活水准提高的最重要决定因素，正如卢卡斯在 1988 年所说的，此类问题涉及的人类福利的有关后果真的非常重大，一旦我们开始思考它们就很难思考其他问题。

约翰·梅纳德·凯恩斯认为，在历史的鸿蒙时代，地球文明的中心地带普通人的生活水准没有多大的变化，这种进步的缓慢归结于重要技术进步的明显缺失以及资本积累的缺乏。这种情况下，产能的增加被人口的增长所吸收，人均收入没有上升的趋势，这样的增长模式被称为“广度增长”。广度增长是贯穿整个人类历史的普遍现象，而深度增长则是经济持续高速增长显著改善人类生活水平的增长模式。埃里克·琼斯区分了两种类型的深度增长模式，即斯密模式和普罗米修斯模式。斯密模式是依赖劳动分工、专业化生产以及贸易带来的生产效率提高。这种增长在初期效果明显，而且制度上实现似乎很简便，但是资源配置带来的好处是有限的，最终会走向回报递减。另一种深度增长模式是来源于技术进步和创新，这正是英国实现工业革命后的现实。

（二）经济增长与经济发展

经济发展不仅包括经济增长，还包括全社会经济结构和制度结构的总体进步，以及居民生活质量的提高。经济增长与经济发展是世界各国都经历过而且目前仍然在经历着的社会实践过程。从本质上看，二者都是通过资源的优化配置和合理使用使社会财富积累，以满足人们日益增长的多样性需求的过程。从这个角度来看，经济增长与经济发展是一致的。

如果经济增长是一个单纯的“量”的概念，那么经济发展就是一个较为复杂的“质”的概念。经济发展不仅包括经济增长的速度、增长的平稳程度和结果，还包括一国或地区人民的平均生活质量，如教育水平、健康卫生标准等，以及整个经济结构、社会结构的总体进步。从经济学所强调的观点来看，经济发展是经济持续增长的结果。国民生活水平的提高，经济结构、社会形态等的进步也都很大程度上依赖于经济增长。单从经济增长的角度，经济学家会用“转折点”一词来度量经济发展的程度，即一个国家的实际总产出的增长速度稳定地超过了人口增长速度时，该国就有可能从发展中国家转变为发达国家。转折点概念中强调的是“稳定地超过”，这就排除了由于经济过热或其他特殊原因形成的几年经济高速增长的情况。

随着时间的推移，经济增长与经济发展出现了日益融合的趋势，这表现在：第一，经济增长与经济发展在概念上的趋同。库兹涅茨在《现代经济增长》中关于经济增长的论述就是一个明显的例证，其所讲的经济增长已十分接近于经济发展的概念。近年来，在有关经济增长的国际比较研究和新经济增长理论中，已将研究的范围扩大到发展中国家，并且明确表示经济增长应当包含经济发展的内容。第二，经济增长与经济发展在研究内容上的日益趋同。近年来，发展经济学向增长经济学的靠拢和增长经济学向发展经济学的渗透，使经济增长理论和经济发展理论日益趋同。一方面，一些增长经济学家如罗默和卢卡斯提出了新经济增长理论来修正和发展新古典增长理论，试图将经济增长理论改造成为一种关于经济发展的理论，这主要表现在他们的研究中不仅涉及产出的增长，而且还涉及世界范围的收入分配和发展不平衡等问题。另一方面，发展中国家开始越来越多地采用增长经济学的概念、方法、观点和理论框架。第三，经济增长实践与经济发展实践的趋同。近年来，发达国家在经济增长的过程中也逐渐重视了结构调整和收入分配的公平问题；而在发展中国家，虽然结构主义的经济发展理论仍然在起作用，但出现了“经济市场化”和“经济自由化”的浪潮，越来越趋向于运用新古典主义的市场经济理论来指导经济发展，而反映市场经济特征的增长经济学理论与方法越来越多地运用于分析发展中国家的经济发展问题。

（三）经济增长理论的演变

经济学家关注增长理论从亚当·斯密就已经开始，只是那时还没有完备的数学模型。亚当·斯密对于经济增长的可持续性是乐观的，相反，托马斯·马尔萨斯和大卫·李嘉图是悲观的。1870—1929 年，受边际主义革命的影响，经济学家的研究是微观导向的。1929 年以后，凯恩斯开创了现代宏观经济学，经济总量研究成为一种潮流。在这股潮流中，1939—1956 年，哈罗德和多马相继推出了自己的凯恩斯增长模型；1956—1970 年，索洛和斯旺一起创建了新古典增长模型。然而，只要回顾这段时期经济学界的主导理论，就能理解新古典的增长理论的尴尬地位。新古典增长理论虽然贡献突出，但却难以进入正统，影响也很有限，在经济学理论中的地位跌宕起伏。20 世纪 70 年代，世界范围内经历了总量不稳定，经济学家对分析经济周期的研究产生了分歧。这时候理性预期影响巨大，而增长理论却在解释经验研究上发力。Laband 和 Well（1998）研究发现，到 20 世纪 50 年代，增长相关的研究文献不断增多并达到顶峰，然后整个 60—80 年代就一直走下坡路。这是增长理论诞生之后的一次衰落，而它的复兴则要等到近 20 年之后。

二、需求与供给理论

（一）经济的短期波动与长期增长

经济增长虽然受到广泛关注，但增长理论的确立则一波三折。不同的经济流派在不同时期发表各自对经济增长理论的观点，凯恩斯经济增长理论解释了短期经济波动，通过政府干预调整总需求是解决短期经济波动的主要方法，凯恩斯主义提供了一种对经济运行和政府干预的新视角。而哈罗德—多马经济增长模型则对长期经济增长理论进行说明，而后索洛又进一步修正该理论，得出结论认为，资本和劳动的投入是经济长期增长的主要因素，技术进步则是决定因素。

1. 凯恩斯短期经济波动

凯恩斯提出，通过政府干预调整总需求，刺激经济增长和就业，解决短期的经济问题。凯恩斯认为，政府干预在经济中的作用明显，尤其是在经济衰退和失业问题上，可以实现稳定增长和社会福利的目标。由政府替代消费者进行投资消费，从而增加社会总需求，而后再采用一定程度的货币政策，改变货币总量或借贷利率。例如，政府可以不停地印钞票，让货币贬值等。

凯恩斯主义的核心逻辑包括以下几点：一是总需求决定经济增长。凯恩斯认为经济活动的主导是总需求，包括投资、消费、净出口和政府支出，总需求的变化影响经济增长和就业水平。二是有效需求不足需政府干预。在某些情况下，经济运行可能出现有效需求不足问题，社会总需求不足以实现充分就业和最大产出，而市场机制又无法自动调整经济，这种情况下需要政府采取政策手段主动干预，达到刺激需求的目的，我们常见的政策手段有增加公共支出、降低利率、减少税收。三是短期调整优先于长期均衡。凯恩斯主义强调经济出现波动时，短期内通过政府干预可以应对经济危机和失业问题。他认为如果短期经济波动问题解决了，那么长期看经济增长就是均衡的。在20世纪30年代美国进入大萧条时代，凯恩斯提出的一些政策措施在罗斯福新政期间得到实施，通过增加政府支出、刺激需求和促进就业来应对经济衰退，在一定程度上影响了美国在大萧条期间的经济政策。

但是，凯恩斯主义政策的实施也会带来一些弊端。例如资源有效配置问题，政府通过财政支出扩大总需求，可能导致资源流向政府倾向的领域，并非市场自由选择的领域，这种做法会导致资源不能有效配置。在经济衰退时期，通过增加政府支出刺激需求，那么高额的赤字和政府债务可能带来一系列风险隐患。而过度的货币供应量会面临通胀压力，导致物价上涨，上游企业的利润空间将受挤压，最终由终端消费者承担，居民购买力将下降。若过分依赖政府决策和干预，会导致政策制定的不确定性和滥用风险，一些政策效果有限，会引发预期不足问题。当然，如果仅增加社会总需求，那么供给端将面临较大压力，企业生产以及结构性失业等供给因素会对经济产生负面影响。我国在后疫情时代所面临的经济问题与上述现象颇为相似，矛盾的主导为有效需求不足、社会预期偏弱、地方债和房地产风险隐患较多以及结构性失业问题严重等，我国经济稳定增长面临较大挑战。

2. 哈罗德—多马经济增长模型

凯恩斯的经济理论可以解释短期经济现象，但对长期的经济增长分析是不足的。他假设人口、资本和技术是不变的，其分析是短期的、静态的。但从长期来看，上述因素均是可变的。1939年，凯恩斯的学生哈罗德发表《论动态理论》一文，研究长期经济增长理论，将凯恩斯的分析长期化、动态化。与此同时，美国经济学家多马也推出了自己的凯恩斯增长模型，鉴于二者在形式上极为相似，两个模型合并后被称为哈罗德—多马经济增长模型。该模型可以检验一个国家长期内实现经济稳定增长需要什么样的条件，既能保证充分就业，又不会导致通货膨胀，而且能够长期、稳定地持续增长下去，即实际增长率=有保证的增长率=自然增长率。

但是，哈罗德—多马经济增长模型作为最早期的增长理论，存在一些缺陷，该模型需要在一个没有利益冲突的世界中才可以实现长期稳定。哈罗德本人也认为上述三个增长率之间没有内在联系，一般很难实现相等的情况，经济很难沿着一条均衡的增长轨道向前发展。为了克服这些缺陷，美国经济学家罗伯特·索洛提出了新的经济增长理论。

3. 新古典经济增长模型

罗伯特·索洛提出的新古典经济增长理论，是对哈罗德—多马经济增长理论缺陷的修正。索洛认为可以通过市场机制调整生产中的劳动和资本的配比，实现充分就业和稳定增长。从长期来看，经济增长的决定因素是技术进步，不是资本积累和劳动力的增加。索洛认为，若没有技术进步，投资回报率会持续降低。事实确实如此，由于技术进步，我们所生产的产品在性能和质量上不断提高，价格却逐渐下降。因此，技术进步降低了生产成本，提高了生产力。索洛在 1957 年发表的《技术变化与总生产函数》一文中，第一次将技术进步因素纳入经济增长模型中，测算出美国 1909—1949 年技术进步对经济增长的贡献率高达 67.6%，投入要素贡献率为 32.4%。

（二）需求理论与供给理论

从上文阐述可以得出，经济想要长期处于均衡状态，无论是凯恩斯的需求理论还是供给学派的供给理论，本质是需求与供给实现均衡。

1. 凯恩斯的需求理论

凯恩斯提出的有效需求理论体系和通过政府干预以减少失业的政策主张，认为能否实现有效需求，关键在于就业水平和购买力。因此，政府干预扩张性的财政政策（如增加政府投资、减税降费、增加福利支出）达到乘数效应，即一个就业者能创造出另一个就业岗位，如此连锁反应，不仅能解决就业、增加收入，还能提高居民的消费信心和购买力。乘数的大小与边际消费倾向具有正相关性，边际消费倾向越大，乘数就越大，反之则越小。但在低收入人群方面，他们的边际消费倾向较大，凯恩斯主张通过收入再分配来增加消费倾向，用较少的投资来维持一定的就业水平。比如，可采取税收和转移支付制度。

2. 供给学派的经济主张

供给学派的理论是在一个特定的背景下产生的，虽然供给学派是后起者但无疑是后起之秀。20 世纪 60 年代末和 70 年代初，由于持续扩张性财政政策，经济出现了明显的通货膨胀，并进一步导致了“滞胀”。在这种形势下，有人主张设法刺激生产，增加商品和劳务供应，实行“小政府、小税收、少开支”的经济政策，以刺激投资和生产，增加供应，控制通货膨胀，促进经济增长。里根政府信奉并采纳了这些供给学派的经济政策主张。

供给学派理论的核心是所谓的“拉弗曲线”。这条曲线描述了一个无可辩驳的真理，即税率超过某一点以后，将会强烈地抑制纳税者的经济活动，以致税收收入实际上减少。税率低到某一点，人们觉得值得干，税收反倒可能更多。据此，供给学派试图给人们以更大的税后刺激，促使他们更努力地工作，更多地投资，更好地发明创造，更勇于承担风险。供给学派的倡导者，以 1982 年以来美国经济的复苏作为证据，以证明他们的政策比着重于需求的传统政策优越。

对于中国经济的健康稳定发展而言，供给学派理论的实践意义绝对不亚于凯恩斯的需求理论。这是由中国经济以及中国经济体制的特殊性所决定的，即有效供给的问题在我们这里始终没有得到很好的解决，其突出表现是商品库存积压不断攀高，而这种攀高绝对不是一个简单的需求不足的问题，在很大程度上是低端产品占比较高以及产品结构不合理等，这也是为什么2023年中央经济工作会议指出我国面临部分产业供给过剩的问题。

总之，经济实现均衡发展必须把需求理论和供给理论有效结合。如果单纯在需求方面解决问题，没有增加有效供给，可能抑制结构提升，重蹈粗放经营、泡沫经济的复辙。但如果单纯从供给方面入手，没有刺激需求的必要举措，也难以激发人们对未来经济的信心，从而使供给本身缺乏信心。所以，必须寻找二者的最佳均衡。

三、货币与通货膨胀理论

（一）现代货币理论

1. 现代货币理论的基本观点

“现代货币理论主张无限制地印钱来增加政府支出，将造成严重的通货膨胀”，这是对现代货币理论的一种常见误解。美国前任美联储主席耶伦说，“这是一种非常错误的理论，因为它会给你带来超级通货膨胀”。实际上，现代货币理论从来都不主张无限制地增加政府支出。对一个拥有完全货币主权的国家而言，它的支出没有金融上的约束，但它会面临资源、环境、生产能力和通货膨胀的约束。因此，功能财政需要考虑通货膨胀的因素，而不是无节制地进行支出。与此同时，政府通过创造货币进行支出不一定会造成通货膨胀。在理论上，货币数量论对通货膨胀的解释有诸多不足，它仍然基于萨伊定律和充分就业假定。现代货币理论和后凯恩斯主义经济学认为，通货膨胀是不同群体争夺有限实际产出的过程，通货膨胀是否会发生与当时的生产和分配状况有关。在政策上，现代货币理论反对大水漫灌式的总需求刺激政策，主张功能财政需要考虑政府财政收支的结构，从而避免政府支出在某些领域造成通货膨胀的压力。

2. 货币数量论

在经济史上，经济学家对货币数量和通货膨胀之间关系的争论已久。一些经济学家认为通货膨胀的根源是中央银行滥发货币，而货币数量论反对者则认为通货膨胀的根源是一些经济因素。例如，2020年以来，美国经济受疫情影响出现严重下滑，特朗普和拜登政府超发货币，造成美国通胀率大幅攀升。货币数量论者认为，是美国政府肆意印发美元，导致大宗商品涨价，引发了全球性通胀危机。而货币数量论反对者认为，美国通货膨胀的根源在于2021年主要国家经济复苏，制造业需求旺盛，加之2022年初，俄罗斯与乌克兰军事冲突，导致全球产业链供应链短缺，进一步造成大宗商品价格上涨，是这些政治、经济因素引发了全球性通胀危机。

（二）通货膨胀理论

1. 凯恩斯的通货膨胀理论

凯恩斯在寻求通货膨胀原因上，始终承认货币的原始推动作用，在后期逐步形成了需求拉动通货膨胀基本理论，其逻辑演进过程在其经济思想三部曲和其他著作中都有具体体现。具体来看，1923 年，凯恩斯在《货币改革论》中直接将货币数量的增加定义为通货膨胀。1930 年，凯恩斯在《货币论》中承认货币的增加会引发通货膨胀，还进一步认为“价格水平不是直接受货币数量或流通速度的影响，而是通过利率变化导致投资和储蓄变化而受影响”。1936 年，凯恩斯在《就业、利息和货币通论》中打破古典经济学二分法的传统，通过架起著名的“有效需求”的桥梁，将货币与物价相连。首先，凯恩斯提出货币与有效需求的关系——“货币数量的改变主要通过它对利息率的作用而对有效需求数量发生影响”。之后，他采用了弹性公式对货币与物价的复杂关系进行推导，得出了短期内影响物价的各种因素归根结底都属于有效需求过度的结论，即凯恩斯“货币—有效需求—物价”逻辑关系的具体体现。因此，按照凯恩斯的推断，只有当产生过度需求时通货膨胀才会出现。凯恩斯的上述理论奠定了现代西方经济学需求拉动型通货膨胀的理论基础。

当经济出现失调，必然要进行通货价格控制。在通胀和通缩的两难中，凯恩斯坚持适度通货膨胀的主张。他在《货币改革论》中比较了通货膨胀和通货紧缩的危害程度，得出“通货紧缩比通货膨胀对生产的抑制更大，因为工资和物价并不随通货紧缩而同时调整”。通货紧缩会导致经济衰退，企业债务负担增加引发大规模失业，从而抑制生产。通货膨胀的结果是物价上涨，会给企业带来超预期的利益，从而提高了投资者的信息，一定程度上能提高投资和就业。因此，适度的通货膨胀可以带动经济增长，世界大多数国家的中央银行一般将本国通胀目标设定在 2%左右。

2. 弗里德曼的通货膨胀理论

弗里德曼作为现代货币主义代表人物，也认为通货膨胀是过度需求产生的。弗里德曼认为需求拉动型通货膨胀其实就是过多的货币追逐过少的商品，而人们通常将通货膨胀划分为需求拉动型与成本推动型两种类型，这样很容易引起误解。任何成本推动的因素，即便是农作物价格上涨和石油输出国组织的购买限制，只能造成相对价格上升，而无法引发全社会绝对价格持续上升。当我们的眼光越过个别企业，停留在更大范围的企业群体时，我们会发现，个别企业成本的增加，是其他企业的产品销路旺盛的结果。只有当其引发了货币流量的增加，才会出现持续性的物价上涨。因为货币需求量的增加将促进生产，当资源充分利用达到某个限度的时候，生产便受到成本增加的制约，此时“似乎必须提价，因为成本增加了”。因此“所谓成本推动的通货膨胀，正是早期需求拉力引起的通货膨胀迟缓反应的作用而已”。这也正如弗里德曼所证明的那样——“通货膨胀无论何时何地都是一种货币现象”。

第二节　主要观测指标

经济社会是一个具有复杂性、综合性的动态体系，若想真实把握并非易事。这要求我们深入研究微观主体的行为和规律，分析不同市场结构的特性和差异，同时从更宏观的视角去解读整个经济体系的运行逻辑，明白什么是“萧条”、什么是“滞胀”、为什么会爆发经济危机等问题。对此，我们需要构建出简单的宏观经济分析框架，选取主要观测指标，清晰直观地了解经济增长和波动的过程。

一、经济增长的总量指标（GDP）

（一）何谓 GDP

国内生产总值，又称 GDP，是衡量一个国家经济实力和发展最重要的宏观指标。它可以反映一个国家或地区的经济总体状况和政府政策实施效果，有名义（现价）GDP 和实际（不变价）GDP 之分。

通常，名义 GDP 反映经济总体规模，是国家统计局以现价计算的 GDP，它可以用于国家或地区之间的横向比较。实际 GDP 是剔除价格变动因素影响后的实际经济规模，反映经济增长状况，是国家统计局以不变价（以某一年为基期）计算的 GDP，它可以用于国家或地区之间不同时期的纵向比较（见图 10-1）。

图 10-1　2017—2024 年我国季度名义（现价）GDP 和实际（不变价）GDP 增速对比

资料来源：国家统计局。

（二）GDP 的核算概述

国内核算 GDP 的方法有三种，分别是生产法、收入法、支出法，三种方法从不同的角度反映国民经济生产活动成果，主要核算方法说明如下。

生产法是指一个国家或地区一年内从生产过程中创造的货物和服务价值中，剔除生产过程中投入的中间货物和服务价值，进而得到增加值的一种方法，是从生产者的角度统计三个产业创造的增加值之和，即 GDP＝总产出－中间投入。

收入法是指从生产过程创造收入的角度，对生产活动成果进行核算。即 GDP＝劳动者报酬+生产税净额+固定资产折旧+营业盈余。

支出法是指从最终使用的角度衡量核算期内产品和服务的最终去向，通俗讲就是获得的收入被用于消费支出，即 GDP＝最终消费支出+资本形成总额+货物与服务净出口。

（三）GDP 的核算方法

我国一般使用生产法和支出法，由国家统计局发布的季度、年度经济数据进行核算。

1. 生产法核算 GDP

目前，我国统计部门对外公布的季度 GDP 数据是以生产法为基础核算的结果（见图 10-2）。

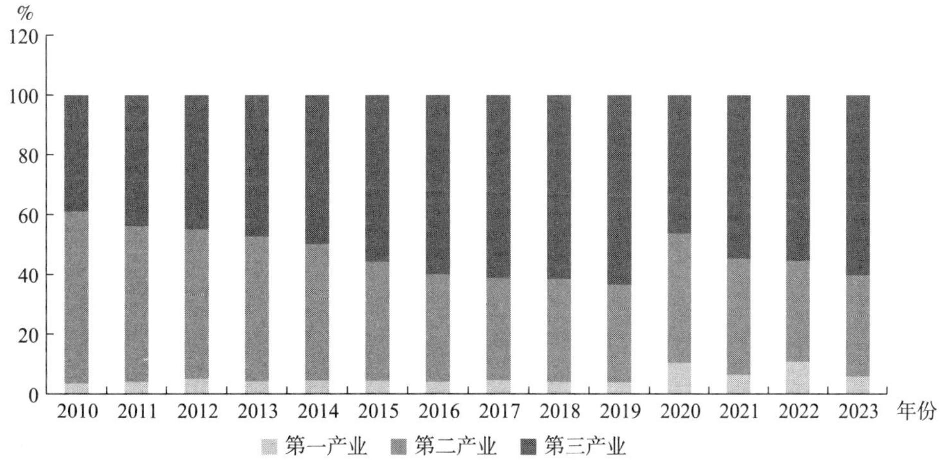

图 10-2　2010—2023 年三大产业对 GDP 的贡献率

资料来源：国家统计局。

用生产法核算 GDP 的第一步：合理划分经济行业。行业划分有中国国民经济行业分类标准和三次产业划分标准两种分类方式。

国民经济行业分类标准采用国家标准管理部门 2017 年颁布的《国民经济行业分类（GB/T 4754—2017）》，该标准将我国经济划分为 20 个门类行业。考虑到基础资料的可获得性和工作的复杂程度，部分门类细化为行业大类，所以主要基于19个门类行业。[①]

三次产业划分标准依据国家统计局2018年修订的《三次产业划分规定》，分为第一产业、第二产业和第三产业，该标准是将20个门类行业再组合，第一、第二产业中一些辅助性的活动，被划入了第三产业。具体来看，第一产业是指农、林、牧、渔业（不含农、林、牧、渔专业及辅助性活动）；第二产业是指采矿业（不含开采专业及辅助性活动），制造业（不含金属制品、机械和设备修理业），电力、热力、燃气及水生产和供应业，建筑业；第三产业即服务业，是指除第一产业、第二产业以外的其他行业（剔除国际组织）。[②]

用生产法核算GDP的第二步：确定基础统计资料来源。在季度GDP核算时，将所有可以在核算时获得的、适用的经济统计调查数据都用于GDP核算。

统计部门的统计调查资料，包括农林牧渔业、工业、建筑业、批发零售业、住宿和餐饮业、房地产业、批发和零售业等。

行政管理部门的行政记录资料，包括财政部、中国人民银行、交通运输部、税务总局等的数据。

用生产法核算GDP的第三步：计算各行业的增加值。农林牧渔行业资料完整性、可获得性较高，可以直接计算增加值数据。统计部门从农林牧渔业统计报表中用总产值数据减去中间消耗数据即可。对于数据资料获得性受限制的行业，季度增加值通常采用增加值率法、相关价值量指标速度推算法以及利用不变价推算现价等方法。

①增加值率法计算公式为：

$$增加值=总产出\times增加值率$$

②相关价值量指标速度推算法计算公式为：

$$增加值=上年同期增加值\times(1+增加值增长速度)$$

③利用不变价推算现价计算公式为：

$$现价增加值=不变价增加值\times价格指数$$

2. 支出法核算GDP

由于我国尚未建立正式的季度核算制度，支出法计算出的GDP只披露年度数据。支出法GDP主要由最终消费支出、资本形成总额、货物和服务净出口三部分组成（见图10-3）。

①最终消费支出包括居民消费支出和政府消费支出

居民消费支出共包括10大类：食品烟酒，生活用品，衣着，居住，交通和通信，教育、文化和娱乐，医疗保健，金融中介服务，保险服务，其他商品及服务，代理指标通常用社会消费品零售总额。

---

① 行业分类依据国家标准《国民经济行业分类》。

② 三次产业分类依据国家统计局2018年修订的《三次产业划分规定》。

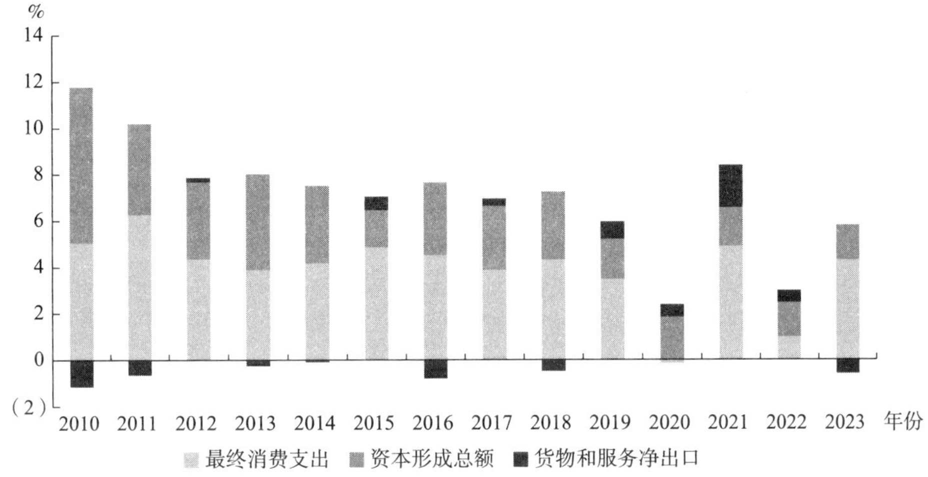

图 10-3 2010—2023 年支出法三大指标对 GDP 的贡献率

资料来源：国家统计局。

政府消费支出和财政支出有所区别，财政支出包括购买性支出和转移性支出，购买性支出包括政府消费性支出和政府投资性支出。简单来说，政府消费支出=财政支出中的经常性业务支出（即工资福利性支出、商品和服务性支出）-经营性业务收入+固定资产折旧。

②资本形成总额包括固定资本形成总额和存货变动

固定资本形成总额是常住单位在一定时期内获得的固定资产减去处置的固定资产的价值总额，代理指标通常用全社会固定资产投资完成额。

存货变动是剔除价格变动因素导致存货持有收益或损失。计算公式为：存货变动=期末存货价值-价格调整后的期初存货价值。

③货物和服务净出口主要是货物和服务贸易出口金额-进口金额。代理指标通常用海关总署统计的进出口贸易差额。

理论上生产法和支出法核算 GDP 的结果是相等的，而现实中由于存在统计方法、统计资料的误差，往往核算结果存在差异。但无论用什么方法，GDP 的核算结果都无法做到绝对准确，在某种程度上仍是一个估算值。

二、先行指标（PMI）

PMI 又称采购经理人指数，是最早能反映当前经济运行趋势的前瞻性指标之一，通常用来做宏观经济预测和预警。市场普遍关注的 PMI 指数为中采 PMI 与财新 PMI。中采 PMI 由国家统计局和中国物流与采购联合会共同合作完成，也称官方 PMI。

（一）中采 PMI（官方 PMI）

中采 PMI 所涵盖的信息量较大，包含制造业和非制造业领域的企业采购、生产、流通等各个环节。采购经理人指数以百分比来表示，通常以50%作为区分经济强弱的临界点，被解释为经济扩张的信号。当指数高于50%时，经济处于扩张趋势，指数高于55%甚至60%时，预示着经济处于强劲增长时期；当指数低于50%时，经济处于收缩趋势，预示着经济增长步伐放缓；若指数低于40%时，经济可能出现衰退。

1. 制造业PMI

国家统计部门通常发布月度的制造业PMI，同时发布制造业PMI构成的指数，包含生产、需求、价格、库存等指数，以期更好地反映当月经济运行全貌。包括反映总需求的新订单指数、新出口订单指数和在手订单指数；反映生产的生产指数、从业人员指数、供应商配送时间指数；反映价格的主要原材料购进价格指数、出厂价格指数；反映库存的原材料库存指数、产成品库存指数。

调查范围。制造业PMI不同于GDP数据，GDP数据是统计加总算出来的，制造业PMI则需要抽样调查得到。抽样内容涉及《国民经济行业分类》（GB/T 4754—2017）中的制造业31个行业大类，3200家调查样本。

计算权重方面。制造业PMI由生产指数、新订单指数、原材料库存指数、从业人员指数、供应商配送时间指数加权平均计算而成，权重分别为25%、30%、10%、20%、15%。行业增加值占制造业总增加值比重大的行业权重较高，制造业各行业内部样本根据企业主营业务收入的比例分配。

图10-4为我国2024年月度官方制造业PMI及分项。

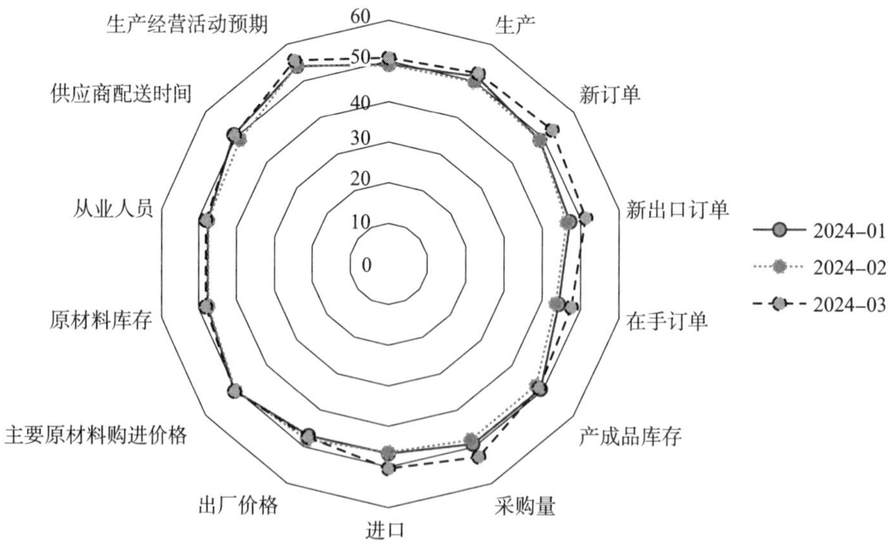

图10-4 2024年月度官方制造业PMI及分项

资料来源：国家统计局。

2. 非制造业 PMI

非制造业 PMI 实际指非制造业商务活动指数，它与制造业 PMI 一样，调查方式基本相同，调查范围涉及《国民经济行业分类》（GB/T 4754—2017）中的非制造业 43 个行业大类，约 4300 家调查样本。国家统计部门公布的非制造业采购经理人指数是由 10 个分类指数组成，分别是商务活动指数、新订单指数、投入品价格指数、销售价格指数、从业人员指数、业务活动预期指数、新出口订单指数、在手订单指数、存货指数和供应商配送时间指数。

图 10-5 为我国 2024 年月度官方非制造业商务活动指数及分项。

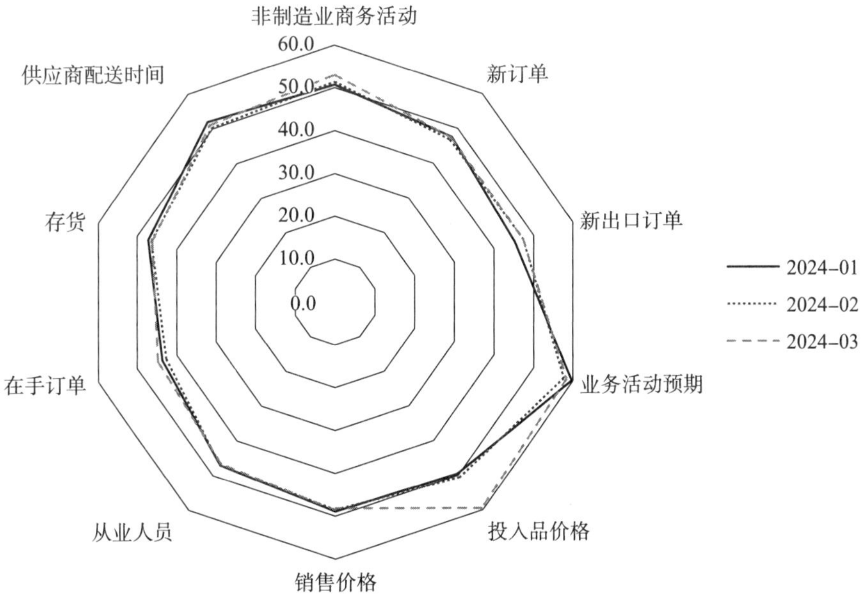

图 10-5　2024 年月度官方非制造业商务活动指数及分项

资料来源：国家统计局。

非制造业商务活动指数又分为建筑业商务活动指数和服务业商务活动指数。

建筑业通常指房地产业和基建行业，房地产和基建开工、施工以及投资行为直接影响建筑活动，从而影响建筑业商务活动指数读数。

服务业商务活动指数反映的是服务业生产性行业和生活性行业，主要包括邮政、电信广播电视及卫星传输服务、货币金融服务、资本市场服务、保险服务、航空运输服务、交通运输服务、住宿餐饮服务、文体娱服务等。服务业与制造业有较强的关联性，两者之间可以相互传导，尤其是生产性服务业与制造业生产环节密切相关。例如，制造业景气度不高，生产性服务业会同步受影响。所以通常时间，制造业 PMI 和非制造业商务活动指数趋势上是相同的，但特殊时期两者之间也会存在趋势分化现象。例如 2023 年 1 月，国内新冠疫情防疫措施放松，居民外出聚集型活动增加，服务行业快速复苏，服务业商务活动指数保持在荣枯线之上。但制造业受全球需求低迷影响，生产乏力，制造业 PMI 低于荣枯线。

3. 综合 PMI

制造业生产指数和非制造业商务活动指数加权求和可得出综合 PMI 产出指数，权数分别为制造业和非制造业占 GDP 的比重，该指标反映企业生产经营总体情况。

从三类官方 PMI 可以看出，PMI 是环比意义上的指标，反映的是相对于上月的变化情况。

图 10-6 为我国 2013—2024 年中采（官方）PMI 三大指数变化情况。

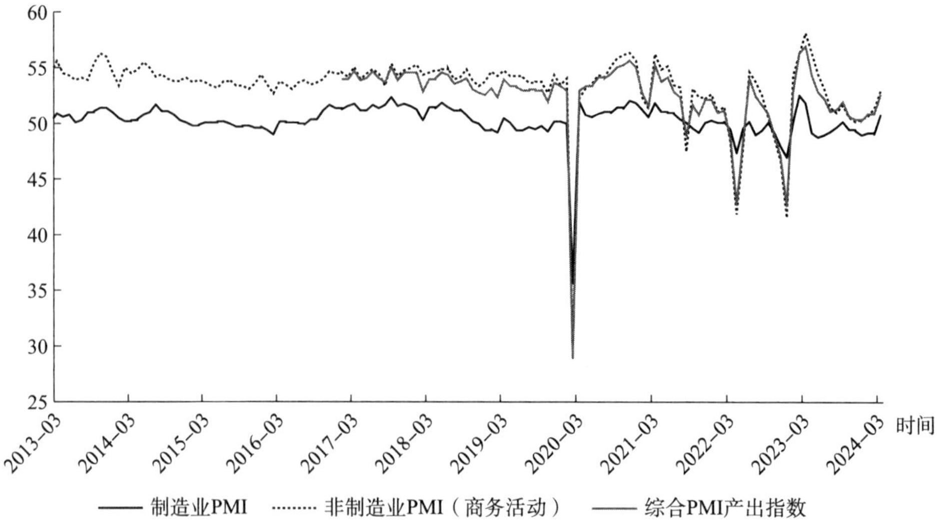

图 10-6 2013—2024 年中采（官方）PMI 三大指数变化

资料来源：国家统计局。

（二）财新 PMI

在宏观经济分析中，财新 PMI 是常用的另一个采购经理人指数，它由市场调查机构 IHS Markit 和财新传媒共同编制。由于财新 PMI 和中采 PMI 都是反映制造业扩张/收缩情况的指标，理论上两者之间的变化趋势应该相同，但实际上两者之间常出现相背离的情况。例如趋势上的背离，一个低于荣枯线 50%，一个高于荣枯线，显示一个处于收缩区间，一个处于扩张区间。两个指标除了抽样方法、核心指标和权重相同，在样本统计量、企业规模等方面存在较大差异。

图 10-7 为我国 2013—2024 年中采制造业 PMI 与财新制造业 PMI 趋势对比。表 10-1为中采 PMI 与财新 PMI 的区别。

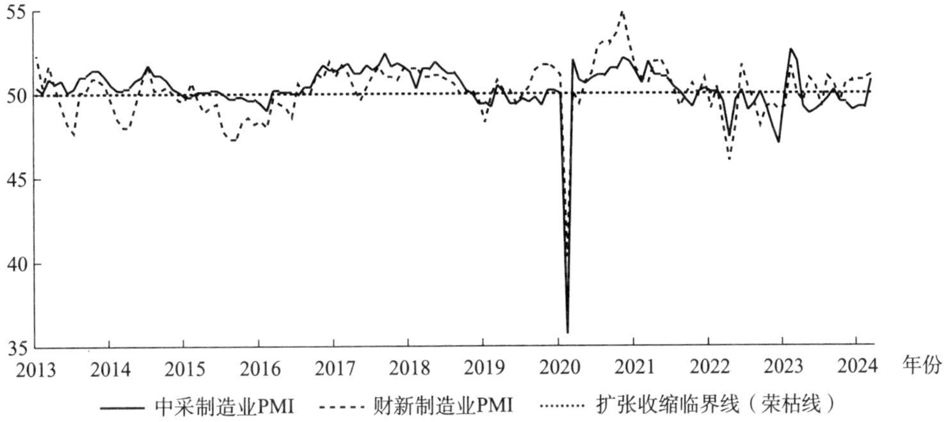

图 10-7　2013—2024 年中采制造业 PMI 与财新制造业 PMI 趋势对比

资料来源：国家统计局、Wind。

表 10-1　中采 PMI 与财新 PMI 的区别

	中采 PMI	财新 PMI
样本统计量（制造业）	约 3000 家	约 400 家
企业规模	以大中型央企、国企为主，小型企业比例较低	以中小企业为主，且均为民营企业
样本企业区域分布	全国范围内，涵盖 31 个制造业大类	以东部沿海地区为主，且出口占比较高的民营企业
数据录入	各级统计调查大队统计、审核，具有一定的官方性和强制性	由商业机构 IHS Markit 操作，企业自愿，样本数小
	数据完整、准确	存在漏报可能性，对统计结果影响较大

三、工业增加值

工业经济可以反映我国供给端的运行状况，我国统计部门将工业分为三大门类，采矿业、制造业以及电力、热力、燃气及水生产和供应业，其中制造业占比最高，为85%左右。工业增加值数据是工业经济最主要的代表指标，可以判断短期内我国工业经济的运行走势和经济的景气程度。

（一）何谓工业增加值

工业生产与经济的运行状况密切相关，按照生产法计算 GDP，需要将各行业增加值加总，工业增加值即为 GDP 核算中的工业部分。工业增加值的统计范围较小，采用年主营业务收入 2000 万元及以上的工业企业数据，统计部门通常称其为规模以上工业企业，且发布频率通常为月度（见图 10-8）。

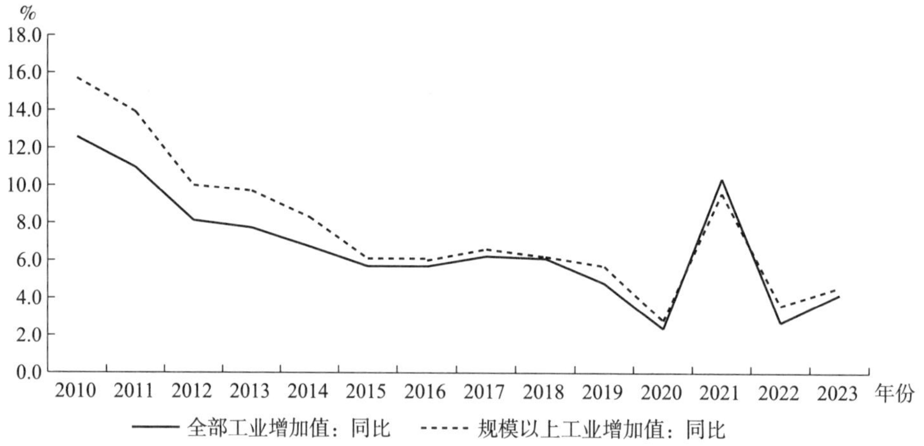

图 10-8　2010—2023 年全部工业增加值和规模以上工业增加值月度增速趋势

资料来源：国家统计局。

（二）工业增加值核算概述

月度工业增加值核算分为三步：先计算年度工业增加值率，然后计算当月规模以上工业总产值，最后利用增加值法核算当月规模以上工业增加值。

1. 计算年度工业增加值率

依据每年规模以上工业企业生产报表，将各企业的工业增加值、总产值按照行业划分，计算出各行业工业增加值和总产值，用行业增加值比上总产值，即得出各行业的工业增加值率。

2. 计算月度规模以上工业总产值

工业总产值包括本期产成品价值，在制品、半成品本期价值增加值，对外加工费，各规模以上企业数据来自每月企业上报的工业产销总值及主要产品产量表。为了保证数据真实性和可靠性，自 2012 年起，企业统一将数据上报至国家联网直报系统，再由国家统计部门汇总，避免了在数据传报过程中发生人为修改数据等情况。

3. 计算月度规模以上工业增加值

当月各行业规模以上工业增加值=各行业单月规模以上总产值×上年度各行业增加值率，通过汇总合并，得到总的规模以上工业增加值。

值得注意的是，考虑到统计数据的可得性，目前国家统计部门只公布工业增加值增速，不公布绝对值。且度量的是规模以上工业企业，并不是所有工业企业。规模以下工业企业数量较大，且很多小企业缺乏完整的财务核算流程和财务报表，无法得到真实、准确的数据。因此，采用增加值占所有工业企业 80%的规模以上工业企业数据。

（三）如何读懂工业增加值

统计部门公布月度工业增加值有当月同比、环比和累计同比，作为研究人员，通常情况下我们采用当月同比增速数据。相比于其他经济部门，工业增加值的变换可以比较有效地反映经济短期变化，因为工业生产与其他产业之间联系紧密，其他产业所需要的原材料和设备大部分来自工业部门。若其他产业需求较高，工业生产则会加快；同理，若工业生产加快，则会带动生产性服务业（研发设计、物流运输等）的发展。因此，从数据上看，工业增加值增速与GDP增速的趋势基本保持一致。

工业生产受投资、消费、出口等下游需求影响较大，例如，房地产施工（包括钢铁、水泥、各种机械设备等）以及房地产相关联的产品（包括建材、装修、家具家电等）均与工业生产高度相关。另外，海外商品需求量大，出口增加拉动国内制造业生产。因此，房地产投资增速、制造业投资增速与工业增加值同比之间保持较高的同步性。但一些时期工业生产与需求会出现一定的滞后性，这种滞后性一般称为供需错位。供需关系之间总是呈现动态互动，可以理解为库存周期，该周期有四个阶段：被动去库存阶段、主动补库存阶段、被动补库存阶段、主动去库存阶段（见表10-2）。

表10-2 企业供需错位出现的库存周期

	被动去库存阶段	主动补库存阶段	被动补库存阶段	主动去库存阶段
具体特点	需求复苏，企业未及时反映，供给不足，导致库存减少	企业加快生产，库存充足，应对未来需求增加	需求不足，销量下降，企业未及时调整生产，导致库存积压	经济预期不足，企业主动减产，库存下降
经济周期	复苏期	繁荣期	衰退期	萧条期

（四）工业增加值的结构

不同工业行业之间有时存在结构性分化，这种分化往往被工业增加值总量数据所掩盖，因此需要观察工业结构上的变化。

目前，国家统计部门公布的工业增加值数据除了规模以上工业增加值增长率，又按照不同结构分为三大门类、经济类型、行业和产品四个角度的数据。

按三大门类分为：采矿业增加值，制造业增加值，电力、热力、燃气及水生产和供应业增加值（见图10-9）。

按经济类型分为：国有控股企业增加值、股份制企业增加值、外商及港澳台商投资企业增加值、私营企业增加值。

按行业分为：国家统计部门列举了20个主要行业，分别为煤炭开采和洗选业，石油和天然气开采业，农副食品加工业，食品制造业，酒、饮料和精制茶制造业，纺织业，化学原料和化学制品制造业，医药制造业，橡胶和塑料制品业，非金属矿物制品业，黑色金属冶炼和压延加工业，有色金属冶炼和压延加工业，金属制品业，通用设备制造业，专用设备制造业，汽车制造业，铁路、船舶、航空航天和其他运输设备制造业，铁路、船舶、航空航天和其他运输设备制造业，计算机、通信和其他电子设备制造业，电力、热力生产和供应业。

按产品分为：国家统计部门列举了7个主要产品产量，分别为钢材、水泥、十种有色金属、乙烯、汽车、发电量、原油加工量。

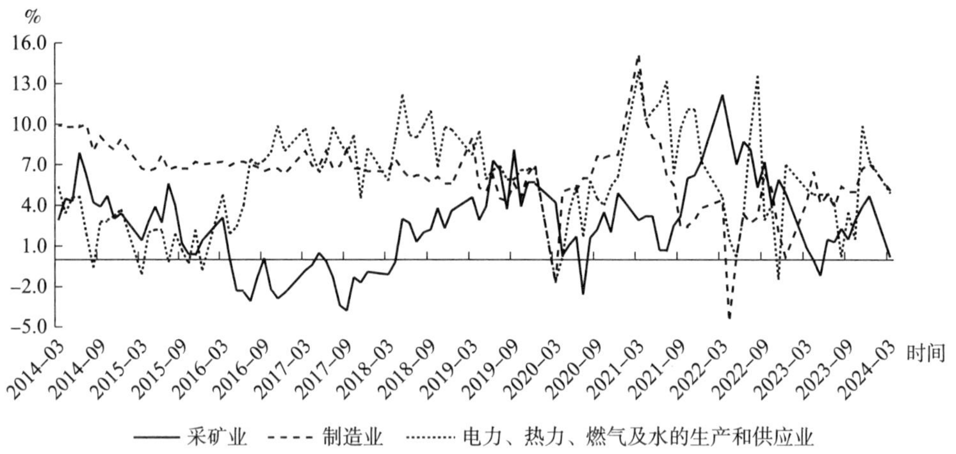

图 10-9　2014—2024 年规模以上工业行业三大门类增加值

资料来源：国家统计局。

（五）怎样预判工业增加值数据

工业增加值为月度数据，属于经济的同步指标，发布时间一般和投资、消费、进出口数据同步，为每月 15—20 日公布上月数据。从时间上看，月度数据相对滞后，无法及时判断和预测短期工业生产情况。因此，需要借助一些微观高频指标，如日度、周度、旬度等。

1. PMI 生产指数

制造业 PMI 生产指数一般在每月最后一天发布，及时性较高。若制造业 PMI 生产指数大于 50，则表明工业生产处于扩张势头，反之处于收缩。但 PMI 生产指数属于环比指标，与工业增加值环比增长率走势同步性较高，可以通过 PMI 生产指数判断和预测工业增加值环比增长趋势。

2. 相关高频指标

247 家高炉开工率。钢铁行业高炉开工率属于周频数据，数据来自 Mysteel 调研全国 247 家钢厂样本数据。高炉开工率受季节性影响呈现一定规律性，通常第一、第四季度较低，第二、第三季度较高。

粗钢日均产量。虽然是日均产量，但该数据频率为旬度，可以直观反映国内钢铁需求量，由中国钢铁工业协会公布。

汽车全/半钢胎开工率。汽车行业通常跟踪全/半钢胎数据，数据频率为周度，由中国橡胶信息贸易网公布。这两个指标与汽车轮胎生产有关，全钢胎主要用于重型卡车和部分轻型卡车，半钢胎主要用于轿车和大部分轻型卡车。

PTA 产业链开工率。该指标是化工行业通常跟踪的数据，频率为日度。PTA 是一种重要的化工品，PTA 产业链开工率大致反映化学原料、化工产品生产情况。

四、固定资产投资

自 2000 年以来，不断扩张的投资驱动着中国经济高速发展，投资作为拉动经济的三驾马车之一，对宏观政策变化最为敏感，对经济运行的反应最直接。近几年，受新冠疫情影响，投资在经济增长中发挥着“稳定器”的作用。

（一）何谓固定资产投资

固定资产投资就是以货币形式表现的在一定时期内完成建造和购买固定资产的工作量以及与此有关的费用总称，在宏观经济领域，通常用固定资产投资完成额表示固定资产投资指标。固定资产投资分为农村住户固定资产投资和不含农户固定资产投资，国家统计部门将固定资产投资（不含农户）作为月度公布的投资指标。

（二）固定资产投资核算概述

固定资产投资的统计范围由两部分组成：一是计划总投资在 500 万元及以上的固定资产投资项目；二是所有房地产开发投资。不同于其他经济指标，目前国家统计部门公布的月度固定资产投资数据为累计值，没有当月数据，可能是因为固定资产建设项目建设期限较长，计算当月项目实际工作量或投资额的准确性不高。若需要分析当月数据，只能用当月累计值减去上月累计值计算。从当月值看，固定资产投资呈现很强的季节性规律，一般在每个季度末会出现阶段性高点，通常与银行在季度末加快信贷投放节奏有关。

固定资产投资增速的变动，主要和融资环境有关，若融资环境宽松，则经济景气度较高，企业投资意愿增强，投资增速上升；反之则反是。

固定资产投资是一个较为庞大的经济指标，且容易受宏观政策的影响。在经济不景气时，国家或地方政府通过投资基础设施建设，达到拉动需求增长的目的，也就是我们常说的政府投资。例如 2008 年国际金融危机之后，中国经济面临下行压力，政府投资 4 万亿元拉动内需，对经济的拉动效果明显，其中率先复苏的是房地产行业。新冠疫情暴发以来，国内需求受到压抑，居民和企业预期不足，国家财政政策加大力度。以 2023 年为例，全年新增 3.8 万亿元地方专项债，主要用于“十四五”重大基础设施建设工程，2023 年 10 月又增发了 1 万亿元特别国债，重点用作灾后重建资金。接近 5 万亿元规模的资金进入市场，进一步提振市场预期，推动经济加快恢复，也是通过政府投资发挥拉动经济增长的作用。

图 10-10 为 2000—2023 年我国固定资产投资完成额和房地产开发投资完成额变化。

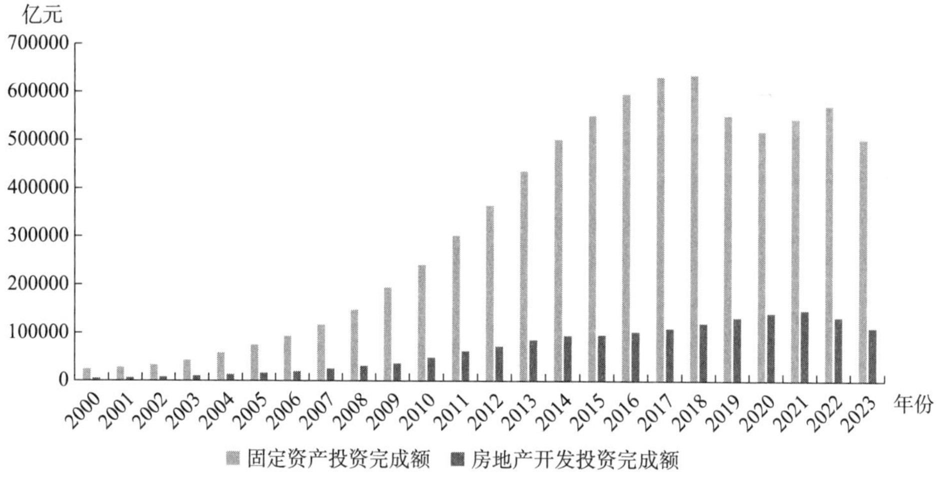

图 10-10　2000—2023 年我国固定资产投资完成额和房地产开发投资完成额变化

资料来源：国家统计局。

（三）如何读懂固定资产投资数据

统计部门每月公布的投资数据比较全面，基本上各行业大类的固定资产投资数据都会公布，按行业、按登记注册类型划分。

1. 按行业划分

在关注固定资产投资指标时，我们通常重点关注基建投资、制造业投资、房地产开发投资三个主要行业（见图 10-11）。通过分析历史数据显示，近 20 年来这三类分别占固定资产总投资的比重约为 25%、30%、20%，剩下 25%的行业有采矿业、农林牧渔业、批发与零售业等。

①基建投资：由电力、热力、燃气及水生产和供应业，交通运输、仓储和邮政业，水利、环境和公共设施管理业三个行业固定资产投资构成。过去几十年，中国被世界称为“基建狂魔”，这与我国城镇化浪潮紧密相连。前文也提到在经济不景时，基建投资也是政府稳定经济增长的重要抓手。在资金来源方面，一般公共预算、政府性基金、银行贷款和城投债是基建投资的主要资金来源，而我们在国家财政政策有关表述中提到最多的是政府性基金中的专项债。近几年，随着政策引导，专项债在基建和棚改方面提供了较大的资金支持，2019—2023 年，我国新增地方专项债分别发行了 3.08 万亿元、3.75 万亿元、3.65 万亿元、3.65 万亿元、3.8 万亿元，对基建投资的支持力度不断增强。

②制造业投资：指的是制造业企业开展的固定资产投资活动，它与社会总供给联系密切，影响产能投放和工业生产。制造业投资由汽车、食品、纺织、金属制品等 31 个制造行业的固定资产投资构成，占整个固定资产投资规模的 30%。制造业投资结构中，民间制造业投资占比较大，接近 90%，非民间制造业投资占比约为 10%。但民间投资并不完全是我们理解的民营企业投资，还包括一些公有制经济成分的集体企业；非民间投资也并不完全是国有投资，还包括外企投资，外企投资占非民间制造业投资

为35%~40%，国有控股制造业投资占60%~65%。自2019年以来，民间与非民间制造业投资增速快于、高于民间制造业投资增速，且走势存在分化。主要原因是民企受资金约束较强，在对经济预期较差的情况下，民企投资偏谨慎。

③房地产开发投资：统计部门官方名称是房地产开发投资完成额，可以理解为房地产开发经营的固定资产投资额。房地产开发投资对中国经济影响较大，过去十几年，我国房地产行业快速发展，在国民经济增长中发挥了重要作用。值得关注的是，房地产开发投资和基建投资具有一定的关联性。一般房地产开发投资前会有拿地的过程，在这个过程中，房地产企业的资金流向政府部门，政府部门得到资金后可以扩大基建投资。而土地是开展基建投资的抵押品，政府通过设立地方城投，用土地抵押换取融资资金，从而撬动基建增长。可以说，房地产和投资是相互促进循环关系，两者共同驱动我国经济增长。

我们对房地产周期性进行分析时，一般关注土地成交面积、房屋新开工面积、商品房销售面积、商品房销售额等指标，有些指标是日度、周度的，属于高频数据，可以预判短期房地产行业的变化。

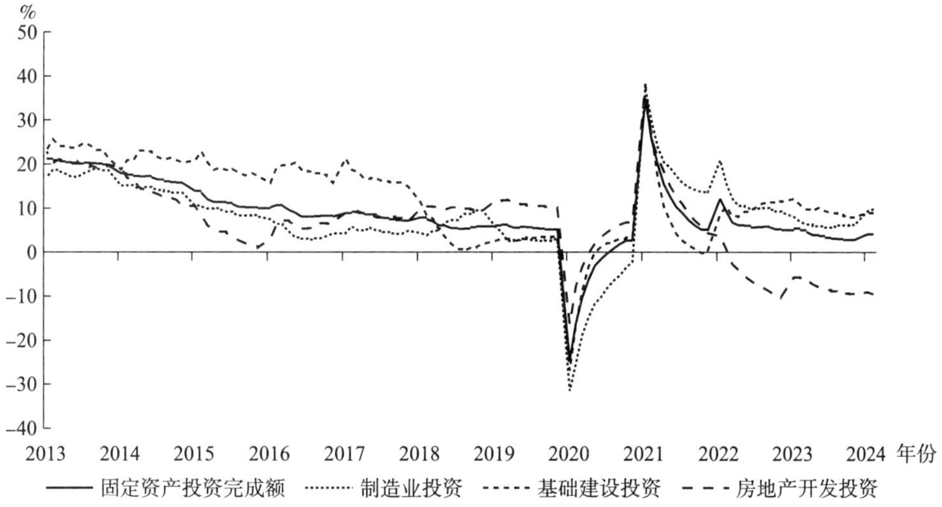

图10-11 2013—2024年我国固定资产投资完成额与主要行业投资额累计同比

资料来源：国家统计局。

2. 按登记注册类型划分

按照企业登记注册类型划分，固定资产投资包含7类内资企业投资、2类外资企业投资和个体经营户投资，内资企业包括国有企业、集体企业、股份合作企业、有限责任公司、股份有限公司、联营企业、私营企业、其他企业，外资企业包括外商和港澳台商企业。

民间投资是指具有集体、私营、个人性质的内资企事业单位以及由其控股的企业单位，在中国境内所发生的固定资产投资活动。简单来说，民间固定资产投资=总固定资产投资额-国有及国有控股单位的投资额-外商和港澳台商企业投资额。近几年，民间投资占总固定资产投资的比重稳定在60%左右，可以很好地反映民营企业的投资状况。2023年，《中共中央 国务院关于促进民营经济发展壮大的意见》中也指出，民营经济是推动高质量发展的重要基础，因此，民间投资在我国固定资产投资中占据重要地位。

五、社会消费品零售

消费在国民经济平稳运行过程中发挥“压舱石”作用，其重要性不言而喻。尤其是在我国构建国内大循环的背景下，消费数据的变化是我们经常讨论的话题。

目前，我们可以跟踪的消费指标主要有三个，社会消费品零售总额、人均居民消费支出、最终消费支出，这三个指标之间存在差别，社会消费品零售总额是从卖方视角（企业）调查，人均居民消费支出和最终消费支出是从买方视角（消费者）调查。国家统计部门和中国消费市场观察最常见的消费指标是社会消费品零售总额，以下将重点分析该指标。

（一）何谓社会消费品零售

社会消费品零售总额是指企业（单位、个体户）通过交易销售给个人、社会集团用于非生产、非经营用的实物商品金额，以及提供餐饮服务所取得的收入金额。其中，“个人”可以理解为我国城乡居民和国外进入中国境内的个人，“社会集团”包括社会团体、机关、学校、部队、企事业单位等机构或组织。

社会消费品零售总额的调查对象是企业或单位，是统计企业或单位的销售额，主要统计实物商品和餐饮服务，尚未统计大部分服务消费。因此，国家统计部门在每月发布消费数据时，会按照消费类型分为商品零售和餐饮收入两类（见图10-12）。

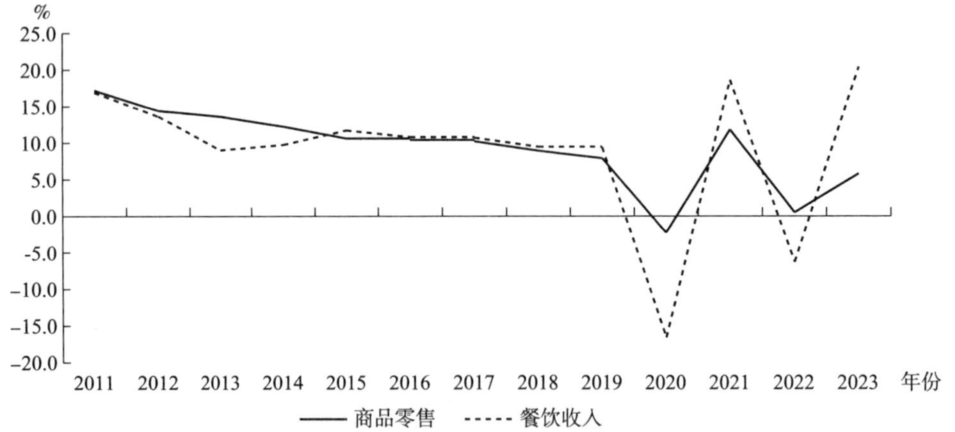

图10-12 2011—2023年我国商品零售额和餐饮收入额增速变化趋势

资料来源：国家统计局。

（二）社会消费品零售核算概述

1. 社会消费品零售调查方法和统计范围

社会消费品零售数据采用对限额以上单位进行全面调查、对限额以下单位进行抽样调查、对其他单位进行重点调查或科学推算方法，统计范围分为三类：

①对主营业务收入在2000万元及以上的批发业企业、主营业务收入在500万元及以上的零售业企业、主营业务收入在200万元及以上的住宿和餐饮企业实施全面调查。且规模最大的5000家企业通过网络直接向国家统计部门报送数据。

②对低于上述标准的中小企业和个体（限额以下）实施抽样调查，即主营业务收入在2000万元以下的批发业企业、主营业务收入在500万元以下的零售业企业、主营业务收入在200万元以下的住宿和餐饮企业，样本量大约10万家。

③不属于批发和零售业、住宿和餐饮业的企业，采用重点调查或利用行政记录科学推算。

2. 核算方法解释

限额以上企业或单位直接向国家统计局报送商品销售数据，批发和零售业企业根据《批发和零售业统计报表制度》中E204-1表每月报送数据，住宿和餐饮业企业根据《住宿和餐饮业统计报表制度》中S204-1表每月报送数据。限额以上企业或单位统计的数据质量较高，核算流程相对简单。

限额以下企业或单位采用抽样调查的核算方式，主要是样本总量十分庞大，有几千万家，限额以下企业或单位社会零售总额占全社会零售总额的60%左右。统计部门为了合理控制统计工作量，将样本单位减少到10万家左右。

不属于批发和零售业、住宿和餐饮业的企业采用“重点调查+推算”的核算方式，调查员通过对重点单位上门调查的方式，获取样本单位零售额数据，并计算上一期和本期的变动系数，再推算本期社会消费品零售数据。

（三）如何读懂社会消费品零售数据

社会消费品零售数据与投资数据一样，由国家统计部门每月公布，公布的指标有绝对量、同比和环比。但社会消费品零售数据与工业数据一样，年初的1—2月的数据为累计值，原因是国内春节往往在1月和2月，增速会受春节假期因素影响存在较大波动。若春节假期在1月，则下一年春节假期在2月，那么1月和2月的同比增速将出现错位，所以使用1—2月累计数据可以消除春节错位因素影响，使整体数据走势更为平滑（见图10-13）。

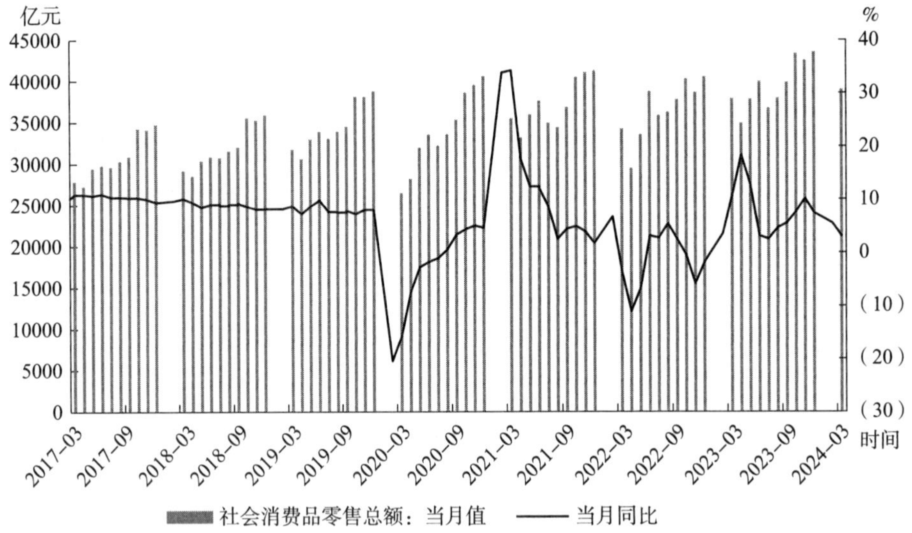

图 10-13　2017—2024 年我国社会消费品零售总额当月值与当月增速变化趋势

资料来源：国家统计局。

1. 消费额变化趋势

观察社会消费品零售额绝对值可以看出，正常年份，上半年数值低于下半年，第四季度的数值为分季度最高水平。一方面，可能是随着当年个人可支配收入不断积累，在下半年，尤其是第四季度消费较高。另一方面，下半年有中秋、国庆、元旦等重要节日，以及 7—8 月的暑期，大幅促进了消费。

2. 消费结构分析

社会消费品零售结构分类较为复杂，分为城镇消费和乡村消费、商品零售和餐饮收入、线上零售和线下零售、服务型和耐用品型、基本生活类商品和升级类商品等，具体分析如下：

①城镇消费和乡村消费。自 2010 年以来，城镇消费和乡村消费的比例相对稳定，大概在 6∶1。

②商品零售和餐饮收入。这两类的比例也相对稳定，大概在 9∶1。但最近几年，餐饮收入与商品零售增速走势出现过几次明显背离。2020—2022 年新冠疫情期间，因防疫政策要求，居民出行受限，线下餐饮等聚集性的活动大幅减少，导致餐饮收入增速与商品零售增速出现背离；而 2023 年疫情防控平稳转段后，接触型聚集型消费需求释放，甚至有的时间段出现报复性消费，使全年餐饮收入增速达到 20.4%，商品零售增长 5.8%。

③线上零售和线下零售。线上商品零售是通过平台或网络中介直接购买的商品。在新冠疫情防疫期间，线下商品零售受阻严重，线上网购则保持比较高的增速。

④服务型和耐用品型。关于服务型消费，主要观察住宿、餐饮、旅游等接触类消费数据，这与人们日常休闲娱乐息息相关，通常与旅游金额和人次一同观测消费的火爆程度。耐用品型消费即汽车、家具家电等使用寿命相对较长的商品。

⑤基本生活类商品和升级类商品。基本生活类商品包含生活必需品，即日用品、粮油、食品类，以及限额以上单位服装、鞋帽、针纺织品类。升级类商品为限额以上单位金银珠宝类，体育、娱乐用品类，通信器材类商品。

六、进出口

进出口贸易可以反映一个国家的对外开放程度，以及国家经济与世界经济之间的双向联系。进出口数据会受地缘政治、国内外需求、汇率以及国家生产状况影响，相互之间的关系较为复杂。因此，进出口数据也是宏观经济分析的难点。

（一）何谓进出口

我国进出口数据由海关总署率先公布，之后国家统计部门会在每月与其他经济指标一同发布。根据海关总署统计原则，我国进出口数据需要满足两个条件：

一是货物必须进出关境。我国关境是除港澳台之外的所有领土，有些贸易虽然在我国领土发生了，但实际没进入关境，那么海关总署不会将其统计在进出口数据中。例如，中国企业或居民在国外购买了货物后，将其转售给第三方，整个过程货物并没有在中国境内进行物理移动，这种叫作离岸转手的买卖。

二是改变境内物质资源储备存量。例如，一些货物从进口国到达中国，但货物并没有入关，而是直接转手卖到其他国家或地区，在整个过程中，境内的货物总量没有发生变化，海关总署也不会将其统计在进出口数据中。

货物进出口关境前，需要向海关总署申报单据，包括货物价格、数量、目的地等，海关审核通过后，报关数据就成为进出口核算的基础资料。基于此，海关选出复合统计条件的报关数据，核算进出口数据。进出口数据的基础资料来源较为清晰、真实，所以海关进出口数据不需要推算，也正是因为基础数据质量较高，所以月度进出口数据的波动较大。

（二）进出口核算概述

影响进出口的变量较多，目前主要有两类共三种预测方法，一类是先行指标预测，一类是高频指标预测。

1. PMI 新出口订单指数/进口指数

国家统计部门每月底发布 PMI 指数，和进出口相关的指数有 PMI 新出口订单指数和进口指数两个分项。这两个指数比海关总署发布的进出口数据要早，通过 PMI 指数可以预判当月进出口的情况。PMI 本身是环比意义上的对比，若要核对同比数值，可以将 PMI 新出口订单指数或进口指数转化为虚拟同比进行观测。但是 PMI 同比很难显示出口增速的短期波动趋势，例如，2020 年以来，PMI 新出口订单指数同比与实际出口同比增速出现高度背离，这一定程度上会造成我们对出口形势的错误判断。所以，在进行预判时，可以借助 PMI 新出口订单指数或进口指数的变化简单判断当月进出口的环比方向上的变化，但不能定量判断。PMI 指数与海关总署公布的进出口数据的统计原理不同，PMI 指数是先行指标，代表了目前进出口订单的景气度，但订单需要时间去完成，所以形成具体数量的时间点相对滞后。

根据统计，2005 年以来，通过用 PMI 新出口订单指数和进口指数判断进出口环比增速的成功率分别为 58%、66%，准确率不算太高。所以 PMI 指数最多判断趋势的变化，不能计算具体量。若要更准确地预测，可采用以下方法：

①考虑季节性因素。通过 PMI 指数预测进出口数据时，首先要考虑环比季节波动特征，可以计算过去几年甚至很长一段时间各月的环比波动平均值。

②综合考虑国内外经济形势调整。参考 PMI 新出口订单指数/进口指数，要将当前国内外经济形势变化考虑进去，通过环比连乘的方法推算同比。

2. *波罗的海干散货指数*

波罗的海干散货指数（BDI）是日度数据，该指标主要监测的是海运数据，由波罗的海航交所编制，用来反映全球航运业干散货船运价的一种加权价格指数。航运业将运输船分为三类：集装箱类、油轮类、干散货类。集装箱类主要运输工业制品或终端产品，例如汽车、重卡、芯片等机电产品，或者是服装、食品等终端消费品。油轮类主要运输液体类货物，例如石油、液化天然气等液态燃料。干散货类主要运输散货大宗产品，例如煤炭、铁矿石、水泥等资源类商品，或是小麦、玉米、大豆等散货农产品。

选用干散货指数的原因是干散货船运输的大多是上游原材料，可以很好地反映全球对工业原材料的需求情况，间接反映当前经济运行状态。当干散货指数上升时，海运价格会因全球对资源品的需求上升而增加，大宗商品是工业生产链的最前端，大宗商品需求上升预示着经济运行较好。

2019—2024 年波罗的海主要航运指数见图 10-14。

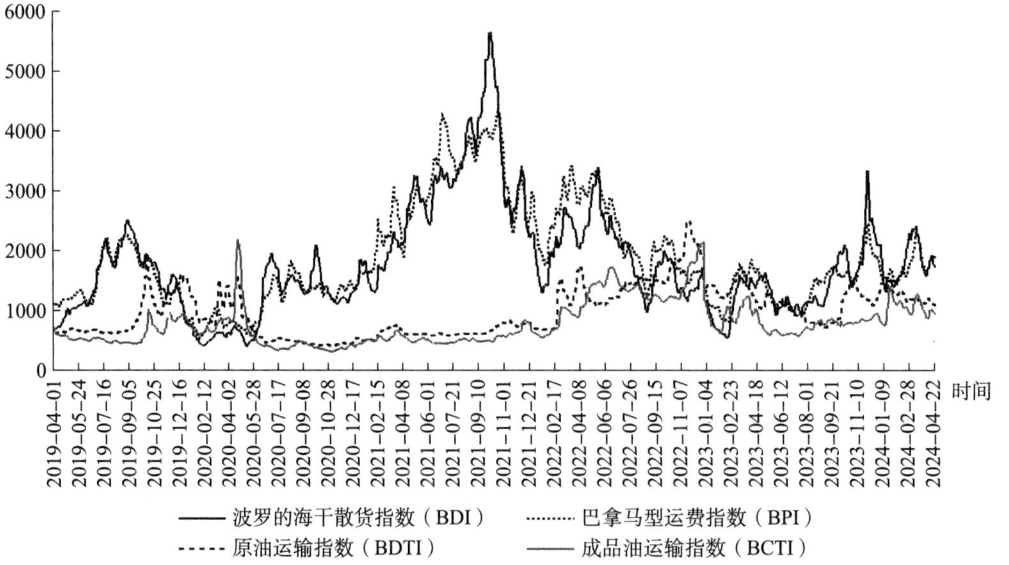

图 10-14　2019—2024 年波罗的海主要航运指数

资料来源：Wind。

3. 中国出口/进口集装箱运价指数

中国出口/进口集装箱运价指数（CCFI/CICFI）是周频数据，由上海航运交易所编制，通过进出口集装箱运价变动反映我国外贸景气度。中国出口/进口集装箱运价指数和 PMI 新出口订单指数/进口指数一样，预测效果不高，自 2016 年以来，预测成功率在 51%左右。所以，中国出口/进口集装箱运价指数可以在同比、环比上观测我国进出口的变化趋势，不能直接作为核算进出口的绝对量或增速。当然，个人认为在观测宏观形势变化时，经济指标的变动趋势要比变动量重要。

图 10-15 为 2019—2024 年中国出口售装箱运价综合指数及主要航线指数。

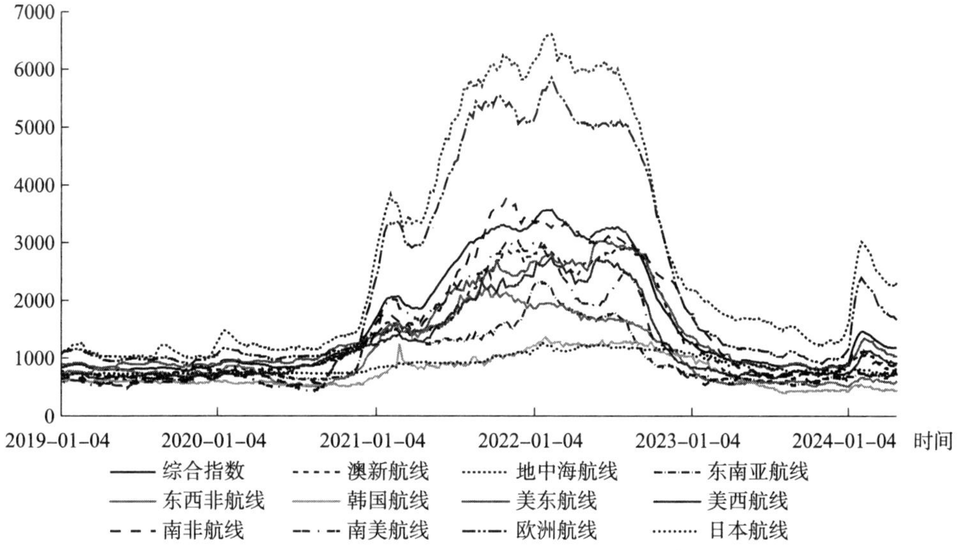

图 10-15 2019—2024 年中国出口集装箱运价综合指数及主要航线指数

资料来源：Wind。

（三）如何读懂进出口数据

1. 人民币计价和美元计价

海关总署公布的进出口数据有两种计价方式：一是人民币计价；二是美元计价。我国长期以来一直用美元计价、申报货物报关记录，因为在全球贸易中，美元是通用的计价货币，大多数国家的进出口数据也使用美元计价。但自 2013 年以后，我国进出口数据为了与其他经济数据衔接，采用了人民币计价的月度进出口数据。

人民币计价和美元计价的进出口增速数据，往往出现差异，甚至是较大背离。例如 2023 年 4 月，以人民币计价的出口数据增速达 16.8%，但以美元计价的出口增速为 8.5%，虽然均显示出口是增长，但增长幅度差距加大。而 2023 年 2 月，以人民币计价的出口增速为 3.5%，以美元计价则同比下降 2.8%。这背后其实反映的是汇率的剧烈波动。自 2022 年美联储加息以来，美元指数不断走高，人民币快速贬值。在这种情况下，美元计价的进出口数据可能对应的是较高的、以人民币计价的进出口数据。当然人民币无论是贬值还是升值，对我国进出口的影响都是不同的。例如，在人民币适当贬值的情况下，1 美元兑换的人民币会更多，此时对我国出口贸易有一定的利好，这样我们结算时可以获得更多的人民币。反之，当人民币适当升值，1 美元兑换的人民币会变少，此时对我国进口贸易有一定的利好，可以用更少的人民币购买国外更多的商品或服务。

在统计进出口数据时，我们一般采用美元计价数据，因为美元受回落的影响较小，且报关的进出口数据大多使用美元申报。

图 10-16 为 2000—2023 年我国进出口额结构变化。

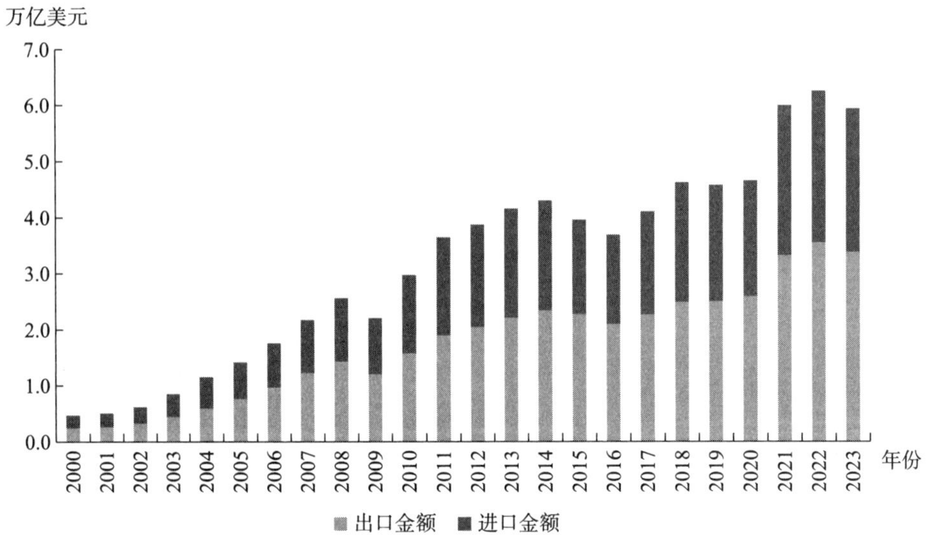

图 10-16　2000—2023 年我国进出口额结构变化

资料来源：国家统计局、中国海关总署。

2. 进出口数据的结构

进出口能反映一个国家的对外贸易情况，通常用进出口金额与 GDP 之比来衡量一个国家的对外依存度，可以通过与其他经济体进行对比，查找本国进出口的优劣项，进而优化和调整进出口结构。我国进出口可以从产品结构、贸易对象、贸易方式三个方面分析，以下重点分析我国进出口贸易的结构。

①产品结构方面。我国出口占比较高的重点商品主要包括重工业制品、轻工业制品、科技产品。重工业制品主要是钢铁、成品油、化工品、汽车零部件等；轻工业制品主要是纺织、服装、家具等；科技产品主要有手机、电脑等智能产品。近年来，随着全球对气候变化以及能源转型重视程度越来越高，我国在新能源产品领域的出口得到较快发展，电动载人汽车、锂离子蓄电池、太阳能电池等成为外贸“新三样”。这也进一步反映出我国的出口产品逐渐转变为高技术、高附加值、绿色的产品。

②贸易对象方面。自 2003 年加入 WTO 以来，我国与世界产业链供应量深度连接，

截至2023年，我国已经与140多个国家和地区建立了贸易关系。从出口地区来看，我国主要的五大出口地是欧盟、美国、东盟、日本、中国香港，2019年五大地区的出口金额占总出口额的65%。2018年，中美贸易摩擦开始，我国出口出现分化，对美国的出口快速下滑，同时对欧盟的出口份额提升。到2019年，欧盟替代美国，成为我国第一大出口地区。2020年，随着疫情和中美关系的僵化，以及“一带一路”“RCEP”的发展，我国对东盟、俄罗斯等国家和地区的出口份额不断扩大。2023年，东盟成为我国第一大贸易伙伴，欧盟第二，美国第三。当然，东盟成为我国第一大贸易伙伴可能是欧盟没有将英国数据计算在内，导致欧盟进出口数据自英国脱欧以后下降的原因。但从我国与东盟和“一带一路”国家的贸易合作，可以看出我国在贸易对象方面的优化调整。

③贸易方式方面。中国海关总署统计的进出口数据一共有19种贸易方式，一般常见的贸易方式有两种：一般贸易和加工贸易。一般贸易是指有进出口配额的企业进出口的货物，是最普遍的贸易方式。加工贸易是加工外来的原材料、零部件，之后再对外出口的贸易方式。加工贸易相对复杂，自2000年以来，我国加工贸易占比不断降低，一般贸易占比达到60%，我国贸易方式也不断调整，主要有两个因素：一是我国的自主创新、制造能力不断提高，产业由单纯的代加工逐渐转向自主制造。二是产业链转移，随着中国劳动力成本不断增加，一些代加工、粗加工工厂逐步转向人工成本更低的东南亚国家。

七、物价水平

我国宏观经济数据分为两类：一类是以供给、需求指标为代表，与经济增长相关的数据（如工业增加值，投资、消费、进出口数据）；另一类是以物价和GDP平减指数为代表，与通货膨胀相关的数据（如居民消费价格指数、工业生产者出厂价格指数、工业生产者购进价格指数）。本节主要分析通货膨胀的两个重要指标：居民消费价格指数和工业生产者出厂价格指数，也就是我们常见的CPI和PPI。这两个指标属于滞后指标，国家统计部门一般在每个月10日左右公布上个月的价格。

（一）居民消费价格指数（CPI）

1. 何谓CPI

CPI用来衡量居民购买与生活相关的商品和服务价格走势，是我们日常最关注的物价指标。国家统计部门统计CPI的范围涵盖全国城乡居民生活消费的食品烟酒、衣着、居住、生活用品及服务、交通通信、教育文化娱乐、医疗保健、其他用品及服务等8大类、268个基本分类的商品与服务价格。主要有食品类和非食品类。食品类包括肉、蛋、奶等肉类，以及蔬菜、瓜果类价格。非食品类包括剩下7大类商品或服务价格。

CPI数据采用抽样调查法，按照“定人、定点、定时”的原则，直接派人到调查网点或从互联网采集原始价格。数据来源于全国31个省（区、市）约500个市县、近10万家价格调查点，包括商场（店）、超市、农贸市场、服务网点和互联网电商等。

图10-17为2018—2024年我国CPI及分项同比增速变化趋势。

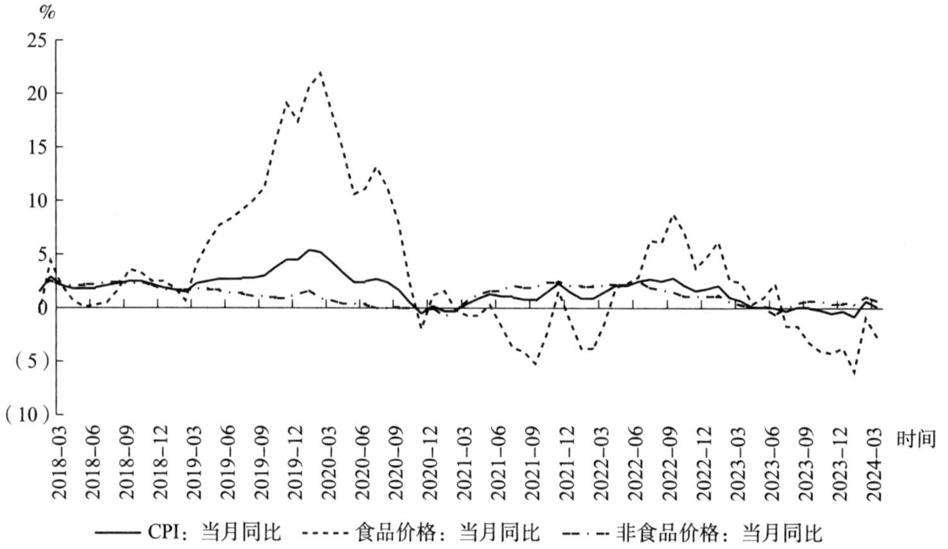

图10-17　2018—2024年我国CPI及分项同比增速变化趋势

资料来源：国家统计局。

2. CPI核算概述

CPI数据核算和统计主要有三步：一是确定一篮子商品和服务；二是确定商品和服务的权重；三是根据调查数据计算CPI同比、环比变动情况。

①确定一篮子商品和服务。统计部门一般会划定一个时期，选择部分居民作为调查对象。在选定的时期内，以被调查居民消费的商品和服务为基准，挑选出对居民生活影响比较大，并具有代表性的商品和服务，作为之后一篮子的商品和服务。统计部门还要选定超市、农贸市场以及网络平台的原始数据，作为商品价格的采集点。目前，我国CPI菜篮子包括8大类、268个基本分类商品。

②确定商品和服务的权重。统计部门根据各类商品和服务在总开支中的占比，确定它们的权重。这个权重不是固定的，会随着各类商品和服务的价格变动而变动。

③计算CPI同比、环比。统计部门根据调查的样本商品价格数据，计算同比和环比数据。计算价格变动需要确定基期年，国家统计部门自2000年开始，每五年更换一次基期年。另外一种计算同比、环比的方法比较复杂，首先由县级按照权重计算当地当期商品和服务价格权重；然后再上报给所在地级市，由地级市根据消费金额占全省比重计算本市的权重；以此类推，上报给省级相关部门、国家相关部门；全国的数据则是根据31个省、自治区、直辖市的数据计算而来。值得注意的是，县、市、省、国家四级统计会存在误差，所以县级部门发挥的作用极为关键，它统计的数据最原始、

最基础，其数据质量好坏直接影响全国数据。

3. 如何读懂 CPI 数据

观测 CPI 数据一般有两个维度：一种是自下而上观测，有具体的量和数据提供支撑，可以作为预测具体数值的依据。另一种是自上而下观测，是定性地去分析 CPI 变化趋势，可以作为判断趋势走向的依据。

（1）自下而上分析

自下而上定量分析常用的是高频数据法，国家统计部门对 CPI 分为食品类和非食品类，食品类对 CPI 走势的影响较大，非食品类对 CPI 影响较小，本小节重点分析高频数据中与 CPI 食品类有关的统计项。

①农产品批发价格 200 指数。该指数是日频数据，基于全国 200 家具有代表性的农产品市场中每日的各类农产品价格，由农业农村部统计发布。

②食用农产品价格指数。该指数是周频数据，基于全国 36 个大中型城市的蔬菜、水果、肉类、蛋类、油类、禽类、粮食、水产品等 8 大类食品价格，由商务部统计发布。

（2）自上而下分析

自上而下分析着眼于宏观的角度，定性观测价格的变化趋势，一般影响物价的有输入性因数和政策性因素。

①输入性因素。我们有时会听到输入性通货膨胀，这是引起国内物价上涨的重要因素。全球大宗商品价格上涨，我国进口的商品价格也会上涨。进入国内以后，由于成本增加，导致终端消费价格也随之上涨。例如 2022 年以来，全球粮食、矿产资源价格上涨，国际原油价格、天然气价格飙升，美国、欧元区、印度、巴西等国家和地区的物价随之上涨。我国作为严重依赖能源进口的国家，输入性的通胀压力显著增加。

②货币政策。物价上涨（通货膨胀）本质上是一种货币现象。理论上，一个国家或地区年内生产规模不变，需求也不变，如果国家开始大量印钱，那么货币就会快速贬值。货币的超发带动物价上涨，而货币政策的积极性同样刺激需求增长，经济基本面得到修复，从而推动物价上涨。

（二）工业生产者出厂价格指数（PPI）

1. 何谓 PPI

PPI 用来衡量某个时期内工业企业产品初次出售价格变动的趋势和幅度，国家统计部门对 PPI 统计调查涵盖 40 个工业行业大类、1300 多个基本分类的工业产品价格，涉及全国 4 万多家工业企业。采用重点调查与典型调查相结合的调查方法，对主营收入在 2000 万元以上的企业采用重点调查，对主营收入在 2000 万元以下的企业采用典型调查。

PPI 可以分为生产资料价格和生活资料价格。生产资料是用于工业生产中的消耗品，例如煤炭、金属、石油等大宗商品，可以细分为采掘业、加工业和原材料三大类。生活资料是用于人民生活的消耗品，例如服装、鞋帽、日用品等生活用品，可以细分为食品类、衣着类、一般日用品和耐用消费品四大类。但从观测的历史规律来看，影响 PPI 的主要是生产资料，以下将重点分析 PPI 生产资料价格。

图 10-18 为 2018—2024 年我国 PPI 及生产资料、生活资料价格指数同比增速变化趋势。

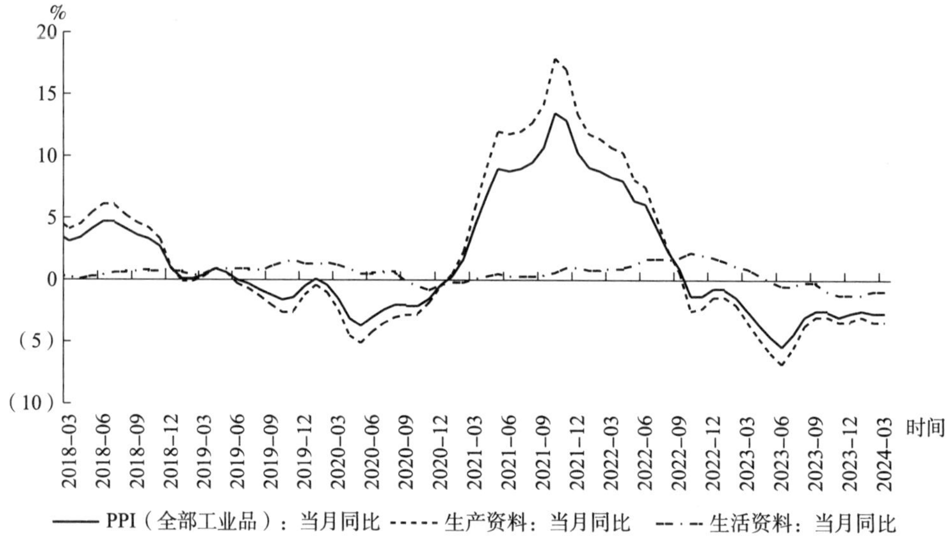

图 10-18　2018—2024 年我国 PPI 及生产资料、生活资料价格指数同比增速变化趋势

资料来源：国家统计局。

2. PPI 核算概述

PPI 的核算和统计与 CPI 一样，分三步：一是确定调查企业；二是确定权重；三是根据调查数据计算同比、环比。

①确定调查企业。前文提到，PPI 的调查方式采用重点调查与典型调查相结合的调查方法，按照工业行业分类，收集每个行业中样本企业上报的数据。

②确定权重。PPI 的权重是由各行业销售产值确定，先按照大类行业确定比例，然后分摊到中类行业，最后再分摊到小类行业中。PPI 的权重也是不固定的，统计部门 5 年更新一次。

③计算同比、环比。国家统计部门将收集上来的数据进行汇总，计算同比和环比变化。

3. 如何读懂 PPI 数据

PPI 的预测与 CPI 的高频数据预测方法比较接近，目前可以查到的能反映工业品价格走势的指标有生产资料价格指数、南华工业品指数。但观察历史结果可知，生产资料价格指数与 PPI 相关性极高，达到了 97%。所以，通常用观测生产资料价格指数来判断当期 PPI 价格走势。

八、金融指标

金融数据是经济增长的驱动力，企业发展、项目运行均需要资金。在宏观经济的逻辑方面，实体经济发展需要充足的资金，项目有了资金才能快速落地，经济才能运转好。从历史规律来看，我国金融数据是经济的领先指标，一般领先于经济增长一至两个季度。金融数据主要分为两部分：一是反映实体融资需求和金融机构放贷意愿的社会融资规模和新增人民币贷款数据，这两个指标是通过金融机构的资产端观测。二是反映实体经济流动性的货币供应量与新增人民币存款指标，这两个指标是通过金融机构负债端观测。

（一）社会融资规模

1. 何谓社会融资规模

社会融资规模是指一定时期内实体经济从金融系统获得的资金总额。金融系统包括银行、证券、保险等金融机构。社会融资规模包括 4 大部分共 10 个子项：一是金融机构表内业务，包括人民币各项贷款、外币各项贷款。二是金融机构表外业务，包括委托贷款、信贷贷款、未贴现的银行承兑汇票。三是直接融资，包括非金融企业境内股票筹资、企业债券融资。四是其他，包括保险公司赔款、投资性房地产、小额贷款公司和贷款公司贷款。这 10 项指标不仅涵盖实体经济在金融系统获得的间接融资规模，还包括发行的企业债券和股票等获得的直接融资。

2010 年 12 月中央经济工作会议中，将社会融资规模正式纳入我国宏观调控指标。随着我国金融市场不断发展，实体经济也不断拓宽融资渠道。自 2011 年开始，中国人民银行正式按季度发布社会融资规模数据，2012 年后按月发布。

2. 如何读懂社会融资规模

社会融资规模的分项较为复杂，通过分析可以了解社会融资与信贷增长的关系。例如，期限较短的短期贷款、非银行贷款、票据融资等分项，与企业部门资本开支所需的中长期资金不匹配，很难带动实体企业持续扩张。不仅如此，从社会融资的分项还能看出社会融资和信贷增长背后的驱动因素，方便我们正确判断经济和金融环境状况。同时，也可以与货币、信贷、经济环境、财政进行比较，提前预判融资是否持续高/低速增长。

图 10-19 为 2018—2023 年我国社会融资规模构成。

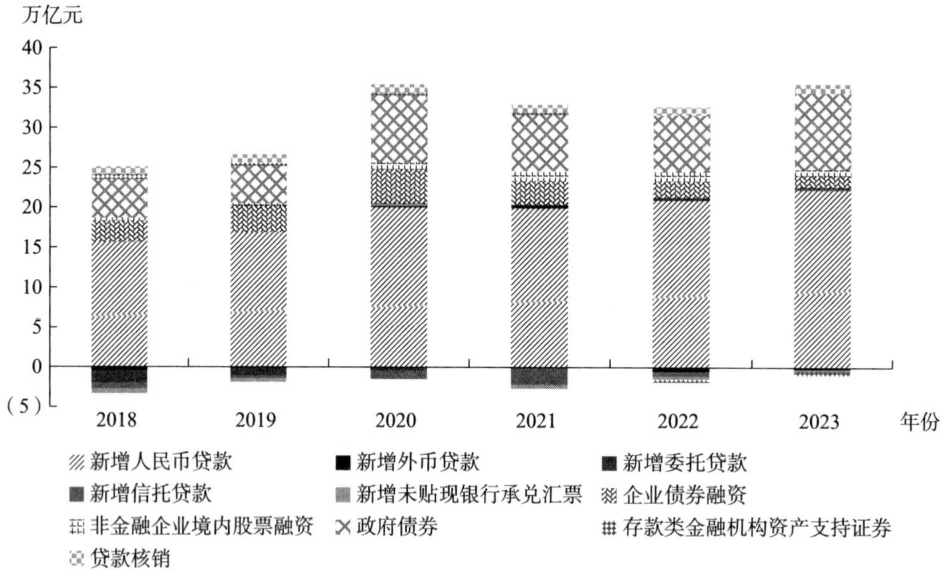

图 10-19 2018—2023 年我国社会融资规模构成

资料来源：中国人民银行。

（二）货币供应量

1. 何谓货币供应量

货币供应量是在某一时期内，社会经济运行中货币的总量，可以反映社会总的购买力水平。不同形式的货币具有不同的流动性，根据流动性的强弱，中国人民银行将货币分为三种形式，即 M_0、M_1、M_2。

M_0 是流通中的货币，是商业银行的库存现金和社会公众的现金，也就是我们日常流通的现金，其流动性最高。

M_1 是 M_0+单位活期存款+个人活期存款+非银行支付机构客户备付金（从 2025 年 1 月开始），它的流动性仅次于 M_0。

M_2 是 M_1+准货币，准货币包括城乡居民储蓄存款、单位定期存款和其他存款，它的流动性在货币的三种形式中最低。

2. 如何读懂货币供应量

货币供应量影响社会经济的发展，通过观察货币供应量的变化，可以观测经济运行周期、通货膨胀、利率汇率变化以及国家货币政策走向。例如，货币供应量的增加会降低利率，企业融资成本降低，企业投资需求会提升，拉动经济增长；经济增长会拉动收入水平的提高，社会消费需求增加，货币在社会中的流通速度加快，物价水平也随之上升。因此，货币供应量的增加往往会伴随着经济增长和物价上升。

不同形式的货币与经济增长的联动性不同，其中 M_1、M_2 对 GDP 和 CPI 的联动性较强，我们通常用 M_1、M_2 来代表狭义和广义货币供应量。当前，国内经济运行压力较大，我们的货币政策保持宽松，增加货币供给以刺激经济。截至 2023 年 12 月，我国 M_2 余额达到 292.3 万亿元，M_1 余额有 68.1 万亿元，货币供应量十分充足（见图 10-20）。

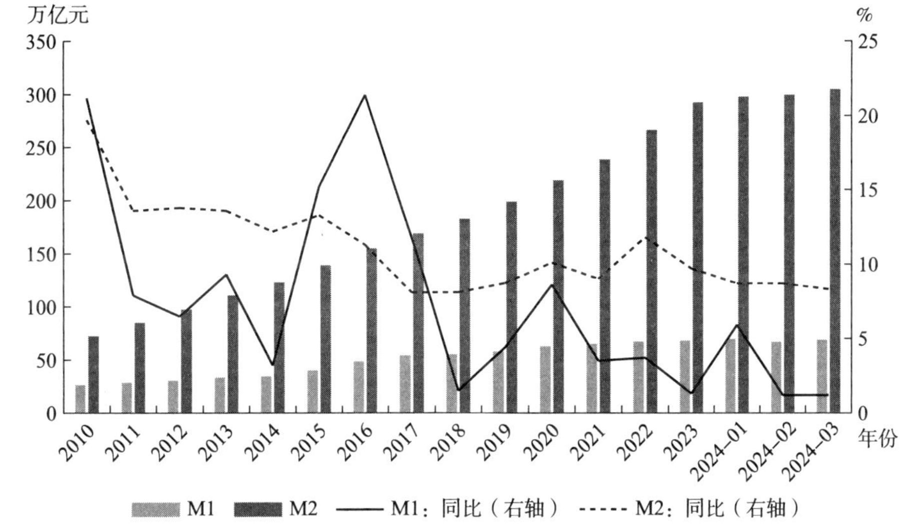

图 10-20 M1、M2 变化趋势

资料来源：中国人民银行。

第三节 政策环境

经济政策不仅仅是一种外生于经济运行的变量，而且是决定经济运行和表现的重要因素。政策要想有效并取得成功，必须与现有的制度相一致。一方面，现实经济制度影响着政策作用于经济的方式，因而经济政策必须关注制度的设计和一系列制度的运行。另一方面，经济政策本身作为一种制度，决定着经济的运行和表现。政策所具有的现实制度属性，不仅意味着政策目标的实现取决于现实的经济制度，还意味着没有所谓的“一刀切的”万全之策，政策总是特定的，故而必须适应结构和制度的变迁相应作出改变。

一、财政政策

（一）财政政策的含义

财政政策是国家宏观经济调控的左手，指国家根据一定时期政治、经济、社会发展的任务而规定的财政工作指导原则，通过财政支出与税收政策来调节总需求。增加政府财政支出，可以刺激社会总需求，从而增加国民收入；税收是对国民收入的一种收缩性力量，通过减少政府税收，同样可以刺激社会总需求来增加国民收入。反之，减少政府支出、增加税收则抑制社会总需求，减少国民收入。

按照财政政策调节国民经济总量和结构中的不同功能，将财政政策划分为扩张性财政政策、收缩性财政政策、中性财政政策。

扩张性财政政策又称积极的财政政策，通过财政分配活动来增加和刺激社会总需求，也就是上文提到的通过增加政府支出和减少税收的方式，一般在经济出现收缩或低迷时使用。

收缩性财政政策又称稳健的财政政策，通过财政分配活动来减少和抑制社会总需求，一般在经济过热的情况下使用。

中性财政政策是通过财政的分配活动，对社会总需求的影响保持中性，一般在经济增长稳定时使用。

（二）常见的财政政策

国家预算。主要通过预算收支规模及平衡状态的确定、收支结构的安排和调整来实现财政政策目标。

税收。主要通过税种、税率来确定和保证国家财政收入，调节社会经济的分配关系，以满足国家履行政治经济职能的财力需要，促进经济稳定协调发展和社会的公平分配。

财政投资。通过国家预算拨款和引导预算外资金的流向、流量，以达到巩固和壮大社会主义经济基础、调节产业结构的目的。

财政补贴。国家根据经济发展规律的客观要求和一定时期的政策需要，通过财政转移的形式直接或间接地对农民、企业、职工和城镇居民实行财政补助，以达到经济稳定协调发展和社会安定的目的。

财政信用。国家按照有偿原则，筹集和使用财政资金的一种再分配手段，包括在国内发行公债和专项债券，在国外发行政府债券，向外国政府或国际金融组织借款，以及对预算内资金实行周转有偿使用等形式。

财政立法和执法。国家通过立法形式对财政政策予以法律认定，并对各种违反财政法规的行为（如违反税法的偷税抗税行为等），诉诸司法机关按照法律条文的规定予以审理和制裁，以保证财政政策目标的实现。

财政监察。它是政府实现财政政策目标的重要行政手段，即国家通过财政部门对国有企业事业单位、国家机关团体及其工作人员执行财政政策和财政纪律的情况进行检查和监督。

（三）财政赤字

财政赤字是财政支出减去财政收入后的差额，是财政收支未能实现平衡的一种表现。出现财政赤字有两种情况：一是政府预算没有预估到的支出，预算执行后出现的赤字，通常称为财政赤字或预算赤字。二是政府有意安排的赤字，属于财政政策的一种方式，通常称为赤字财政或赤字预算。理论上，财政收支平衡是财政的最佳表现，但现实中，国家需要大量的资金解决经济问题，经常出现支出大于收入的局面。

在一定条件下，财政赤字可以刺激经济增长，具有一定的正向作用。例如，社会有效需求不足时，政府通过财政赤字加大政府投资力度，拉动投资需求和消费需求，从而刺激经济增长。这种情况一般是短期经济刺激行为，非长久之计。

财政赤字的弥补方法主要有四个方面：一是增加税收，包括开增新税、扩大税基和提高税率。二是使用历年结算，就是用以往年度的财政盈余来弥补财政赤字。三是增发货币，通过印发大量货币弥补财政赤字，某些发展中国家仍在使用这种方法。四是发行公债，这是世界各国通用的方法。

（四）财政补贴和政府预算

财政补贴是指国家财政资金直接资助企业或居民的收入再分配，是财政安排的专项援助。财政补贴是某些特定情况下，为了发展经济和保障劳动者福利采取的一种财政措施，是调整国民经济和社会生活的重要杠杆。我国现行的财政补贴包括价格补贴、企业亏损补贴。运用价格补贴可以维护市场销售价格稳定，保证居民基本生活水平；企业亏损补贴可以促使企业改善经营管理。但这些补贴数额不宜过大，避免因财政负担过重影响经济发展。

按照补贴主体划分，财政补贴分为中央补贴和地方补贴。中央补贴列入中央财政预算，负责对中央所属国有企业出于政策原因发生的亏损补贴，同时对部分工业品和农副产品销售价格低于成本价的部分给予补贴。地方补贴列入地方财政预算，负责对地方国有企业亏损和农副产品价格进行补贴。

政府预算是按法定程序编制、审查和批准的国家年度财政收支计划，它可以反映政府部门计划开支和资金的拟使用情况，规范政府支出行为，避免无计划、盲目投入。政府预算由中央预算和地方预算组成，其中中央预算占比较大。中央预算是指中央政府自身的财政收入和支出计划，主要包括中央政府各部门、委员会、特别行政区等支出，以及中央政府自身的收入来源。地方预算是指各级地方政府的财政收入和支出计划，按照层级划分，地方预算包括省、市、县三级预算，每一级地方政府都有各自的地方预算。

二、货币政策

（一）货币政策的含义

货币政策是国家宏观经济调控的右手，指国家通过银行金融系统，运用各种工具调节货币供应，确立和实施货币供应量与货币需求量之间关系的准则，是实现宏观经济目标采取的控制、调节和稳定货币措施的总和。货币政策由中央银行执行，通过中央银行调节货币供应量，影响利息率以及经济中的信贷供应程度来间接影响总需求，达到总需求和总供给均衡。

（二）常见的货币政策

货币政策分为扩张性货币政策和收缩性货币政策两种。

扩张性货币政策通过提高货币供应增速来刺激总需求，这种情况一般在经济出现收缩或低迷时使用。在扩张性货币政策下，取得信贷较为容易，且利息率较低。

收缩性货币政策是通过削减货币供应增长率来降低社会总需求，这种情况在经济过热或者通货膨胀较为严重时使用。在收缩性货币政策下，取得信贷较为困难，且利息率较高。

货币政策工具是中央银行为达到政策目标而采用的手段，主要包括公开市场业务、法定存款准备金率、再贴现率等三大传统工具。经济过热时，采用公开市场业务在货币市场上卖出政府债券、提高法定存款准备金率、提高再贴现率，减少货币流通量，提高利息率，达到控制社会总需求的目的。当经济过冷时，货币政策工具则采用相反手段。另外，还有常备借贷便利（SLF）、中期借贷便利（MLF）、补充抵押贷款（PSL）等操作工具。

（三）货币政策传导机制

货币政策传导机制是中央银行运用货币政策工具影响中介指标，进而实现既定政策目标。20世纪初，瑞典学派经济学家维克赛尔提出了货币经济理论，首次将货币与实际经济运行结合。凯恩斯学派认为利率是货币政策传导机制的主要环节，通过货币供给的增减影响利率，利率的变化则通过资本边际效益影响投资，投资的增减影响总收入和总支出。货币学派则认为，货币供应量的变化在货币传导机制中的作用最大，货币供应量的变化直接影响支出，再由支出影响投资，最终作用于总收入。因此，货币政策可以通过多种机制影响中介指标，进而落实货币政策目标，主要有利率机制、货币机制、信贷机制、汇率机制、资产机制等。

货币政策传导途径一般有三个基本环节：首先，从中央银行到商业银行等金融机构和金融市场。中央银行的货币政策工具操作，影响商业银行登记金融机构准备金、融资成本和信用能力，以及金融市场上货币供给与需求的状况。其次，从商业银行等金融机构和金融市场到企业、居民等非金融部门的各类经济行为主体。商业银行根据中央银行的政策操作调整自己的行为，从而对各类经济行为主体的消费、储蓄、投资等经济活动产生影响。最后，从非金融的经济行为主体到社会各经济变量，包括总支出、总产出、物价和就业等。

金融市场在整个货币传导过程中也发挥着重要作用。首先，中央银行主要通过市场实施货币政策工具，商业银行等金融机构通过市场了解中央银行货币政策的调控意向。其次，企业、居民等非金融部门经济行为主体通过市场利率变化，接受金融机构对资金供应的调节进而影响投资与消费行为。最后，社会各经济变量的变化通过市场反馈的信息，影响中央银行、各金融机构的行为。

三、产业政策

（一）何谓产业政策

产业政策是指政府对特定产业的形成和发展所采取的政策干预，这种干预既可以是各种形式的补贴，也可以是特定的行政与监管手段。学术界普遍认为，凡是中央或地方政府为促进某种产业在该国或该地发展而有意识采取的政策措施就是产业政策，包括关税和贸易保护政策，税收优惠，土地、信贷等补贴，工业园、出口加工区，R&D 中的科研补助，经营特许权，政府采购，强制规定（比如美国政府规定在某个特定期限前汽油中必须包含多少比例的生物质燃料）等。但不是每个产业政策都把这些措施囊括其中，有的产业政策只涉及其中的一个，有的涉及两个或更多。只要针对特定产业会影响该产业发展的政策都叫产业政策。

（二）产业政策的必要性

一个国家经济发展的本质是人均收入和生活水平的提高，这就要求我们的劳动生产率水平要不断增加。提高劳动生产率水平需要满足两个条件：一是通过技术创新，提高现有产品的质量和生产效率。二是通过产业升级，将现有的生产要素合理配置到附加值更高的产业中。我国经济学家林毅夫在其新结构经济学中提到，满足上述两个条件，需要“有效的市场”和“有为的政府”共同作用。

“有效的市场”的重要性在于，引导企业家按照要素禀赋的比较优势来选择技术和产业，生产出来的产品在国际国内市场的同类产品中有优势，才会获得最低的要素生产成本，才能获得竞争力，企业才可能获得最大的利润，整个经济才有机会创造最大的剩余和资本积累，使比较优势从劳动或自然资源密集型逐渐向资本密集型提升，为现有产业、技术升级到资本更为密集、附加价值更高的新产业、新技术提供物质基础。企业家按照要素禀赋所决定的比较优势来选择产业和技术的前提，是要有一个能够很好地反映各种要素相对稀缺性的价格体系。如果有这样的价格体系，企业就会按照要素禀赋所决定的比较优势来选择合适的技术和产业，以保有利润和竞争力。这种价格体系只有在充分竞争的市场中才会存在，对此，新结构经济学主张一个经济体要发展好必须有一个“有效的市场”。因此，需要有建立“有效的市场”所需的产权界定清楚和各种要素市场发育良好等制度安排。

然而，在经济发展过程中，“有为的政府”也不可或缺。经济发展是一个资源必须随着要素积累、比较优势变化，不断从现有技术和产业配置到新的、效率更高的技术和附加价值更大的产业结构的变迁过程。在技术创新和产业升级过程中，必须有“第一个吃螃蟹的企业家”，如果没有其他必要的安排，第一个吃螃蟹的企业家倘若失败，将承担所有成本，并让后来者不去犯同样的错误；倘若成功了，后来者将会随之涌进，第一个吃螃蟹的企业家不可能有垄断利润。从社会的角度看，第一个吃螃蟹的企业家不管失败还是成功都给后来者提供了有用的信息。因此，政府需要给予第一个企业家一定的激励，企业家才有积极性去冒险。发达国家的专利制度发挥的就是这种功能。在 18 世纪，如果英国没有专利制度为新发明提供丰富垄断利润的机会，也就不会有罗巴克和博尔顿等出资支持瓦特发明蒸汽机。发展中国家的技术创新和产业升级一般是在国际技术和产业链内部进行，多数情况下不能给予专利，但仍然需要给企业家必要的激励。当然，这种激励需要找到其他合适的替代方式。

第四节　经济增长与能源消费

能源是影响世界政治经济格局与社会发展的重大战略问题，其开发利用推进了经济发展和社会进步。在宏观科学研究层面上，能源问题又是经济问题，但能源的大规模开发利用是造成环境污染和气候变化的主要原因之一。

一、能源与经济增长

（一）能源与经济关系概述

能源是现代经济社会中一种重要的物质，它不仅是工业经济的“血液”，还与我们日常生活密切相关。能源作为生产要素参与经济活动，社会经济运行的规模和程度均受能源供应的制约。无论是第一次能源革命（薪柴时期）、第二次能源革命（煤炭时期），还是第三次能源革命（石油时期），每一次能源革命都推动了社会生产力的发展，引发了生产技术的变革。因此，能源与经济既相互发展，也相互制约，两者之间存在因果关系。经济的发展需要一定的能源消费，而经济发展又为能源开发利用提供了技术和物质条件。

（二）能源与经济增长

1. 经济发展带动能源消费

能源作为重要的生产要素，不能被其他要素完全替代。同时，能源也是重要的生活资料，不会被其他消费品完全替代。自工业革命以来，经济增长与能源消费保持较快增长态势，近 40 年来世界经济和能源消费年均增长率分别在 3%和 2%。国际能源署（IEA）预测，未来，随着全球经济的不断发展，能源需求将继续增长，到 2040 年年均增速将保持在 1.4%左右。

经济发展对能源需求量不断增加。经济发展水平越高，经济增长越快，居民生产生活所消耗的能源量越多，并随着消费结构提升和生产规模扩大，能源需求量也同步增加。改革开放以来，我国经济快速发展，尤其是进入 21 世纪，经济高速发展，能源消费总量呈逐年上升趋势（见图 10-21）。2000—2023 年，我国年均经济增速在 8.3%，年均能源消费增速在 6.2%，能源消费弹性系数约为 0.75。但 2003—2005 年，我国能源消费增速大于经济增速，能源消费弹性系数为 1，说明经济增长严重依赖能源消耗（见图 10-22）。

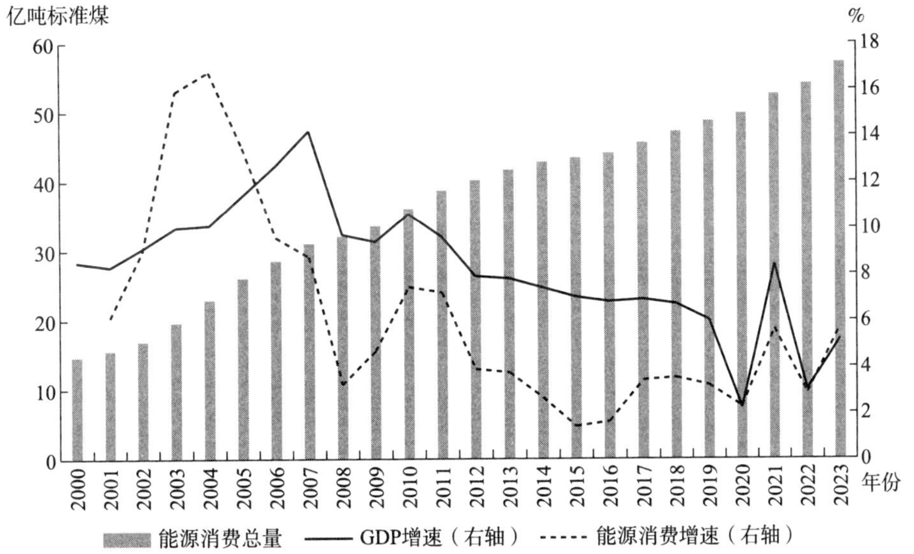

图 10-21　2000—2023 年我国能源消费总量、增速与 GDP 增速

资料来源：国家统计局《中国能源统计年鉴》。

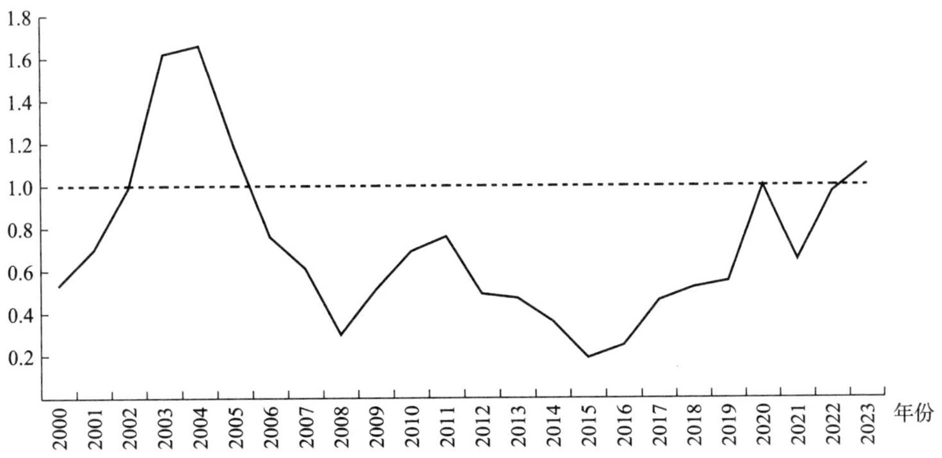

图 10-22　2000—2023 年我国能源消费弹性系数变化趋势

资料来源：国家统计局。

2. 经济发展为能源开发利用提供有利条件

经济的快速发展伴随科技水平同步提高，人们对能源科学原理的认识不断深入，经济发展对能源开发利用提供了坚实的技术基础，推动新的能源形式逐渐进入能源供应系统。可用于替代化石能源的新能源和可再生能源具有产业技术含量高、涉及学科多的特点，需要依靠先进的科学技术才能实现对能源的有效开发和高效利用。例如，大型风电发电机机组的研制涉及空气动力学、流体学、自动控制等多种高新技术。经济的发展带动科技的快速进步，为可再生能源技术发展提供了前所未有的机遇。

3. 经济增长对能源消费的影响

经济发展的状况对能源消费也会从不同层面产生影响。当今社会，人们的生活水平不断提高，经济总量也在不断增长，而此时对能源的需求量也会随之增长。

一是经济的发展使能源消耗升高。经济的增长扩大了整个市场，为了同时满足已有的经济活动和新增的生产活动能够正常开展所带来的对能源存储量的需求，需要大量的能源投入作为保障。能源为经济增长提供了动力，那么加快经济增长的速度就会使得能源的需求量同时增高。能源也是商品，避免不了出现供求关系不平衡的问题，当出现供不应求时，相应的能源行业可以得到更大的利润，进而吸引相关人才加入，吸引更多项目，彼时能源市场便会扩张，提供更多的资源来满足需求，这样供求关系便会得到改善。

二是经济增长能够改变能源消费的结构。各个国家已意识到提高能源效率的重要性，随着国民经济的发展，将越来越多的精力和资本用于推进科学技术的发展，对于能源开发利用的理论探讨和技术研究愈来愈多，这为能源开采水平和利用效率的提升打好了基础。同时这些发展的推进，更加速了主导能源的更替，使新能源的开发利用速度不断上升。新技术带来了更加丰富的能源种类，能源的多样性得到了扩展，逐渐衰竭的化石能源将会被新型能源一步一步代替。

二、能源需求与供给

能源是经济社会发展的驱动力，人类经历了薪柴—煤炭—石油三次能源革命，每次的能源革命都伴随着能源消费量的急剧增加。随着产业发展升级换代以及人们生活水平的提高，能源需求在经济发展中的作用将越来越重要。但必要的能源供给是维持经济生产和人民生活有序运行的重要条件。当前，化石能源仍是全球能源供给的主力，化石能源资源的可耗竭性、高度分布不均衡性以及能源需求快速增长对能源供应产生较大压力。因此，能源供应已成为当前各国能源安全十分关注的热点话题。本部分阐述能源需求与供应的基本概念，分别对能源需求和供应的主要影响因素进行分析和探讨。

（一）能源需求基本概述

1. 什么是能源需求

能源需求指消费者在不同的价格下，对能源资源愿意并能够购买的数量。能源需求与一般产品需求相似，需要满足购买意愿和购买能力两个条件，缺少其中一条均无法形成有效的需求。能源需求很大程度上是一种派生需求，是由人们对社会产品和服务的需求派生出来，其本质类似于劳动和资本的生产要素。能源可以转换为现代化生产过程中所必需的燃料和动力，或直接作为基本的生产原料，与劳动、资本等生产要素相结合，最终为市场提供产品和服务。在其他条件不变的情况下，能源需求水平随着市场对产品需求的变化而变化。

能源需求是能源经济学的一个基本概念，在实际应用中容易与能源消费混淆。能源需求包含能源消费，而能源消费是有效能源需求的反映，当能源供给充足且无库存时，可以说能源需求在量上等于能源消费。但能源需求无法准确测量，因此在实际分析中，常用能源消费代替能源需求。

图 10-13 为 1990—2023 年全球一次能源消费量及同比增速。

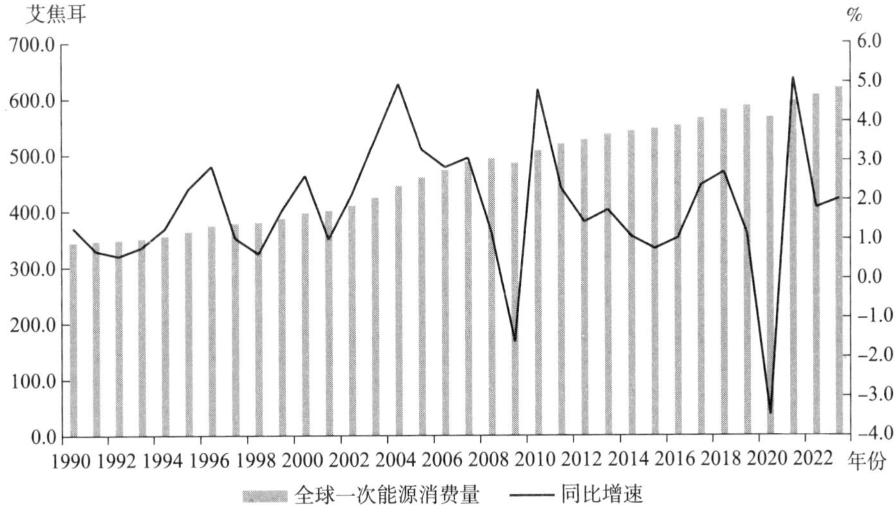

图 10-23　1990—2023 年全球一次能源消费量及同比增速

资料来源：《世界能源统计年鉴》。

2. 能源需求总量和能源需求结构

能源品种繁多，不同能源种类的经济特性也不相同，对能源需求的变化规律研究首先要了解能源需求总量与能源需求结构两个基本概念。

（1）能源需求总量

能源需求总量是指各种能源需求量之和，例如一次能源需求量、化石能源需求量等，国家统计部门通常将一次能源需求量作为能源需求量来表示。能源需求总量包括三个部分：终端能源需求量、能源加工转换损失量和能源损失量。

终端能源需求量是终端用能设备入口得到的能源。终端能源需求量等于一次能源消费量减去能源加工、转换和储运三个中间环节的损失和能源工业所用能源后的能源量。在中国能源平衡统计表中，按等价值计算的终端能源消费中扣除了选煤、炼焦、炼油、油田和输配电损失，未扣除发电损失和能源工业所用的能源。因此，我国统计部门计算得出的终端能源需求量远高于按照国际通行准则计算得出的数量。

能源加工转换损失量：指一定时期内全国投入加工、转换的各种能源数量之和与产出各种能源产品之和的差额，是观察能源在加工、转换过程中的损失量变化的指标。

能源损失量：指一定时期内能源在输送、分配和储存过程中发生的损失和其他客观原因造成的各种损失量，其中不包括各种气体能源放空、放散量。

（2）能源需求结构

能源需求结构是指能源消费总量中各种能源品种所占比例，目前世界一次能源需求以煤炭、石油和天然气等化石能源为主。不同国家或地区因能源资源禀赋及其他因素不同有所差异，主要发达国家一次能源结构已从煤炭转向油气为主的需求结构。世界平均能源需求结构中，煤炭需求占比已从20世纪50年代的60%下降至2022年的27%左右；石油需求占比自2000年以来虽有下降，但仍在30%以上；天然气因其高效、清洁、安全等特点，需求占比不断提高。

能源需求结构优化调整对一个国家或地区的经济发展意义重大，能源需求结构主要受制于本国的能源资源禀赋和能源技术。我国能源资源禀赋是“富煤贫油少气”，这也决定了我国以煤炭为主的能源需求结构。2013年以前，我国煤炭占总能源需求的70%以上，虽然2013—2023年，煤炭消费比重从67.4%下降到55.3%，累计下降12.1个百分点，但煤炭仍是我国能源消费的主力（见图10-24）。

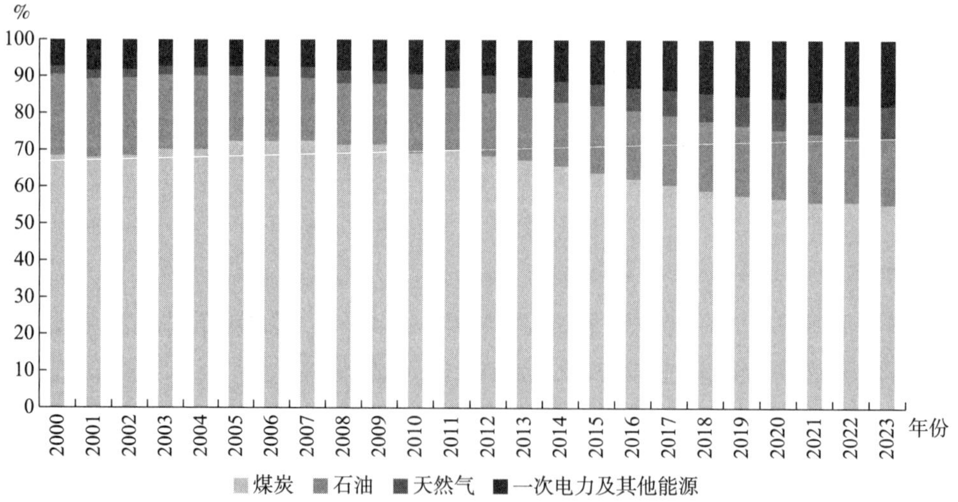

图10-24　2000—2023年我国不同能源消费占能源消费总量比重

资料来源：国家统计局。

3. 能源强度

能源强度是指一定时间内单位产值消耗的能源量，通常被称为单位产值能耗或能源密度，我国以万元GDP能耗来表示。能源强度是反映经济对能源依赖程度的重要指标，能源强度越高，经济对能源的依赖程度越高；反之则反是。

能源强度反映了经济行为体利用能源效率的状况，与能源强度相似的还有一些反映能源效率的指标，如能源生产过程用能加工转换效率、终端利用效率等，这些指标更能反映不同经济行为体能源利用的效率。但能源利用效率不是单纯由技术水平决定，还包括发展阶段、经济结构、能源需求结构等多方面因素。因此，能源强度还能反映这些因素形成的能源需求水平和经济产出的比例关系。

（二）能源供给基本概述

能源供给是维持社会经济生产生活有序运转的重要条件。当前，能源供给主要以化石能源为主，但其资源的稀缺性、高度分布不均等特点，使各国越来越重视能源供给问题，能源安全也上升到前所未有的高度。

1. 什么是能源供给

能源供给指在一定时期内，能源生产部门在各种可能的价格下，愿意并可以提供的能源数量。如果能源价格过低，生产部门受制于成本问题不愿出售，则能源产品无法形成有效的能源供给。

能源供给与能源需求一样，是能源经济学范畴内的基本概念，在实际应用中容易与能源供应量或生产量相混淆。能源供应量是有效能源供给在数量上的反映，当能源需求充足且不存在库存时，能源供给在数量上等于能源供应量。一个国家或地区的能源供应量一般包括生产量和进口量。

煤炭、石油、天然气是典型的自然资源，其稀缺性和区域性的特点显著。化石能源资源是有限的，资源禀赋与人口规模不断增长构成供需结构上的矛盾。

2. 能源供给总量与能源供给结构

能源供给总量是各种能源供给量之和，化石能源供给量即煤炭、石油、天然气的供给量之和，一次能源供给量为化石能源、水电、核电等能源的供给量之和。

能源供给结构即是能源供给总量中各种能源所占比例，目前我国煤炭占比仍然最高。著名经济学家库兹涅茨认为，现在经济增长不仅是总量问题，如果不理解和衡量生产结构的变化，经济增长将难以理解。通俗地讲，现代经济增长本质上是一个结构问题，对于能源也是一样，能源供给总量增加并不一定能满足经济增长的需要，能源供给结构合理才是经济增长和能源安全的重要保障。

我国能源供给结构和需求结构存在差异，煤炭在能源生产结构中的占比大于其在能源需求结构中的占比，但石油在能源生产结构中的占比小于在能源需求结构中的占比。近年来，随着我国经济快速发展，对煤炭、石油、天然气等能源需求较高。我国煤炭资源丰富，能源自给率高达90%以上，但石油供给与需求严重不匹配，供需缺口不断扩大，对外依存度高达70%，石油供应安全已成为我国能源安全的重大隐患。

（三）影响能源需求与供给的因素

1. 能源需求的主要影响因素

能源是整个社会发展和经济增长最基本的驱动力，能源需求与经济生产密切相关，因此影响能源需求的因素较为复杂，主要有以下几个方面：

一是经济增长。这是推动能源需求总量增加的首要因素。当经济稳步增长时，各行业同步扩大生产，能源作为基本的生产要素，消费量相应增加。同时，随着生产规模的扩大，企业劳动力需求增加，劳动收入水平同步增加，使居民生活对能源需求增加。例如购买家用汽车、摩托车等交通工具增加对汽油的需求，购买电动汽车、智能电器等增加对电力的需求。与之相对应的是，当经济增长较弱或者经济萎缩时，生产规模减少，失业率增加，收入水平降低，生活能源使用同步减少。工业革命以来，世界经济和能源消费保持较快增长态势，世界经济增速由1990年的22.9万亿美元增长到2023年的104.8万亿美元，年均增长2.5万亿美元。能源消费量由1990年的344.2艾焦耳增长到2023年的619.6艾焦耳，年均增长8.3艾焦耳。2023年，中国一次能源消费量为170.7艾焦耳，能源消费量为世界最高，美国为94.3艾焦耳，分别约占全球总量的27.6%、15.2%。

二是社会发展。人口是社会发展最基本的因素，人口规模直接影响能源需求量。居民对能源需求分为直接需求和间接需求，直接需求即居民对能源商品的直接使用需求，如生活、取暖、照明等；间接需求即居民生活所需要的非能源商品，这些商品需要能源间接转化，例如衣物、鞋帽以及化肥等。一般情况下，居民的间接能源需求远大于直接能源需求。1965年，世界人均一次能源消费量为47千兆焦耳，2023年为77千兆焦耳，人均能源消费量增长了64%。2005年的一篇实证研究发现，1985—2000年全球矿物能源消费与人口增长的相关系数高达0.9844。因此，人口总量的增加将直接影响能源需求。

三是产业结构和部门能源强度。不同的产业结构，能源需求差异较大，一定的技术水平下，产业结构的变动决定能源效率的高低。不同产业部门的单位产值需要的能源量相差较大，第二产业属于高耗能产业，能源强度相对较高，第三产业的能源强度相对较低。根据产业结构升级理论，当经济水平发展到一定程度，经济增长由第二产业主导地位逐渐向第三产业过渡，目前我国正在进行这一过程。1978年，我国第二产业对GDP的贡献率高达61.8%，而第三产业仅为28.4%；到2023年这一比例分别为33.9%和60.2%，第三产业对GDP的贡献率远超第二产业。

四是能源价格。能源作为商品。与其他商品一样，需求受到价格的约束。在市场经济条件下，价格是稀缺资源配置最主要的市场机制。能源价格除对能源需求产生影响外，还对单位产出能耗产生影响，能源价格上涨导致高耗能产业成本上升，促使节能减排设备研发和投入使用，单位产出的能源消耗量即能源强度将下降。能源价格对能源需求和供给均产生积极影响。

五是能源技术与管理。技术进步与管理创新和能源价格相似，对能源需求和供给均产生影响，如勘探开发领域的技术进步，可以提高能源资源勘探能力，提高已发现资源采收率。但化石资源属于可耗竭资源，一定程度上抑制了能源技术与管理对化石能源供给的作用。能源技术和管理更多体现在需求结构的优化、能源使用效率的提高以及可再生能源开发利用方面。

2. 能源供给的主要影响因素

一是能源资源禀赋。其是一个国家或地区的能源资源的储备量，很大程度上决定该国家或地区能源供给量和供给结构，也决定该国家或地区经济发展水平的高低。因此，能源资源禀赋是影响能源供给的最主要因素。

二是能源价格。与能源需求一样，能源价格也是影响供给的主要因素之一。通常情况下，能源价格越高，企业利润越高，相应地将扩大能源供给；反之，价格越低，企业利润减少，能源供给减少。但能源供给与一般产品有所不同，其在短期内几乎不受价格影响，主要原因如下：首先，能源生产前期要素投入比重远大于生产过程中的比重，产量对生产过程中的要素投入不敏感，要素投入对产出有较长的时滞性。其次，在技术不变的情况下，一定时期的能源可开采量是固定的，短期内调整产量的能力有限。因此，与一般产品相比，能源价格对能源供给的影响较小。

三是能源投资。能源投资是保证能源稳定、高效、清洁供给的根本保障，能源投资的增加将促进能源产品供给的增加。能源研发投资是推动能源技术进步的主要因素，索洛经济增长模型得出，与传统投入相比，技术创新将影响80%的经济增长。生产技术水平的提高，间接促使生产成本下降，或在成本不变条件下增加能源产量。因此，若能源投资不足，将导致能源供给短缺，从而阻碍经济发展。

三、能源需求与经济增长的关系

能源消费与经济之间的关系十分复杂，对于不同的经济发展阶段、经济结构，不同的能源技术水平、能源消费结构，以及不同的人口结构，经济增长对能源的依赖程度存在差异。在不同的经济周期，能源与经济增长的关系不同，例如工业化初期，经济结构以重工业为主，经济增长对能源的依赖性较强。

（一）化石能源需求与经济增长的关系

我国化石能源的消耗与经济增长之间相互依赖。在过去30年中，我国以化石能源为主的能源消耗增加是经济发展的重要动力，而经济发展又反过来刺激了能源的消耗，但经济发展对化石能源的依赖性更为突出。在对能源消耗与经济发展关系的研究中，国内学者张明慧（2004）在定量分析中认为能源每增长1%可使经济增长1.43%。张琳（2010）研究了中国各区域的能源消费与经济增长关系，认为区域能源消耗和经济增长在空间分布上有着明显差异。近年来，国内诸多学者研究我国化石能源足迹对经济发展的依懒性关系，大多采用格兰杰因果检验方法进行，基本证实了化石能源消费与经济增长之间是双向因果关系。

2000 年以来，我国煤炭、石油、天然气等主要化石能源消费增速和 GDP 增速变化趋势基本相同。但自 2020 年以来，我国三大化石能源消费增速与 GDP 增速出现新的变化规律（见图 10-25），尤其是煤炭消费增速与 GDP 增速大致相同，弹性系数在 1 左右，但 2014—2019 年，煤炭消费弹性系数在-0.5~0.3 区间内波动。

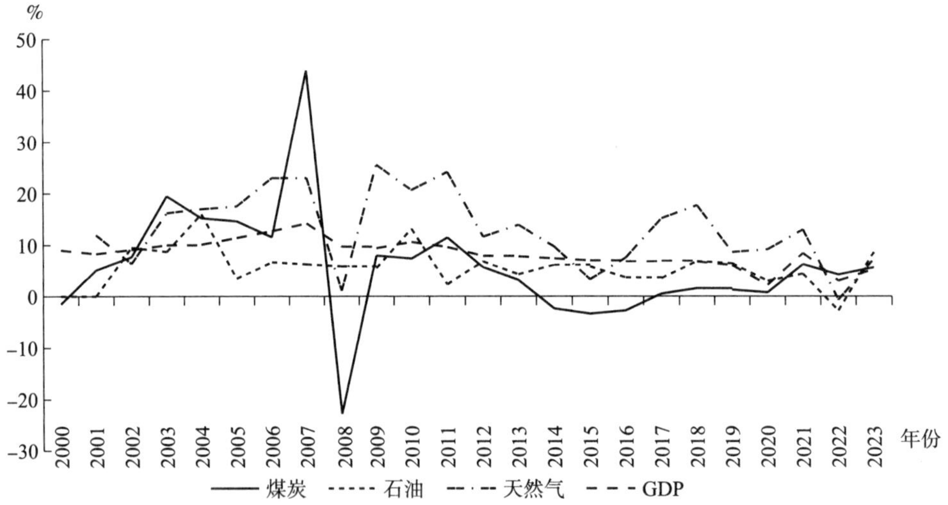

图 10-25　2000—2023 年我国主要化石能源消费增速与 GDP 增速趋势

资料来源：国家统计局。

（二）电力需求与经济增长的关系

电力是生产经营活动所必需的生产要素，是经济发展的重要基础和支撑，用电量是国民经济运行的“晴雨表”“温度计”，更是保持社会生活正常运转的基础要素。改革开放以来，中国经济高速发展，经济总量从 1978 年的 0.37 万亿元增长到 2023 年的 126.1 万亿元，增长近 339 倍。与此同时，中国全社会用电量也快速增长，从 1978 年的 0.25 万亿千瓦/时增长到 2023 年的 9.2 万亿千瓦/时，增长近 35 倍。总的来看，电力消费与经济增长高度相关，但又并非线性对应。尤其是随着新一轮科技革命加速演进，以人工智能、云计算、大数据、工业互联网为代表的数字技术成为引领新一轮科技革命和产业变革的关键力量，新业态新模式新产业不断涌现，新质生产力加速培育，经济增长范式正在发生根本性变革，电力在经济发展中的作用日益凸显。下面对中国电力消费与经济增长的趋势进行分析。

1. 加入 WTO 后，用电量增速高于经济增速

加入 WTO 后，我国经济高速发展，2000—2007 年，我国年平均经济增速为

10.8%，用电量平均增速高达13.0%，用电量增速高于经济增速，电力消费弹性系数平均为1.23。主要原因：一是加工贸易大幅增加促使用电需求增加，2000—2007年我国加工贸易占总货物贸易的比重维持在48%左右的高位，约是1981年3.6%的13倍。二是高耗能产业快速发展，2000—2007年万元GDP能源消费量年均值为1.45吨标准煤，约是2021年0.48吨标准煤的3倍（见图10-26）。三是房地产业、基础设施建设以及制造业快速发展带动相关行业用电量大幅增长，我国发电装机规模由2000年的3亿千瓦增加到2007年的7亿千瓦。2005—2007年，我国用电量增速维持在14%左右的高位。

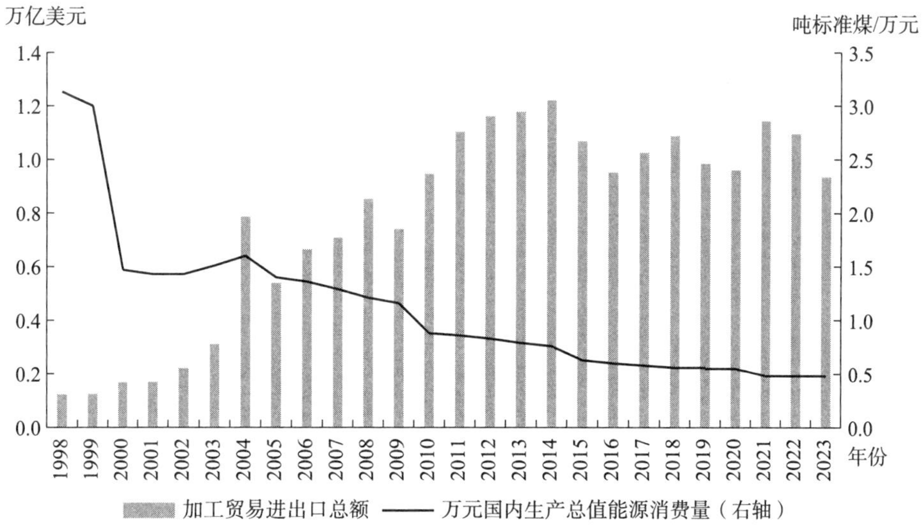

图10-26 1998—2023年我国加工贸易进出口总额与万元国内生产总值能源消费量变化趋势

资料来源：国家统计局。

2. 全球金融危机后，经济增速高于用电量增速

2008年金融危机爆发之后，世界经济整体进入下行周期。2008—2019年，我国宏观经济由高速向中高速转型，经济增速基本高于用电量增速，但部分时期出现用电量增速高于经济增速的情况（见图10-27）。

经济高速增长期（2008—2011年）：2008年，我国经济运行受外部环境影响，经济增速出现下滑，用电量增速也出现明显下降。2008年底，为了刺激内需、增加就业，缓解金融危机带来的影响，我国政府推出“四万亿救市计划”用于基础设施和房地产建设，用电需求快速增长。据统计，2009—2011年，全国固定资产投资增速分别为30.0%、23.8%、23.8%，年均增速高达25.9%，促使钢铁、水泥等高耗能产业的电力消费快速增长。其间用电量增速分别为7.2%、13.2%、12.1%，高于经济增速，电力消费弹性系数由2008年的0.6逐渐增长到2011年的1.3。

经济中高速增长期（2012—2019年）：随着我国进入高质量发展阶段，以及产业结构不断优化，工业生产增长趋缓，加之第三产业对经济和用电量的贡献率不断提高，用电需求整体偏弱。2012—2019 年，我国经济增速维持在 6%～8%，用电量增速处于 10%以下水平。但在 2015 年，我国电力消费增速创历史新低，主要是国家供给侧结构性改革措施深入推进，高耗能产业加速淘汰，第二产业用电量出现负增长，全社会用电量增速大幅下降至 0.5%，电力与经济近乎脱钩。

3. 新冠疫情以来，用电量增速高于经济增速

2020 年新冠疫情暴发以来，我国电力消费总量、结构发生显著变化，电力运行出现新的特点，全社会用电量增速与经济增速曲线的位置关系发生了显著变化。2020—2023 年，我国平均用电量增速为 6.0%，平均经济增速为 4.7%，多方面因素叠加促使用电量增速高于经济增速，且两者的曲线走势基本同步，电力消费弹性系数保持大于 1 的水平。

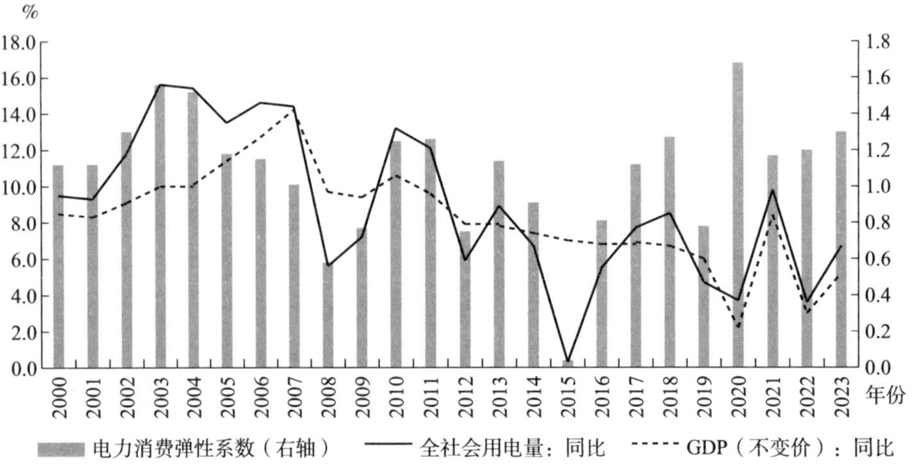

图 10-27　2000—2023 年我国 GDP 增速、用电量增速和电力消费弹性系数变化趋势

资料来源：2000—2022 年数据来自国家统计局《中国统计年鉴 2023》；2023 年数据来自《2023 年国民经济和社会发展统计公报》。

研究能源经济，不仅要把能源作为物理量，还需要将其作为经济量看待，因为能源是经济系统的有机组成部分。不同的历史时期，能源经济学的研究对象或者侧重点也不同。1970 年以前，能源经济学主要研究资源的可耗竭性、能源中长期需求预测以及 OPEC 行为等。1970 年全球石油危机之后，能源、环境对经济的约束性越来越强，能源是经济增长的主要动力，学术界关注的焦点是能源消费与经济增长之间的因果关系。进入 21 世纪，能源短缺、金融危机引起的能源价格高位剧烈波动，能源消费引起的环境问题日益凸显，使能源、经济与环境相互耦合，构成十分复杂的能源—经济—环境系统。

参 考 文 献

[1][美]约翰·梅纳德·保罗·萨缪尔森，威廉·诺德豪斯．经济学[M]．北京：商务印书馆，2014.

[2][英]阿瑟·刘易斯．经济增长理论[M]．北京：商务印书馆，1996.

[3][美]约翰·梅纳德·凯恩斯．就业、利息和货币通论(重译本)[M]．高鸿业，译．北京：商务印书馆，1999.

[4][美]米尔顿·弗里德曼．米尔顿·弗里德曼论通货膨胀[M]．北京：中国社会科学出版社，1982.